PRACTICE AND GUIDELINES OF REPLACING
THE BUSINESS TAX WITH A VALUE-ADDED TAX

营业税改征增值税
纳税申报实操 与法规指南

分行业案例｜实例填报｜赠法规电子书

郭洪荣◎主编　张晶　孟佳　文进◎副主编

中国市场出版社
China Market Press
·北京·

图书在版编目（CIP）数据

营业税改征增值税纳税申报实操与法规指南/郭洪荣主编. —北京：中国市场出版社，2016.7
ISBN 978-7-5092-1505-0

Ⅰ. ①营… Ⅱ. ①郭… Ⅲ. ①增值税-税收管理-中国②增值税-税收政策-中国-指南
Ⅳ. ①F812.42-62

中国版本图书馆 CIP 数据核字（2016）第 150851 号

营业税改征增值税纳税申报实操与法规指南
YINGYESHUI GAIZHENG ZENGZHISHUI NASHUI SHENBAO SHICAO YU FAGUI ZHINAN
主　编　郭洪荣
副主编　张　晶　孟　佳　文　进

出版发行	中国市场出版社	
社　　址	北京月坛北小街 2 号院 3 号楼	邮政编码　100837
电　　话	编辑部（010）68032104　读者服务部（010）68022950	
	发行部（010）68021338　68020340　68053489	
	68024335　68033577　68033539	
	总编室（010）68020336	
	盗版举报（010）68020336	
邮　　箱	474885818@qq.com	
经　　销	新华书店	
印　　刷	河北鑫宏源印刷包装有限责任公司	
规　　格	185 mm×260 mm　16 开本	版　次　2016 年 7 月第 1 版
印　　张	27	印　次　2016 年 7 月第 1 次印刷
字　　数	590 000	定　价　60.00 元

前　言

　　2016年3月18日，国务院常务会议审议通过了全面推开营改增试点方案，明确自2016年5月1日起，全面推开营改增试点，将建筑业、房地产业、金融业、生活服务业纳入试点范围。

　　随着《财政部　国家税务总局关于全面推开营业税改征增值税试点的通知》（财税〔2016〕36号）的颁布，相关配套文件密集发布。对营改增企业财税人员来说，要在很短的时间内摆脱营业税思维的影响，尽快建立起全新的增值税思维，全面准确吃透增值税政策，熟练掌握增值税实战操作技能，灵活地运用到实际工作中去，并不是一件容易的事，其中增值税纳税申报更是让许多财税人员头疼不已！《营业税改征增值税纳税申报实操与法规指南》正是在这样的背景下编写的。全书从内容上可分为法规指南和实务操作两大部分。

一、法规指南好用、实用，全套增值税法规免费下载

　　填报增值税纳税申报表，对法规的全面、准确把握特别重要。对营改增企业来说，增值税法规多且陌生，如何在短时间内全面、深入掌握、在纳税申报表填报时准确适用是一件非常挠头的事，稍有不慎，企业就要面临税务风险，付出代价。为方便读者快捷、完整、准确地掌握增值税、营改增政策法规，本书对国务院、财政部、国家税务总局发布的现行有效的增值税、营改增政策法规以及部分地方省市的补充规定进行了全面认真的梳理（截至2016年5月底），分"增值税基本政策法规""增值税税收优惠政策""增值税专项制度"三部分摘录呈现给读者。其中，"增值税基本政策法规"按增值税税制要素的逻辑框架归纳整理。由于税收优惠、专项制度文件较多，篇幅较大，特别独立成篇。摘编的政策法规全部标明文号，并于书中末尾处编制了"增值税法规政策一览"。

　　为方便读者了解查阅增值税政策法规信息原文，我们精心制作了全套增值税与营改增法规文件汇编的电子书，读者可登陆税务复议诉讼网（www.swfyss.com）首页的

"下载中心"下载，顺便享受更多惊喜！

二、典型案例实战性强，纳税申报手把手教

每个月的增值税纳税申报对营改增企业的财税人员来说是一项全新的工作。由于政策法规掌握得不够全面系统，又缺乏经验，对一些难点、疑点问题，财税人员光看填报说明无从下手，准确填报存在很大的难度，甚至会埋下较大的隐患。为此，本书实务操作部分按建筑服务纳税、房地产开发纳税、金融服务纳税、生活服务纳税、小规模纳税人纳税分别设计了极具实战性和操作价值的纳税申报典型案例。案例讲解了申报表填报的交易处理、会计处理、税务处理、填报步骤和方法，并附有填报完成后的样表范例，这样引领读者一步一步学习纳税申报实际操作全过程。

跟着案例学一遍纳税申报，将政策规定与实际操作融会贯通，举一反三，读者会惊喜地发现，增值税纳税申报并非想象的那么难，令人头疼的问题已经迎刃而解。

需要特别说明的是，由于"营改增"是我国建筑业、房地产业、金融业、生活服务业企业和税务机关共同面临的一项全新工作，在实践工作中一定会出现这样或那样的问题，营改增政策也在不断补充发布中，我们对一些问题的理解与把握也处于不断学习探讨过程中，因此，本书观点和建议仅供读者参考，切忌生搬硬套，实际工作中须特别关注税法政策的变化和主管税务机关的规定。

本书由中国税务服务联盟复议诉讼专业委员会、洪海明珠（北京）税收应用科学技术中心共同策划，是"中国纳税实务系列丛书"之一。

虽然我们已经尽己所能，力求做到书中内容完整准确，书籍阅读起来得心应手，但囿于时间、精力和水平，书中方方面面的不足甚至错误在所难免，诚挚地欢迎广大读者批评指正。恳请致信：13911038782 @ 126. com。联系电话：13911038782，13910713018，13601364513。

编　者

2016 年 7 月

目 录
CONTENTS

7 征收管理 / 82

7.1 货物、劳务 / 82

7.2 销售服务、无形资产、不动产 / 85

8 2016 年 5 月 1 日营改增后的服务征收 / 88

8.1 建筑服务 / 88

8.2 销售取得不动产 / 92

8.3 房地产开发 / 97

8.4 租赁不动产 / 103

9 2016 年 5 月 1 日营改增前的具体货物、服务征收 / 112

第二篇　增值税税收优惠政策

第三篇　增值税专项制度

1　抵扣凭证专项制度 / 161

2　发票管理专项制度 / 163

第四篇　建筑服务纳税申报案例

第五篇　房地产开发纳税申报案例

第六篇　金融服务纳税申报案例

第七篇　生活服务纳税申报案例

第八篇　小规模纳税人纳税申报案例

1 第一篇　增值税基本政策法规

1　纳税义务人、扣缴义务人

1.1　销售货物、劳务及进口货物纳税义务人

1.1.1　货物、劳务纳税义务人

在中华人民共和国境内销售货物或者提供加工、修理修配劳务以及进口货物的单位和个人，为增值税的纳税人，应当依照本条例缴纳增值税。

（摘自《中华人民共和国增值税暂行条例》（以下简称《增值税暂行条例》）第一条）

1.1.2　货物、劳务相关名词解释

（1）"货物"、"加工"、"修理修配"的解释。

条例第一条所称货物，是指有形动产，包括电力、热力、气体在内。

条例第一条所称加工，是指受托加工货物，即委托方提供原料及主要材料，受托方按照委托方的要求，制造货物并收取加工费的业务。

条例第一条所称修理修配，是指受托对损伤和丧失功能的货物进行修复，使其恢复原状和功能的业务。

（摘自《中华人民共和国增值税暂行条例实施细则》

（以下简称《增值税暂行条例实施细则》）第二条）

（2）"销售货物"、"提供加工、修理修配劳务"和"有偿"的解释。

条例第一条所称销售货物，是指有偿转让货物的所有权。

条例第一条所称提供加工、修理修配劳务（以下称应税劳务），是指有偿提供加工、修理修配劳务。单位或者个体工商户聘用的员工为本单位或者雇主提供加工、修理修配劳务，不包括在内。

本细则所称有偿，是指从购买方取得货币、货物或者其他经济利益。

（摘自《增值税暂行条例实施细则》第三条）

（3）"境内"的解释。

条例第一条所称在中华人民共和国境内（以下简称境内）销售货物或者提供加工、修理修配劳务，是指：

（一）销售货物的起运地或者所在地在境内；

（二）提供的应税劳务发生在境内。

（摘自《增值税暂行条例实施细则》第八条）

（4）"单位"、"个人"的解释。

条例第一条所称单位，是指企业、行政单位、事业单位、军事单位、社会团体及其他单位。

条例第一条所称个人，是指个体工商户和其他个人。

（摘自《增值税暂行条例实施细则》第九条）

1.1.3 代理进口货物的纳税人

代理进口货物的行为，属于增值税条例所称的代购货物行为，应按增值税代购货物的征税规定执行。但鉴于代理进口货物的海关完税凭证有的开具给委托方，有的开具给受托方的特殊性，对代理进口货物，以海关开具的完税凭证上的纳税人为增值税纳税人。即对报关进口货物，凡是海关的完税凭证开具给委托方的，对代理方不征增值税；凡是海关的完税凭证开具给代理方的，对代理方应按规定增收增值税。

（摘自国税函发〔1995〕288号第三条）

1.1.4 租赁或者承包经营的纳税人

单位租赁或者承包给其他单位或者个人经营的，以承租人或者承包人为纳税人。

（摘自《增值税暂行条例实施细则》第十条）

对承租或承包的企业、单位和个人，有独立的生产、经营权，在财务上独立核算，并定期向出租者或发包者上缴租金或承包费的，应作为增值税纳税人按规定缴纳增值税。

（摘自国税发〔1994〕186号第一条）

外商投资企业全部或部分由本企业股东、其它企业、本企业雇员或其他个人（以下简称经营人）负责经营，但外商投资企业未改变其法人地位、名称和经营范围等工商登记内容，经营中仍以外商投资企业的名义，对外从事各项商务活动，经营人按合同规定数额或收益的一定比例返还外商投资企业，独立承担经营风险并享受返还后的剩余收益的，不论其合同规定为承包经营还是承租经营，均按以下原则计算纳税：外商投资企业由经营人负责经营部分的生产、经营收入，仍应以外商投资企业为纳税主体，计算缴纳流转税。

（摘自国税发〔1995〕45号第二条）

1.2　销售服务、无形资产、不动产纳税义务人

1.2.1　应税行为纳税义务人

在中华人民共和国境内（以下称境内）销售服务、无形资产或者不动产（以下称应税行为）的单位和个人，为增值税纳税人，应当按照本办法缴纳增值税，不缴纳营业税。

（摘自财税〔2016〕36 号附件 1 第一条）

1.2.2　应税行为的确认

应税行为的具体范围，按照本办法所附的《销售服务、无形资产、不动产注释》执行。

（摘自财税〔2016〕36 号附件 1 第九条）

1.2.3　销售服务、无形资产、不动产的有关名词解释

（1）"销售服务、无形资产或者不动产"和"非经营活动"的解释。

销售服务、无形资产或者不动产，是指有偿提供服务、有偿转让无形资产或者不动产，但属于下列非经营活动的情形除外：

（一）行政单位收取的同时满足以下条件的政府性基金或者行政事业性收费。

1. 由国务院或者财政部批准设立的政府性基金，由国务院或者省级人民政府及其财政、价格主管部门批准设立的行政事业性收费；

2. 收取时开具省级以上（含省级）财政部门监（印）制的财政票据；

3. 所收款项全额上缴财政。

（二）单位或者个体工商户聘用的员工为本单位或者雇主提供取得工资的服务。

（三）单位或者个体工商户为聘用的员工提供服务。

（四）财政部和国家税务总局规定的其他情形。

（摘自财税〔2016〕36 号附件 1 第十条）

（2）"有偿"的解释。

有偿，是指取得货币、货物或者其他经济利益。

（摘自财税〔2016〕36 号附件 1 第十一条）

（3）"境内销售"的解释。

在境内销售服务、无形资产或者不动产，是指：

（一）服务（租赁不动产除外）或者无形资产（自然资源使用权除外）的销售方或者购买方在境内；

（二）所销售或者租赁的不动产在境内；

（三）所销售自然资源使用权的自然资源在境内；

（四）财政部和国家税务总局规定的其他情形。

（摘自财税〔2016〕36 号附件 1 第十二条）

（4）"单位"、"个人"的解释。

单位，是指企业、行政单位、事业单位、军事单位、社会团体及其他单位。

个人，是指个体工商户和其他个人。

（摘自财税〔2016〕36 号附件 1 第一条）

1.2.4　不属于境内销售的情形

下列情形不属于在境内销售服务或者无形资产：

（一）境外单位或者个人向境内单位或者个人销售完全在境外发生的服务。

（二）境外单位或者个人向境内单位或者个人销售完全在境外使用的无形资产。

（三）境外单位或者个人向境内单位或者个人出租完全在境外使用的有形动产。

（四）财政部和国家税务总局规定的其他情形。

（摘自财税〔2016〕36 号附件 1 第十三条）

1.2.5　承包发包的纳税人

单位以承包、承租、挂靠方式经营的，承包人、承租人、挂靠人（以下统称承包人）以发包人、出租人、被挂靠人（以下统称发包人）名义对外经营并由发包人承担相关法律责任的，以该发包人为纳税人。否则，以承包人为纳税人。

（摘自财税〔2016〕36 号附件 1 第二条）

1.2.6　视为一个纳税人的批准权限

两个或者两个以上的纳税人，经财政部和国家税务总局批准可以视为一个纳税人合并纳税。具体办法由财政部和国家税务总局另行制定。

（摘自财税〔2016〕36 号附件 1 第七条）

1.3　扣缴义务人

中华人民共和国境外的单位或者个人在境内提供应税劳务，在境内未设有经营机构的，以其境内代理人为扣缴义务人；在境内没有代理人的，以购买方为扣缴义务人。

（摘自《增值税暂行条例》第十八条）

2　增值税征收范围确认

2.1　货物征税范围说明

2.1.1　农业产品

（1）植物类。

植物类包括人工种植和天然生长的各种植物的初级产品。具体征税范围为：

①粮食。

粮食是指各种主食食科植物果实的总称。本货物的征税范围包括小麦、稻谷、玉米、高粱、谷子和其他杂粮（如：大麦、燕麦等），以及经碾磨、脱壳等工艺加工后的粮食（如：面粉，米，玉米面、渣等）。

切面、饺子皮、馄饨皮、面皮、米粉等粮食复制品，也属于本货物的征税范围。

以粮食为原料加工的速冻食品、方便面、副食品和各种熟食品，不属于本货物的征税范围。

（摘自财税字〔1995〕52 号附件）

②蔬菜。

蔬菜是指可作副食的草本、木本植物的总称。本货物的征税范围包括各种蔬菜、菌类植物和少数可作副食的木本植物。

经晾晒、冷藏、冷冻、包装、脱水等工序加工的蔬菜，腌菜、咸菜、酱菜和盐渍蔬菜等，也属于本货物的征税范围。

各种蔬菜罐头（罐头是指以金属罐、玻璃瓶和其他材料包装，经排气密封的各种食品。下同）不属于本货物的征税范围。

（摘自财税字〔1995〕52 号附件）

③烟叶。

烟叶是指各种烟草的叶片和经过简单加工的叶片。本货物的征税范围包括晒烟叶、晾烟叶和初烤烟叶。

1. 晒烟叶。是指利用太阳能露天晒制的烟叶。

2. 晾烟叶。是指在晾房内自然干燥的烟叶。

3. 初考烟叶。是指烟草种植者直接烤制的烟叶。不包括专业复烤厂烤制的复烤烟叶。

（摘自财税字〔1995〕52 号附件）

④茶叶。

茶叶是指从茶树上采摘下来的鲜叶和嫩芽（即茶青），以及经吹干、揉拌、发酵、烘干等工序初制的茶。本货物的征税范围包括各种毛茶（如红毛茶、绿毛茶、乌龙毛茶、白毛茶、黑毛茶等）。

精制茶、边销茶及掺对各种药物的茶和茶饮料，不属于本货物的征税范围。

（摘自财税字〔1995〕52号附件）

⑤园艺植物。

园艺植物是指可供食用的果实，如水果、果干（如荔枝干、桂圆干、葡萄干等）、干果、果仁、果用瓜（如甜瓜、西瓜、哈密瓜等），以及胡椒、花椒、大料、咖啡豆等。

经冷冻、冷藏、包装等工序加工的园艺植物，也属于本货物的征税范围。各种水果罐头，果脯，蜜饯，炒制的果仁、坚果，碾磨后的园艺植物（如胡椒粉、花椒粉等），不属于本货物的征税范围。

（摘自财税字〔1995〕52号附件）

⑥药用植物。

药用植物是指用作中药原药的各种植物的根、茎、皮、叶、花、果实等。利用上述药用植物加工制成的片、丝、块、段等中药饮片，也属于本货物的征税范围。

中成药不属于本货物的征税范围。

（摘自财税字〔1995〕52号附件）

⑦油料植物。

油料植物是指主要用作榨取油脂的各种植物的根、茎、叶、果实、花或者胚芽组织等初级产品，如菜子（包括芥菜子）、花生、大豆、葵花子、蓖麻子、芝麻子、胡麻子、茶子、桐子、橄榄仁、棕榈仁、棉籽等。

提取芳香油的芳香油料植物，也属于本货物的征税范围。

（摘自财税字〔1995〕52号附件）

⑧纤维植物。

纤维植物是指利用其纤维作纺织、造纸原料或者绳索的植物，如棉（包括籽棉、皮棉、絮棉）、大麻、黄麻、槿麻、苎麻、茼麻、亚麻、罗布麻、蕉麻、剑麻等。

棉短绒和麻纤维经脱胶后的精干（洗）麻，也属于本货物的征税范围。

（摘自财税字〔1995〕52号附件）

⑨糖料植物。

糖料植物是指主要用作制糖的各种植物，如甘蔗、甜菜等。

（摘自财税字〔1995〕52号附件）

⑩林业产品。

林业产品是指乔木、灌木和竹类植物，以及天然树脂、天然橡胶。林业产品的征税范围包括：

1. 原木。是指将砍伐倒的乔木去其枝芽、梢头或者皮的乔木、灌木，以及锯成一定长度的木段。

锯材不属于本货物的征税范围。

2．原竹。是指将砍倒的竹去其枝、梢或者叶的竹类植物，以及锯成一定长度的竹段。

3．天然树脂。是指木科植物的分泌物，包括生漆、树脂和树胶，如松脂、桃胶、樱胶、阿拉伯胶、古巴胶和天然橡胶（包括乳胶和干胶）等。

4．其他林业产品。是指除上述列举林业产品以外的其他各种林业产品，如竹笋、笋干、棕竹、棕榈衣、树枝、树叶、树皮、藤条等。

盐水竹笋也属于本货物的征税范围。竹笋罐头不属于本货物的征税范围。

（摘自财税字〔1995〕52号附件）

⑪其他植物。

其他植物是指除上述列举植物以外的其他各种人工种植和野生的植物，如树苗、花卉、植物种子、植物叶子、草、麦秸、豆类、薯类、藻类植物等。

干花、干草、薯干、干制的藻类植物，农业产品的下脚料等，也属于本货物的征税范围。

（摘自财税字〔1995〕52号附件）

（2）动物类。

动物类包括人工养殖和天然生长的各种动物的初级产品。具体征税范围为：

①水产品。

水产品是指人工放养和人工捕捞的鱼、虾、蟹、鳖、贝类、棘皮类、软体类、腔肠类、海兽类动物。本货物的征税范围包括鱼、虾、蟹、鳖、贝类、棘皮类、软体类、腔肠类、海兽类、鱼苗（卵）、虾苗、蟹苗、贝苗（秋），以及经冷冻、冷藏、盐渍等防腐处理和包装的水产品。

干制的鱼、虾、蟹、贝类、棘皮类、软体类、腔肠类，如干鱼、干虾、干虾仁、干贝等，以及未加工成工艺品的贝壳、珍珠，也属于本货物的征税范围。

熟制的水产品和各类水产品的罐头，不属于本货物的征税范围。

（摘自财税字〔1995〕52号附件）

②畜牧产品。

畜牧产品是指人工饲养、繁殖取得和捕获的各种畜禽。本货物的征税范围包括：

1．兽类、禽类和爬行类动物，如牛、马、猪、羊、鸡、鸭等。

2．兽类、禽类和爬行类动物的肉产品，包括整块或者分割的鲜肉、冷藏或者冷冻肉、盐渍肉，兽类、禽类和爬行类动物的内脏、头、尾、蹄等组织。

各种兽类、禽类和爬行类动物的肉类生制品，如腊肉、腌肉、熏肉等，也属于本货物的征税范围。

各种肉类罐头、肉类熟制品，不属于本货物的征税范围。

3．蛋类产品。是指各种禽类动物和爬行类动物的卵，包括鲜蛋、冷藏蛋。

经加工的咸蛋、松花蛋、腌制的蛋等，也属于本货物的征税范围。各种蛋类的罐头不属于本货物的征税范围。

4. 鲜奶。是指各种哺乳类动物的乳汁和经净化、杀菌等加工工序生产的乳汁。

用鲜奶加工的各种奶制品，如酸奶、奶酪、奶油等，不属于本货物的征税范围。

（摘自财税字〔1995〕52 号附件）

③动物皮张。

动物皮张是指从各种动物（兽类、禽类和爬行类动物）身上直接剥取的，未经鞣制的生皮、生皮张。

将生皮、生皮张用清水、盐水或者防腐药水浸泡、刮里、脱毛、晒干或者熏干，未经鞣制的，也属于本货物的征税范围。

（摘自财税字〔1995〕52 号附件）

④动物毛绒。

动物毛绒是指未经洗净的各种动物的毛发、绒发和羽毛。洗净毛、洗净绒等不属于本货物的征税范围。

（摘自财税字〔1995〕52 号附件）

⑤其他动物组织。

其他动物组织是指上述列举以外的兽类、禽类、爬行类动物的其他组织，以及昆虫类动物。

1. 蚕茧。包括鲜茧和干茧，以及蚕蛹。

2. 天然蜂蜜。是指采集的未经加工的天然蜂蜜、鲜蜂王浆等。

3. 动物树脂，如虫胶等。

4. 其他动物组织，如动物骨、壳、兽角、动物血液、动物分泌物、蚕种等。

（摘自财税字〔1995〕52 号附件）

2.1.2 食用植物油

植物油是从植物根、茎、叶、果实、花或胚芽组织中加工提取的油脂。

食用植物油仅指：芝麻油、花生油、豆油、菜籽油、米糠油、葵花籽油、棉籽油、玉米胚油、茶油、胡麻油，以及以上述油为原料生产的混合油。

（摘自国税发〔1993〕151 号第二条）

2.1.3 自来水

自来水是指自来水公司及工矿企业经抽取、过滤、沉淀、消毒等工序加工后，通过供水系统向用户供应的水。

农业灌溉用水、引水工程输送的水等，不属于本货物的范围。

（摘自国税发〔1993〕151 号第三条）

2.1.4　暖气、热水

暖气、热水是指利用各种燃料（如煤、石油、其他各种气体或固体、液体燃料）和电能将水加热，使之生成的气体和热水，以及开发自然热能，如开发地热资源或用太阳能生产的暖气、热气、热水。

利用工业余热生产、回收的暖气、热气和热水也属于本货物的范围。

（摘自国税发〔1993〕151号第四条）

2.1.5　冷　气

冷气是指为了调节室内温度，利用制冷设备生产的，并通过供风系统向用户提供的低温气体。

（摘自国税发〔1993〕151号第五条）

2.1.6　煤　气

煤气是指由煤、焦炭、半焦和重油等经干馏或汽化等生产过程所得气体产物的总称。

煤气的范围包括：

（一）焦炉煤气：是指煤在炼焦炉中进行干馏所产生的煤气。

（二）发生炉煤气：是指用空气（或氧气）和少量的蒸气将煤或焦炭、半焦，在煤气发生炉中进行汽化所产生的煤气、混合煤气、水煤气、单水煤气、双水煤气等。

（三）液化煤气：是指压缩成液体的煤气。

（摘自国税发〔1993〕151号第六条）

2.1.7　石油液化气

石油液化气是指由石油加工过程中所产生的低分子量的烃类炼厂气经压缩成的液体。主要成分是丙烷、丁烷、丁烯等。

（摘自国税发〔1993〕151号第七条）

2.1.8　天然气

天然气是蕴藏在地层内的碳氢化合物可燃气体。主要含有甲烷、乙烷等低分子烷烃和丙烷、丁烷、戊烷及其他重质气态烃类。

天然气包括气田天然气、油田天然气、煤矿天然气和其他天然气。

（摘自国税发〔1993〕151号第八条）

2.1.9 沼 气

沼气，主要成分为甲烷，由植物残体在与空气隔绝的条件下经自然分解而成，沼气主要作燃料。

本货物的范围包括：天然沼气和人工生产的沼气。

（摘自国税发〔1993〕151号第九条）

2.1.10 居民用煤炭制品

居民用煤炭制品是指煤球、煤饼、蜂窝煤和引火炭。

（摘自国税发〔1993〕151号第十条）

2.1.11 图书、报纸、杂志

图书、报纸、杂志是采用印刷工艺，按照文字、图画和线条原稿印刷成的纸制品。本货物的范围包括：

（一）图书。是指由国家新闻出版署批准的出版单位出版，采用国际标准书号编序的书籍，以及图片。

（二）报纸。是指经国家新闻出版署批准，在各省、自治区、直辖市新闻出版部门登记，具有国内统一刊号（CN）的报纸。

（三）杂志。是指经国家新闻出版署批准，在省、自治区、直辖市新闻出版管理部门登记，具有国内统一刊号（CN）的刊物。

（摘自国税发〔1993〕151号第十一条）

印刷企业接受出版单位委托，自行购买纸张，印刷有统一刊号（CN）以及采用国际标准书号编序的图书、报纸和杂志，按货物销售征收增值税。

（摘自财税〔2005〕165号第十二条）

2.1.12 饲 料

饲料指用于动物饲养的产品或其加工品。本货物的范围包括：

（一）单一大宗饲料。指以一种动物、植物、微生物或矿物质为来源的产品或其副产品。其范围仅限于糠麸、酒糟、油饼、骨粉、鱼粉、饲料级磷酸氢钙。

（二）混合饲料。指由两种以上单一大宗饲料、粮食、粮食副产品及饲料添加剂按照一定比例配置，其中单一大宗饲料、粮食及粮食副产品的参兑比例不低于95％的饲料。

（三）配合饲料。指根据不同的饲养对象，饲养对象的不同生长发育阶段的营养需要，将多种饲料原料按饲料配方经工业生产后，形成的能满足饲养动物全部营养需要（除水分外）的饲料。

（四）复合预混料。指能够按照国家有关饲料产品的标准要求量，全面提供动物饲养相应阶段所需微量元素（4 种或以上）、维生素（8 种或以上），由微量元素、维生素、氨基酸和非营养性添加剂中任何两类或两类以上的组分与载体或稀释剂按一定比例配置的均匀混合物。

（五）浓缩饲料。指由蛋白质、复合预混料及矿物质等按一定比例配制的均匀混合物。

用于动物饲养的粮食、饲料添加剂不属于本货物的范围。

（摘自国税发〔1999〕39 号第一条）

2.1.13　化　肥

化肥是指经化学和机械加工制成的各种化学肥料。

化肥的范围包括：

（一）化学氮肥。主要品种有尿素和硫酸铵、硝酸铵、碳酸氢铵、氯化铵、石灰氮、氨水等。

（二）磷肥。主要品种有磷矿粉、过磷酸钙（包括普通过磷酸钙和重过磷酸钙两种）、钙镁磷肥、钢渣磷肥等。

（三）钾肥。主要品种有硫酸钾、氯化钾等。

（四）复合肥料。是用化学方法合成或混配制成含有氮、磷、钾中的两种或两种以上的营养元素的肥料。含有两种的称二元复合肥，含有三种的称三元复合肥料，也有含三种元素和某些其他元素的叫多元复合肥料。主要产品有硝酸磷肥、磷酸铵、磷酸二氢钾肥、钙镁磷钾肥、磷酸一铵、磷粉二铵、氮磷钾复合肥等。

（五）微量元素肥。是指含有一种或多种植物生长所必需的，但需要量又极少的营养元素的肥料，如硼肥、锰肥、锌肥、铜肥、钼肥等。

（六）其他肥。是指上述列举以外的其他化学肥料。

（摘自国税发〔1993〕151 号第十三条）

化肥的具体范围，仍然按照《国家税务总局关于印发〈增值税部分货物征税范围注释〉的通知》（国税发〔1993〕151 号）的规定执行。进口环节恢复征收增值税的化肥税号见附件。

（摘自财税〔2015〕90 号第二条）

2.1.14　农　药

农药是指用于农林业防治病虫害、除草及调节植物生长的药剂。

农药包括农药原药和农药制剂。如杀虫剂、杀菌剂、除草剂、植物生长调节剂、植物性农药、微生物农药、卫生用药、其他农药原药、制剂等等。

（摘自国税发〔1993〕151 号第十四条）

2.1.15　农　膜

农膜是指用于农业生产的各种地膜、大棚膜。

（摘自国税发〔1993〕151 号第十五条）

2.1.16　农　机

农机是指用于农业生产（包括林业、牧业、副业、渔业）的各种机器和机械化和半机械化农具，以及小农具。

农机的范围包括：

（一）拖拉机。是以内燃机为驱动牵引机具从事作业和运载物资的机械。包括轮拖拉机、履带拖拉机、手扶拖拉机、机耕船。

（二）土壤耕整机械。是对土壤进行耕翻整理的机械。包括机引犁、机引耙、旋耕机、镇压器、联合整地器、合壤器、其他土壤耕整机械。

（三）农田基本建设机械。是指从事农田基本建设的专用机械。包括开沟筑埂机、开沟铺管机、铲抛机、平地机、其他农田基本建设机械。

（四）种植机械。是指将农作物种子或秧苗移植到适于作物生长的苗床机械。包括播作机、水稻插秧机、栽植机、地膜覆盖机、复式播种机、秧苗准备机械。

（五）植物保护和管理机械。是指农作物在生长过程中的管理、施肥、防治病虫害的机械。包括机动喷粉机、喷雾机（器）、弥雾喷粉机、修剪机、中耕除草机、播种中耕机、培土机具、施肥机。

（六）收获机械。是指收获各种农作物的机械。包括粮谷、棉花、薯类、甜菜、甘蔗、茶叶、油料等收获机。

（七）场上作业机械。是指对粮食作物进行脱粒、清选、烘干的机械设备。包括各种脱粒机、清选机、粮谷干燥机、种子精选机。

（八）排灌机械。是指用于农牧业排水、灌溉的各种机械设备。包括喷灌机、半机械化提水机具、打井机。

（九）农副产品加工机械。是指对农副产品进行初加工，加工后的产品仍属农副产品的机械。包括茶叶机械、剥壳机械、棉花加工机械（包括棉花打包机）、食用菌机械（培养木耳、蘑菇等）、小型粮谷机械。

以农副产品为原料加工工业产品的机械，不属于本货物的范围。

（十）农业运输机械。是指农业生产过程中所需的各种运输机械。包括人力车（不包括三轮运货车）、畜力车和拖拉机挂车。

农用汽车不属于本货物的范围。

（十一）畜牧业机械。是指畜牧业生产中所需的各种机械。包括草原建设机械、牧业收获机械、饲料加工机械、畜禽饲养机械、畜产品采集机械。

（十二）渔业机械。是指捕捞、养殖水产品所用的机械。包括捕捞机械、增氧机、饵料机。

机动渔船不属于本货物的范围。

（十三）林业机械。是指用于林业的种植、育林的机械。包括清理机械、育林机械、树苗栽植机械。

森林砍伐机械、集材机械不属于本货物征收范围。

（十四）小农具。包括畜力犁、畜力耙、锄头和镰刀等农具。

农机零部件不属于本货物的征收范围。

（摘自国税发〔1993〕151 号第十六条）

2.1.17　电子出版物

电子出版物，是指以数字代码方式，使用计算机应用程序，将图文声像等内容信息编辑加工后存储在具有确定的物理形态的磁、光、电等介质上，通过内嵌在计算机、手机、电子阅读设备、电子显示设备、数字音/视频播放设备、电子游戏机、导航仪以及其他具有类似功能的设备上读取使用，具有交互功能，用以表达思想、普及知识和积累文化的大众传播媒体。载体形态和格式主要包括只读光盘（CD 只读光盘 CD-ROM、交互式光盘 CD-I、照片光盘 Photo-CD、高密度只读光盘 DVD-ROM、蓝光只读光盘 HD-DVD ROM 和 BD ROM）、一次写入式光盘（一次写入 CD 光盘 CD-R、一次写入高密度光盘 DVD-R、一次写入蓝光光盘 HD-DVD/R，BD-R）、可擦写光盘（可擦写 CD 光盘 CD-RW、可擦写高密度光盘 DVD-RW、可擦写蓝光光盘 HDDVD-RW 和 BD-RW、磁光盘 M0）、软磁盘（FD）、硬磁盘（HD）、集成电路卡（CF 卡、MD卡、SM 卡、MMC 卡、RS-MMC 卡、MS 卡、SD 卡、XD 卡、T-Flash 卡、记忆棒）和各种存储芯片。

（摘自财税〔2009〕9 号第一条第（三）项）

2.2　销售服务的范围

2.2.1　销售服务

销售服务，是指提供交通运输服务、邮政服务、电信服务、建筑服务、金融服务、现代服务、生活服务。

（摘自财税〔2016〕36 号附件 1）

2.2.2 交通运输服务

交通运输服务，是指利用运输工具将货物或者旅客送达目的地，使其空间位置得到转移的业务活动。包括陆路运输服务、水路运输服务、航空运输服务和管道运输服务。

一、陆路运输服务

陆路运输服务，是指通过陆路（地上或者地下）运送货物或者旅客的运输业务活动，包括铁路运输服务和其他陆路运输服务。

（一）铁路运输服务，是指通过铁路运送货物或者旅客的运输业务活动。

（二）其他陆路运输服务，是指铁路运输以外的陆路运输业务活动。包括公路运输、缆车运输、索道运输、地铁运输、城市轻轨运输等。

出租车公司向使用本公司自有出租车的出租车司机收取的管理费用，按照陆路运输服务缴纳增值税。

二、水路运输服务

水路运输服务，是指通过江、河、湖、川等天然、人工水道或者海洋航道运送货物或者旅客的运输业务活动。

水路运输的程租、期租业务，属于水路运输服务。

程租业务，是指运输企业为租船人完成某一特定航次的运输任务并收取租赁费的业务。

期租业务，是指运输企业将配备有操作人员的船舶承租给他人使用一定期限，承租期内听候承租方调遣，不论是否经营，均按天向承租方收取租赁费，发生的固定费用均由船东负担的业务。

三、航空运输服务

航空运输服务，是指通过空中航线运送货物或者旅客的运输业务活动。

航空运输的湿租业务，属于航空运输服务。

湿租业务，是指航空运输企业将配备有机组人员的飞机承租给他人使用一定期限，承租期内听候承租方调遣，不论是否经营，均按一定标准向承租方收取租赁费，发生的固定费用均由承租方承担的业务。

航天运输服务，按照航空运输服务缴纳增值税。

航天运输服务，是指利用火箭等载体将卫星、空间探测器等空间飞行器发射到空间轨道的业务活动。

四、管道运输服务

管道运输服务，是指通过管道设施输送气体、液体、固体物质的运输业务活动。

无运输工具承运业务，按照交通运输服务缴纳增值税。

无运输工具承运业务，是指经营者以承运人身份与托运人签订运输服务合同，收取运费并承担承运人责任，然后委托实际承运人完成运输服务的经营活动。

（摘自财税〔2016〕36 号附件 1）

2.2.3　邮政服务

邮政服务，是指中国邮政集团公司及其所属邮政企业提供邮件寄递、邮政汇兑和机要通信等邮政基本服务的业务活动。包括邮政普遍服务、邮政特殊服务和其他邮政服务。

一、邮政普遍服务

邮政普遍服务，是指函件、包裹等邮件寄递，以及邮票发行、报刊发行和邮政汇兑等业务活动。

函件，是指信函、印刷品、邮资封片卡、无名址函件和邮政小包等。

包裹，是指按照封装上的名址递送给特定个人或者单位的独立封装的物品，其重量不超过五十千克，任何一边的尺寸不超过一百五十厘米，长、宽、高合计不超过三百厘米。

二、邮政特殊服务

邮政特殊服务，是指义务兵平常信函、机要通信、盲人读物和革命烈士遗物的寄递等业务活动。

三、其他邮政服务

其他邮政服务，是指邮册等邮品销售、邮政代理等业务活动。

（摘自财税〔2016〕36 号附件 1）

2.2.4　电信服务

电信服务，是指利用有线、无线的电磁系统或者光电系统等各种通信网络资源，提供语音通话服务，传送、发射、接收或者应用图像、短信等电子数据和信息的业务活动。包括基础电信服务和增值电信服务。

一、基础电信服务

基础电信服务，是指利用固网、移动网、卫星、互联网，提供语音通话服务的业务活动，以及出租或者出售带宽、波长等网络元素的业务活动。

二、增值电信服务

增值电信服务，是指利用固网、移动网、卫星、互联网、有线电视网络，提供短信和彩信服务、电子数据和信息的传输及应用服务、互联网接入服务等业务活动。

卫星电视信号落地转接服务，按照增值电信服务缴纳增值税。

（摘自财税〔2016〕36 号附件 1）

2.2.5　建筑服务

建筑服务，是指各类建筑物、构筑物及其附属设施的建造、修缮、装饰，线路、管道、设备、设施等的安装以及其他工程作业的业务活动。包括工程服务、安装服务、修缮服务、装饰服务和其他建筑服务。

一、工程服务

工程服务，是指新建、改建各种建筑物、构筑物的工程作业，包括与建筑物相连的各种设备或者支柱、操作平台的安装或者装设工程作业，以及各种窑炉和金属结构工程作业。

二、安装服务

安装服务，是指生产设备、动力设备、起重设备、运输设备、传动设备、医疗实验设备以及其他各种设备、设施的装配、安置工程作业，包括与被安装设备相连的工作台、梯子、栏杆的装设工程作业，以及被安装设备的绝缘、防腐、保温、油漆等工程作业。

固定电话、有线电视、宽带、水、电、燃气、暖气等经营者向用户收取的安装费、初装费、开户费、扩容费以及类似收费，按照安装服务缴纳增值税。

三、修缮服务

修缮服务，是指对建筑物、构筑物进行修补、加固、养护、改善，使之恢复原来的使用价值或者延长其使用期限的工程作业。

四、装饰服务

装饰服务，是指对建筑物、构筑物进行修饰装修，使之美观或者具有特定用途的工程作业。

五、其他建筑服务

其他建筑服务，是指上列工程作业之外的各种工程作业服务，如钻井（打井）、拆除建筑物或者构筑物、平整土地、园林绿化、疏浚（不包括航道疏浚）、建筑物平移、搭脚手架、爆破、矿山穿孔、表面附着物（包括岩层、土层、沙层等）剥离和清理等工程作业。

（摘自财税〔2016〕36 号附件 1）

2.2.6　金融服务

金融服务，是指经营金融保险的业务活动。包括贷款服务、直接收费金融服务、保险服务和金融商品转让。

一、贷款服务

贷款，是指将资金贷与他人使用而取得利息收入的业务活动。

各种占用、拆借资金取得的收入，包括金融商品持有期间（含到期）利息（保本收益、报酬、资金占用费、补偿金等）收入、信用卡透支利息收入、买入返售金融商品利息收入、融资融券收取的利息收入，以及融资性售后回租、押汇、罚息、票据贴现、转贷等业务取得的利息及利息性质的收入，按照贷款服务缴纳增值税。

融资性售后回租，是指承租方以融资为目的，将资产出售给从事融资性售后回租业务的企业后，从事融资性售后回租业务的企业将该资产出租给承租方的业务活动。

以货币资金投资收取的固定利润或者保底利润，按照贷款服务缴纳增值税。

二、直接收费金融服务

直接收费金融服务，是指为货币资金融通及其他金融业务提供相关服务并且收取费用的业务活动。包括提供货币兑换、账户管理、电子银行、信用卡、信用证、财务担保、资产管理、信托管理、基金管理、金融交易场所（平台）管理、资金结算、资金清算、金融支付等服务。

三、保险服务

保险服务，是指投保人根据合同约定，向保险人支付保险费，保险人对于合同约定的可能发生的事故因其发生所造成的财产损失承担赔偿保险金责任，或者当被保险人死亡、伤残、疾病或者达到合同约定的年龄、期限等条件时承担给付保险金责任的商业保险行为。包括人身保险服务和财产保险服务。

人身保险服务，是指以人的寿命和身体为保险标的的保险业务活动。

财产保险服务，是指以财产及其有关利益为保险标的的保险业务活动。

四、金融商品转让

金融商品转让，是指转让外汇、有价证券、非货物期货和其他金融商品所有权的业务活动。

其他金融商品转让包括基金、信托、理财产品等各类资产管理产品和各种金融衍生品的转让。

（摘自财税〔2016〕36号附件1）

2.2.7 现代服务

现代服务，是指围绕制造业、文化产业、现代物流产业等提供技术性、知识性服务的业务活动。包括研发和技术服务、信息技术服务、文化创意服务、物流辅助服务、租赁服务、鉴证咨询服务、广播影视服务、商务辅助服务和其他现代服务。

（1）研发和技术服务。

研发和技术服务，包括研发服务、合同能源管理服务、工程勘察勘探服务、专业技术服务。

（一）研发服务，也称技术开发服务，是指就新技术、新产品、新工艺或者新材料及其系统进行研究与试验开发的业务活动。

（二）合同能源管理服务，是指节能服务公司与用能单位以契约形式约定节能目标，节能服务公司提供必要的服务，用能单位以节能效果支付节能服务公司投入及其合理报酬的业务活动。

（三）工程勘察勘探服务，是指在采矿、工程施工前后，对地形、地质构造、地下资源蕴藏情况进行实地调查的业务活动。

（四）专业技术服务，是指气象服务、地震服务、海洋服务、测绘服务、城市规划、环境与生态监测服务等专项技术服务。

（摘自财税〔2016〕36 号附件 1）

（2）信息技术服务。

信息技术服务，是指利用计算机、通信网络等技术对信息进行生产、收集、处理、加工、存储、运输、检索和利用，并提供信息服务的业务活动。包括软件服务、电路设计及测试服务、信息系统服务、业务流程管理服务和信息系统增值服务。

（一）软件服务，是指提供软件开发服务、软件维护服务、软件测试服务的业务活动。

（二）电路设计及测试服务，是指提供集成电路和电子电路产品设计、测试及相关技术支持服务的业务活动。

（三）信息系统服务，是指提供信息系统集成、网络管理、网站内容维护、桌面管理与维护、信息系统应用、基础信息技术管理平台整合、信息技术基础设施管理、数据中心、托管中心、信息安全服务、在线杀毒、虚拟主机等业务活动。包括网站对非自有的网络游戏提供的网络运营服务。

（四）业务流程管理服务，是指依托信息技术提供的人力资源管理、财务经济管理、审计管理、税务管理、物流信息管理、经营信息管理和呼叫中心等服务的活动。

（五）信息系统增值服务，是指利用信息系统资源为用户附加提供的信息技术服务。包括数据处理、分析和整合、数据库管理、数据备份、数据存储、容灾服务、电子商务平台等。

（摘自财税〔2016〕36 号附件 1）

（3）文化创意服务。

文化创意服务，包括设计服务、知识产权服务、广告服务和会议展览服务。

（一）设计服务，是指把计划、规划、设想通过文字、语言、图画、声音、视觉等形式传递出来的业务活动。包括工业设计、内部管理设计、业务运作设计、供应链设计、造型设计、服装设计、环境设计、平面设计、包装设计、动漫设计、网游设计、展示设计、网站设计、机械设计、工程设计、广告设计、创意策划、文印晒图等。

（二）知识产权服务，是指处理知识产权事务的业务活动。包括对专利、商标、著作权、软件、集成电路布图设计的登记、鉴定、评估、认证、检索服务。

（三）广告服务，是指利用图书、报纸、杂志、广播、电视、电影、幻灯、路牌、招贴、橱窗、霓虹灯、灯箱、互联网等各种形式为客户的商品、经营服务项目、文体节目或者通告、声明等委托事项进行宣传和提供相关服务的业务活动。包括广告代理和广告的发布、播映、宣传、展示等。

（四）会议展览服务，是指为商品流通、促销、展示、经贸洽谈、民间交流、企业沟通、国际往来等举办或者组织安排的各类展览和会议的业务活动。

（摘自财税〔2016〕36 号附件 1）

（4）物流辅助服务。

物流辅助服务，包括航空服务、港口码头服务、货运客运场站服务、打捞救助服务、装卸搬运服务、仓储服务和收派服务。

（一）航空服务，包括航空地面服务和通用航空服务。

航空地面服务，是指航空公司、飞机场、民航管理局、航站等向在境内航行或者在境内机场停留的境内外飞机或者其他飞行器提供的导航等劳务性地面服务的业务活动。包括旅客安全检查服务、停机坪管理服务、机场候机厅管理服务、飞机清洗消毒服务、空中飞行管理服务、飞机起降服务、飞行通讯服务、地面信号服务、飞机安全服务、飞机跑道管理服务、空中交通管理服务等。

通用航空服务，是指为专业工作提供飞行服务的业务活动，包括航空摄影、航空培训、航空测量、航空勘探、航空护林、航空吊挂播洒、航空降雨、航空气象探测、航空海洋监测、航空科学实验等。

（二）港口码头服务，是指港务船舶调度服务、船舶通讯服务、航道管理服务、航道疏浚服务、灯塔管理服务、航标管理服务、船舶引航服务、理货服务、系解缆服务、停泊和移泊服务、海上船舶溢油清除服务、水上交通管理服务、船只专业清洗消毒检测服务和防止船只漏油服务等为船只提供服务的业务活动。

港口设施经营人收取的港口设施保安费按照港口码头服务缴纳增值税。

（三）货运客运场站服务，是指货运客运场站提供货物配载服务、运输组织服务、中转换乘服务、车辆调度服务、票务服务、货物打包整理、铁路线路使用服务、加挂铁路客车服务、铁路行包专列发送服务、铁路到达和中转服务、铁路车辆编解服务、车辆挂运服务、铁路接触网服务、铁路机车牵引服务等业务活动。

（四）打捞救助服务，是指提供船舶人员救助、船舶财产救助、水上救助和沉船沉物打捞服务的业务活动。

（五）装卸搬运服务，是指使用装卸搬运工具或者人力、畜力将货物在运输工具之间、装卸现场之间或者运输工具与装卸现场之间进行装卸和搬运的业务活动。

（六）仓储服务，是指利用仓库、货场或者其他场所代客贮放、保管货物的业务活动。

（七）收派服务，是指接受寄件人委托，在承诺的时限内完成函件和包裹的收件、分拣、派送服务的业务活动。

收件服务，是指从寄件人收取函件和包裹，并运送到服务提供方同城的集散中心的业务活动。

分拣服务，是指服务提供方在其集散中心对函件和包裹进行归类、分发的业务活动。

派送服务，是指服务提供方从其集散中心将函件和包裹送达同城的收件人的业务活动。

（摘自财税〔2016〕36 号附件 1）

（5）租赁服务。

租赁服务，包括融资租赁服务和经营租赁服务。

（一）融资租赁服务，是指具有融资性质和所有权转移特点的租赁活动。即出租人根据承租人所要求的规格、型号、性能等条件购入有形动产或者不动产租赁给承租人，合同期内租赁物所有权属于出租人，承租人只拥有使用权，合同期满付清租金后，承租人有权按照残值购入租赁物，以拥有其所有权。不论出租人是否将租赁物销售给承租人，均属于融资租赁。

按照标的物的不同，融资租赁服务可分为有形动产融资租赁服务和不动产融资租赁服务。

融资性售后回租不按照本税目缴纳增值税。

（二）经营租赁服务，是指在约定时间内将有形动产或者不动产转让他人使用且租赁物所有权不变更的业务活动。

按照标的物的不同，经营租赁服务可分为有形动产经营租赁服务和不动产经营租赁服务。

将建筑物、构筑物等不动产或者飞机、车辆等有形动产的广告位出租给其他单位或者个人用于发布广告，按照经营租赁服务缴纳增值税。

车辆停放服务、道路通行服务（包括过路费、过桥费、过闸费等）等按照不动产经营租赁服务缴纳增值税。

水路运输的光租业务、航空运输的干租业务，属于经营租赁。

光租业务，是指运输企业将船舶在约定的时间内出租给他人使用，不配备操作人员，不承担运输过程中发生的各项费用，只收取固定租赁费的业务活动。

干租业务，是指航空运输企业将飞机在约定的时间内出租给他人使用，不配备机组人员，不承担运输过程中发生的各项费用，只收取固定租赁费的业务活动。

（摘自财税〔2016〕36号附件1）

（6）鉴证咨询服务。

鉴证咨询服务，包括认证服务、鉴证服务和咨询服务。

（一）认证服务，是指具有专业资质的单位利用检测、检验、计量等技术，证明产品、服务、管理体系符合相关技术规范、相关技术规范的强制性要求或者标准的业务活动。

（二）鉴证服务，是指具有专业资质的单位受托对相关事项进行鉴证，发表具有证明力的意见的业务活动。包括会计鉴证、税务鉴证、法律鉴证、职业技能鉴定、工程造价鉴证、工程监理、资产评估、环境评估、房地产土地评估、建筑图纸审核、医疗事故鉴定等。

（三）咨询服务，是指提供信息、建议、策划、顾问等服务的活动。包括金融、软件、技术、财务、税收、法律、内部管理、业务运作、流程管理、健康等方面的咨询。

翻译服务和市场调查服务按照咨询服务缴纳增值税。

（摘自财税〔2016〕36号附件1）

（7）广播影视服务。

广播影视服务，包括广播影视节目（作品）的制作服务、发行服务和播映（含放映，下同）服务。

（一）广播影视节目（作品）制作服务，是指进行专题（特别节目）、专栏、综艺、体育、动画片、广播剧、电视剧、电影等广播影视节目和作品制作的服务。具体包括与广播影视节目和作品相关的策划、采编、拍摄、录音、音视频文字图片素材制作、场景布置、后期的剪辑、翻译（编译）、字幕制作、片头、片尾、片花制作、特效制作、影片修复、编目和确权等业务活动。

（二）广播影视节目（作品）发行服务，是指以分账、买断、委托等方式，向影院、电台、电视台、网站等单位和个人发行广播影视节目（作品）以及转让体育赛事等活动的报道及播映权的业务活动。

（三）广播影视节目（作品）播映服务，是指在影院、剧院、录像厅及其他场所播映广播影视节目（作品），以及通过电台、电视台、卫星通信、互联网、有线电视等无线或者有线装置播映广播影视节目（作品）的业务活动。

（摘自财税〔2016〕36号附件1）

（8）商务辅助服务。

商务辅助服务，包括企业管理服务、经纪代理服务、人力资源服务、安全保护服务。

（一）企业管理服务，是指提供总部管理、投资与资产管理、市场管理、物业管理、日常综合管理等服务的业务活动。

（二）经纪代理服务，是指各类经纪、中介、代理服务。包括金融代理、知识产权代理、货物运输代理、代理报关、法律代理、房地产中介、职业中介、婚姻中介、代理记账、拍卖等。

货物运输代理服务，是指接受货物收货人、发货人、船舶所有人、船舶承租人或者船舶经营人的委托，以委托人的名义，为委托人办理货物运输、装卸、仓储和船舶进出港口、引航、靠泊等相关手续的业务活动。

代理报关服务，是指接受进出口货物的收、发货人委托，代为办理报关手续的业务活动。

（三）人力资源服务，是指提供公共就业、劳务派遣、人才委托招聘、劳动力外包等服务的业务活动。

（四）安全保护服务，是指提供保护人身安全和财产安全，维护社会治安等的业务活动。包括场所住宅保安、特种保安、安全系统监控以及其他安保服务。

（摘自财税〔2016〕36号附件1）

（9）其他现代服务。

其他现代服务，是指除研发和技术服务、信息技术服务、文化创意服务、物流辅助服务、租赁服务、鉴证咨询服务、广播影视服务和商务辅助服务以外的现代服务。

（摘自财税〔2016〕36号附件1）

2.2.8　生活服务

生活服务，是指为满足城乡居民日常生活需求提供的各类服务活动。包括文化体育服务、教育医疗服务、旅游娱乐服务、餐饮住宿服务、居民日常服务和其他生活服务。

(1) 文化体育服务。

文化体育服务,包括文化服务和体育服务。

(一) 文化服务,是指为满足社会公众文化生活需求提供的各种服务。包括:文艺创作、文艺表演、文化比赛,图书馆的图书和资料借阅,档案馆的档案管理,文物及非物质遗产保护,组织举办宗教活动、科技活动、文化活动,提供游览场所。

(二) 体育服务,是指组织举办体育比赛、体育表演、体育活动,以及提供体育训练、体育指导、体育管理的业务活动。

(摘自财税〔2016〕36号附件1)

(2) 教育医疗服务。

教育医疗服务,包括教育服务和医疗服务。

(一) 教育服务,是指提供学历教育服务、非学历教育服务、教育辅助服务的业务活动。

学历教育服务,是指根据教育行政管理部门确定或者认可的招生和教学计划组织教学,并颁发相应学历证书的业务活动。包括初等教育、初级中等教育、高级中等教育、高等教育等。

非学历教育服务,包括学前教育、各类培训、演讲、讲座、报告会等。

教育辅助服务,包括教育测评、考试、招生等服务。

(二) 医疗服务,是指提供医学检查、诊断、治疗、康复、预防、保健、接生、计划生育、防疫服务等方面的服务,以及与这些服务有关的提供药品、医用材料器具、救护车、病房住宿和伙食的业务。

(摘自财税〔2016〕36号附件1)

(3) 旅游娱乐服务。

旅游娱乐服务,包括旅游服务和娱乐服务。

(一) 旅游服务,是指根据旅游者的要求,组织安排交通、游览、住宿、餐饮、购物、文娱、商务等服务的业务活动。

(二) 娱乐服务,是指为娱乐活动同时提供场所和服务的业务。

具体包括:歌厅、舞厅、夜总会、酒吧、台球、高尔夫球、保龄球、游艺(包括射击、狩猎、跑马、游戏机、蹦极、卡丁车、热气球、动力伞、射箭、飞镖)。

(摘自财税〔2016〕36号附件1)

(4) 餐饮住宿服务。

餐饮住宿服务,包括餐饮服务和住宿服务。

(一) 餐饮服务,是指通过同时提供饮食和饮食场所的方式为消费者提供饮食消费服务的业务活动。

(二) 住宿服务,是指提供住宿场所及配套服务等的活动。包括宾馆、旅馆、旅社、度假村和其他经营性住宿场所提供的住宿服务。

(摘自财税〔2016〕36号附件1)

（5）居民日常服务。

居民日常服务，是指主要为满足居民个人及其家庭日常生活需求提供的服务，包括市容市政管理、家政、婚庆、养老、殡葬、照料和护理、救助救济、美容美发、按摩、桑拿、氧吧、足疗、沐浴、洗染、摄影扩印等服务。

（摘自财税〔2016〕36号附件1）

（6）其他生活服务。

其他生活服务，是指除文化体育服务、教育医疗服务、旅游娱乐服务、餐饮住宿服务和居民日常服务之外的生活服务。

（摘自财税〔2016〕36号附件1）

2.3　销售无形资产

销售无形资产，是指转让无形资产所有权或者使用权的业务活动。无形资产，是指不具实物形态，但能带来经济利益的资产，包括技术、商标、著作权、商誉、自然资源使用权和其他权益性无形资产。

技术，包括专利技术和非专利技术。

自然资源使用权，包括土地使用权、海域使用权、探矿权、采矿权、取水权和其他自然资源使用权。

其他权益性无形资产，包括基础设施资产经营权、公共事业特许权、配额、经营权（包括特许经营权、连锁经营权、其他经营权）、经销权、分销权、代理权、会员权、席位权、网络游戏虚拟道具、域名、名称权、肖像权、冠名权、转会费等。

（摘自财税〔2016〕36号附件1）

2.4　销售不动产

销售不动产，是指转让不动产所有权的业务活动。不动产，是指不能移动或者移动后会引起性质、形状改变的财产，包括建筑物、构筑物等。

建筑物，包括住宅、商业营业用房、办公楼等可供居住、工作或者进行其他活动的建造物。

构筑物，包括道路、桥梁、隧道、水坝等建造物。

转让建筑物有限产权或者永久使用权的，转让在建的建筑物或者构筑物所有权的，以及在转让建筑物或者构筑物时一并转让其所占土地的使用权的，按照销售不动产缴纳增值税。

（摘自财税〔2016〕36号附件1）

2.5　营改增前不征收增值税的范围

2.5.1　中央财政补贴

纳税人取得的中央财政补贴，不属于增值税应税收入，不征收增值税。

（摘自国家税务总局公告 2013 年第 3 号）

2.5.2　融资性售后回租业务中承租方出售资产行为

融资性售后回租业务是指承租方以融资为目的将资产出售给经批准从事融资租赁业务的企业后，又将该项资产从该融资租赁企业租回的行为。融资性售后回租业务中承租方出售资产时，资产所有权以及与资产所有权有关的全部报酬和风险并未完全转移。

根据现行增值税和营业税有关规定，融资性售后回租业务中承租方出售资产的行为，不属于增值税和营业税征收范围，不征收增值税和营业税。

（摘自国家税务总局公告 2010 年第 13 号导语和第一条）

2.5.3　燃油电厂取得的发电补贴

根据《中华人民共和国增值税暂行条例》第六条规定，应税销售额是指纳税人销售货物或者应税劳务向购买方收取的全部价款和价外费用。因此，各燃油电厂从政府财政专户取得的发电补贴不属于规定的价外费用，不计入应税销售额，不征收增值税。

（摘自国税函〔2006〕1235 号）

2.5.4　供电工程贴费

供电工程贴费是指在用户申请用电或增加用电容量时，供电企业向用户收取的用于建设 110 千伏及以下各级电压外部供电工程建设和改造等费用的总称，包括供电和配电贴费两部分。经国务院批准同意的国家计委《关于调整供电贴费标准和加强贴费管理的请示》（计投资〔1992〕2569 号）附件一规定："根据贴费的性质和用途，凡电力用户新建的工程项目所支付的贴费，应从该工程的基建投资中列支；凡电力用户改建、扩建的工程项目所支付的贴费，从单位自有资金中列支"。同时，用贴费建设的工程项目由电力用户交由电力部门统一管理使用。根据贴费和用贴费建设的工程项目的性质以及增值税、营业税有关法规政策的规定，供电工程贴费不属于增值税销售货物和收取价外费用的范围，不应当征收增值税，也不属于营业税的应税劳务收入，不应当征收营业税。

（摘自财税字〔1997〕102号）

2.5.5 体育彩票发行收入

根据现行《中华人民共和国增值税暂行条例》及其实施细则等有关规定，对体育彩票的发行收入不征增值税。

（摘自财税字〔1996〕77号第一条）

2.5.6 会员费收入

对增值税纳税人收取的会员费收入不征收增值税。

（摘自财税〔2005〕165号第十三条）

2.5.7 国家管理部门取得的工本费收入

对国家管理部门行使其管理职能，发放的执照、牌照和有关证书等取得的工本费收入，不征收增值税。

（摘自国税函发〔1995〕288号第六条）

2.5.8 金融保险企业以业务销售附带赠送实物的业务

金融保险企业开展的以业务销售附带赠送实物的业务，属于金融保险企业提供金融保险劳务的同时赠送实物的行为，按照现行流转税政策规定，不征收增值税，其进项税额不得抵扣；其附带赠送实物的行为是金融保险企业无偿赠与他人实物的行为，不属于营业税征收范围，不征收营业税。

（摘自企便函〔2009〕33号第三条第（二）项）

2.5.9 卫生防疫站调拨或发放的免费防疫苗

对卫生防疫站调拨或发放的由政府财政负担的免费防疫苗不征收增值税。

（摘自国税函〔1999〕191号）

2.5.10 资产重组

纳税人在资产重组过程中，通过合并、分立、出售、置换等方式，将全部或者部分实物资产以及与其相关联的债权、负债经多次转让后，最终的受让方与劳动力接收方为同一单位和个人的，仍适用《国家税务总局关于纳税人资产重组有关增值税问题的公告》（国家税务总局公告 2011 年第 13 号）的相关规定，其中货物的多次转让行为均不征收增值税。资产的出让方需将资产重组方案等文件资料报其主管税务机关。

（摘自国家税务总局公告 2013 年第 66 号）

（一）增值税一般纳税人（以下称"原纳税人"）在资产重组过程中，将全部资产、负债和劳动力一并转让给其他增值税一般纳税人（以下称"新纳税人"），并按程序办理注销税务登记的，其在办理注销登记前尚未抵扣的进项税额可结转至新纳税人处继续抵扣。

（二）原纳税人主管税务机关应认真核查纳税人资产重组相关资料，核实原纳税人在办理注销税务登记前尚未抵扣的进项税额，填写《增值税一般纳税人资产重组进项留抵税额转移单》（见附件）。

《增值税一般纳税人资产重组进项留抵税额转移单》一式三份，原纳税人主管税务机关留存一份，交纳税人一份，传递新纳税人主管税务机关一份。

（三）新纳税人主管税务机关应将原纳税人主管税务机关传递来的《增值税一般纳税人资产重组进项留抵税额转移单》与纳税人报送资料进行认真核对，对原纳税人尚未抵扣的进项税额，在确认无误后，允许新纳税人继续申报抵扣。

（摘自国家税务总局公告 2012 年第 55 号）

纳税人在资产重组过程中，通过合并、分立、出售、置换等方式，将全部或者部分实物资产以及与其相关联的债权、负债和劳动力一并转让给其他单位和个人，不属于增值税的征税范围，其中涉及的货物转让，不征收增值税。

（摘自国家税务总局公告 2011 年第 13 号）

2.6 其他文件规定的不征收增值税项目

一、根据国家指令无偿提供的铁路运输服务、航空运输服务，属于《试点实施办法》第十四条规定的用于公益事业的服务。

二、存款利息。

三、被保险人获得的保险赔付。

四、房地产主管部门或者其指定机构、公积金管理中心、开发企业以及物业管理单位代收的住宅专项维修资金。

五、在资产重组过程中，通过合并、分立、出售、置换等方式，将全部或者部分实物资产以及与其相关联的债权、负债和劳动力一并转让给其他单位和个人，其中涉及的不动产、土地使用权转让行为。

（摘自财税〔2016〕36 号附件 2 第一条第（二）项）

2.7 视同销售

2.7.1 关于视同销售行为的规定及其补充

（1）关于视同销售行为的规定。

单位或者个体工商户的下列行为，视同销售货物：

（一）将货物交付其他单位或者个人代销；

（二）销售代销货物；

（三）设有两个以上机构并实行统一核算的纳税人，将货物从一个机构移送其他机构用于销售，但相关机构设在同一县（市）的除外；

（四）将自产或者委托加工的货物用于非增值税应税项目；

（五）将自产、委托加工的货物用于集体福利或者个人消费；

（六）将自产、委托加工或者购进的货物作为投资，提供给其他单位或者个体工商户；

（七）将自产、委托加工或者购进的货物分配给股东或者投资者；

（八）将自产、委托加工或者购进的货物无偿赠送其他单位或者个人。

（摘自《增值税暂行条例实施细则》第四条）

（2）关于用于销售的确认的规定。

《中华人民共和国增值税暂行条例实施细则》第四条视同销售货物行为的第（三）项所称的用于销售，是指受货机构发生以下情形之一的经营行为：一、向购货方开具发票；二、向购货方收取货款。

受货机构的货物移送行为有上述两项情形之一的，应当向所在地税务机关缴纳增值税；未发生上述两项情形的，则应由总机构统一缴纳增值税。

如果受货机构只就部分货物向购买方开具发票或收取货款，则应当区别不同情况计算并分别向总机构所在地或分支机构所在地缴纳税款。

（摘自国税发〔1998〕137 号）

（3）其他文件的补充规定。

国税发〔1998〕137 号通知是对《中华人民共和国增值税暂行条例实施细则》第四条第（三）款的解释，本应从该细则实施之日起执行。但由于国税发〔1998〕137 号通知下发前，该细则上述条款所称"销售"概念未予明确，致使各地税务机关和纳税人理解上有分歧，执行上也不尽一致。鉴于这一实际情况，为了避免给企业生产经营和财务核算造成较大影响，国家税务总局决定，以 1998 年 9 月 1 日为界限，此前企业所属机构发生国税发〔1998〕137 号通知所称销售行为的，如果应纳增值税已由企业统一向企业主管税务机关缴纳，企业所属机构主管税务机关不得再征收此项应纳增值税。

如果此项应纳增值税未由企业统一缴纳，企业所属机构也未缴纳，则应由企业所属机构主管税务机关负责征收；属于偷税行为的，应由企业所属机构主管税务机关依照有关法律、法规予以处理。1998 年 9 月 1 日以后，企业所属机构发生销售行为，其应纳增值税则一律由企业所属机构主管税务机关征收。

（摘自国税函发〔1998〕718 号第一条）

2.7.2　无偿赠送煤矸石应视同销售

纳税人将煤矸石无偿提供给他人，应根据《中华人民共和国增值税暂行条例实施细则》第四条的规定征收增值税，销售额应根据《中华人民共和国增值税暂行条例实施细则》第十六条的规定确定。

（摘自国家税务总局公告 2013 年第 70 号）

2.7.3　无偿赠送粉煤灰应视同销售

纳税人将粉煤灰无偿提供给他人，应根据《中华人民共和国增值税暂行条例实施细则》第四条的规定征收增值税。销售额应根据《中华人民共和国增值税暂行条例实施细则》第十六条的规定确定。

（摘自国家税务总局公告 2011 年第 32 号）

2.7.4　创新药后续免费使用不属于视同销售

一、药品生产企业销售自产创新药的销售额，为向购买方收取的全部价款和价外费用，其提供给患者后续免费使用的相同创新药，不属于增值税视同销售范围。

二、本通知所称创新药，是指经国家食品药品监督管理部门批准注册、获批前未曾在中国境内外上市销售，通过合成或者半合成方法制得的原料药及其制剂。

三、药品生产企业免费提供创新药，应保留如下资料，以备税务机关查验：

（一）国家食品药品监督管理部门颁发的注明注册分类为 1.1 类的药品注册批件；

（二）后续免费提供创新药的实施流程；

（三）第三方（创新药代保管的医院、药品经销单位等）出具免费用药确认证明，以及患者在第三方登记、领取创新药的记录。

（摘自财税〔2015〕4 号）

2.7.5　其他文件规定的视同销售的情形

下列情形视同销售服务、无形资产或者不动产：

一、单位或者个体工商户向其他单位或者个人无偿提供服务，但用于公益事业或者以社会公众为对象的除外。

二、单位或者个人向其他单位或者个人无偿转让无形资产或者不动产，但用于公益事业或者以社会公众为对象的除外。

三、财政部和国家税务总局规定的其他情形。

(摘自财税〔2016〕36 号附件 1 第十四条)

2.8　兼营、混合销售

2.8.1　兼营的会计核算

(1) 兼营不同税率和征收率项目的分别核算。

试点纳税人销售货物、加工修理修配劳务、服务、无形资产或者不动产适用不同税率或者征收率的，应当分别核算适用不同税率或者征收率的销售额，未分别核算销售额的，按照以下方法适用税率或者征收率：

1. 兼有不同税率的销售货物、加工修理修配劳务、服务、无形资产或者不动产，从高适用税率。

2. 兼有不同征收率的销售货物、加工修理修配劳务、服务、无形资产或者不动产，从高适用征收率。

3. 兼有不同税率和征收率的销售货物、加工修理修配劳务、服务、无形资产或者不动产，从高适用税率。

(摘自财税〔2016〕36 号附件 2 第一条第（一）项)

纳税人兼营销售货物、劳务、服务、无形资产或者不动产，适用不同税率或者征收率的，应当分别核算适用不同税率或者征收率的销售额；未分别核算的，从高适用税率。

(摘自财税〔2016〕36 号附件 1 第三十九条)

(2) 兼营免税、减税项目的分别核算。

纳税人兼营免税、减税项目的，应当分别核算免税、减税项目的销售额；未分别核算的，不得免税、减税。

(摘自财税〔2016〕36 号附件 1 第四十一条)

2.8.2　混合销售与适用税目

纳税人的下列混合销售行为，应当分别核算货物的销售额和非增值税应税劳务的营业额，并根据其销售货物的销售额计算缴纳增值税，非增值税应税劳务的营业额不缴纳增值税；未分别核算的，由主管税务机关核定其货物的销售额：

（一）销售自产货物并同时提供建筑业劳务的行为；

（二）财政部、国家税务总局规定的其他情形。

（摘自《增值税暂行条例实施细则》第六条）

一项销售行为如果既涉及服务又涉及货物，为混合销售。从事货物的生产、批发或者零售的单位和个体工商户的混合销售行为，按照销售货物缴纳增值税；其他单位和个体工商户的混合销售行为，按照销售服务缴纳增值税。

本条所称从事货物的生产、批发或者零售的单位和个体工商户，包括以从事货物的生产、批发或者零售为主，并兼营销售服务的单位和个体工商户在内。

（摘自财税〔2016〕36号附件1第四十条）

一项销售行为如果既涉及货物又涉及服务，为混合销售。从事货物的生产、批发或者零售的单位和个体工商户的混合销售行为，按照销售货物缴纳增值税；其他单位和个体工商户的混合销售行为，按照销售服务缴纳增值税。

上述从事货物的生产、批发或者零售的单位和个体工商户，包括以从事货物的生产、批发或者零售为主，并兼营销售服务的单位和个体工商户在内。

（摘自财税〔2016〕36号附件2第二条第（三）项）

2.8.3　销售电信服务的会计核算

试点纳税人销售电信服务时，附带赠送用户识别卡、电信终端等货物或者电信服务的，应将其取得的全部价款和价外费用进行分别核算，按各自适用的税率计算缴纳增值税。

（摘自财税〔2016〕36号附件2第一条第（十二）项）

3 销售额

3.1 销售货物、劳务销售额的范围确认和计算

3.1.1 销售额

(1) 销售额定义。

销售额为纳税人销售货物或者应税劳务向购买方收取的全部价款和价外费用，但是不包括收取的销项税额。

（摘自《增值税暂行条例》第六条）

(2) 人民币计算。

销售额以人民币计算。纳税人以人民币以外的货币结算销售额的，应当折合成人民币计算。

（摘自《增值税暂行条例》第六条）

3.1.2 价外费用

(1) "价外费用"的解释。

条例第六条第一款所称价外费用，包括价外向购买方收取的手续费、补贴、基金、集资费、返还利润、奖励费、违约金、滞纳金、延期付款利息、赔偿金、代收款项、代垫款项、包装费、包装物租金、储备费、优质费、运输装卸费以及其他各种性质的价外收费。

（摘自《增值税暂行条例实施细则》第十二条）

(2) 价外费用不包括的项目。

（一）受托加工应征消费税的消费品所代收代缴的消费税；

（二）同时符合以下条件的代垫运输费用：

1. 承运部门的运输费用发票开具给购买方的；

2. 纳税人将该项发票转交给购买方的。

（三）同时符合以下条件代为收取的政府性基金或者行政事业性收费：

1. 由国务院或者财政部批准设立的政府性基金，由国务院或者省级人民政府及其财政、价格主管部门批准设立的行政事业性收费；

2. 收取时开具省级以上财政部门印制的财政票据；

3. 所收款项全额上缴财政。

（四）销售货物的同时代办保险等而向购买方收取的保险费，以及向购买方收取的代购买方缴纳的车辆购置税、车辆牌照费。

（摘自《增值税暂行条例实施细则》第十二条）

（3）集资费、手续费、代收款属于价外费用。

燃气公司和生产、销售货物或提供增值税应税劳务的单位，在销售货物或提供增值税应税劳务时，代有关部门向购买方收取的集资费（包括管道煤气集资款〈初装费〉）、手续费、代收款等，属于增值税价外收费，应征收增值税，不征收营业税。

（摘自财税〔2003〕16号第一条第（一）项）

（4）热源建设费应作为价外费用。

根据《财政部 国家税务总局关于增值税若干政策的通知》（财税〔2005〕165号）第八条规定，热电企业向房地产商收取的"热源建设费"应作为价外费用征收增值税。

（摘自企便函〔2009〕33号第三条第（一）项）

（5）原油管理费应作为价外费用。

按照《中华人民共和国增值税暂行条例》的有关规定，纳税人销售货物或者应税劳务的销售额包括向购买方收取的全部价款和价外费用。原油管理费是在国家规定的原油一、二档出厂价格的基础上按销售原油数量收取的，属于价外费用的一部分，因此，应按增值税的有关规定征收增值税。

（摘自国税发〔1996〕111号）

（6）铁路支线维护费属于价外费用。

按照《中华人民共和国增值税暂行条例》的有关规定，纳税人销售货物或者应税劳务的销售额包括向购买方收取的全部价款和价外费用。你省煤炭生产企业用自备铁路专用线运输煤炭取得的"铁路支线维护费"是在销售煤炭环节收取的，属于增值税条例规定的价外费用，因此，应按增值税的有关规定征收增值税。

（摘自国税函发〔1996〕561号）

3.1.3　酒类产品包装物押金应并入当期销售额征税

从1995年6月1日起，对销售除啤酒、黄酒外的其他酒类产品而收取的包装物押金，无论是否返还以及会计上如何核算，均应并入当期销售额征税。

（摘自国税发〔1995〕192号第三条）

3.1.4　含税销售额的换算

（1）一般纳税人含税销售额的换算。

一般纳税人销售货物或者应税劳务，采用销售额和销项税额合并定价方法的，按下列公式计算销售额：

$$销售额＝含税销售额÷(1＋税率)$$

（摘自《增值税暂行条例实施细则》第十四条）

（2）小规模纳税人含税销售额的换算。

小规模纳税人的销售额不包括其应纳税额。

小规模纳税人销售货物或者应税劳务采用销售额和应纳税额合并定价方法的，按下列公式计算销售额：

$$销售额＝含税销售额÷(1＋征收率)$$

（摘自《增值税暂行条例实施细则》第三十条）

（3）价外费用和逾期包装物押金应视为含税收入。

对增值税一般纳税人（包括纳税人自己或代其他部门）向购买方收取的价外费用和逾期包装物押金，应视为含税收入，在征税时换算成不含税收入并入销售额计征增值税。

（摘自国税发〔1996〕155 号第一条）

3.1.5　外币销售额的折算

纳税人按人民币以外的货币结算销售额的，其销售额的人民币折合率可以选择销售额发生的当天或者当月 1 日的人民币汇率中间价。纳税人应在事先确定采用何种折合率，确定后 1 年内不得变更。

（摘自《增值税暂行条例实施细则》第十五条）

3.1.6　直销企业的销售额

一、直销企业先将货物销售给直销员，直销员再将货物销售给消费者的，直销企业的销售额为其向直销员收取的全部价款和价外费用。直销员将货物销售给消费者时，应按照现行规定缴纳增值税。

二、直销企业通过直销员向消费者销售货物，直接向消费者收取货款，直销企业的销售额为其向消费者收取的全部价款和价外费用。

（摘自国家税务总局公告 2013 年第 5 号）

3.1.7　税务机关核定销售额

（1）税务机关核定销售额的情形。

纳税人销售货物或者应税劳务的价格明显偏低并无正当理由的，由主管税务机关核定其销售额。

（摘自《增值税暂行条例》第七条）

（2）销售额方法选择顺序的确定。

纳税人有条例第七条所称价格明显偏低并无正当理由或者有本细则第四条所列视同销售货物行为而无销售额者，按下列顺序确定销售额：

（一）按纳税人最近时期同类货物的平均销售价格确定；

（二）按其他纳税人最近时期同类货物的平均销售价格确定；

（三）按组成计税价格确定。组成计税价格的公式为：

$$组成计税价格＝成本×（1＋成本利润率）$$

属于应征消费税的货物，其组成计税价格中应加计消费税额。

公式中的成本是指：销售自产货物的为实际生产成本，销售外购货物的为实际采购成本。公式中的成本利润率由国家税务总局确定。

（摘自《增值税暂行条例实施细则》第十六条）

3.1.8 退货、折扣、折让

（1）一般纳税人发生货物退回或退出、折让退还或收回的增值税额的税务处理。

小规模纳税人以外的纳税人（以下称一般纳税人）因销售货物退回或者折让而退还给购买方的增值税额，应从发生销售货物退回或者折让当期的销项税额中扣减；因购进货物退出或者折让而收回的增值税额，应从发生购进货物退出或者折让当期的进项税额中扣减。

一般纳税人销售货物或者应税劳务，开具增值税专用发票后，发生销售货物退回或者折让、开票有误等情形，应按国家税务总局的规定开具红字增值税专用发票。未按规定开具红字增值税专用发票的，增值税额不得从销项税额中扣减。

（摘自《增值税暂行条例实施细则》第十一条）

（2）小规模纳税人发生货物退回或者折让的处理。

小规模纳税人因销售货物退回或者折让退还给购买方的销售额，应从发生销售货物退回或者折让当期的销售额中扣减。

（摘自《增值税暂行条例实施细则》第三十一条）

（3）折扣额填写在发票的备注栏不得减除。

近有部分地区反映，纳税人采取折扣方式销售货物，虽在同一发票上注明了销售额和折扣额，却将折扣额填写在发票的备注栏，是否允许抵减销售额的问题。经研究，现将有关问题进一步明确如下：

《国家税务总局关于印发〈增值税若干具体问题的规定〉的通知》（国税发〔1993〕154号）第二条第（二）项规定："纳税人采取折扣方式销售货物，如果销售额和折扣额在同一张发票上分别注明的，可按折扣后的销售额征收增值税"。纳税人采取折扣方式销售货物，销售额和折扣额在同一张发票上分别注明是指销售额和折扣额在同一张发票上的"金额"栏分别注明的，可按折扣后的销售额征收增值税。未在同一张发票"金额"

栏注明折扣额，而仅在发票的"备注"栏注明折扣额的，折扣额不得从销售额中减除。

（摘自国税函〔2010〕56 号）

（4）疑难问题解答。

问：对出版单位委托发行图书、报刊、杂志等支付给发行单位的经销手续费，在征收增值税时是否允许从销售额中减除？

答：对出版单位委托发行图书、报刊、杂志等支付给发行单位的经销手续费，在征收增值税时按"折扣销售"的有关规定办理，如果销售额和支付的经销手续费在同一发票上分别注明的，可按减除经销手续费后的销售额征收增值税；如果经销手续费不在同一发票上注明，另外开具发票，不论其在财务上如何处理，均不得从销售额中减除经销手续费。

（摘自国税函发〔1995〕288 号第九条）

3.2　销售服务、无形资产、不动产销售额确认

3.2.1　销售额的确定

（1）不含税销售额的计算。

一般计税方法的销售额不包括销项税额，纳税人采用销售额和销项税额合并定价方法的，按照下列公式计算销售额：

销售额＝含税销售额÷（1＋税率）

（摘自财税〔2016〕36 号附件 1 第二十三条）

（2）销售额的内容范围。

销售额，是指纳税人发生应税行为取得的全部价款和价外费用，财政部和国家税务总局另有规定的除外。

价外费用，是指价外收取的各种性质的收费，但不包括以下项目：

（一）代为收取并符合本办法第十条规定的政府性基金或者行政事业性收费。

（二）以委托方名义开具发票代委托方收取的款项。

（摘自财税〔2016〕36 号附件 1 第三十七条）

（3）外币销售额折合为人民币。

销售额以人民币计算。

纳税人按照人民币以外的货币结算销售额的，应当折合成人民币计算，折合率可以选择销售额发生的当天或者当月 1 日的人民币汇率中间价。纳税人应当在事先确定采用何种折合率，确定后 12 个月内不得变更。

（摘自财税〔2016〕36 号附件 1 第三十八条）

（4）税务机关确定销售额的情形。

纳税人发生应税行为价格明显偏低或者偏高且不具有合理商业目的的，或者发生本办法第十四条所列行为而无销售额的，主管税务机关有权按照下列顺序确定销售额：

（一）按照纳税人最近时期销售同类服务、无形资产或者不动产的平均价格确定。

（二）按照其他纳税人最近时期销售同类服务、无形资产或者不动产的平均价格确定。

（三）按照组成计税价格确定。组成计税价格的公式为：

$$组成计税价格＝成本×(1＋成本利润率)$$

成本利润率由国家税务总局确定。

不具有合理商业目的，是指以谋取税收利益为主要目的，通过人为安排，减少、免除、推迟缴纳增值税税款，或者增加退还增值税税款。

（摘自财税〔2016〕36 号附件 1 第四十四条）

3.2.2　金融服务销售额确认

（1）贷款服务。

贷款服务，以提供贷款服务取得的全部利息及利息性质的收入为销售额。

（摘自财税〔2016〕36 号附件 2 第一条第（三）项）

（2）直接收费金融服务。

直接收费金融服务，以提供直接收费金融服务收取的手续费、佣金、酬金、管理费、服务费、经手费、开户费、过户费、结算费、转托管费等各类费用为销售额。

（摘自财税〔2016〕36 号附件 2 第一条第（三）项）

3.2.3　差额计算销售额的项目

（1）金融商品转让。

金融商品转让，按照卖出价扣除买入价后的余额为销售额。

转让金融商品出现的正负差，按盈亏相抵后的余额为销售额。若相抵后出现负差，可结转下一纳税期与下期转让金融商品销售额相抵，但年末时仍出现负差的，不得转入下一个会计年度。

金融商品的买入价，可以选择按照加权平均法或者移动加权平均法进行核算，选择后 36 个月内不得变更。

金融商品转让，不得开具增值税专用发票。

（摘自财税〔2016〕36 号附件 2 第一条第（三）项）

（2）经纪代理。

经纪代理服务，以取得的全部价款和价外费用，扣除向委托方收取并代为支付的政府性基金或者行政事业性收费后的余额为销售额。向委托方收取的政府性基金或者行政事业性收费，不得开具增值税专用发票。

（摘自财税〔2016〕36 号附件 2 第一条第（三）项）

（3）融资租赁和融资性售后回租业务。

（1）经人民银行、银监会或者商务部批准从事融资租赁业务的试点纳税人，提供融资租赁服务，以取得的全部价款和价外费用，扣除支付的借款利息（包括外汇借款和人民币借款利息）、发行债券利息和车辆购置税后的余额为销售额。（2）经人民银行、银监会或者商务部批准从事融资租赁业务的试点纳税人，提供融资性售后回租服务，以取得的全部价款和价外费用（不含本金），扣除对外支付的借款利息（包括外汇借款和人民币借款利息）、发行债券利息后的余额作为销售额。（3）试点纳税人根据 2016 年 4 月 30 日前签订的有形动产融资性售后回租合同，在合同到期前提供的有形动产融资性售后回租服务，可继续按照有形动产融资租赁服务缴纳增值税。继续按照有形动产融资租赁服务缴纳增值税的试点纳税人，经人民银行、银监会或者商务部批准从事融资租赁业务的，根据 2016 年 4 月 30 日前签订的有形动产融资性售后回租合同，在合同到期前提供的有形动产融资性售后回租服务，可以选择以下方法之一计算销售额：①以向承租方收取的全部价款和价外费用，扣除向承租方收取的价款本金，以及对外支付的借款利息（包括外汇借款和人民币借款利息）、发行债券利息后的余额为销售额。纳税人提供有形动产融资性售后回租服务，计算当期销售额时可以扣除的价款本金，为书面合同约定的当期应当收取的本金。无书面合同或者书面合同没有约定的，为当期实际收取的本金。试点纳税人提供有形动产融资性售后回租服务，向承租方收取的有形动产价款本金，不得开具增值税专用发票，可以开具普通发票。②以向承租方收取的全部价款和价外费用，扣除支付的借款利息（包括外汇借款和人民币借款利息）、发行债券利息后的余额为销售额。（4）经商务部授权的省级商务主管部门和国家经济技术开发区批准的从事融资租赁业务的试点纳税人，2016 年 5 月 1 日后实收资本达到 1.7 亿元的，从达到标准的当月起按照上述第（1）、（2）、（3）点规定执行；2016 年 5 月 1 日后实收资本未达到 1.7 亿元但注册资本达到 1.7 亿元的，在 2016 年 7 月 31 日前仍可按照上述第（1）、（2）、（3）点规定执行，2016 年 8 月 1 日后开展的融资租赁业务和融资性售后回租业务不得按照上述第（1）、（2）、（3）点规定执行。

（摘自财税〔2016〕36 号附件 2 第一条第（三）项）

（4）航空运输。

航空运输企业的销售额，不包括代收的机场建设费和代售其他航空运输企业客票而代收转付的价款。

试点纳税人中的一般纳税人（以下称一般纳税人）提供客运场站服务，以其取得的全部价款和价外费用，扣除支付给承运方运费后的余额为销售额。

（摘自财税〔2016〕36 号附件 2 第一条第（三）项）

（5）旅游服务。

试点纳税人提供旅游服务，可以选择以取得的全部价款和价外费用，扣除向旅游服务购买方收取并支付给其他单位或者个人的住宿费、餐饮费、交通费、签证费、门票费和支付给其他接团旅游企业的旅游费用后的余额为销售额。

选择上述办法计算销售额的试点纳税人，向旅游服务购买方收取并支付的上述费用，不得开具增值税专用发票，可以开具普通发票。

（摘自财税〔2016〕36号附件2第一条第（三）项）

（6）建筑服务。

试点纳税人提供建筑服务适用简易计税方法的，以取得的全部价款和价外费用扣除支付的分包款后的余额为销售额。

（摘自财税〔2016〕36号附件2第一条第（三）项）

（7）房地产项目。

房地产开发企业中的一般纳税人销售其开发的房地产项目（选择简易计税方法的房地产老项目除外），以取得的全部价款和价外费用，扣除受让土地时向政府部门支付的土地价款后的余额为销售额。

房地产老项目，是指《建筑工程施工许可证》注明的合同开工日期在2016年4月30日前的房地产项目。

（摘自财税〔2016〕36号附件2第一条第（三）项）

（8）应税收入扣除项目的扣除凭证（差额计算销售额的扣除项目）。

试点纳税人按照上述4—10款的规定从全部价款和价外费用中扣除的价款，应当取得符合法律、行政法规和国家税务总局规定的有效凭证。否则，不得扣除。

上述凭证是指：

（1）支付给境内单位或者个人的款项，以发票为合法有效凭证。

（2）支付给境外单位或者个人的款项，以该单位或者个人的签收单据为合法有效凭证，税务机关对签收单据有疑议的，可以要求其提供境外公证机构的确认证明。

（3）缴纳的税款，以完税凭证为合法有效凭证。

（4）扣除的政府性基金、行政事业性收费或者向政府支付的土地价款，以省级以上（含省级）财政部门监（印）制的财政票据为合法有效凭证。

（5）国家税务总局规定的其他凭证。

纳税人取得的上述凭证属于增值税扣税凭证的，其进项税额不得从销项税额中抵扣。

（摘自财税〔2016〕36号附件2第一条第（三）项）

【提示】扣税凭证与进项税额抵扣凭证，在用途上有区别。本条扣税凭证，是指用于应税项目扣除的凭证，扣的是本期收入计算差价销售额的应税服务项目；扣除凭证扣的是购进的进项税额。为了避免重复扣除，本款做出了特殊规定。

（9）手机短信公益特服号差额计算销售额，不得开具专用发票。

中国移动通信集团公司、中国联合网络通信集团有限公司、中国电信集团公司及其成员单位通过手机短信公益特服号为公益性机构（名单见附件1）接受捐款，以其取得的全部价款和价外费用，扣除支付给公益性机构捐款后的余额为销售额。其接受的捐款，不得开具增值税专用发票。

（摘自财税〔2016〕39 号第一条）

（10）关于证登公司差额计算销售额的规定。

中国证券登记结算公司的销售额，不包括以下资金项目：按规定提取的证券结算风险基金；代收代付的证券公司资金交收违约垫付资金利息；结算过程中代收代付的资金交收违约罚息。

（摘自财税〔2016〕39 号第二条）

3.2.4 扣减销售额的增值税发票开具要求

（1）开具红字增值税专用发票的情形。

纳税人发生应税行为，开具增值税专用发票后，发生开票有误或者销售折让、中止、退回等情形的，应当按照国家税务总局的规定开具红字增值税专用发票；未按照规定开具红字增值税专用发票的，不得按照本办法第三十二条和第三十六条的规定扣减销项税额或者销售额。

（摘自财税〔2016〕36 号附件 1 第四十二条）

（2）销售折扣的发票开具要求。

纳税人发生应税行为，将价款和折扣额在同一张发票上分别注明的，以折扣后的价款为销售额；未在同一张发票上分别注明的，以价款为销售额，不得扣减折扣额。

（摘自财税〔2016〕36 号附件 1 第四十三条）

3.2.5 简易计税方法的销售额扣减

纳税人适用简易计税方法计税的，因销售折让、中止或者退回而退还给购买方的销售额，应当从当期销售额中扣减。扣减当期销售额后仍有余额造成多缴的税款，可以从以后的应纳税额中扣减。

（摘自财税〔2016〕36 号附件 1 第三十六条）

3.2.6 简易计税方法的不含税销售额计算

简易计税方法的销售额不包括其应纳税额，纳税人采用销售额和应纳税额合并定价方法的，按照下列公式计算销售额：

$$销售额＝含税销售额÷（1＋征收率）$$

（摘自财税〔2016〕36 号附件 1 第三十五条）

3.2.7 疑难问题解答

问：企业发生应税行为，在营改增试点之日前已缴纳营业税，营改增试点后因发生退款减除营业额的，应当怎样处理？

答：根据《财政部 国家税务总局关于全面推开营业税改征增值税试点的通知》（财税〔2016〕36号）附件2规定，试点纳税人发生应税行为，在纳入营改增试点之日前已缴纳营业税，营改增试点后因发生退款减除营业额的，应当向原主管地税机关申请退还已缴纳的营业税。

（摘自《全面推开营改增试点12366热点问题解答》（税总纳便函〔2016〕71号））

4 税率、征收率

4.1 销售货物、劳务适用税率

4.1.1 法律关于税率、调整权限、分别核算的规定

(1) 增值税货物、应税劳务的税率。

(一) 纳税人销售或者进口货物，除本条第（二）项、第（三）项规定外，税率为 17%。

(二) 纳税人销售或者进口下列货物，税率为 13%：

1. 粮食、食用植物油；

2. 自来水、暖气、冷气、热水、煤气、石油液化气、天然气、沼气、居民用煤炭制品；

3. 图书、报纸、杂志；

4. 饲料、化肥、农药、农机、农膜；

5. 国务院规定的其他货物。

(三) 纳税人出口货物，税率为零；但是，国务院另有规定的除外。

(四) 纳税人提供加工、修理修配劳务（以下称应税劳务），税率为 17%。

（摘自《增值税暂行条例》第二条第一款）

(2) 税率调整权。

税率的调整，由国务院决定。

（摘自《增值税暂行条例》第二条第二款）

(3) 兼营不同税率货物或应税劳务应分别核算。

纳税人兼营不同税率的货物或者应税劳务，应当分别核算不同税率货物或者应税劳务的销售额；未分别核算销售额的，从高适用税率。

（摘自《增值税暂行条例》第三条）

4.1.2 粮食、食用植物油适用税率

(1) 属于食用植物油适用 13% 税率的货物。

①杏仁油、葡萄籽油。

杏仁油、葡萄籽油属于食用植物油，适用 13% 增值税税率。

（摘自国家税务总局公告 2014 年第 22 号）

②花椒油。

花椒油按照食用植物油 13% 的税率征收增值税。

（摘自国家税务总局公告 2011 年第 33 号）

③橄榄油。

根据《国家税务总局关于印发〈增值税部分货物征税范围注释〉的通知》（国税发〔1993〕151 号）的规定，橄榄油可按照食用植物油 13% 的税率征收增值税。

（摘自国税函〔2010〕144 号）

④核桃油。

核桃油按照食用植物油 13% 的税率征收增值税。

（摘自国税函〔2009〕455 号）

⑤棕榈油、棉籽油。

棕榈油、棉籽油按照食用植物油 13% 的税率征收增值税；

（摘自财税字〔1994〕第 26 号第六条第（一）项）

⑥牡丹籽油。

牡丹籽油属于食用植物油，适用 13% 增值税税率。

牡丹籽油是以丹凤牡丹和紫斑牡丹的籽仁为原料，经压榨、脱色、脱臭等工艺制成的产品。

（摘自国家税务总局公告 2014 年第 75 号）

（2）不属于食用植物油适用 17% 税率的货物。

①皂脚。

皂脚是碱炼动植物油脂时的副产品，不能食用，主要用作化学工业原料。因此，皂脚不属于食用植物油，也不属于《财政部 国家税务总局关于印发〈农业产品征税范围注释〉的通知》（财税字〔1995〕52 号）中农业产品的范围，应按照 17% 的税率征收增值税。

（摘自国家税务总局公告 2011 年第 20 号）

②环氧大豆油、氢化植物油。

环氧大豆油、氢化植物油不属于食用植物油的征税范围，应适用 17% 增值税税率。

环氧大豆油是将大豆油滴加双氧水后经过环氧反应、水洗、减压脱水等工序后形成的产品。

氢化植物油是将普通植物油在一定温度和压力下经过加氢、催化等工序后形成的产品。

（摘自国家税务总局公告 2011 年第 43 号）

③薄荷油。

根据《国家税务总局关于〈增值税部分货物征税范围注释〉的通知》（国税发〔1993〕151 号）对"食用植物油"的注释，薄荷油未包括在内，因此，薄荷油应按 17% 的税率征收增值税。

（摘自国税函〔2001〕248 号第一条）

4.1.3　天然气产品适用税率

（1）石油伴生产加工压缩成的石油液化气适用13％的税率。

对由石油伴生气加工压缩而成的石油液化气，应当按照13％的增值税税率征收增值税。

（摘自国税发〔2005〕83号）

（2）二甲醚适用13％的税率。

二甲醚，继续适用13％的增值税税率。二甲醚，是指化学分子式为CH3OCH3，常温常压下为具有轻微醚香味，易燃、无毒、无腐蚀性的气体。

（摘自财税〔2009〕9号第一条第（四）项）

说明：二甲醚用作溶剂、冷冻剂、喷雾剂等，是液化气的原料。二甲醚可掺入石油液化气、煤气或天然气混烧并能提高热量，≥95％二甲醚可直接作为替代液化气的燃料使用。

（3）天然二氧化碳不属于天然气适用17％的税率。

天然二氧化碳不属于天然气，不应比照天然气征税，仍应按17％的适用税率征收增值税。

（摘自国税函〔2003〕1324号）

4.1.4　图书适用税率

（1）承印境外图书。

国内印刷企业承印的经新闻出版主管部门批准印刷且采用国际标准书号编序的境外图书，属于《中华人民共和国增值税暂行条例》第二条规定的"图书"，适用13％增值税税率。

（摘自国家税务总局公告2013年第10号）

（2）销售教材配套产品。

教材配套产品与中小学课本辅助使用，包括各种纸制品或图片，是课本的必要组成部分。对纳税人生产销售的与中小学课本相配套的教材配套产品（包括各种纸制品或图片），应按照税目"图书"13％的增值税税率征税。

（摘自国税函〔2006〕770号）

4.1.5　化肥、农机适用税率

（1）密集型烤房设备、频振式杀虫灯、自动虫情测报灯、粘虫板属于农机，适用13％的税率。

密集型烤房设备、频振式杀虫灯、自动虫情测报灯、粘虫板属于《国家税务总局关于印发《增值税部分货物征税范围注释》的通知》（国税发〔1993〕151 号）规定的农机范围，应适用 13% 增值税税率。

密集型烤房设备主要由锅炉、散热主机、风机、电机和自控设备等通用设备组成，用于烟叶、茶叶等原形态农产品的烘干脱水初加工。

频振式杀虫灯是采用特定波长范围的光源，诱集并有效杀灭昆虫的装置。一般由高压电网、发光灯管、风雨帽、接虫盘和接虫袋等组成，诱集光源波长范围应覆盖（320—680）nm。

自动虫情测报灯是采用特定的诱集光源及远红外自动处理等技术，自动完成诱虫、杀虫、收集、分装等虫情测报功能的装置。诱集光源应采用功能为 20W，主波长为（365±10）nm 的黑光灯管；或功率为 200W，光通量为 2 700（1m）—2 920（1m）的白织灯泡。

粘虫板是采用涂有特殊粘胶的色板，诱集并粘附昆虫的工具。

（摘自国家税务总局公告 2012 年第 10 号）

（2）农用水泵、农用柴油机按农机适用 13% 的税率。

农用水泵、农用柴油机按农机产品依 13% 的税率征收增值税。

农用水泵是指主要用于农业生产的水泵，包括农村水井用泵、农田作业面潜水泵、农用轻便离心泵、与喷灌机配套的喷灌自吸泵。其他水泵不属于农机产品征税范围。

农用柴油机是指主要配套于农田拖拉机、田间作业机具、农副产品加工机械以及排灌机械，以柴油为燃料，油缸数在 3 缸以下（含 3 缸）的往复式内燃动力机械。4 缸以上（含 4 缸）柴油机不属于农机产品征税范围。

（摘自财税字〔1994〕第 60 号第六条）

（3）硝酸铵税率调整为 17%。

自 2007 年 2 月 1 日起，硝酸铵适用的增值税税率统一调整为 17%，同时不再享受化肥产品免征增值税政策。

（摘自财税〔2007〕7 号第一条）

（4）农用挖掘机、养鸡设备系列、养猪设备系列产品属于农机，适用 13% 的税率。

农用挖掘机、养鸡设备系列、养猪设备系列产品属于农机，适用 13% 增值税税率。

农用挖掘机是指型式和相关参数符合《农用挖掘机质量评价技术规范》（NY/T1774—2009）要求，用于农田水利建设和小型土方工程作业的挖掘机械，包括拖拉机挖掘机组和专用动力挖掘机。拖拉机挖掘机组是指挖掘装置安装在轮式拖拉机三点悬挂架上，且以轮式拖拉机为动力的挖掘机械；专用动力挖掘机指挖掘装置回转角度小于 270°，以专用动力和行走装置组成的挖掘机械。

养鸡设备系列包括喂料设备（系统）、送料设备（系统）、刮粪清粪设备、集蛋分蛋装置（系统）、鸡只生产性能测定设备（系统）、产品标示鸡脚环、孵化机、小鸡保温装置、环境控制设备（鸡只）等。

养猪设备系列包括猪只群养管理设备（系统）、猪只生产性能测定设备（系统）、自动喂养系统、刮粪清粪设备、定位栏、分娩栏、保育栏（含仔猪保温装置）、环境控制设备（猪）等。

（摘自国家税务总局公告 2014 年第 12 号）

（5）日用"卫生用药"不属于农药，适用 17％ 的税率。

用于人类日常生活的各种类型包装的日用卫生用药（如卫生杀虫剂、驱虫剂、驱蚊剂、蚊香、消毒剂等），不属于增值税"农药"的范围，应按 17％ 的税率征税。

（摘自国税发〔1995〕192 号第四条）

（6）动物尸体降解处理机、蔬菜清洗机属于农机，适用 13％ 的税率。

动物尸体降解处理机、蔬菜清洗机属于农机，适用 13％ 增值税税率。

动物尸体降解处理机是指采用生物降解技术将病死畜禽尸体处理成粉状有机肥原料，实现无害化处理的设备。

蔬菜清洗机是指用于农副产品加工生产的采用喷淋清洗、毛刷清洗、气泡清洗、淹没水射流清洗技术对完整或鲜切蔬菜进行清洗，以去除蔬菜表面污物、微生物及农药残留的设备。

（摘自国家税务总局公告 2015 年第 72 号）

（7）销售和进口化肥适用 13％ 的税率。

（一）自 2015 年 9 月 1 日起，对纳税人销售和进口化肥统一按 13％ 税率征收国内环节和进口环节增值税。钾肥增值税先征后返政策同时停止执行。

（摘自财税〔2015〕90 号第一条）

（二）纳税人 2016 年 7 月 1 日后销售的库存化肥，一律按适用税率缴纳增值税。

（摘自国家税务总局公告 2015 年第 64 号）

4.1.6　国务院规定的其他低税率货物

（1）农业产品中适用 13％ 税率的货物。

①农产品的解释。

农产品继续适用 13％ 的增值税税率。农产品，是指种植业、养殖业、林业、牧业、水产业生产的各种植物、动物的初级产品。具体征税范围暂继续按照《财政部 国家税务总局关于印发〈农业产品征税范围注释〉的通知》（财税字〔1995〕52 号）及现行相关规定执行。

（摘自财税〔2009〕9 号第一条第（一）项）

②动物骨粒。

动物骨粒属于《农业产品征税范围注释》（财税字〔1995〕52 号）第二条第（五）款规定的动物类"其他动物组织"，其适用的增值税税率为 13％。

动物骨粒是指将动物骨经筛选、破碎、清洗、晾晒等工序加工后的产品。

（摘自国家税务总局公告 2013 年第 71 号）

③干姜、姜黄。

干姜、姜黄属于《财政部 国家税务总局关于印发〈农业产品征税范围注释〉的通知》（财税字〔1995〕52号）中农业产品的范围，根据《财政部 国家税务总局关于部分货物适用增值税低税率和简易办法征收增值税政策的通知》（财税〔2009〕9号）规定，其增值税适用税率为13％。

干姜是将生姜经清洗、刨皮、切片、烘烤、晾晒、熏硫等工序加工后制成的产品。

姜黄包括生姜黄，以及将生姜黄经去泥、清洗、蒸煮、晾晒、烤干、打磨等工序加工后制成的产品。

（摘自国家税务总局公告2010年第9号）

④天然肠衣。

天然肠衣按农产品适用13％的增值税税率。

（摘自国税发〔2005〕74号第一条）

目前对上述货物按17％征收增值税的地区，一律从2005年5月1日起改按13％征税。在此之前已按17％征税的不予调整。

（摘自国税发〔2005〕74号第三条）

⑤茴油、毛椰子油。

茴油是八角树枝叶、果实简单加工的农业产品，毛椰子油是椰子经处加工而成的农业产品，二者均属于农业初级产品，可按13％的税率征收增值税。

（摘自国税函〔2003〕426号）

⑥挂面。

挂面按照粮食复制品适用13％的增值税税率。

（摘自国税函〔2008〕1007号）

⑦玉米胚芽。

玉米胚芽属于《农业产品征税范围注释》中初级农产品的范围，适用13％的增值税税率。

（摘自国家税务总局公告2012年第11号）

⑧巴氏杀菌乳、灭菌乳。

按照《食品安全国家标准——巴氏杀菌乳》（GB19645—2010）生产的巴氏杀菌乳和按照《食品安全国家标准——灭菌乳》（GB25190—2010）生产的灭菌乳，均属于初级农业产品，可依照《农业产品征收范围注释》中的鲜奶按13％的税率征收增值税。

（摘自国家税务总局公告2011年第38号）

（2）音像制品。

音像制品继续适用13％的增值税税率。

音像制品，是指正式出版的录有内容的录音带、录像带、唱片、激光唱盘和激光视盘。

（摘自财税〔2009〕9号第一条第（二）项）

（3）电子出版物。

电子出版物继续适用 13％的增值税税率。

（摘自财税〔2009〕9 号第一条第（三）项）

（4）食用盐。

食用盐仍适用 13％的增值税税率，其具体范围是指符合《食用盐》（GB5461—2000）和《食用盐卫生标准》（GB2721—2003）两项国家标准的食用盐。

（摘自财税〔2008〕171 号第二条）

4.1.7 不属于低税率范围的货物

（1）人发。

人发不属于《财政部 国家税务总局关于印发〈农业产品征税范围注释〉的通知》（财税字〔1995〕52 号）规定的农业产品范围，应适用 17％的增值税税率。

（摘自国税函〔2009〕625 号）

（2）复合胶。

复合胶是以新鲜橡胶液为主要原料，经过压片、造粒、烤干等工序加工生产的橡胶制品。因此，复合胶不属于《农业产品征税范围注释》（财税字〔1995〕52 号）规定的"天然橡胶"产品，适用增值税税率应为 17％。

（摘自国税函〔2009〕453 号）

（3）麦芽。

麦芽不属于《财政部 国家税务总局关于印发〈农业产品征税范围注释〉的通知》（财税字〔1995〕52 号）规定的农业产品范围，应适用 17％的增值税税率。

（摘自国税函〔2009〕177 号）

（4）淀粉。

关于淀粉的增值税适用税率问题，根据财政部、国家税务总局《关于印发〈农业产品征税范围注释〉的通知》（财税字〔1995〕052 号）的规定，农业产品是指种植业、养殖业、林业、牧业、水产业生产的各种植物、动物的初级产品。从淀粉的生产工艺流程等方面看，淀粉不属于农业产品的范围，应按照 17％的税率征收增值税。

（摘自国税函发〔1996〕744 号）

（5）肉桂油、桉油、香茅油。

肉桂油、桉油、香茅油不属于《财政部 国家税务总局关于印发〈农业产品征税范围注释〉的通知》（财税字〔1995〕52 号）中农业产品的范围，其增值税适用税率为 17％。

（摘自国家税务总局公告 2010 年第 5 号）

（6）玉米浆、玉米皮、玉米纤维和玉米蛋白粉。

玉米浆、玉米皮、玉米纤维（又称喷浆玉米皮）和玉米蛋白粉不属于初级农产品，也不属于《财政部 国家税务总局关于饲料产品免征增值税问题的通知》（财税〔2001〕

121 号）中免税饲料的范围，适用 17％ 的增值税税率。

（摘自国家税务总局公告 2012 年第 11 号）

（7）调制乳。

按照《食品安全国家标准—调制乳》（GB25191—2010）生产的调制乳，不属于初级农业产品，应按照 17％ 税率征收增值税。

（摘自国家税务总局公告 2011 年第 38 号）

（8）金属矿采选产品、非金属矿采选产品。

金属矿采选产品、非金属矿采选产品增值税税率由 13％ 恢复到 17％。

（摘自财税〔2008〕171 号第一条）

4.2　销售服务、无形资产、不动产适用税率

（1）文件的规定。

（一）纳税人发生应税行为，除本条第（二）项、第（三）项、第（四）项规定外，税率为 6％。

（二）提供交通运输、邮政、基础电信、建筑、不动产租赁服务，销售不动产，转让土地使用权，税率为 11％。

（三）提供有形动产租赁服务，税率为 17％。

（四）境内单位和个人发生的跨境应税行为，税率为零。具体范围由财政部和国家税务总局另行规定。

（摘自财税〔2016〕36 号附件 1 第十五条）

境内的购买方为境外单位和个人扣缴增值税的，按照适用税率扣缴增值税。

（摘自财税〔2016〕36 号附件 2 第一条第（十五）项）

（2）疑难问题解答。

问：《国家税务总局关于发布〈纳税人提供不动产经营租赁服务增值税征收管理暂行办法〉的公告》国家税务总局公告 2016 年第 16 号文件规定："第二条 纳税人以经营租赁方式出租其取得的不动产（以下简称出租不动产），适用本办法。取得的不动产，包括以直接购买、接受捐赠、接受投资入股、自建以及抵债等各种形式取得的不动产。"纳税人二次转租，自己没有取得该不动产，适用什么税率？

答：关于转租不动产如何纳税的问题，总局明确按照纳税人出租不动产来确定。

一般纳税人将 2016 年 4 月 30 日之前租入的不动产对外转租的，可选择简易办法征税；将 5 月 1 日之后租入的不动产对外转租的，不能选择简易办法征税。

（摘自《全面推开营改增试点 12366 热点问题解答》（税总纳便函〔2016〕71 号））

4.3　销售货物劳务征收率

4.3.1　小规模纳税人征收率

小规模纳税人增值税征收率为 3%。

征收率的调整，由国务院决定。

（摘自《增值税暂行条例》第十二条）

4.3.2　简易办法征收率

（1）固定业户临时外出经营执行 3% 的征收率。

将《国家税务总局关于固定业户临时外出经营有关增值税专用发票管理问题的通知》（国税发〔1995〕87 号）中"经营地税务机关按 6% 的征收率征税"，修改为"经营地税务机关按 3% 的征收率征税"。

（摘自（国家税务总局公告 2014 年第 36 号）第一条）

（2）拍卖收入执行 3% 的征收率。

将《国家税务总局关于拍卖行取得的拍卖收入征收增值税、营业税有关问题的通知》（国税发〔1999〕40 号）第一条中"按照 4% 的征收率征收增值税"，修改为"按照 3% 的征收率征收增值税"。

（摘自国家税务总局公告 2014 年第 36 号第二条）

（3）一般纳税人销售自己使用过的固定资产减按 2% 征收率执行。

将《国家税务总局关于增值税简易征收政策有关管理问题的通知》（国税函〔2009〕90 号）第一条第（一）项中"按简易办法依 4% 征收率减半征收增值税政策"，修改为"按简易办法依 3% 征收率减按 2% 征收增值税政策"。

（摘自国家税务总局公告 2014 年第 36 号第三条）

【提示】国税函〔2009〕90 号第一条第（一）项规定的核心内容：一般纳税人销售自己使用过的固定资产，适用按简易办法依 4% 征收率减半征收增值税政策，应开具普通发票，不得开具增值税专用发票。

（4）供应非临床用血执行 3% 的征收率。

将《国家税务总局关于供应非临床用血增值税政策问题的批复》（国税函〔2009〕456 号）第二条中"按照简易办法依照 6% 征收率计算应纳税额"，修改为"按照简易办法依照 3% 征收率计算应纳税额"。

（摘自国家税务总局公告 2014 年第 36 号第四条）

（5）依 3% 征收率减按 2% 执行时，销售额和应纳税额的计算。

纳税人适用按照简易办法依 3% 征收率减按 2% 征收增值税政策的，按下列公式确定销售额和应纳税额：

销售额＝含税销售额/(1＋3%)

应纳税额＝销售额×2%

《国家税务总局关于增值税简易征收政策有关管理问题的通知》（国税函〔2009〕90 号）第四条第（一）项废止。

（摘自国家税务总局公告 2014 年第 36 号第六条）

（6）库存化肥执行 3% 的征收率。

一、自 2015 年 9 月 1 日起至 2016 年 6 月 30 日，对增值税一般纳税人销售的库存化肥，允许选择按照简易计税方法依照 3% 征收率征收增值税。

二、化肥属于取消出口退（免）税的货物，仍按照《财政部 国家税务总局关于出口货物劳务增值税和消费税政策的通知》（财税〔2012〕39 号）规定，其出口视同内销征收增值税。出口日期，以出口货物报关单（出口退税专用）上注明的出口日期为准。出口的库存化肥，适用本通知第一条的规定。

三、纳税人应当单独核算库存化肥的销售额，未单独核算的，不得适用简易计税方法。

四、本通知所称的库存化肥，是指纳税人 2015 年 8 月 31 日前生产或购进的尚未销售的化肥。

（摘自财税〔2015〕97 号）

4.4 销售服务、无形资产、不动产征收率

增值税征收率为 3%，财政部和国家税务总局另有规定的除外。

（摘自财税〔2016〕36 号附件 1 第十六条）

5　计税方法、应纳税额、销项税额、进项税额

5.1　计税方法

5.1.1　销售货物、劳务计税方法

（1）一般纳税人一般计税方法。

①关于计算方法的规定。

纳税人销售货物或者提供应税劳务（以下简称销售货物或者应税劳务），应纳税额为当期销项税额抵扣当期进项税额后的余额。应纳税额计算公式：

应纳税额＝当期销项税额－当期进项税额

当期销项税额小于当期进项税额不足抵扣时，其不足部分可以结转下期继续抵扣。

（摘自《增值税暂行条例》第四条）

②销售使用过的物品按照适用税率征收。

一般纳税人销售自己使用过的除固定资产以外的物品，应当按照适用税率征收增值税。

（摘自财税〔2009〕9号第二条第（一）项）

（2）一般纳税人简易计税方法。

①四种按简易办法征收增值税的货物。

1. 纳税人销售自己使用过的物品，按下列政策执行：

（1）一般纳税人销售自己使用过的属于条例第十条规定不得抵扣且未抵扣进项税额的固定资产，按简易办法依4%征收率减半征收增值税。

一般纳税人销售自己使用过的其他固定资产，按照《财政部 国家税务总局关于全国实施增值税转型改革若干问题的通知》（财税〔2008〕170号）第四条的规定执行。

一般纳税人销售自己使用过的除固定资产以外的物品，应当按照适用税率征收增值税。

（2）小规模纳税人（除其他个人外，下同）销售自己使用过的固定资产，减按2%征收率征收增值税。

小规模纳税人销售自己使用过的除固定资产以外的物品，应按3%的征收率征收增值税。

2. 纳税人销售旧货，按照简易办法依照4%征收率减半征收增值税。

所称旧货，是指进入二次流通的具有部分使用价值的货物（含旧汽车、旧摩托车

和旧游艇），但不包括自己使用过的物品。

3. 一般纳税人销售自产的下列货物，可选择按照简易办法依照 6% 征收率计算缴纳增值税：

（1）县级及县级以下小型水力发电单位生产的电力。小型水力发电单位，是指各类投资主体建设的装机容量为 5 万千瓦以下（含 5 万千瓦）的小型水力发电单位。

（2）建筑用和生产建筑材料所用的砂、土、石料。

（3）以自己采掘的砂、土、石料或其他矿物连续生产的砖、瓦、石灰（不含粘土实心砖、瓦）。

（4）用微生物、微生物代谢产物、动物毒素、人或动物的血液或组织制成的生物制品。

（5）自来水。

（6）商品混凝土（仅限于以水泥为原料生产的水泥混凝土）。

一般纳税人选择简易办法计算缴纳增值税后，36 个月内不得变更。

4. 一般纳税人销售货物属于下列情形之一的，暂按简易办法依照 4% 征收率计算缴纳增值税：

（1）寄售商店代销寄售物品（包括居民个人寄售的物品在内）；

（2）典当业销售死当物品；

（3）经国务院或国务院授权机关批准的免税商店零售的免税品。

（摘自财税〔2009〕9 号第二条）

②销售自来水按简易办法征税。

对属于一般纳税人的自来水公司销售自来水按简易办法依照 6% 征收率征收增值税，不得抵扣其购进自来水取得增值税扣税凭证上注明的增值税税款。

（摘自财税〔2009〕9 号第三条）

一般纳税人销售货物适用财税〔2009〕9 号文件第二条第（三）项、第（四）项和第三条规定的，可自行开具增值税专用发票。

（摘自国税函〔2009〕90 号第三条）

③销售非临床用人体血液按简易办法征税。

属于增值税一般纳税人的单采血浆站销售非临床用人体血液，可以按照简易办法依照 6% 征收率计算应纳税额

属于增值税一般纳税人的单采血浆站销售非临床用人体血液，可以按照简易办法依照 6% 征收率计算应纳税额，但不得对外开具增值税专用发票；也可以按照销项税额抵扣进项税额的办法依照增值税适用税率计算应纳税额。

【提示】本规定与财税〔2009〕9 号文件第二条第（三）项适用征收率相同。

（摘自国税函〔2009〕456 号）

财税〔2009〕9 号文件第二条第（三）项和第三条"依照 6% 征收率"调整为"依照 3% 征收率"。

（摘自财税〔2014〕57 号第二条）

④销售生物制品可选择简易办法按照 3％的征收率计算增值税。

属于增值税一般纳税人的药品经营企业销售生物制品，可以选择简易办法按照生物制品销售额和 3％的征收率计算缴纳增值税。

药品经营企业，是指取得（食品）药品监督管理部门颁发的《药品经营许可证》，获准从事生物制品经营的药品批发企业和药品零售企业。

（摘自国家税务总局公告 2012 年第 20 号）

⑤征收率的调整。

为进一步规范税制、公平税负，经国务院批准，决定简并和统一增值税征收率，将 6％和 4％的增值税征收率统一调整为 3％。现将有关事项通知如下：

1.《财政部 国家税务总局关于部分货物适用增值税低税率和简易办法征收增值税政策的通知》（财税〔2009〕9 号）第二条第（一）项和第（二）项中"按照简易办法依照 4％征收率减半征收增值税"调整为"按照简易办法依照 3％征收率减按 2％征收增值税"。

《财政部 国家税务总局关于全国实施增值税转型改革若干问题的通知》（财税〔2008〕170 号）第四条第（二）项和第（三）项中"按照 4％征收率减半征收增值税"调整为"按照简易办法依照 3％征收率减按 2％征收增值税"。

2. 财税〔2009〕9 号文件第二条第（三）项和第三条"依照 6％征收率"调整为"依照 3％征收率"。

3. 财税〔2009〕9 号文件第二条第（四）项"依照 4％征收率"调整为"依照 3％征收率"。

（摘自财税〔2014〕57 号）

⑥不得实行简易征收的货物。

A. 桶装饮用水不得比照自来水实行简易征收。

根据《财政部 国家税务总局关于自来水征收增值税问题的通知》（财税字〔1994〕第 014 号）规定，增值税一般纳税人销售自来水可按 6％征收率征收增值税。桶装饮用水不属于自来水，应按照 17％的适用税率征收增值税。

（摘自国税函〔2008〕953 号）

B. 加工、销售珠宝玉石不得实行简易征收。

对于加工、销售珠宝玉石的纳税人应按现行有关增值税一般纳税人认定管理规定办理认定手续。凡认定为一般纳税人的，应依照适用税率征收增值税，不得实行简易征收办法征收增值税。

（摘自国税函〔2007〕1286 号）

5.1.2　销售服务、无形资产、不动产计税方法

（1）关于两种计税方法的规定。

增值税的计税方法，包括一般计税方法和简易计税方法。

（摘自财税〔2016〕36 号附件 1 第十七条）

（2）一般纳税人适用的计税方法。

一般纳税人发生应税行为适用一般计税方法计税。

一般纳税人发生财政部和国家税务总局规定的特定应税行为，可以选择适用简易计税方法计税，但一经选择，36个月内不得变更。

（摘自财税〔2016〕36号附件1第十八条）

（3）小规模纳税人适用的计税方法。

小规模纳税人发生应税行为适用简易计税方法计税。

（摘自财税〔2016〕36号附件1第十九条）

（4）简易计税方法。

①关于简易计税方法的规定。

一般纳税人发生下列应税行为可以选择适用简易计税方法计税：

（一）公共交通运输服务。公共交通运输服务，包括轮客渡、公交客运、地铁、城市轻轨、出租车、长途客运、班车。

班车，是指按固定路线、固定时间运营并在固定站点停靠的运送旅客的陆路运输服务。

（二）经认定的动漫企业为开发动漫产品提供的动漫脚本编撰、形象设计、背景设计、动画设计、分镜、动画制作、摄制、描线、上色、画面合成、配音、配乐、音效合成、剪辑、字幕制作、压缩转码（面向网络动漫、手机动漫格式适配）服务，以及在境内转让动漫版权（包括动漫品牌、形象或者内容的授权及再授权）。

动漫企业和自主开发、生产动漫产品的认定标准和认定程序，按照《文化部 财政部 国家税务总局关于印发〈动漫企业认定管理办法（试行）〉的通知》（文市发〔2008〕51号）的规定执行。

（三）电影放映服务、仓储服务、装卸搬运服务、收派服务和文化体育服务。

（四）以纳入营改增试点之日前取得的有形动产为标的物提供的经营租赁服务。

（五）在纳入营改增试点之日前签订的尚未执行完毕的有形动产租赁合同。

（摘自财税〔2016〕36号附件2第一条第（六）项）

②疑难问题解答。

问：一般纳税人以清包工方式或者甲供工程提供建筑服务，适用简易计税方法，文件规定以收到的然后减去分包款为销售额，开票是总金额的还是分包之后的？例如总包收到100万，分包款50万，购货方要求开具100万发票，纳税人实际缴纳50万的税款，如何开票？

答：可以全额开票，总包开具100万发票，发票上注明的金额为100/（1＋3％），税额为100/（1＋3％）×3％，下游企业全额抵扣。纳税人申报时，填写附表3，进行差额扣除，实际缴纳的税额为（100－50）/（1＋3％）×3％。

（摘自《全面推开营改增试点12366热点问题解答》（税总纳便函〔2016〕71号））

5.2　应纳税额

5.2.1　销售货物、劳务应纳税额计算

（1）小规模纳税人应纳税额的计算。

①销售货物或应税劳务。

小规模纳税人销售货物或者应税劳务，实行按照销售额和征收率计算应纳税额的简易办法，并不得抵扣进项税额。应纳税额计算公式：

应纳税额＝销售额×征收率

（摘自《增值税暂行条例》第十一条）

②销售自己使用过的固定资产、旧货。

小规模纳税人（除其他个人外，下同）销售自己使用过的固定资产，减按2%征收率征收增值税。

（摘自财税〔2009〕9号第二条第（一）项第2点）

小规模纳税人销售自己使用过的固定资产，应开具普通发票，不得由税务机关代开增值税专用发票。

（摘自国税函〔2009〕90号第一条第（二）项）

小规模纳税人销售自己使用过的除固定资产以外的物品，应按3%的征收率征收增值税。

（摘自财税〔2009〕9号第二条第（一）项第2点）

小规模纳税人销售自己使用过的固定资产和旧货，按下列公式确定销售额和应纳税额：

销售额＝含税销售额/(1＋3%)

应纳税额＝销售额×2%

（摘自国税函〔2009〕90号第四条第（二）项）

小规模纳税人销售自己使用过的固定资产和旧货，其不含税销售额填写在《增值税纳税申报表（适用于小规模纳税人）》第4栏，其利用税控器具开具的普通发票不含税销售额填写在第5栏。

（摘自国税函〔2009〕90号第五条）

③卫生防疫站调拨生物制品和药械。

根据《中华人民共和国增值税暂行条例实施细则》第二十四条及有关规定，对卫生防疫站调拨生物制品和药械，可按照小规模商业企业4%的增值税征收率征收增

值税。

（摘自国税函〔1999〕191号）

《国家税务总局关于卫生防疫站调拨生物制品及药械征收增值税的批复》（国税函〔1999〕191号）中"根据《中华人民共和国增值税暂行条例实施细则》第二十四条及有关规定，对卫生防疫站调拨生物制品和药械，可按照小规模商业企业4％的增值税征收率征收增值税"修改为"根据《中华人民共和国增值税暂行条例实施细则》第二十九条及有关规定，对卫生防疫站调拨生物制品和药械，可按照小规模纳税人3％的增值税征收率征收增值税"。

（摘自国税发〔2009〕10号第二条）

④可选择按小规模纳税人纳税的情形。

年应税销售额超过小规模纳税人标准的其他个人按小规模纳税人纳税；非企业性单位、不经常发生应税行为的企业可选择按小规模纳税人纳税。

（摘自《增值税暂行条例实施细则》第二十九条）

⑤新华社系统销售印刷品可按小规模纳税人纳税。

对新华通讯社系统销售印刷品应按照现行增值税政策规定征收增值税；鉴于新华社系统属于非企业性单位，对其销售印刷品可按小规模纳税人的征税办法征收增值税。

（摘自国税发〔2001〕105号第一条）

（2）进口货物应纳税额的计算。

纳税人进口货物，按照组成计税价格和本条例第二条规定的税率计算应纳税额。组成计税价格和应纳税额计算公式：

$$组成计税价格＝关税完税价格＋关税＋消费税$$
$$应纳税额＝组成计税价格×税率$$

（摘自《增值税暂行条例》第十四条）

（3）按销售额依照税率计算应纳税额。

①法律的规定。

有下列情形之一者，应按销售额依照增值税税率计算应纳税额，不得抵扣进项税额，也不得使用增值税专用发票：

1. 一般纳税人会计核算不健全，或者不能够提供准确税务资料的；

2. 除本细则第二十九条规定外，纳税人销售额超过小规模纳税人标准，未申请办理一般纳税人认定手续的。

（摘自《增值税暂行条例实施细则》第三十四条）

②相关文件的规定。

免税货物恢复征税后，其免税期间外购的货物，一律不得作为当期进项税额抵扣。恢复征税后收到的该项货物免税期间的增值税专用发票，应当从当期进项税额中剔除。

（摘自国税发〔1996〕155号第五条）

（4）税控系统设备和技术维护费用抵减应纳税额。

为减轻纳税人负担，经国务院批准，自2011年12月1日起，增值税纳税人购买增值税税控系统专用设备支付的费用以及缴纳的技术维护费（以下称二项费用）可在增值税应纳税额中全额抵减。现将有关政策通知如下：

（一）初次购买增值税税控系统专用设备的可全额抵减应纳税额

增值税纳税人2011年12月1日（含，下同）以后初次购买增值税税控系统专用设备（包括分开票机）支付的费用，可凭购买增值税税控系统专用设备取得的增值税专用发票，在增值税应纳税额中全额抵减（抵减额为价税合计额），不足抵减的可结转下期继续抵减。增值税纳税人非初次购买增值税税控系统专用设备支付的费用，由其自行负担，不得在增值税应纳税额中抵减。

增值税税控系统包括：增值税防伪税控系统、货物运输业增值税专用发票税控系统、机动车销售统一发票税控系统和公路、内河货物运输业发票税控系统。

增值税防伪税控系统的专用设备包括金税卡、IC卡、读卡器或金税盘和报税盘；货物运输业增值税专用发票税控系统专用设备包括税控盘和报税盘；机动车销售统一发票税控系统和公路、内河货物运输业发票税控系统专用设备包括税控盘和传输盘。

（二）缴纳的技术维护费的可全额抵减应纳税额

增值税纳税人2011年12月1日以后缴纳的技术维护费（不含补缴的2011年11月30日以前的技术维护费），可凭技术维护服务单位开具的技术维护费发票，在增值税应纳税额中全额抵减，不足抵减的可结转下期继续抵减。技术维护费按照价格主管部门核定的标准执行。

（三）支付的上述费用全额抵减的其进项税额不得从销项税额中抵扣

增值税一般纳税人支付的二项费用在增值税应纳税额中全额抵减的，其增值税专用发票不作为增值税抵扣凭证，其进项税额不得从销项税额中抵扣。

（四）增值税税控系统专用设备自购买之日起3年内因质量问题无法正常使用的处理

纳税人购买的增值税税控系统专用设备自购买之日起3年内因质量问题无法正常使用的，由专用设备供应商负责免费维修，无法维修的免费更换。

（五）抵减项目在填写纳税申报表时的要求

纳税人在填写纳税申报表时，对可在增值税应纳税额中全额抵减的增值税税控系统专用设备费用以及技术维护费，应按以下要求填报：

增值税一般纳税人将抵减金额填入《增值税纳税申报表（适用于增值税一般纳税人）》第23栏"应纳税额减征额"。当本期减征额小于或等于第19栏"应纳税额"与第21栏"简易征收办法计算的应纳税额"之和时，按本期减征额实际填写；当本期减征额大于第19栏"应纳税额"与第21栏"简易征收办法计算的应纳税额"之和时，按本期第19栏与第21栏之和填写，本期减征额不足抵减部分结转下期继续抵减。

小规模纳税人将抵减金额填入《增值税纳税申报表（适用于小规模纳税人）》第11栏"本期应纳税额减征额"。当本期减征额小于或等于第10栏"本期应纳税额"时，按本期减征额实际填写；当本期减征额大于第10栏"本期应纳税额"时，按本期第10栏填写，本期减征额不足抵减部分结转下期继续抵减。

（六）税务机关对申报抵减税款的审核

主管税务机关要加强纳税申报环节的审核，对于纳税人申报抵减税款的，应重点审核其是否重复抵减以及抵减金额是否正确。

（摘自财税〔2012〕15号）

（5）增值税检查、稽查应纳税额确认。

①纳税检查应补缴税额确认。

关于"增值税检查后的账务调整"的会计处理和税务处理程序，要求在纳税申报时，应根据"应交税费——增值税检查调整"专门账户，确认纳税检查应补缴税额。

增值税检查后的账务调整，应设立"应交税费——增值税检查调整"专门账户。凡检查后应调减账面进项税额或调增销项税额和进项税额转出的数额，借记有关科目，贷记本科目；凡检查后应调增账面进项税额或调减销项税额和进项税额转出的数额，借记本科目，贷记有关科目；全部调账事项入账后，应结出本账户的余额，并对该余额进行处理：

1. 若余额在借方，全部视同留抵进项税额，按借方余额数，借记"应交税费——应交增值税（进项税额）"科目，贷记本科目。

2. 若余额在贷方，且"应交税费——应交增值税"账户无余额，按贷方余额数，借记本科目，贷记"应交税费——未交增值税"科目。

3. 若本账户余额在贷方，"应交税费——应交增值税"账户有借方余额且等于或大于这个贷方余额，按贷方余额数，借记本科目，贷记"应交税费——应交增值税"科目。

4. 若本账户余额在贷方，"应交税费——应交增值税"账户有借方余额但小于这个贷方余额，应将这两个账户的余额冲出，其差额贷记"应交税费——未交增值税"科目。

上述账务调整应按纳税期逐期进行。

（摘自《增值税日常稽查办法》（国税发〔1998〕44号）
附件2《增值税检查调账方法》）

②稽查查补应纳税额确认。

稽查查补销售额和纳税评估调整销售额计入查补税款申报当月的销售额，以界定增值税小规模纳税人年应税销售额。

纳税人年应税销售额超过小规模纳税人标准且未在规定时限内申请一般纳税人资格认定的，主管税务机关应制作《税务事项通知书》予以告知。纳税人在《税务事项通知书》规定时限内仍未向主管税务机关报送一般纳税人认定有关资料的，其《税务事项通知书》规定时限届满之后的销售额依照增值税税率计算应纳税额，不得抵扣进项税额。税务机关送达的《税务事项通知书》规定时限届满之前的销售额，应按小规模纳税人简易计税方法，依3%征收率计算应纳税额。

（摘自税总函〔2015〕311号）

5.2.2　销售服务、无形资产、不动产应纳税额、应扣缴税额计算

（1）一般计税方法的应纳税额计算。

①应纳税额计算公式。

一般计税方法的应纳税额，是指当期销项税额抵扣当期进项税额后的余额。应纳税额计算公式：

$$应纳税额＝当期销项税额－当期进项税额$$

当期销项税额小于当期进项税额不足抵扣时，其不足部分可以结转下期继续抵扣。

（摘自财税〔2016〕36号附件1第二十一条）

②按照销售额和增值税税率计算应纳税额的情形。

有下列情形之一者，应当按照销售额和增值税税率计算应纳税额，不得抵扣进项税额，也不得使用增值税专用发票：

1. 一般纳税人会计核算不健全，或者不能够提供准确税务资料的。

2. 应当办理一般纳税人资格登记而未办理的。

（摘自财税〔2016〕36号附件1第三十三条）

（2）简易计税方法的应纳税额计算。

简易计税方法的应纳税额，是指按照销售额和增值税征收率计算的增值税额，不得抵扣进项税额。应纳税额计算公式：

$$应纳税额＝销售额×征收率$$

（摘自财税〔2016〕36号附件1第三十四条）

（3）应扣缴税额的计算。

境外单位或者个人在境内发生应税行为，在境内未设有经营机构的，扣缴义务人按照下列公式计算应扣缴税额：

$$应扣缴税额＝购买方支付的价款÷（1＋税率）×税率$$

（摘自财税〔2016〕36号附件1第二十条）

5.3　销项税额

5.3.1　销售货物、劳务销项税额

（1）销项税额的定义。

纳税人销售货物或者应税劳务，按照销售额和本条例第二条规定的税率计算并向

购买方收取的增值税额，为销项税额。

（摘自《增值税暂行条例》第五条）

（2）销项税额计算公式。

销项税额计算公式：

销项税额＝销售额×税率

（摘自《增值税暂行条例》第五条）

5.3.2　销售服务、无形资产、不动产销项税额

（1）销项税额的计算。

销项税额，是指纳税人发生应税行为按照销售额和增值税税率计算并收取的增值税额。销项税额计算公式：

销项税额＝销售额×税率

（摘自财税〔2016〕36 号附件 1 第二十二条）

（2）销售折让、中止或者退回而退还的销项税额扣减。

纳税人适用一般计税方法计税的，因销售折让、中止或者退回而退还给购买方的增值税额，应当从当期的销项税额中扣减。

（摘自财税〔2016〕36 号附件 1 第三十二条）

5.4　进项税额

5.4.1　货物、劳务进项税额

（1）准予抵扣的进项税额。

①准予抵扣的项目和扣除率。

纳税人购进货物或者接受应税劳务（以下简称购进货物或者应税劳务）支付或者负担的增值税额，为进项税额。

下列进项税额准予从销项税额中抵扣：

1. 从销售方取得的增值税专用发票上注明的增值税额。

2. 从海关取得的海关进口增值税专用缴款书上注明的增值税额。

3. 购进农产品，除取得增值税专用发票或者海关进口增值税专用缴款书外，按照农产品收购发票或者销售发票上注明的农产品买价和 13％的扣除率计算的进项税额。进项税额计算公式：

进项税额＝买价×扣除率

4. 购进或者销售货物以及在生产经营过程中支付运输费用的，按照运输费用结算单据上注明的运输费用金额和7%的扣除率计算的进项税额。进项税额计算公式：

进项税额＝运输费用金额×扣除率

准予抵扣的项目和扣除率的调整，由国务院决定。

（摘自《增值税暂行条例》第八条）

②海关进口增值税专用缴款书管理规定。

A. 海关进口增值税专用缴款书"先比对后抵扣"管理办法。

见《国家税务总局 海关总署关于实行海关进口增值税专用缴款书"先比对后抵扣"管理办法》（国家税务总局 海关总署公告2013年第31号）。

B. 不论是否付款，海关完税凭证均可作为抵扣凭证。

纳税人进口货物，凡已缴纳了进口环节增值税的，不论其是否已经支付货款，其取得的海关完税凭证均可作为增值税进项税额抵扣凭证，在《国家税务总局关于加强海关进口增值税专用缴款书和废旧物资发票管理有关问题的通知》（国税函〔2004〕128号）中规定的期限内申报抵扣进项税额。

（摘自国税发〔2004〕148号第一条）

C. 增值税专用缴款书上既有代理进口单位名称，又有委托进口单位名称的，只准予取得原件的单位抵扣税款。

对海关代征进口环节增值税开据的增值税专用缴款书上标明有两个单位名称，即，既有代理进口单位名称，又有委托进口单位名称的，只准予其中取得专用缴款书原件的一个单位抵扣税款。

（摘自国税发〔1996〕32号第一条）

D. 委托进口单位申报抵扣税款须提供的资料。

申报抵扣税款的委托进口单位，必须提供相应的海关代征增值税专用缴款书原件、委托代理合同及付款凭证，否则，不予抵扣进项税款。

（摘自国税发〔1996〕32号第二条）

③农产品的进项税额抵扣。

A. 条例规定的抵扣方法。

购进农产品，除取得增值税专用发票或者海关进口增值税专用缴款书外，按照农产品收购发票或者销售发票上注明的农产品买价和13%的扣除率计算的进项税额。进项税额计算公式：

进项税额＝买价×扣除率

（摘自《增值税暂行条例》第八条第（三）项）

B. 关于农产品进项税额核定扣除的规定。

相关文件包括：《财政部 国家税务总局关于在部分行业试行农产品增值税进项税额

核定扣除办法的通知》（财税〔2012〕38 号）；

《国家税务总局关于在部分行业试行农产品增值税进项税额核定扣除办法有关问题的公告》（国家税务总局公告 2012 年第 35 号）；

《财政部 国家税务总局关于扩大农产品增值税进项税额核定扣除试点行业范围的通知》（财税〔2013〕57 号）。

C. 农产品买价包括烟叶税。

条例第八条第二款第（三）项所称买价，包括纳税人购进农产品在农产品收购发票或者销售发票上注明的价款和按规定缴纳的烟叶税。

（摘自《增值税暂行条例实施细则》第十七条）

D. 收购烟叶价外补贴的进项税额抵扣。

烟叶收购单位收购烟叶时按照国家有关规定以现金形式直接补贴烟农的生产投入补贴（以下简称价外补贴），属于农产品买价，为《中华人民共和国增值税暂行条例实施细则》（财政部 国家税务总局令第 50 号）第十七条中"价款"的一部分。烟叶收购单位，应将价外补贴与烟叶收购价格在同一张农产品收购发票或者销售发票上分别注明，否则，价外补贴不得计算增值税进项税额进行抵扣。

（摘自财税〔2011〕21 号）

E. 暂停部分玉米深加工企业购进玉米增值税抵扣。

为控制玉米深加工过快发展，经国务院批准，暂停玉米深加工企业收购玉米增值税抵扣政策。现将有关事项通知如下：

自 2011 年 4 月 20 日起至 6 月 30 日，纳税人向农业生产者购进玉米深加工生产除饲料产品之外的货物，不得开具农产品收购发票并计提进项税额。

（摘自财税〔2011〕34 号）

F. 购进人体血液不属于购进免税农产品。

增值税一般纳税人购进人体血液不属于购进免税农产品，也不得比照购进免税农业产品按照买价和13%的扣除率计算抵扣进项税额。

（摘自国税函〔2004〕335 号）

G. 关于收购坯具的竹器企业的规定。

收购坯具的竹器企业可以凭开具的农产品收购凭证计算进项税额抵扣。

（摘自国税函〔2005〕56 号）

④防伪税控设备的进项税额抵扣。

自 2000 年 1 月 1 日起，企业购置增值税防伪税控系统专用设备和通用设备发生的费用，准予在当期计算缴纳所得税前一次性列支；同时可凭购货所取得的专用发票所注明的税额从增值税销项税额中抵扣。

增值税防伪税控专用设备包括税控金税卡、税控 IC 卡和读卡器；通用设备包括用于防伪税控系统开具专用发票的计算机和打印机。

（摘自国税发〔2000〕183 号第二条）

增值税一般纳税人用于采集增值税专用发票抵扣联信息的扫描器具和计算机，

属于防伪税控通用设备，可以按照《国务院办公厅转发国家税务总局关于全面推广应用增值税防伪税控系统意见的通知》（国办发〔2000〕12号）和《国家税务总局关于推行增值税防伪税控系统若干问题的通知》（国税发〔2000〕183号）的规定，对纳税人购置上述设备发生的费用，准予在当期计算缴纳所得税前一次性列支；同时可按购置上述设备取得的增值税专用发票所注明的增值税税额，计入当期增值税进项税额。

（摘自国税函〔2006〕1248号）

⑤认证期限、抵扣期限、逾期处理。

A. 进项发票应在开具之日起180日内到税务机关办理认证。

增值税一般纳税人取得2010年1月1日以后开具的增值税专用发票、公路内河货物运输业统一发票和机动车销售统一发票，应在开具之日起180日内到税务机关办理认证，并在认证通过的次月申报期内，向主管税务机关申报抵扣进项税额。

（摘自国税函〔2009〕617号第一条）

B. 海关缴款书应在开具之日起180日内向税务机关报送《海关完税凭证抵扣清单》申请稽核比对。

实行海关进口增值税专用缴款书（以下简称海关缴款书）"先比对后抵扣"管理办法的增值税一般纳税人取得2010年1月1日以后开具的海关缴款书，应在开具之日起180日内向主管税务机关报送《海关完税凭证抵扣清单》（包括纸质资料和电子数据）申请稽核比对。

未实行海关缴款书"先比对后抵扣"管理办法的增值税一般纳税人取得2010年1月1日以后开具的海关缴款书，应在开具之日起180日后的第一个纳税申报期结束以前，向主管税务机关申报抵扣进项税额。

（摘自国税函〔2009〕617号第二条）

C. 丢失已开具的增值税专用发票的处理。

增值税一般纳税人丢失已开具的增值税专用发票，应在本通知第一条规定期限内，按照《国家税务总局关于修订〈增值税专用发票使用规定〉的通知》（国税发〔2006〕156号）第二十八条及相关规定办理。

增值税一般纳税人丢失海关缴款书，应在本通知第二条规定期限内，凭报关地海关出具的相关已完税证明，向主管税务机关提出抵扣申请。主管税务机关受理申请后，应当进行审核，并将纳税人提供的海关缴款书电子数据纳入稽核系统进行比对。稽核比对无误后，方可允许计算进项税额抵扣。

（摘自国税函〔2009〕617号第四条）

D. 关于未按期申报抵扣增值税扣税凭证抵扣的规定。

见《国家税务总局关于未按期申报抵扣增值税扣税凭证有关问题的公告》（国家税务总局公告2011年第78号）。

E. 逾期增值税扣税凭证抵扣管理办法。

见《国家税务总局关于逾期增值税扣税凭证抵扣问题的公告》（国家税务总局公告

2011 年第 50 号）。

⑥增值税税率执行不一致的进项税额抵扣。

个别货物进口环节与国内环节以及国内地区间增值税税率执行不一致进项税额抵扣问题

对在进口环节与国内环节，以及国内地区间个别货物（如初级农产品、矿产品等）增值税适用税率执行不一致的，纳税人应按其取得的增值税专用发票和海关进口完税凭证上注明的增值税额抵扣进项税额。

主管税务机关发现同一货物进口环节与国内环节以及地区间增值税税率执行不一致的，应当将有关情况逐级上报至共同的上一级税务机关，由上一级税务机关予以明确。

（摘自财税〔2005〕165 号第三条）

⑦登记为一般纳税人前的进项税额抵扣。

1. 纳税人自办理税务登记至认定或登记为一般纳税人期间，未取得生产经营收入，未按照销售额和征收率简易计算应纳税额申报缴纳增值税的，其在此期间取得的增值税扣税凭证，可以在认定或登记为一般纳税人后抵扣进项税额。

2. 上述增值税扣税凭证按照现行规定无法办理认证或者稽核比对的，按照以下规定处理：

（1）购买方纳税人取得的增值税专用发票，按照《国家税务总局关于推行增值税发票系统升级版有关问题的公告》（国家税务总局公告 2014 年第 73 号）规定的程序，由销售方纳税人开具红字增值税专用发票后重新开具蓝字增值税专用发票。

购买方纳税人按照国家税务总局公告 2014 年第 73 号规定填开《开具红字增值税专用发票信息表》或《开具红字货物运输业增值税专用发票信息表》时，选择“所购货物或劳务、服务不属于增值税扣税项目范围”或“所购服务不属于增值税扣税项目范围”。

（2）纳税人取得的海关进口增值税专用缴款书，按照《国家税务总局关于逾期增值税扣税凭证抵扣问题的公告》（国家税务总局公告 2011 年第 50 号）规定的程序，经国家税务总局稽核比对相符后抵扣进项税额。

（摘自国家税务总局公告 2015 年第 59 号）

⑧信托资金融资过程中增值税的进项税额抵扣。

项目运营方利用信托资金融资进行项目建设开发是指项目运营方与经批准成立的信托公司合作进行项目建设开发，信托公司负责筹集资金并设立信托计划，项目运营方负责项目建设与运营，项目建设完成后，项目资产归项目运营方所有。该经营模式下项目运营方在项目建设期内取得的增值税专用发票和其他抵扣凭证，允许其按现行增值税有关规定予以抵扣。

本公告自 2010 年 10 月 1 日起施行。此前未抵扣的进项税额允许其抵扣，已抵扣的不作进项税额转出。

（摘自国家税务总局公告 2010 年第 8 号）

⑨煤炭采掘企业增值税的进项税额抵扣。

1. 煤炭采掘企业购进的下列项目，其进项税额允许从销项税额中抵扣：

（1）巷道附属设备及其相关的应税货物、劳务和服务；

（2）用于除开拓巷道以外的其他巷道建设和掘进，或者用于巷道回填、露天煤矿生态恢复的应税货物、劳务和服务。

2. 本通知所称的巷道，是指为采矿提升、运输、通风、排水、动力供应、瓦斯治理等而掘进的通道，包括开拓巷道和其他巷道。其中，开拓巷道，是指为整个矿井或一个开采水平（阶段）服务的巷道。所称的巷道附属设备，是指以巷道为载体的给排水、采暖、降温、卫生、通风、照明、通讯、消防、电梯、电气、瓦斯抽排等设备。

（摘自财税〔2015〕117 号）

（2）不允许抵扣的进项税额。

①法律规定不得抵扣进项税额的情形。

纳税人购进货物或者应税劳务，取得的增值税扣税凭证不符合法律、行政法规或者国务院税务主管部门有关规定的，其进项税额不得从销项税额中抵扣。

（摘自《增值税暂行条例》第九条）

条例第九条所称增值税扣税凭证，是指增值税专用发票、海关进口增值税专用缴款书、农产品收购发票和农产品销售发票以及运输费用结算单据。

（摘自《增值税暂行条例实施细则》第十九条）

有下列情形之一者，应按销售额依照增值税税率计算应纳税额，不得抵扣进项税额，也不得使用增值税专用发票：

（1）一般纳税人会计核算不健全，或者不能够提供准确税务资料的；

（2）除本细则第二十九条规定外，纳税人销售额超过小规模纳税人标准，未申请办理一般纳税人认定手续的。

（摘自《增值税暂行条例实施细则》第三十四条）

②不得抵扣项目。

A. 关于进项税额不得抵扣项目的规定。

下列项目的进项税额不得从销项税额中抵扣：

（一）用于非增值税应税项目、免征增值税项目、集体福利或者个人消费的购进货物或者应税劳务；

（二）非正常损失的购进货物及相关的应税劳务；

（三）非正常损失的在产品、产成品所耗用的购进货物或者应税劳务；

（四）国务院财政、税务主管部门规定的纳税人自用消费品；

（五）本条第（一）项至第（四）项规定的货物的运输费用和销售免税货物的运输费用。

（摘自《增值税暂行条例》第十条）

纳税人自用的应征消费税的摩托车、汽车、游艇，其进项税额不得从销项税额中抵扣。

（摘自《增值税暂行条例实施细则》第二十五条）

B. 进项税额不得抵扣项目相关名词解释。

a. "购进货物"。

条例第十条第（一）项所称购进货物，不包括既用于增值税应税项目（不含免征增值税项目）也用于非增值税应税项目、免征增值税（以下简称免税）项目、集体福利或者个人消费的固定资产。

前款所称固定资产，是指使用期限超过 12 个月的机器、机械、运输工具以及其他与生产经营有关的设备、工具、器具等。

（摘自《增值税暂行条例实施细则》第二十一条）

b. "个人消费"。

条例第十条第（一）项所称个人消费包括纳税人的交际应酬消费。

（摘自《增值税暂行条例实施细则》第二十二条）

c. "非增值税应税项目"。

条例第十条第（一）项和本细则所称非增值税应税项目，是指提供非增值税应税劳务、转让无形资产、销售不动产和不动产在建工程。

前款所称不动产是指不能移动或者移动后会引起性质、形状改变的财产，包括建筑物、构筑物和其他土地附着物。

纳税人新建、改建、扩建、修缮、装饰不动产，均属于不动产在建工程。

（摘自《增值税暂行条例实施细则》第二十三条）

d. "非正常损失"。

条例第十条第（二）项所称非正常损失，是指因管理不善造成被盗、丢失、霉烂变质的损失。

（摘自《增值税暂行条例实施细则》第二十四条）

③一般纳税人兼营而无法划分不得抵扣的进项税额的计算公式。

一般纳税人兼营免税项目或者非增值税应税劳务而无法划分不得抵扣的进项税额的，按下列公式计算不得抵扣的进项税额：

$$\text{不得抵扣的进项税额} = \text{当月无法划分的全部进项税额} \times \text{当月免税项目销售额、非增值税应税劳务营业额合计} \div \text{当月全部销售额、营业额合计}$$

（摘自《增值税暂行条例实施细则》第二十六条）

④交易主体比对不一致不得抵扣。

购进货物或应税劳务支付货款、劳务费用的对象。纳税人购进货物或应税劳务，支付运输费用，所支付款项的单位，必须与开具抵扣凭证的销货单位、提供劳务的单位一致，才能够申报抵扣进项税额，否则不予抵扣。

（摘自国税发〔1995〕192 号第一条第（三）项）

增值税一般纳税人违反上述第（三）项规定的，税务机关应从纳税人当期进项税额中剔除，并在该进项发票上注明，以后无论是否支付款项，均不得计入进项税额申报抵扣。

（摘自国税发〔1995〕192号第一条第（五）项）

⑤易货贸易进口环节减征的增值税税款不能抵扣。

根据国务院有关文件的精神，按照现行增值税的有关规定，准予从销项税额中抵扣的进项税额，必须是取得合法的增值税扣税凭证上注明的增值税额。因此，对与周边国家易货贸易进口环节减征的增值税税款，不能作为下一道环节的进项税金抵扣。

（摘自国税函发〔1996〕550号）

⑥固定资产的进项税额抵扣。

A. "建筑物"、"构筑物"、"其他土地附着物"的解释。

《中华人民共和国增值税暂行条例实施细则》第二十三条第二款所称建筑物，是指供人们在其内生产、生活和其他活动的房屋或者场所，具体为《固定资产分类与代码》（GB/T14885—1994）中代码前两位为"02"的房屋；所称构筑物，是指人们不在其内生产、生活的人工建造物，具体为《固定资产分类与代码》（GB/T14885—1994）中代码前两位为"03"的构筑物；所称其他土地附着物，是指矿产资源及土地上生长的植物。

《固定资产分类与代码》（GB/T14885—1994）电子版可在财政部或国家税务总局网站查询。

（摘自财税〔2009〕113号）

B. 建筑物或构筑物不得抵扣进项税额。

以建筑物或者构筑物为载体的附属设备和配套设施，无论在会计处理上是否单独记账与核算，均应作为建筑物或者构筑物的组成部分，其进项税额不得在销项税额中抵扣。附属设备和配套设施是指：给排水、采暖、卫生、通风、照明、通讯、煤气、消防、中央空调、电梯、电气、智能化楼宇设备和配套设施。

（摘自财税〔2009〕113号）

（3）进项税额扣减（转出）。

①法律关于进项税额扣减的规定。

已抵扣进项税额的购进货物或者应税劳务，发生条例第十条规定的情形的（免税项目、非增值税应税劳务除外），应当将该项购进货物或者应税劳务的进项税额从当期的进项税额中扣减；无法确定该项进项税额的，按当期实际成本计算应扣减的进项税额。

（摘自《增值税暂行条例实施细则》第二十七条）

②供应方收取费用、平销行为冲减进项税额。

A. 平销行为冲减进项税额。

近期以来，在商业经营活动中出现了大量平销行为，即生产企业以商业企业经销价或高于商业企业经销价的价格将货物销售给商业企业，商业企业再以进货成本或低于进货成本的价格进行销售，生产企业则以返还利润等方式弥补商业企业的进销差价损失。据调查，在平销活动中，生产企业弥补商业企业进销差价损失的方式主要有以下几种：一是生产企业通过返还资金方式弥补商业企业的损失，如有的对商业企业返还利润，有的向商业企业投资等。

二是生产企业通过赠送实物或以实物投资方式弥补商业企业的损失。已发现有些生产企业赠送实物或商业企业进销此类实物不开发票、不记账，以此来达到偷税的目的。目前，平销行为基本上发生在生产企业和商业企业之间，但有可能进一步在生产企业与生产企业之间、商业企业与商业企业之间的经营活动中出现。平销行为不仅造成地区间增值税收入非正常转移，而且具有偷、避税因素，给国家财政收入造成损失。为堵塞税收漏洞，保证国家财政收入和有利于各地区完成增值税收入任务，现就平销行为中有关增值税问题规定如下：

（1）对于采取赠送实物或以实物投资方式进行平销经营活动的，要制定切实可行的措施，加强增值税征管稽查，大力查处和严厉打击有关的偷税行为。

（2）自1997年1月1日起，凡增值税一般纳税人，无论是否有平销行为，因购买货物而从销售方取得的各种形式的返还资金，均应依所购货物的增值税税率计算应冲减的进项税金，并从其取得返还资金当期的进项税金中予以冲减。应冲减的进项税金计算公式如下：

当期应冲减进项税金＝当期取得的返还资金×所购货物适用的增值税税率

（摘自国税发〔1997〕167号）

B. 分支机构从总机构取得资金不冲减进项税。

与总机构实行统一核算的分支机构从总机构取得的日常工资、电话费、租金等资金，不应视为因购买货物而取得的返利收入，不应做冲减进项税额处理。

（摘自国税函〔2001〕247号）

C. 商业企业向货物供应方收取的费用冲减进项税。

商业企业向供货方收取的部分收入，按照以下原则征收增值税或营业税：

（1）对商业企业向供货方收取的与商品销售量、销售额无必然联系，且商业企业向供货方提供一定劳务的收入，例如进场费、广告促销费、上架费、展示费、管理费等，不属于平销返利，不冲减当期增值税进项税金，应按营业税的适用税目税率征收营业税。

（2）对商业企业向供货方收取的与商品销售量、销售额挂钩（如以一定比例、金额、数量计算）的各种返还收入，均应按照平销返利行为的有关规定冲减当期增值税进项税金，不征收营业税。

（摘自国税发〔2004〕136号第一条）

③供电企业收取的免征增值税的农村电网维护费不应转出。

对供电企业收取的免征增值税的农村电网维护费，不应分摊转出外购电力产品所支付的进项税额。

（摘自国税函〔2005〕778号第一条）

④居民供热免税收入进项。

对属于居民供热免税的，应作为免税收入参与计算进项转出。

（摘自企便函〔2009〕33 号第三条第（一）项）

5.4.2 销售服务、无形资产、不动产进项税额

（1）关于进项税额的规定。

进项税额，是指纳税人购进货物、加工修理修配劳务、服务、无形资产或者不动产，支付或者负担的增值税额。

（摘自财税〔2016〕36 号附件 1 第二十四条）

原增值税一般纳税人购进服务、无形资产或者不动产，取得的增值税专用发票上注明的增值税额为进项税额，准予从销项税额中抵扣。

（摘自财税〔2016〕36 号附件 2 第二条第（一）项）

（2）关于准予抵扣的进项税额的规定。

①准予抵扣进项税额。

下列进项税额准予从销项税额中抵扣：

1. 从销售方取得的增值税专用发票（含税控机动车销售统一发票，下同）上注明的增值税额。

2. 从海关取得的海关进口增值税专用缴款书上注明的增值税额。

3. 购进农产品，除取得增值税专用发票或者海关进口增值税专用缴款书外，按照农产品收购发票或者销售发票上注明的农产品买价和 13% 的扣除率计算的进项税额。计算公式为：

$$进项税额＝买价×扣除率$$

买价，是指纳税人购进农产品在农产品收购发票或者销售发票上注明的价款和按照规定缴纳的烟叶税。

购进农产品，按照《农产品增值税进项税额核定扣除试点实施办法》抵扣进项税额的除外。

4. 从境外单位或者个人购进服务、无形资产或者不动产，自税务机关或者扣缴义务人取得的解缴税款的完税凭证上注明的增值税额。

（摘自财税〔2016〕36 号附件 1 第二十五条）

②销售折让、中止或者退回而退还的进项税额扣减。

因销售折让、中止或者退回而收回的增值税额，应当从当期的进项税额中扣减。

（摘自财税〔2016〕36 号附件 1 第三十二条）

③不动产进项税额分两年抵扣。

适用一般计税方法的试点纳税人，2016 年 5 月 1 日后取得并在会计制度上按固定资产核算的不动产或者 2016 年 5 月 1 日后取得的不动产在建工程，其进项税额应自取

得之日起分两年从销项税额中抵扣，第一年抵扣比例为 60%，第二年抵扣比例为 40%。

取得不动产，包括以直接购买、接受捐赠、接受投资入股、自建以及抵债等各种形式取得不动产，不包括房地产开发企业自行开发的房地产项目。

融资租入的不动产以及在施工现场修建的临时建筑物、构筑物，其进项税额不适用上述分两年抵扣的规定。

（摘自财税〔2016〕36 号附件 2 第一条第（四）项）

④摩托车、汽车、游艇的进项税准予抵扣。

原增值税一般纳税人自用的应征消费税的摩托车、汽车、游艇，其进项税额准予从销项税额中抵扣。

（摘自财税〔2016〕36 号附件 2 第二条第（一）项）

⑤购进货物、应税劳务进项税准予抵扣。

原增值税一般纳税人购进货物或者接受加工修理修配劳务，用于《销售服务、无形资产或者不动产注释》所列项目的，不属于《增值税暂行条例》第十条所称的用于非增值税应税项目，其进项税额准予从销项税额中抵扣。

（摘自财税〔2016〕36 号附件 2 第二条第（一）项）

⑥改用应税项目资产可抵扣进项税额的计算。

按照《增值税暂行条例》第十条和上述第 5 点不得抵扣且未抵扣进项税额的固定资产、无形资产、不动产，发生用途改变，用于允许抵扣进项税额的应税项目，可在用途改变的次月按照下列公式，依据合法有效的增值税扣税凭证，计算可以抵扣的进项税额：

$$可以抵扣的进项税额＝固定资产、无形资产、不动产净值/(1＋适用税率)×适用税率$$

上述可以抵扣的进项税额应取得合法有效的增值税扣税凭证。

（摘自财税〔2016〕36 号附件 2 第二条第（一）项）

按照《试点实施办法》第二十七条第（一）项规定不得抵扣且未抵扣进项税额的固定资产、无形资产、不动产，发生用途改变，用于允许抵扣进项税额的应税项目，可在用途改变的次月按照下列公式计算可以抵扣的进项税额：

$$可以抵扣的进项税额＝固定资产、无形资产、不动产净值/(1＋适用税率)×适用税率$$

上述可以抵扣的进项税额应取得合法有效的增值税扣税凭证。

（摘自财税〔2016〕36 号附件 2 第一条第（四）项）

⑦疑难问题解答。

问：员工因公出差，住宿费取得增值税专用发票，是否可以按规定抵扣进项？

答：可以。

问：企业既有简易计税项目，又有一般计税项目，营改增后购进办公用不动产，能否抵扣进项税？

答：根据《财政部　国家税务总局关于全面推开营业税改征增值税试点的通知》（财税〔2016〕36号）附件1的规定，下列项目的进项税额不得从销项税额中抵扣：（一）用于简易计税方法计税项目、免征增值税项目、集体福利或者个人消费的购进货物、加工修理修配劳务、服务、无形资产和不动产。其中涉及的固定资产、无形资产、不动产，仅指专用于上述项目的固定资产、无形资产（不包括其他权益性无形资产）、不动产。因此，纳税人营改增后购进办公用不动产，能够取得增值税专用发票，并且不是专用于简易计税办法计税项目的，按照规定可以抵扣进项税额。

（摘自《全面推开营改增试点12366热点问题解答》（税总纳便函〔2016〕71号））

（3）所需扣税凭证及资料。

①增值税扣税凭证及应具备资料。

纳税人取得的增值税扣税凭证不符合法律、行政法规或者国家税务总局有关规定的，其进项税额不得从销项税额中抵扣。

增值税扣税凭证，是指增值税专用发票、海关进口增值税专用缴款书、农产品收购发票、农产品销售发票和完税凭证。

纳税人凭完税凭证抵扣进项税额的，应当具备书面合同、付款证明和境外单位的对账单或者发票。资料不全的，其进项税额不得从销项税额中抵扣。

（摘自财税〔2016〕36号附件1第二十六条）

②抵扣凭证及资料。

原增值税一般纳税人从境外单位或者个人购进服务、无形资产或者不动产，按照规定应当扣缴增值税的，准予从销项税额中抵扣的进项税额为自税务机关或者扣缴义务人取得的解缴税款的完税凭证上注明的增值税额。

纳税人凭完税凭证抵扣进项税额的，应当具备书面合同、付款证明和境外单位的对账单或者发票。资料不全的，其进项税额不得从销项税额中抵扣。

（摘自财税〔2016〕36号附件2第二条第（一）项）

（4）关于不得抵扣的进项税额的规定。

①不得抵扣进项税额。

下列项目的进项税额不得从销项税额中抵扣：

（一）用于简易计税方法计税项目、免征增值税项目、集体福利或者个人消费的购进货物、加工修理修配劳务、服务、无形资产和不动产。其中涉及的固定资产、无形资产、不动产，仅指专用于上述项目的固定资产、无形资产（不包括其他权益性无形资产）、不动产。

纳税人的交际应酬消费属于个人消费。

（二）非正常损失的购进货物，以及相关的加工修理修配劳务和交通运输服务。

（三）非正常损失的在产品、产成品所耗用的购进货物（不包括固定资产）、加工修理修配劳务和交通运输服务。

（四）非正常损失的不动产，以及该不动产所耗用的购进货物、设计服务和建筑服务。

（五）非正常损失的不动产在建工程所耗用的购进货物、设计服务和建筑服务。

纳税人新建、改建、扩建、修缮、装饰不动产，均属于不动产在建工程。

（六）购进的旅客运输服务、贷款服务、餐饮服务、居民日常服务和娱乐服务。

（七）财政部和国家税务总局规定的其他情形。

本条第（四）项、第（五）项所称货物，是指构成不动产实体的材料和设备，包括建筑装饰材料和给排水、采暖、卫生、通风、照明、通讯、煤气、消防、中央空调、电梯、电气、智能化楼宇设备及配套设施。

（摘自财税〔2016〕36 号附件 1 第二十七条）

原增值税一般纳税人购进服务、无形资产或者不动产，下列项目的进项税额不得从销项税额中抵扣：

（1）用于简易计税方法计税项目、免征增值税项目、集体福利或者个人消费。其中涉及的无形资产、不动产，仅指专用于上述项目的无形资产（不包括其他权益性无形资产）、不动产。

纳税人的交际应酬消费属于个人消费。

（2）非正常损失的购进货物，以及相关的加工修理修配劳务和交通运输服务。

（3）非正常损失的在产品、产成品所耗用的购进货物（不包括固定资产）、加工修理修配劳务和交通运输服务。

（4）非正常损失的不动产，以及该不动产所耗用的购进货物、设计服务和建筑服务。

（5）非正常损失的不动产在建工程所耗用的购进货物、设计服务和建筑服务。

纳税人新建、改建、扩建、修缮、装饰不动产，均属于不动产在建工程。

（6）购进的旅客运输服务、贷款服务、餐饮服务、居民日常服务和娱乐服务。

（7）财政部和国家税务总局规定的其他情形。

上述第（4）点、第（5）点所称货物，是指构成不动产实体的材料和设备，包括建筑装饰材料和给排水、采暖、卫生、通风、照明、通讯、煤气、消防、中央空调、电梯、电气、智能化楼宇设备及配套设施。

纳税人接受贷款服务向贷款方支付的与该笔贷款直接相关的投融资顾问费、手续费、咨询费等费用，其进项税额不得从销项税额中抵扣。

（摘自财税〔2016〕36 号附件 2 第二条第（一）项）

②不动产、无形资产的范围确认依据，"固定资产"和"非正常损失"的解释。

不动产、无形资产的具体范围，按照本办法所附的《销售服务、无形资产或者不动产注释》执行。

固定资产，是指使用期限超过 12 个月的机器、机械、运输工具以及其他与生产经营有关的设备、工具、器具等有形动产。

非正常损失，是指因管理不善造成货物被盗、丢失、霉烂变质，以及因违反法律法规造成货物或者不动产被依法没收、销毁、拆除的情形。

（摘自财税〔2016〕36 号附件 1 第二十八条）

③兼营项目无法划分的不得抵扣进项税额计算。

适用一般计税方法的纳税人，兼营简易计税方法计税项目、免征增值税项目而无法划分不得抵扣的进项税额，按照下列公式计算不得抵扣的进项税额：

$$不得抵扣的进项税额 = 当期无法划分的全部进项税额 \times \left(当期简易计税方法计税项目销售额 + 免征增值税项目销售额 \right) \div 当期全部销售额$$

主管税务机关可以按照上述公式依据年度数据对不得抵扣的进项税额进行清算。

（摘自财税〔2016〕36 号附件 1 第二十九条）

④不得抵扣进项税额的扣减。

已抵扣进项税额的购进货物（不含固定资产）、劳务、服务，发生本办法第二十七条规定情形（简易计税方法计税项目、免征增值税项目除外）的，应当将该进项税额从当期进项税额中扣减；无法确定该进项税额的，按照当期实际成本计算应扣减的进项税额。

（摘自财税〔2016〕36 号附件 1 第三十条）

⑤不得抵扣的进项税额计算。

已抵扣进项税额的固定资产、无形资产或者不动产，发生本办法第二十七条规定情形的，按照下列公式计算不得抵扣的进项税额：

不得抵扣的进项税额＝固定资产、无形资产或者不动产净值×适用税率

固定资产、无形资产或者不动产净值，是指纳税人根据财务会计制度计提折旧或摊销后的余额。

（摘自财税〔2016〕36 号附件 1 第三十一条）

⑥发生不得抵扣进项税额的扣减。

已抵扣进项税额的购进服务，发生上述第 5 点规定情形（简易计税方法计税项目、免征增值税项目除外）的，应当将该进项税额从当期进项税额中扣减；无法确定该进项税额的，按照当期实际成本计算应扣减的进项税额。

（摘自财税〔2016〕36 号附件 2 第二条第（一）项）

⑦不得抵扣的进项税额的计算。

已抵扣进项税额的无形资产或者不动产，发生上述第 5 点规定情形的，按照下列公式计算不得抵扣的进项税额：

不得抵扣的进项税额＝无形资产或者不动产净值×适用税率

（摘自财税〔2016〕36 号附件 2 第二条第（一）项）

⑧营改增前兼营期末留抵税额不得抵扣营改增项目销项税。

原增值税一般纳税人兼有销售服务、无形资产或者不动产的，截止到纳入营改增试点之日前的增值税期末留抵税额，不得从销售服务、无形资产或者不动产的销项税额中抵扣。

（摘自财税〔2016〕36 号附件 2 第二条第（二）项）

⑨接受贷款服务相关费用不得扣除进项税额。

纳税人接受贷款服务向贷款方支付的与该笔贷款直接相关的投融资顾问费、手续费、咨询费等费用，其进项税额不得从销项税额中抵扣。

（摘自财税〔2016〕36号附件2第一条第（四）项）

⑩疑难问题解答。

问：试点纳税人5月1日之前发生的购进货物业务，在5月1日之后取得进项税发票，是否可按规定认证抵扣？

答：不可以。

（摘自《全面推开营改增试点12366热点问题解答》（税总纳便函〔2016〕71号））

5.4.3　不动产进项税额分期抵扣

（1）不动产进项税抵扣、在建工程的进项税额抵扣。

①相关文件规定。

增值税一般纳税人（以下称纳税人）2016年5月1日后取得并在会计制度上按固定资产核算的不动产，以及2016年5月1日后发生的不动产在建工程，其进项税额应按照本办法有关规定分2年从销项税额中抵扣，第一年抵扣比例为60%，第二年抵扣比例为40%。

取得的不动产，包括以直接购买、接受捐赠、接受投资入股以及抵债等各种形式取得的不动产。

纳税人新建、改建、扩建、修缮、装饰不动产，属于不动产在建工程。

房地产开发企业自行开发的房地产项目，融资租入的不动产，以及在施工现场修建的临时建筑物、构筑物，其进项税额不适用上述分2年抵扣的规定。

（摘自国家税务总局公告2016年第15号第二条）

②疑难问题解答。

问：纳税人于2016年5月1日以后取得的不动产，适用进项税额分期抵扣时的"第二年"怎么理解？是否指自然年度？

答：不是自然年度。根据《国家税务总局关于发布〈不动产进项税额分期抵扣暂行办法〉的公告》（国家税务总局公告2016年第15号）的规定，进项税额中，60%的部分于取得扣税凭证的当期从销项税额中抵扣；40%的部分为待抵扣进项税额，于取得扣税凭证的当月起第13个月从销项税额中抵扣。

（摘自《全面推开营改增试点12366热点问题解答》（税总纳便函〔2016〕71号））

（2）新建、改建、扩建、修缮、装饰不动产的进项税额抵扣。

纳税人2016年5月1日后购进货物和设计服务、建筑服务，用于新建不动产，或者用于改建、扩建、修缮、装饰不动产并增加不动产原值超过50%的，其进项税额依照本办法有关规定分两年从销项税额中抵扣。

不动产原值，是指取得不动产时的购置原价或作价。

上述分两年从销项税额中抵扣的购进货物，是指构成不动产实体的材料和设备，包括建筑装饰材料和给排水、采暖、卫生、通风、照明、通讯、煤气、消防、中央空调、电梯、电气、智能化楼宇设备及配套设施。

（摘自国家税务总局公告 2016 年第 15 号第三条）

（3）进项税额扣税凭证、抵扣时间。

纳税人按照本办法规定从销项税额中抵扣进项税额，应取得 2016 年 5 月 1 日后开具的合法有效的增值税扣税凭证。

上述进项税额中，60% 的部分于取得扣税凭证的当期从销项税额中抵扣；40% 的部分为待抵扣进项税额，于取得扣税凭证的当月起第 13 个月从销项税额中抵扣。

（摘自国家税务总局公告 2016 年第 15 号第四条）

（4）货物和服务用于在建工程的计入待抵扣。

购进时已全额抵扣进项税额的货物和服务，转用于不动产在建工程的，其已抵扣进项税额的 40% 部分，应于转用的当期从进项税额中扣减，计入待抵扣进项税额，并于转用的当月起第 13 个月从销项税额中抵扣。

（摘自国家税务总局公告 2016 年第 15 号第五条）

（5）销售不动产未抵扣进项税额的允许当期抵扣。

纳税人销售其取得的不动产或者不动产在建工程时，尚未抵扣完毕的待抵扣进项税额，允许于销售的当期从销项税额中抵扣。

（摘自国家税务总局公告 2016 年第 15 号第六条）

（6）不动产发生损失或改变用途不得抵扣进项税额的计算。

已抵扣进项税额的不动产，发生非正常损失，或者改变用途，专用于简易计税方法计税项目、免征增值税项目、集体福利或者个人消费的，按照下列公式计算不得抵扣的进项税额：

$$不得抵扣的进项税额＝（已抵扣进项税额＋待抵扣进项税额）×不动产净值率$$
$$不动产净值率＝（不动产净值÷不动产原值）×100\%$$

不得抵扣的进项税额小于或等于该不动产已抵扣进项税额的，应于该不动产改变用途的当期，将不得抵扣的进项税额从进项税额中扣减。

不得抵扣的进项税额大于该不动产已抵扣进项税额的，应于该不动产改变用途的当期，将已抵扣进项税额从进项税额中扣减，并从该不动产待抵扣进项税额中扣减不得抵扣进项税额与已抵扣进项税额的差额。

（摘自国家税务总局公告 2016 年第 15 号第七条）

（7）在建工程发生损失的进项税额转出。

不动产在建工程发生非正常损失的，其所耗用的购进货物、设计服务和建筑服务已抵扣的进项税额应于当期全部转出；其待抵扣进项税额不得抵扣。

（摘自国家税务总局公告 2016 年第 15 号第八条）

（8）不得抵扣进项税不动产用于生产经营，可抵扣进项税额计算。

按照规定不得抵扣进项税额的不动产，发生用途改变，用于允许抵扣进项税额项目的，按照下列公式在改变用途的次月计算可抵扣进项税额。

$$可抵扣进项税额＝增值税扣税凭证注明或计算的进项税额×不动产净值率$$

依照本条规定计算的可抵扣进项税额，应取得 2016 年 5 月 1 日后开具的合法有效的增值税扣税凭证。

按照本条规定计算的可抵扣进项税额，60％的部分于改变用途的次月从销项税额中抵扣，40％的部分为待抵扣进项税额，于改变用途的次月起第 13 个月从销项税额中抵扣。

（摘自国家税务总局公告 2016 年第 15 号第九条）

（9）注销税务登记的进项税抵扣。

纳税人注销税务登记时，其尚未抵扣完毕的待抵扣进项税额于注销清算的当期从销项税额中抵扣。

（摘自国家税务总局公告 2016 年第 15 号第十条）

（10）待抵扣进项税的会计核算。

待抵扣进项税额记入"应交税费——待抵扣进项税额"科目核算，并于可抵扣当期转入"应交税费——应交增值税（进项税额）"科目。

对不同的不动产和不动产在建工程，纳税人应分别核算其待抵扣进项税额。

（摘自国家税务总局公告 2016 年第 15 号第十一条）

（11）分期抵扣申报表填报。

纳税人分期抵扣不动产的进项税额，应据实填报增值税纳税申报表附列资料。

（摘自国家税务总局公告 2016 年第 15 号第十二条）

（12）不动产和在建工程应记台账。

纳税人应建立不动产和不动产在建工程台账，分别记录并归集不动产和不动产在建工程的成本、费用、扣税凭证及进项税额抵扣情况，留存备查。

用于简易计税方法计税项目、免征增值税项目、集体福利或者个人消费的不动产和不动产在建工程，也应在纳税人建立的台账中记录。

（摘自国家税务总局公告 2016 年第 15 号第十三条）

（13）未按规定抵扣进项税额的责任。

纳税人未按照本办法有关规定抵扣不动产和不动产在建工程进项税额的，主管税务机关应按照《中华人民共和国税收征收管理法》及有关规定进行处理。

（摘自国家税务总局公告 2016 年第 15 号第十四条）

6 纳税义务、扣缴义务发生时间

6.1 货物、劳务纳税义务发生时间

6.1.1 法律关于纳税义务发生时间的规定

增值税纳税义务发生时间：

（一）销售货物或者应税劳务，为收讫销售款项或者取得索取销售款项凭据的当天；先开具发票的，为开具发票的当天。

（二）进口货物，为报关进口的当天。

增值税扣缴义务发生时间为纳税人增值税纳税义务发生的当天。

（摘自《增值税暂行条例》第十九条）

6.1.2 法律关于"收讫销售款项或者取得索取销售款项凭据的当天"的具体规定

条例第十九条第一款第（一）项规定的收讫销售款项或者取得索取销售款项凭据的当天，按销售结算方式的不同，具体为：

（一）采取直接收款方式销售货物，不论货物是否发出，均为收到销售款或者取得索取销售款凭据的当天；

（二）采取托收承付和委托银行收款方式销售货物，为发出货物并办妥托收手续的当天；

（三）采取赊销和分期收款方式销售货物，为书面合同约定的收款日期的当天，无书面合同的或者书面合同没有约定收款日期的，为货物发出的当天；

（四）采取预收货款方式销售货物，为货物发出的当天，但生产销售生产工期超过12个月的大型机械设备、船舶、飞机等货物，为收到预收款或者书面合同约定的收款日期的当天；

（五）委托其他纳税人代销货物，为收到代销单位的代销清单或者收到全部或者部分货款的当天。未收到代销清单及货款的，为发出代销货物满180天的当天；

（六）销售应税劳务，为提供劳务同时收讫销售款或者取得索取销售款的凭据的当天；

（七）纳税人发生本细则第四条第（三）项至第（八）项所列视同销售货物行为，

为货物移送的当天。

（摘自《增值税暂行条例实施细则》第三十八条）

6.1.3　直接收款方式销售货物的纳税义务发生时间

纳税人生产经营活动中采取直接收款方式销售货物，已将货物移送对方并暂估销售收入入账，但既未取得销售款或取得索取销售款凭据也未开具销售发票的，其增值税纳税义务发生时间为取得销售款或取得索取销售款凭据的当天；先开具发票的，为开具发票的当天。

（摘自国家税务总局公告 2011 年第 40 号）

6.2　销售服务、无形资产、不动产纳税义务、扣缴义务发生时间

6.2.1　文件关于纳税义务发生时间的规定

增值税纳税义务、扣缴义务发生时间为：

一、纳税人发生应税行为并收讫销售款项或者取得索取销售款项凭据的当天；先开具发票的，为开具发票的当天。

收讫销售款项，是指纳税人销售服务、无形资产、不动产过程中或者完成后收到款项。

取得索取销售款项凭据的当天，是指书面合同确定的付款日期；未签订书面合同或者书面合同未确定付款日期的，为服务、无形资产转让完成的当天或者不动产权属变更的当天。

二、纳税人提供建筑服务、租赁服务采取预收款方式的，其纳税义务发生时间为收到预收款的当天。

三、纳税人从事金融商品转让的，为金融商品所有权转移的当天。

四、纳税人发生本办法第十四条规定情形的，其纳税义务发生时间为服务、无形资产转让完成的当天或者不动产权属变更的当天。

五、增值税扣缴义务发生时间为纳税人增值税纳税义务发生的当天。

（摘自财税〔2016〕36 号附件 1 第四十五条）

6.2.2　文件关于跨县建筑服务纳税义务发生时间的规定

纳税人跨县（市、区）提供建筑服务，应按照财税〔2016〕36 号文件规定的纳税

义务发生时间和计税方法，向建筑服务发生地主管国税机关预缴税款，向机构所在地主管国税机关申报纳税。

（摘自国家税务总局公告 2016 年第 17 号第三条第一款）

纳税人跨县（市、区）提供建筑服务预缴税款时间，按照财税〔2016〕36 号文件规定的纳税义务发生时间和纳税期限执行。

（摘自国家税务总局公告 2016 年第 17 号第十一条）

7　征收管理

7.1　货物、劳务

7.1.1　增值税纳税期限和纳税申报时间

（1）纳税期限（税款所属期）的类型和核定。

增值税的纳税期限分别为 1 日、3 日、5 日、10 日、15 日、1 个月或者 1 个季度。纳税人的具体纳税期限，由主管税务机关根据纳税人应纳税额的大小分别核定；不能按照固定期限纳税的，可以按次纳税。

（摘自《增值税暂行条例》第二十三条第一款）

（2）纳税申报时间、预缴税款时间、结清税款时间。

纳税人以 1 个月或者 1 个季度为 1 个纳税期的，自期满之日起 15 日内申报纳税；以 1 日、3 日、5 日、10 日或者 15 日为 1 个纳税期的，自期满之日起 5 日内预缴税款，于次月 1 日起 15 日内申报纳税并结清上月应纳税款。

（摘自《增值税暂行条例》第二十三条第二款）

纳税人应按月进行纳税申报，申报期为次月 1 日起至 10 日止，遇最后 1 日为法定节假日的，顺延 1 日；在每月 1 日至 10 日内有连续 3 日以上法定休假日的，按休假日天数顺延。

（摘自国税发〔2003〕53 号第六条）

《申报办法》第六条调整为"纳税人应按月进行纳税申报，申报期为次月 1 日起至 15 日止，遇最后一日为法定节假日的，顺延 1 日；在每月 1 日至 15 日内有连续 3 日以上法定休假日的，按休假日天数顺延。"

（摘自国税函〔2008〕1075 号第一条第一款第三项）

（3）扣缴义务人解缴税款的期限。

扣缴义务人解缴税款的期限，依照前两款规定执行。

（摘自《增值税暂行条例》第二十三条第三款）

（4）小规模纳税人的纳税期限。

条例第二十三条以 1 个季度为纳税期限的规定仅适用于小规模纳税人。小规模纳税人的具体纳税期限，由主管税务机关根据其应纳税额的大小分别核定。

（摘自《增值税暂行条例实施细则》第三十九条）

（5）进口货物缴纳税款期限。

纳税人进口货物，应当自海关填发海关进口增值税专用缴款书之日起 15 日内缴纳税款。

（摘自《增值税暂行条例》第二十四条）

（6）简并纳税人申报缴税次数。

自 2016 年 4 月 1 日起，下列事项，简并纳税人申报缴税次数。

（一）增值税小规模纳税人缴纳增值税、消费税、文化事业建设费，以及随增值税、消费税附征的城市维护建设税、教育费附加等税费，原则上实行按季申报。

纳税人要求不实行按季申报的，由主管税务机关根据其应纳税额大小核定纳税期限。

（二）随增值税、消费税附征的城市维护建设税、教育费附加免于零申报。

（三）符合条件的小型微利企业，实行按季度申报预缴企业所得税。

（四）对于采取简易申报方式的定期定额户，在规定期限内通过财税库银电子缴税系统批量扣税或委托银行扣缴核定税款的，当期可不办理申报手续，实行以缴代报。

（摘自《国家税务总局关于合理简并纳税人申报缴税次数的公告》
（国家税务总局公告 2016 年第 6 号））

7.1.2 增值税的纳税地点

（1）固定业户的纳税地点。

固定业户应当向其机构所在地的主管税务机关申报纳税。总机构和分支机构不在同一县（市）的，应当分别向各自所在地的主管税务机关申报纳税；经国务院财政、税务主管部门或者其授权的财政、税务机关批准，可以由总机构汇总向总机构所在地的主管税务机关申报纳税。

（摘自《增值税暂行条例》第二十二条第一款第一项）

（2）固定业户外出经营的纳税地点。

固定业户到外县（市）销售货物或者应税劳务，应当向其机构所在地的主管税务机关申请开具外出经营活动税收管理证明，并向其机构所在地的主管税务机关申报纳税；未开具证明的，应当向销售地或者劳务发生地的主管税务机关申报纳税；未向销售地或者劳务发生地的主管税务机关申报纳税的，由其机构所在地的主管税务机关补征税款。

（摘自《增值税暂行条例》第二十二条第一款第二项）

（3）非固定业户的纳税地点。

非固定业户销售货物或者应税劳务，应当向销售地或者劳务发生地的主管税务机关申报纳税；未向销售地或者劳务发生地的主管税务机关申报纳税的，由其机构所在地或者居住地的主管税务机关补征税款。

（摘自《增值税暂行条例》第二十二条第一款第三项）

（4）进口货物的纳税地点。

进口货物，应当向报关地海关申报纳税。

扣缴义务人应当向其机构所在地或者居住地的主管税务机关申报缴纳其扣缴的税款。

（摘自《增值税暂行条例》第二十二条第一款第四项）

（5）总、分机构移送货物的纳税地点。

国家税务总局决定，以1998年9月1日为界限。

1998年9月1日以后，企业所属机构发生销售行为，其应纳增值税则一律由企业所属机构主管税务机关征收。

（摘自国税函〔1998〕718号）

（6）总机构网络收款直接开票的纳税地点。

纳税人以总机构的名义在各地开立账户，通过资金结算网络在各地向购货方收取销货款，由总机构直接向购货方开具发票的行为，不具备《国家税务总局关于企业所属机构间移送货物征收增值税问题的通知》规定的受货机构向购货方开具发票、向购货方收取货款两种情形之一，其取得的应税收入应当在总机构所在地缴纳增值税。

（摘自国税函〔2002〕802号）

7.1.3　一般纳税人迁移

现就增值税一般纳税人经营地点迁移后仍继续经营，其一般纳税人资格是否可以继续保留以及尚未抵扣进项税额是否允许继续抵扣问题公告如下：

一、注销并重新登记的一般纳税人保留进项税额继续抵扣

增值税一般纳税人（以下简称纳税人）因住所、经营地点变动，按照相关规定，在工商行政管理部门作变更登记处理，但因涉及改变税务登记机关，需要办理注销税务登记并重新办理税务登记的，在迁达地重新办理税务登记后，其增值税一般纳税人资格予以保留，办理注销税务登记前尚未抵扣的进项税额允许继续抵扣。

二、迁出地《增值税一般纳税人迁移进项税额转移单》

迁出地主管税务机关应认真核实纳税人在办理注销税务登记前尚未抵扣的进项税额，填写《增值税一般纳税人迁移进项税额转移单》。

《增值税一般纳税人迁移进项税额转移单》一式三份，迁出地主管税务机关留存一份，交纳税人一份，传递迁达地主管税务机关一份。

三、迁达地主管税务机关应对《增值税一般纳税人迁移进项税额转移单》进行审核

迁达地主管税务机关应将迁出地主管税务机关传递来的《增值税一般纳税人迁移进项税额转移单》与纳税人报送资料进行认真核对，对其迁移前尚未抵扣的进项税额，在确认无误后，允许纳税人继续申报抵扣。

（摘自国家税务总局公告2011年第71号）

7.2　销售服务、无形资产、不动产

7.2.1　营改增管辖划分

营业税改征的增值税，由国家税务局负责征收。纳税人销售取得的不动产和其他个人出租不动产的增值税，国家税务局暂委托地方税务局代为征收。

（摘自财税〔2016〕36 号附件 1 第五十一条）

纳税人增值税的征收管理，按照本办法和《中华人民共和国税收征收管理法》及现行增值税征收管理有关规定执行。

（摘自财税〔2016〕36 号附件 1 第五十五条）

7.2.2　出口业务适用零税率应税行为的退（免）税

纳税人发生适用零税率的应税行为，应当按期向主管税务机关申报办理退（免）税，具体办法由财政部和国家税务总局制定。

（摘自财税〔2016〕36 号附件 1 第五十二条）

7.2.3　增值税专用发票开具要求及不得开具情形

纳税人发生应税行为，应当向索取增值税专用发票的购买方开具增值税专用发票，并在增值税专用发票上分别注明销售额和销项税额。

属于下列情形之一的，不得开具增值税专用发票：

一、向消费者个人销售服务、无形资产或者不动产。

二、适用免征增值税规定的应税行为。

（摘自财税〔2016〕36 号附件 1 第五十三条）

7.2.4　小规模纳税人应税行为由税务局代开发票

小规模纳税人发生应税行为，购买方索取增值税专用发票的，可以向主管税务机关申请代开。

（摘自财税〔2016〕36 号附件 1 第五十四条）

7.2.5　试点前发生业务的处理

一、试点纳税人发生应税行为，按照国家有关营业税政策规定差额征收营业税的，

因取得的全部价款和价外费用不足以抵减允许扣除项目金额，截至纳入营改增试点之日前尚未扣除的部分，不得在计算试点纳税人增值税应税销售额时抵减，应当向原主管地税机关申请退还营业税。

二、试点纳税人发生应税行为，在纳入营改增试点之日前已缴纳营业税，营改增试点后因发生退款减除营业额的，应当向原主管地税机关申请退还已缴纳的营业税。

三、试点纳税人纳入营改增试点之日前发生的应税行为，因税收检查等原因需要补缴税款的，应按照营业税政策规定补缴营业税。

（摘自财税〔2016〕36号附件2第一条第（十三）项）

7.2.6　增值税的纳税期限

增值税的纳税期限分别为1日、3日、5日、10日、15日、1个月或者1个季度。纳税人的具体纳税期限，由主管税务机关根据纳税人应纳税额的大小分别核定。以1个季度为纳税期限的规定适用于小规模纳税人、银行、财务公司、信托投资公司、信用社，以及财政部和国家税务总局规定的其他纳税人。不能按照固定期限纳税的，可以按次纳税。

纳税人以1个月或者1个季度为1个纳税期的，自期满之日起15日内申报纳税；以1日、3日、5日、10日或者15日为1个纳税期的，自期满之日起5日内预缴税款，于次月1日起15日内申报纳税并结清上月应纳税款。

扣缴义务人解缴税款的期限，按照前两款规定执行。

（摘自财税〔2016〕36号附件1第四十七条）

7.2.7　纳税地点

一、固定业户应当向其机构所在地或者居住地主管税务机关申报纳税。总机构和分支机构不在同一县（市）的，应当分别向各自所在地的主管税务机关申报纳税；经财政部和国家税务总局或者其授权的财政和税务机关批准，可以由总机构汇总向总机构所在地的主管税务机关申报纳税。

二、非固定业户应当向应税行为发生地主管税务机关申报纳税；未申报纳税的，由其机构所在地或者居住地主管税务机关补征税款。

三、其他个人提供建筑服务，销售或者租赁不动产，转让自然资源使用权，应向建筑服务发生地、不动产所在地、自然资源所在地主管税务机关申报纳税。

四、扣缴义务人应当向其机构所在地或者居住地主管税务机关申报缴纳扣缴的税款。

（摘自财税〔2016〕36号附件1第四十六条）

属于固定业户的试点纳税人，总分支机构不在同一县（市），但在同一省（自治区、直辖市、计划单列市）范围内的，经省（自治区、直辖市、计划单列市）财政厅

（局）和国家税务局批准，可以由总机构汇总向总机构所在地的主管税务机关申报缴纳增值税。

（摘自财税〔2016〕36 号附件 2 第一条第（十二）项）

7.2.8　增值税会计核算的义务

纳税人应当按照国家统一的会计制度进行增值税会计核算。

（摘自财税〔2016〕36 号附件 1 第八条）

7.2.9　增值税会计核算疑难问题解答

问：实行按季申报的原营业税纳税人，5 月 1 日营改增后何时申报缴纳增值税？

答：根据《国家税务总局关于全面推开营业税改征增值税试点有关税收征收管理事项的公告》（国家税务总局公告 2016 年第 23 号）规定，实行按季申报的原营业税纳税人，2016 年 5 月申报期内，向主管地税机关申报税款所属期为 4 月份的营业税；2016 年 7 月申报期内，向主管国税机关申报税款所属期为 5、6 月份的增值税。

（摘自《全面推开营改增试点 12366 热点问题解答》（税总纳便函〔2016〕71 号））

8 2016 年 5 月 1 日营改增后的服务征收

8.1 建筑服务

8.1.1 "跨县建筑服务"的解释及其适用范围

本办法所称跨县（市、区）提供建筑服务，是指单位和个体工商户（以下简称纳税人）在其机构所在地以外的县（市、区）提供建筑服务。

纳税人在同一直辖市、计划单列市范围内跨县（市、区）提供建筑服务的，由直辖市、计划单列市国家税务局决定是否适用本办法。

其他个人跨县（市、区）提供建筑服务，不适用本办法。

（摘自国家税务总局公告 2016 年第 17 号第二条）

8.1.2 建筑服务计税方法

（1）跨县建筑服务的一般计税和简易计税。

（一）一般纳税人跨县（市）提供建筑服务，适用一般计税方法计税的，应以取得的全部价款和价外费用为销售额计算应纳税额。纳税人应以取得的全部价款和价外费用扣除支付的分包款后的余额，按照 2% 的预征率在建筑服务发生地预缴税款后，向机构所在地主管税务机关进行纳税申报。

（二）一般纳税人跨县（市）提供建筑服务，选择适用简易计税方法计税的，应以取得的全部价款和价外费用扣除支付的分包款后的余额为销售额，按照 3% 的征收率计算应纳税额。纳税人应按照上述计税方法在建筑服务发生地预缴税款后，向机构所在地主管税务机关进行纳税申报。

（摘自财税〔2016〕36 号附件 2 第一条第（七）项）

（2）建筑服务业一般纳税人可以选择简易计税方法的情形。

（一）一般纳税人以清包工方式提供的建筑服务，可以选择适用简易计税方法计税。

以清包工方式提供建筑服务，是指施工方不采购建筑工程所需的材料或只采购辅助材料，并收取人工费、管理费或者其他费用的建筑服务。

（二）一般纳税人为甲供工程提供的建筑服务，可以选择适用简易计税方法计税。

甲供工程，是指全部或部分设备、材料、动力由工程发包方自行采购的建筑工程。

（三）一般纳税人为建筑工程老项目提供的建筑服务，可以选择适用简易计税方法计税。

建筑工程老项目，是指：

1.《建筑工程施工许可证》注明的合同开工日期在 2016 年 4 月 30 日前的建筑工程项目；

2. 未取得《建筑工程施工许可证》的，建筑工程承包合同注明的开工日期在 2016 年 4 月 30 日前的建筑工程项目。

（摘自财税〔2016〕36 号附件 2 第一条第（七）项）

（3）老工程项目的确认。

《建筑工程施工许可证》未注明合同开工日期，但建筑工程承包合同注明的开工日期在 2016 年 4 月 30 日前的建筑工程项目，属于财税〔2016〕36 号文件规定的可以选择简易计税方法计税的建筑工程老项目。

（摘自国家税务总局公告 2016 年第 17 号第三条第二款）

（4）疑难问题解答。

问：建筑行业什么情况下可以选择简易征收？

答：（1）一般纳税人以清包工方式提供的建筑服务，可以选择适用简易计税方法计税。以清包工方式提供建筑服务，是指施工方不采购建筑工程所需的材料或只采购辅助材料，并收取人工费、管理费或者其他费用的建筑服务。

（2）一般纳税人为甲供工程提供的建筑服务，可以选择适用简易计税方法计税。甲供工程，是指全部或部分设备、材料、动力由工程发包方自行采购的建筑工程。

（3）一般纳税人为建筑工程老项目提供的建筑服务，可以选择适用简易计税方法计税。建筑工程老项目，是指：（一）《建筑工程施工许可证》注明的合同开工日期在 2016 年 4 月 30 日前的建筑工程项目。（二）《建筑工程施工许可证》未注明合同开工日期，但建筑工程承包合同注明的开工日期在 2016 年 4 月 30 日前的建筑工程项目。（三）未取得《建筑工程施工许可证》的，建筑工程承包合同注明的开工日期在 2016 年 4 月 30 日前的建筑工程项目。

问：建筑企业不同的项目，是否可以选用不同的计税方法？

答：可以。建筑企业中的增值税一般纳税人，可以就不同的项目，分别选择适用一般计税方法或简易计税方法。

问：根据财税〔2016〕36 号文件规定"一般纳税人销售其 2016 年 4 月 30 日前自建的不动产，可以选择适用简易计税方法"此处的"4 月 30 日之前自建"应如何界定？

答：根据《财政部 国家税务总局关于全面推开营业税改征增值税试点的通知》（财税〔2016〕36 号）及《国家税务总局关于发布〈纳税人跨县（市、区）提供建筑服务增值税征收管理暂行办法〉的公告》（国家税务总局公告 2016 年第 17 号）的规定，4 月 30 日之前自建老项目是指：

（1）《建筑工程施工许可证》注明的合同开工日期在 2016 年 4 月 30 日前的建筑工

程项目；

（2）《建筑工程施工许可证》未注明合同开工日期，但建筑工程承包合同注明的开工日期在 2016 年 4 月 30 日前的建筑工程项目。

（3）未取得《建筑工程施工许可证》的，建筑工程承包合同注明的开工日期在 2016 年 4 月 30 日前的建筑工程项目。

（摘自《全面推开营改增试点 12366 热点问题解答》（税总纳便函〔2016〕71 号））

8.1.3 建筑服务销售额计算、预征率、征收率、预缴

（1）小规模纳税人的预缴。

试点纳税人中的小规模纳税人（以下称小规模纳税人）跨县（市）提供建筑服务，应以取得的全部价款和价外费用扣除支付的分包款后的余额为销售额，按照 3% 的征收率计算应纳税额。纳税人应按照上述计税方法在建筑服务发生地预缴税款后，向机构所在地主管税务机关进行纳税申报。

（摘自财税〔2016〕36 号附件 2 第一条第（七）项）

（2）跨地区销售建筑服务、销售出租不动产暂停预缴的情形。

一般纳税人跨省（自治区、直辖市或者计划单列市）提供建筑服务或者销售、出租取得的与机构所在地不在同一省（自治区、直辖市或者计划单列市）的不动产，在机构所在地申报纳税时，计算的应纳税额小于已预缴税额，且差额较大的，由国家税务总局通知建筑服务发生地或者不动产所在地省级税务机关，在一定时期内暂停预缴增值税。

（摘自财税〔2016〕36 号附件 2 第一条第（十一）项）

（3）跨县建筑服务销售额计算、预征率、征收率。

纳税人跨县（市、区）提供建筑服务，按照以下规定预缴税款：

（一）一般纳税人跨县（市、区）提供建筑服务，适用一般计税方法计税的，以取得的全部价款和价外费用扣除支付的分包款后的余额，按照 2% 的预征率计算应预缴税款。

（二）一般纳税人跨县（市、区）提供建筑服务，选择适用简易计税方法计税的，以取得的全部价款和价外费用扣除支付的分包款后的余额，按照 3% 的征收率计算应预缴税款。

（三）小规模纳税人跨县（市、区）提供建筑服务，以取得的全部价款和价外费用扣除支付的分包款后的余额，按照 3% 的征收率计算应预缴税款。

（摘自国家税务总局公告 2016 年第 17 号第四条）

（4）跨县建筑服务的计算。

纳税人跨县（市、区）提供建筑服务，按照以下公式计算应预缴税款：

（一）适用一般计税方法计税的，应预缴税款＝（全部价款和价外费用－支付的分包款）÷（1＋11%）×2%

（二）适用简易计税方法计税的，应预缴税款＝（全部价款和价外费用－支付的分包款）÷（1＋3%）×3%

纳税人取得的全部价款和价外费用扣除支付的分包款后的余额为负数的，可结转下次预缴税款时继续扣除。

纳税人应按照工程项目分别计算应预缴税款，分别预缴。

（摘自国家税务总局公告 2016 年第 17 号第五条）

（5）跨县建筑服务扣除分包款确认销售额的扣除凭证。

纳税人按照上述规定从取得的全部价款和价外费用中扣除支付的分包款，应当取得符合法律、行政法规和国家税务总局规定的合法有效凭证，否则不得扣除。

上述凭证是指：

（一）从分包方取得的 2016 年 4 月 30 日前开具的建筑业营业税发票。

上述建筑业营业税发票在 2016 年 6 月 30 日前可作为预缴税款的扣除凭证。

（二）从分包方取得的 2016 年 5 月 1 日后开具的，备注栏注明建筑服务发生地所在县（市、区）、项目名称的增值税发票。

（三）国家税务总局规定的其他凭证。

（摘自国家税务总局公告 2016 年第 17 号第六条）

（6）跨县建筑服务预缴税款应提交的资料。

纳税人跨县（市、区）提供建筑服务，在向建筑服务发生地主管国税机关预缴税款时，需提交以下资料：

（一）《增值税预缴税款表》；

（二）与发包方签订的建筑合同原件及复印件；

（三）与分包方签订的分包合同原件及复印件；

（四）从分包方取得的发票原件及复印件。

（摘自国家税务总局公告 2016 年第 17 号第七条）

（7）跨县建筑服务的预缴款抵减。

纳税人跨县（市、区）提供建筑服务，向建筑服务发生地主管国税机关预缴的增值税税款，可以在当期增值税应纳税额中抵减，抵减不完的，结转下期继续抵减。

纳税人以预缴税款抵减应纳税额，应以完税凭证作为合法有效凭证。

（摘自国家税务总局公告 2016 年第 17 号第八条）

（8）超过 6 个月没有预缴税款的责任。

纳税人跨县（市、区）提供建筑服务，按照本办法应向建筑服务发生地主管国税机关预缴税款而自应当预缴之月起超过 6 个月没有预缴税款的，由机构所在地主管国税机关按照《中华人民共和国税收征收管理法》及相关规定进行处理。

纳税人跨县（市、区）提供建筑服务，未按照本办法缴纳税款的，由机构所在地主管国税机关按照《中华人民共和国税收征收管理法》及相关规定进行处理。

（摘自国家税务总局公告 2016 年第 17 号第十二条）

8.1.4 建筑业发票的开具使用

（1）小规模纳税人跨县建筑服务代开发票。

小规模纳税人跨县（市、区）提供建筑服务，不能自行开具增值税发票的，可向建筑服务发生地主管国税机关按照其取得的全部价款和价外费用申请代开增值税发票。

（国家税务总局公告 2016 年第 17 号第九条）

（2）疑难问题解答。

问：建筑企业，选择使用简易计税办法，征收率是多少？请问是否可以开具增值税专用发票？

答：根据《财政部 国家税务总局关于全面推开营业税改征增值税试点的通知》（财税〔2016〕36 号）规定，建筑企业适用简易计税方法计税的，征收率为 3%。同时，纳税人可以开具或者申请代开增值税专用发票。

问：跨区县提供建筑服务的小规模纳税人，能否在劳务地代开增值税专用发票？

答：可以。根据《国家税务总局关于发布〈纳税人跨县（市、区）提供建筑服务增值税征收管理暂行办法〉的公告》（国家税务总局公告 2016 年第 17 号）的规定，小规模纳税人跨县（市、区）提供建筑服务，不能自行开具增值税发票的，可向建筑服务发生地主管国税机关按照其取得的全部价款和价外费用申请代开增值税发票。

（摘自《全面推开营改增试点 12366 热点问题解答》（税总纳便函〔2016〕71 号））

8.1.5 跨县建筑服务台账记录

对跨县（市、区）提供的建筑服务，纳税人应自行建立预缴税款台账，区分不同县（市、区）和项目逐笔登记全部收入、支付的分包款、已扣除的分包款、扣除分包款的发票号码、已预缴税款以及预缴税款的完税凭证号码等相关内容，留存备查。

（摘自国家税务总局公告 2016 年第 17 号第十条）

8.2 销售取得不动产

（1）财税〔2016〕36 号文件关于销售取得不动产的规定。

①销售不动产的预征。

一般纳税人销售其 2016 年 4 月 30 日前取得（不含自建）的不动产，可以选择适用简易计税方法，以取得的全部价款和价外费用减去该项不动产购置原价或者取得不动产时的作价后的余额为销售额，按照 5% 的征收率计算应纳税额。纳税人应按照上述计税方法在不动产所在地预缴税款后，向机构所在地主管税务机关进行纳税申报。

一般纳税人销售其 2016 年 4 月 30 日前自建的不动产，可以选择适用简易计税方法，以取得的全部价款和价外费用为销售额，按照 5% 的征收率计算应纳税额。纳税人应按照上述计税方法在不动产所在地预缴税款后，向机构所在地主管税务机关进行纳税申报。

（摘自财税〔2016〕36 号附件 2 第一条第（八）项）

一般纳税人销售其 2016 年 5 月 1 日后取得（不含自建）的不动产，应适用一般计税方法，以取得的全部价款和价外费用为销售额计算应纳税额。纳税人应以取得的全部价款和价外费用减去该项不动产购置原价或者取得不动产时的作价后的余额，按照 5% 的预征率在不动产所在地预缴税款后，向机构所在地主管税务机关进行纳税申报。

一般纳税人销售其 2016 年 5 月 1 日后自建的不动产，应适用一般计税方法，以取得的全部价款和价外费用为销售额计算应纳税额。纳税人应以取得的全部价款和价外费用，按照 5% 的预征率在不动产所在地预缴税款后，向机构所在地主管税务机关进行纳税申报。

小规模纳税人销售其取得（不含自建）的不动产（不含个体工商户销售购买的住房和其他个人销售不动产），应以取得的全部价款和价外费用减去该项不动产购置原价或者取得不动产时的作价后的余额为销售额，按照 5% 的征收率计算应纳税额。纳税人应按照上述计税方法在不动产所在地预缴税款后，向机构所在地主管税务机关进行纳税申报。

小规模纳税人销售其自建的不动产，应以取得的全部价款和价外费用为销售额，按照 5% 的征收率计算应纳税额。纳税人应按照上述计税方法在不动产所在地预缴税款后，向机构所在地主管税务机关进行纳税申报。

房地产开发企业采取预收款方式销售所开发的房地产项目，在收到预收款时按照 3% 的预征率预缴增值税。

个体工商户销售购买的住房，应按照附件 3《营业税改征增值税试点过渡政策的规定》第五条的规定征免增值税。纳税人应按照上述计税方法在不动产所在地预缴税款后，向机构所在地主管税务机关进行纳税申报。

（摘自财税〔2016〕36 号附件 2 第一条第（八）项）

②销售使用过的固定资产的情形。

一般纳税人销售自己使用过的、纳入营改增试点之日前取得的固定资产，按照现行旧货相关增值税政策执行。

使用过的固定资产，是指纳税人符合《试点实施办法》第二十八条规定并根据财务会计制度已经计提折旧的固定资产。

（摘自财税〔2016〕36 号附件 2 第一条第（十四）项）

③个人销售不动产的简易征收。

其他个人销售其取得（不含自建）的不动产（不含其购买的住房），应以取得的全部价款和价外费用减去该项不动产购置原价或者取得不动产时的作价后的余额为销售额，按照 5% 的征收率计算应纳税额。

（摘自财税〔2016〕36 号附件 2 第一条第（八）项）

④跨地区销售建筑服务、销售出租不动产暂停预缴的情形。

一般纳税人跨省（自治区、直辖市或者计划单列市）提供建筑服务或者销售、出租取得的与机构所在地不在同一省（自治区、直辖市或者计划单列市）的不动产，在机构所在地申报纳税时，计算的应纳税额小于已预缴税额，且差额较大的，由国家税务总局通知建筑服务发生地或者不动产所在地省级税务机关，在一定时期内暂停预缴增值税。

（摘自财税〔2016〕36 号附件 2 第一条第（十一）项）

（2）国家税务总局公告 2016 年第 14 号关于销售取得不动产的规定。

①适用范围及取"得的不动产"的解释。

纳税人转让其取得的不动产，适用本办法。

本办法所称取得的不动产，包括以直接购买、接受捐赠、接受投资入股、自建以及抵债等各种形式取得的不动产。

房地产开发企业销售自行开发的房地产项目不适用本办法。

（摘自国家税务总局公告 2016 年第 14 号第二条）

②一般纳税人转让不动产。

一般纳税人转让其取得的不动产，按照以下规定缴纳增值税：

1. 一般纳税人转让其 2016 年 4 月 30 日前取得（不含自建）的不动产，可以选择适用简易计税方法计税，以取得的全部价款和价外费用扣除不动产购置原价或者取得不动产时的作价后的余额为销售额，按照 5% 的征收率计算应纳税额。纳税人应按照上述计税方法向不动产所在地主管地税机关预缴税款，向机构所在地主管国税机关申报纳税。

2. 一般纳税人转让其 2016 年 4 月 30 日前自建的不动产，可以选择适用简易计税方法计税，以取得的全部价款和价外费用为销售额，按照 5% 的征收率计算应纳税额。纳税人应按照上述计税方法向不动产所在地主管地税机关预缴税款，向机构所在地主管国税机关申报纳税。

3. 一般纳税人转让其 2016 年 4 月 30 日前取得（不含自建）的不动产，选择适用一般计税方法计税的，以取得的全部价款和价外费用为销售额计算应纳税额。纳税人应以取得的全部价款和价外费用扣除不动产购置原价或者取得不动产时的作价后的余额，按照 5% 的预征率向不动产所在地主管地税机关预缴税款，向机构所在地主管国税机关申报纳税。

4. 一般纳税人转让其 2016 年 4 月 30 日前自建的不动产，选择适用一般计税方法计税的，以取得的全部价款和价外费用为销售额计算应纳税额。纳税人应以取得的全部价款和价外费用，按照 5% 的预征率向不动产所在地主管地税机关预缴税款，向机构所在地主管国税机关申报纳税。

5. 一般纳税人转让其 2016 年 5 月 1 日后取得（不含自建）的不动产，适用一般计税方法，以取得的全部价款和价外费用为销售额计算应纳税额。纳税人应以取得的全部价款和价外费用扣除不动产购置原价或者取得不动产时的作价后的余额，按照

5%的预征率向不动产所在地主管地税机关预缴税款，向机构所在地主管国税机关申报纳税。

6. 一般纳税人转让其2016年5月1日后自建的不动产，适用一般计税方法，以取得的全部价款和价外费用为销售额计算应纳税额。纳税人应以取得的全部价款和价外费用，按照5%的预征率向不动产所在地主管地税机关预缴税款，向机构所在地主管国税机关申报纳税。

（摘自国家税务总局公告2016年第14号第三条）

③小规模纳税人转让不动产。

小规模纳税人转让其取得的不动产，除个人转让其购买的住房外，按照以下规定缴纳增值税：

1. 小规模纳税人转让其取得（不含自建）的不动产，以取得的全部价款和价外费用扣除不动产购置原价或者取得不动产时的作价后的余额为销售额，按照5%的征收率计算应纳税额。

2. 小规模纳税人转让其自建的不动产，以取得的全部价款和价外费用为销售额，按照5%的征收率计算应纳税额。

除其他个人之外的小规模纳税人，应按照本条规定的计税方法向不动产所在地主管地税机关预缴税款，向机构所在地主管国税机关申报纳税；其他个人按照本条规定的计税方法向不动产所在地主管地税机关申报纳税。

（摘自国家税务总局公告2016年第14号第四条）

④个人转让住房。

个人转让其购买的住房，按照以下规定缴纳增值税：

1. 个人转让其购买的住房，按照有关规定全额缴纳增值税的，以取得的全部价款和价外费用为销售额，按照5%的征收率计算应纳税额。

2. 个人转让其购买的住房，按照有关规定差额缴纳增值税的，以取得的全部价款和价外费用扣除购买住房价款后的余额为销售额，按照5%的征收率计算应纳税额。

个体工商户应按照本条规定的计税方法向住房所在地主管地税机关预缴税款，向机构所在地主管国税机关申报纳税；其他个人应按照本条规定的计税方法向住房所在地主管地税机关申报纳税。

（摘自国家税务总局公告2016年第14号第五条）

⑤其他个人以外的纳税人转让不动产的预缴。

其他个人以外的纳税人转让其取得的不动产，区分以下情形计算应向不动产所在地主管地税机关预缴的税款：

1. 以转让不动产取得的全部价款和价外费用作为预缴税款计算依据的，计算公式为：

应预缴税款＝全部价款和价外费用÷(1＋5%)×5%

2. 以转让不动产取得的全部价款和价外费用扣除不动产购置原价或者取得不动产

时的作价后的余额作为预缴税款计算依据的，计算公式为：

$$应预缴税款 = \left(\frac{全部价款}{和价外费用} - \frac{不动产购置原价}{或者取得不动产时的作价} \right) \div (1+5\%) \times 5\%$$

（摘自国家税务总局公告 2016 年第 14 号第六条）

⑥其他个人转让不动产的申报。

其他个人转让其取得的不动产，按照本办法第六条规定的计算方法计算应纳税额并向不动产所在地主管地税机关申报纳税。

（摘自国家税务总局公告 2016 年第 14 号第七条）

⑦差额确定销售额的扣除凭证。

纳税人按规定从取得的全部价款和价外费用中扣除不动产购置原价或者取得不动产时的作价的，应当取得符合法律、行政法规和国家税务总局规定的合法有效凭证。否则，不得扣除。

上述凭证是指：

1. 税务部门监制的发票。

2. 法院判决书、裁定书、调解书，以及仲裁裁决书、公证债权文书。

3. 国家税务总局规定的其他凭证。

（摘自国家税务总局公告 2016 年第 14 号第八条）

⑧预缴税款抵减。

纳税人转让其取得的不动产，向不动产所在地主管地税机关预缴的增值税税款，可以在当期增值税应纳税额中抵减，抵减不完的，结转下期继续抵减。

纳税人以预缴税款抵减应纳税额，应以完税凭证作为合法有效凭证。

（摘自国家税务总局公告 2016 年第 14 号第九条）

⑨小规模纳税人转让不动产由地税机关代开发票。

小规模纳税人转让其取得的不动产，不能自行开具增值税发票的，可向不动产所在地主管地税机关申请代开。

（摘自国家税务总局公告 2016 年第 14 号第十条）

⑩向个人转让不动产不得开具专用发票。

纳税人向其他个人转让其取得的不动产，不得开具或申请代开增值税专用发票。

（摘自国家税务总局公告 2016 年第 14 号第十一条）

⑪6 个月没有预缴税款的责任。

纳税人转让不动产，按照本办法规定应向不动产所在地主管地税机关预缴税款而自应当预缴之月起超过 6 个月没有预缴税款的，由机构所在地主管国税机关按照《中华人民共和国税收征收管理法》及相关规定进行处理。

纳税人转让不动产，未按照本办法规定缴纳税款的，由主管税务机关按照《中华人民共和国税收征收管理法》及相关规定进行处理。

（摘自国家税务总局公告 2016 年第 14 号第十二条）

（3）销售不动产的发票开具与使用。

①不动产过户使用发票的联次。

纳税人销售其取得的不动产，自行开具或者税务机关代开增值税发票时，使用六联增值税专用发票或者五联增值税普通发票。纳税人办理产权过户手续需要使用发票的，可以使用增值税专用发票第六联或者增值税普通发票第三联。

（摘自税总函〔2016〕190号）

②转让二手不动产由地税局受理申报、代开发票。

营业税改征增值税后由地税机关继续受理纳税人销售其取得的不动产和其他个人出租不动产的申报缴税和代开增值税发票业务，以方便纳税人办税。本公告自2016年5月1日起施行。

（摘自国家税务总局公告2016年第19号）

（4）个人转让住房。

个人转让住房，在2016年4月30日前已签订转让合同，2016年5月1日以后办理产权变更事项的，应缴纳增值税，不缴纳营业税。

（摘自国家税务总局公告2016年第26号第二条）

8.3　房地产开发

8.3.1　财税〔2016〕36号文关于自行开发房地产项目的规定

（1）房地产开发一般纳税人老项目简易征收。

房地产开发企业中的一般纳税人，销售自行开发的房地产老项目，可以选择适用简易计税方法按照5%的征收率计税。

（摘自财税〔2016〕36号附件2第一条第（八）项）

（2）房地产开发小规模纳税人简易征收。

房地产开发企业中的小规模纳税人，销售自行开发的房地产项目，按照5%的征收率计税。

（摘自财税〔2016〕36号附件2第一条第（八）项）

（3）房地产开发企业销售老项目。

房地产开发企业中的一般纳税人销售房地产老项目，以及一般纳税人出租其2016年4月30日前取得的不动产，适用一般计税方法计税的，应以取得的全部价款和价外费用，按照3%的预征率在不动产所在地预缴税款后，向机构所在地主管税务机关进行纳税申报。

一般纳税人销售其2016年4月30日前自建的不动产，适用一般计税方法计税的，应以取得的全部价款和价外费用为销售额计算应纳税额。纳税人应以取得的全部价款和价外费用，按照 5％ 的预征率在不动产所在地预缴税款后，向机构所在地主管税务机关进行纳税申报。

（摘自财税〔2016〕36 号附件 2 第一条第（十）项）

（4）一般纳税人销售老不动产。

一般纳税人销售其 2016 年 4 月 30 日前取得的不动产（不含自建），适用一般计税方法计税的，以取得的全部价款和价外费用为销售额计算应纳税额。上述纳税人应以取得的全部价款和价外费用减去该项不动产购置原价或者取得不动产时的作价后的余额，按照 5％ 的预征率在不动产所在地预缴税款后，向机构所在地主管税务机关进行纳税申报。

（摘自财税〔2016〕36 号附件 2 第一条第（十）项）

8.3.2　国家税务总局公告 2016 年第 18 号关于自行开发房地产项目的规定

（1）适用范围及"自行开发"的解释。

房地产开发企业销售自行开发的房地产项目，适用本办法。

自行开发，是指在依法取得土地使用权的土地上进行基础设施和房屋建设。

（摘自国家税务总局公告 2016 年第 18 号第二条）

（2）接盘后继续开发属于自行开发。

房地产开发企业以接盘等形式购入未完工的房地产项目继续开发后，以自己的名义立项销售的，属于本办法规定的销售自行开发的房地产项目。

（摘自国家税务总局公告 2016 年第 18 号第三条）

（3）一般纳税人房地产项目征收管理。

①一般纳税人销售额的计算。

房地产开发企业中的一般纳税人（以下简称一般纳税人）销售自行开发的房地产项目，适用一般计税方法计税，按照取得的全部价款和价外费用，扣除当期销售房地产项目对应的土地价款后的余额计算销售额。销售额的计算公式如下：

$$销售额 = (全部价款和价外费用 - 当期允许扣除的土地价款) \div (1 + 11\%)$$

（摘自国家税务总局公告 2016 年第 18 号第四条）

②当期允许扣除的土地价款的计算。

当期允许扣除的土地价款按照以下公式计算：

$$当期允许扣除的土地价款 = \left(\frac{当期销售房地产项目建筑面积}{房地产项目可供销售建筑面积} \right) \times 支付的土地价款$$

当期销售房地产项目建筑面积，是指当期进行纳税申报的增值税销售额对应的建筑面积。

房地产项目可供销售建筑面积，是指房地产项目可以出售的总建筑面积，不包括销售房地产项目时未单独作价结算的配套公共设施的建筑面积。

支付的土地价款，是指向政府、土地管理部门或受政府委托收取土地价款的单位直接支付的土地价款。

（摘自国家税务总局公告 2016 年第 18 号第五条）

③扣除地价款的凭证。

在计算销售额时从全部价款和价外费用中扣除土地价款，应当取得省级以上（含省级）财政部门监（印）制的财政票据。

（摘自国家税务总局公告 2016 年第 18 号第六条）

④扣除地价款不得超过实际支付。

一般纳税人应建立台账登记土地价款的扣除情况，扣除的土地价款不得超过纳税人实际支付的土地价款。

（摘自国家税务总局公告 2016 年第 18 号第七条）

⑤房地产老项目简易征收。

一般纳税人销售自行开发的房地产老项目，可以选择适用简易计税方法按照 5% 的征收率计税。一经选择简易计税方法计税的，36 个月内不得变更为一般计税方法计税。

房地产老项目，是指：

1.《建筑工程施工许可证》注明的合同开工日期在 2016 年 4 月 30 日前的房地产项目；

2.《建筑工程施工许可证》未注明合同开工日期或者未取得《建筑工程施工许可证》但建筑工程承包合同注明的开工日期在 2016 年 4 月 30 日前的建筑工程项目。

（摘自国家税务总局公告 2016 年第 18 号第八条）

⑥一般纳税人销售老项目不得扣除地价款。

一般纳税人销售自行开发的房地产老项目适用简易计税方法计税的，以取得的全部价款和价外费用为销售额，不得扣除对应的土地价款。

（摘自国家税务总局公告 2016 年第 18 号第九条）

⑦预收款预缴税。

一般纳税人采取预收款方式销售自行开发的房地产项目，应在收到预收款时按照 3% 的预征率预缴增值税。

（摘自国家税务总局公告 2016 年第 18 号第十条）

⑧应预缴税款的计算。

应预缴税款按照以下公式计算：

$$应预缴税款＝预收款÷（1＋适用税率或征收率）×3\%$$

适用一般计税方法计税的，按照 11% 的适用税率计算；适用简易计税方法计税的，按照 5% 的征收率计算。

（摘自国家税务总局公告 2016 年第 18 号第十一条）

⑨取得预收款应于次月申报。

一般纳税人应在取得预收款的次月纳税申报期向主管国税机关预缴税款。

（摘自国家税务总局公告 2016 年第 18 号第十二条）

⑩不得抵扣进项税额的计算。

一般纳税人销售自行开发的房地产项目，兼有一般计税方法计税、简易计税方法计税、免征增值税的房地产项目而无法划分不得抵扣的进项税额的，应以《建筑工程施工许可证》注明的"建设规模"为依据进行划分。

$$不得抵扣的\atop 进项税额 = {当期无法划分的\atop 全部进项税额} \times \left({简易计税、免税房地产\atop 项目建设规模} \div {房地产项目\atop 总建设规模}\right)$$

（摘自国家税务总局公告 2016 年第 18 号第十三条）

⑪一般计税方法应纳税额计算与预缴税款抵减。

一般纳税人销售自行开发的房地产项目适用一般计税方法计税的，应按照《营业税改征增值税试点实施办法》（财税〔2016〕36 号文件印发，以下简称《试点实施办法》）第四十五条规定的纳税义务发生时间，以当期销售额和 11% 的适用税率计算当期应纳税额，抵减已预缴税款后，向主管国税机关申报纳税。未抵减完的预缴税款可以结转下期继续抵减。

（摘自国家税务总局公告 2016 年第 18 号第十四条）

⑫简易计税方法应纳税额计算与预缴税款抵减。

一般纳税人销售自行开发的房地产项目适用简易计税方法计税的，应按照《试点实施办法》第四十五条规定的纳税义务发生时间，以当期销售额和 5% 的征收率计算当期应纳税额，抵减已预缴税款后，向主管国税机关申报纳税。未抵减完的预缴税款可以结转下期继续抵减。

（摘自国家税务总局公告 2016 年第 18 号第十五条）

⑬一般纳税人自开发票。

一般纳税人销售自行开发的房地产项目，自行开具增值税发票。

（摘自国家税务总局公告 2016 年第 18 号第十六条）

⑭销售老项目可以开具普通发票。

一般纳税人销售自行开发的房地产项目，其 2016 年 4 月 30 日前收取并已向主管地税机关申报缴纳营业税的预收款，未开具营业税发票的，可以开具增值税普通发票，不得开具增值税专用发票。

（摘自国家税务总局公告 2016 年第 18 号第十七条）

⑮向个人销售不得开具专用发票。

一般纳税人向其他个人销售自行开发的房地产项目，不得开具增值税专用发票。

（摘自国家税务总局公告 2016 年第 18 号第十八条）

（4）小规模纳税人房地产项目征收管理。

①预收款的预缴税款。

房地产开发企业中的小规模纳税人（以下简称小规模纳税人）采取预收款方式销售自行开发的房地产项目，应在收到预收款时按照 3% 的预征率预缴增值税。

（摘自国家税务总局公告 2016 年第 18 号第十九条）

②预缴税款的计算。

应预缴税款按照以下公式计算：

应预缴税款＝预收款÷(1＋5％)×3％

（摘自国家税务总局公告 2016 年第 18 号第二十条）

③应于取得预收款的次月申报缴纳。

小规模纳税人应在取得预收款的次月纳税申报期或主管国税机关核定的纳税期限向主管国税机关预缴税款。

（摘自国家税务总局公告 2016 年第 18 号第二十一条）

④小规模纳税人税款计算与预缴税款抵减。

小规模纳税人销售自行开发的房地产项目，应按照《试点实施办法》第四十五条规定的纳税义务发生时间，以当期销售额和 5％的征收率计算当期应纳税额，抵减已预缴税款后，向主管国税机关申报纳税。未抵减完的预缴税款可以结转下期继续抵减。

（摘自国家税务总局公告 2016 年第 18 号第二十二条）

⑤小规模纳税人自开、代开发票。

小规模纳税人销售自行开发的房地产项目，自行开具增值税普通发票。购买方需要增值税专用发票的，小规模纳税人向主管国税机关申请代开。

（摘自国家税务总局公告 2016 年第 18 号第二十三条）

⑥小规模纳税人销售老项目可开具普通发票。

小规模纳税人销售自行开发的房地产项目，其 2016 年 4 月 30 日前收取并已向主管地税机关申报缴纳营业税的预收款，未开具营业税发票的，可以开具增值税普通发票，不得申请代开增值税专用发票。

（摘自国家税务总局公告 2016 年第 18 号第二十四条）

⑦向个人销售不得开具增值税发票。

小规模纳税人向其他个人销售自行开发的房地产项目，不得申请代开增值税专用发票。

（摘自国家税务总局公告 2016 年第 18 号第二十五条）

（5）预缴税款应填税款表。

房地产开发企业销售自行开发的房地产项目，按照本办法规定预缴税款时，应填报《增值税预缴税款表》。

（摘自国家税务总局公告 2016 年第 18 号第二十六条）

（6）预缴税款抵减的依据完税证。

房地产开发企业以预缴税款抵减应纳税额，应以完税凭证作为合法有效凭证。

（摘自国家税务总局公告 2016 年第 18 号第二十七条）

（7）未按规定预缴或缴纳税款的责任。

房地产开发企业销售自行开发的房地产项目，未按本办法规定预缴或缴纳税款的，由主管国税机关按照《中华人民共和国税收征收管理法》及相关规定进行处理。

（摘自国家税务总局公告 2016 年第 18 号第二十八条）

8.3.3　房地产业税收疑难问题解答

问：房地产开发企业开发的，开工日期在 4 月 30 日之前的同一《施工许可证》下的不同房产，如开发项目中既有普通住房，又有别墅，可以分别选择简易征收和一般计税方法吗？

答：不可以。同一房地产项目只能选择适用一种计税方法。

问：房地产开发企业自行开发项目，如何判断是否属于老项目，以开工、完工还是产权登记时间为准？

答：根据《国家税务总局关于发布〈房地产开发企业销售自行开发的房地产项目增值税征收管理暂行办法〉的公告》（国家税务总局公告 2016 年第 18 号）的规定，房地产老项目，是指：（一）《建筑工程施工许可证》注明的合同开工日期在 2016 年 4 月 30 日前的房地产项目；（二）《建筑工程施工许可证》未注明合同开工日期或者未取得《建筑工程施工许可证》但建筑工程承包合同注明的开工日期在 2016 年 4 月 30 日前的建筑工程项目。

问：房地产开发公司在本市跨区县从事的房地产开发项目，营改增后应在哪里申请办理防伪税控设备及领用发票？

答：应该在机构所在地办理。

问：一般纳税人销售自行开发的房地产项目，在营改增之前已经申报了营业税但是没有开具发票，营改增之后有什么处理办法？

答：根据《国家税务总局关于发布〈房地产开发企业销售自行开发的房地产项目增值税征收管理暂行办法〉的公告》（国家税务总局公告 2016 年第 18 号）的规定，一般纳税人销售自行开发的房地产项目，其 2016 年 4 月 30 日前收取并已向主管地税机关申报缴纳营业税的预收款，未开具营业税发票的，可以开具增值税普通发票，不得开具增值税专用发票。

问：营改增后，一般纳税人销售自行开发的房地产项目，预缴和申报都怎么操作？

答：根据《国家税务总局关于发布〈房地产开发企业销售自行开发的房地产项目增值税征收管理暂行办法〉的公告》（国家税务总局公告 2016 年第 18 号）的规定，一般纳税人采取预收款方式销售自行开发的房地产项目，应在取得预收款的次月纳税申报期，按照 3％的预征率向主管国税机关预缴税款。

一般纳税人销售自行开发的房地产项目适用一般计税方法计税的，应按照规定的增值税纳税义务发生时间，以当期销售额和 11％的适用税率计算当期应纳税额，抵减已预缴税款后，向主管国税机关申报纳税。未抵减完的预缴税款可以结转下期继续抵减。

一般纳税人销售自行开发的房地产项目适用简易计税方法计税的，应按照规定的增值税纳税义务发生时间，以当期销售额和 5% 的征收率计算当期应纳税额，抵减已预缴税款后，向主管国税机关申报纳税。未抵减完的预缴税款可以结转下期继续抵减。

（摘自《全面推开营改增试点 12366 热点问题解答》（税总纳便函〔2016〕71 号））

8.4　租赁不动产

8.4.1　财税〔2016〕36 号文关于不动产经营租赁服务的规定

一、一般纳税人出租其 2016 年 4 月 30 日前取得的不动产，可以选择适用简易计税方法，按照 5% 的征收率计算应纳税额。纳税人出租其 2016 年 4 月 30 日前取得的与机构所在地不在同一县（市）的不动产，应按照上述计税方法在不动产所在地预缴税款后，向机构所在地主管税务机关进行纳税申报。

二、公路经营企业中的一般纳税人收取试点前开工的高速公路的车辆通行费，可以选择适用简易计税方法，减按 3% 的征收率计算应纳税额。

试点前开工的高速公路，是指相关施工许可证明上注明的合同开工日期在 2016 年 4 月 30 日前的高速公路。

三、一般纳税人出租其 2016 年 5 月 1 日后取得的、与机构所在地不在同一县（市）的不动产，应按照 3% 的预征率在不动产所在地预缴税款后，向机构所在地主管税务机关进行纳税申报。

四、小规模纳税人出租其取得的不动产（不含个人出租住房），应按照 5% 的征收率计算应纳税额。纳税人出租与机构所在地不在同一县（市）的不动产，应按照上述计税方法在不动产所在地预缴税款后，向机构所在地主管税务机关进行纳税申报。

五、其他个人出租其取得的不动产（不含住房），应按照 5% 的征收率计算应纳税额。

六、个人出租住房，应按照 5% 的征收率减按 1.5% 计算应纳税额。

（摘自财税〔2016〕36 号附件 2 第一条第（九）项）

8.4.2　国家税务总局公告 2016 年第 16 号关于不动产经营租赁服务的规定

（1）适用范围、取得不动产形式。

纳税人以经营租赁方式出租其取得的不动产（以下简称出租不动产），适用本办法。

取得的不动产，包括以直接购买、接受捐赠、接受投资入股、自建以及抵债等各种形式取得的不动产。

纳税人提供道路通行服务不适用本办法。

（摘自国家税务总局公告 2016 年第 16 号第二条）

（2）一般纳税人出租不动产。

一般纳税人出租不动产，按照以下规定缴纳增值税：

（一）一般纳税人出租其 2016 年 4 月 30 日前取得的不动产，可以选择适用简易计税方法，按照 5％的征收率计算应纳税额。

不动产所在地与机构所在地不在同一县（市、区）的，纳税人应按照上述计税方法向不动产所在地主管国税机关预缴税款，向机构所在地主管国税机关申报纳税。

不动产所在地与机构所在地在同一县（市、区）的，纳税人向机构所在地主管国税机关申报纳税。

（二）一般纳税人出租其 2016 年 5 月 1 日后取得的不动产，适用一般计税方法计税。

不动产所在地与机构所在地不在同一县（市、区）的，纳税人应按照 3％的预征率向不动产所在地主管国税机关预缴税款，向机构所在地主管国税机关申报纳税。

不动产所在地与机构所在地在同一县（市、区）的，纳税人应向机构所在地主管国税机关申报纳税。

一般纳税人出租其 2016 年 4 月 30 日前取得的不动产适用一般计税方法计税的，按照上述规定执行。

（摘自国家税务总局公告 2016 年第 16 号第三条）

（3）小规模纳税人出租不动产。

小规模纳税人出租不动产，按照以下规定缴纳增值税：

（一）单位和个体工商户出租不动产（不含个体工商户出租住房），按照 5％的征收率计算应纳税额。个体工商户出租住房，按照 5％的征收率减按 1.5％计算应纳税额。

不动产所在地与机构所在地不在同一县（市、区）的，纳税人应按照上述计税方法向不动产所在地主管国税机关预缴税款，向机构所在地主管国税机关申报纳税。

不动产所在地与机构所在地在同一县（市、区）的，纳税人应向机构所在地主管国税机关申报纳税。

（二）其他个人出租不动产（不含住房），按照 5％的征收率计算应纳税额，向不动产所在地主管地税机关申报纳税。其他个人出租住房，按照 5％的征收率减按 1.5％计算应纳税额，向不动产所在地主管地税机关申报纳税。

（摘自国家税务总局公告 2016 年第 16 号第四条）

（4）不动产所在地与其机构所在地不在同一县、市的预缴地点。

纳税人出租的不动产所在地与其机构所在地在同一直辖市或计划单列市但不在同一县（市、区）的，由直辖市或计划单列市国家税务局决定是否在不动产所在地预缴税款。

（摘自国家税务总局公告 2016 年第 16 号第五条）

（5）预缴税款时间。

纳税人出租不动产，按照本办法规定需要预缴税款的，应在取得租金的次月纳税申报期或不动产所在地主管国税机关核定的纳税期限预缴税款。

（摘自国家税务总局公告 2016 年第 16 号第六条）

（6）预缴税款的计算。

（一）纳税人出租不动产适用一般计税方法计税的，按照以下公式计算应预缴税款：

$$应预缴税款＝含税销售额÷(1＋11\%)×3\%$$

（二）纳税人出租不动产适用简易计税方法计税的，除个人出租住房外，按照以下公式计算应预缴税款：

$$应预缴税款＝含税销售额÷(1＋5\%)×5\%$$

（三）个体工商户出租住房，按照以下公式计算应预缴税款：

$$应预缴税款＝含税销售额÷(1＋5\%)×1.5\%$$

（摘自国家税务总局公告 2016 年第 16 号第七条）

（7）个人出租不动产的税款计算。

其他个人出租不动产，按照以下公式计算应纳税款：

（一）出租住房：

$$应纳税款＝含税销售额÷(1＋5\%)×1.5\%$$

（二）出租非住房：

$$应纳税款＝含税销售额÷(1＋5\%)×5\%$$

（摘自国家税务总局公告 2016 年第 16 号第八条）

（8）出租不动产预缴税款与税款表。

单位和个体工商户出租不动产，按照本办法规定向不动产所在地主管国税机关预缴税款时，应填写《增值税预缴税款表》。

（摘自国家税务总局公告 2016 年第 16 号第九条）

（9）预缴税款抵扣。

单位和个体工商户出租不动产，向不动产所在地主管国税机关预缴的增值税款，可以在当期增值税应纳税额中抵减，抵减不完的，结转下期继续抵减。

纳税人以预缴税款抵减应纳税额，应以完税凭证作为合法有效凭证。

（摘自国家税务总局公告 2016 年第 16 号第十条）

（10）小规模纳税人出租不动产由税务机关代开发票。

小规模纳税人中的单位和个体工商户出租不动产，不能自行开具增值税发票的，可向不动产所在地主管国税机关申请代开增值税发票。

其他个人出租不动产，可向不动产所在地主管地税机关申请代开增值税发票。

（摘自国家税务总局公告 2016 年第 16 号第十一条）

（11）向个人出租不动产不得开具发票。

纳税人向其他个人出租不动产，不得开具或申请代开增值税专用发票。

（摘自国家税务总局公告 2016 年第 16 号第十二条）

（12）超过6个月没有预缴税款的责任。

纳税人出租不动产，按照本办法规定应向不动产所在地主管国税机关预缴税款而自应当预缴之月起超过6个月没有预缴税款的，由机构所在地主管国税机关按照《中华人民共和国税收征收管理法》及相关规定进行处理。

纳税人出租不动产，未按照本办法规定缴纳税款的，由主管税务机关按照《中华人民共和国税收征收管理法》及相关规定进行处理。

（摘自国家税务总局公告2016年第16号第十三条）

8.4.3　个人出租不动产

（1）相关文件规定。

营业税改征增值税后由地税机关继续受理纳税人销售其取得的不动产和其他个人出租不动产的申报缴税和代开增值税发票业务，以方便纳税人办税。本公告自2016年5月1日起施行。

（摘自国家税务总局公告2016年第19号）

（2）疑难问题解答，

问：营改增之后，个人出租住房增值税征收率是多少？

答：根据《财政部 国家税务总局关于全面推开营业税改征增值税试点的通知》（财税〔2016〕36号）附件2《营业税改征增值税试点有关事项的规定》规定，个人出租住房，应按照5%的征收率减按1.5%计算应纳税额。

问：一般纳税人出租房屋，可否选择简易征收？

答：一般纳税人出租其2016年4月30日前取得的不动产，可以选择适用简易计税方法，按照5%的征收率计算应纳税额。

一般纳税人出租其2016年5月1日后取得的不动产，适用一般计税方法计税。

（摘自《全面推开营改增试点12366热点问题解答》（税总纳便函〔2016〕71号））

8.4.4　纳税人二次转租疑难问题解答

问：《国家税务总局关于发布〈纳税人提供不动产经营租赁服务增值税征收管理暂行办法〉的公告》国家税务总局公告2016年第16号文件规定："第二条 纳税人以经营租赁方式出租其取得的不动产（以下简称出租不动产），适用本办法。取得的不动产，包括以直接购买、接受捐赠、接受投资入股、自建以及抵债等各种形式取得的不动产。"纳税人二次转租，自己没有取得该不动产，适用什么税率？

答：关于转租不动产如何纳税的问题，总局明确按照纳税人出租不动产来确定。

一般纳税人将2016年4月30日之前租入的不动产对外转租的，可选择简易办法征税；将5月1日之后租入的不动产对外转租的，不能选择简易办法征税。

（摘自《全面推开营改增试点12366热点问题解答》（税总纳便函〔2016〕71号））

8.4.5　土地出租

纳税人以经营租赁方式将土地出租给他人使用，按照不动产经营租赁服务缴纳增值税。

纳税人转让 2016 年 4 月 30 日前取得的土地使用权，可以选择适用简易计税方法，以取得的全部价款和价外费用减去取得该土地使用权的原价后的余额为销售额，按照 5% 的征收率计算缴纳增值税。

（摘自财税〔2016〕47 号第三条第（二）项）

8.4.6　收费公路通行费抵扣及征收政策

一、2016 年 5 月 1 日至 7 月 31 日，一般纳税人支付的道路、桥、闸通行费，暂凭取得的通行费发票（不含财政票据，下同）上注明的收费金额按照下列公式计算可抵扣的进项税额：

$$\text{高速公路通行费可抵扣进项税额} = \text{高速公路通行费发票上注明的金额} \div (1+3\%) \times 3\%$$

$$\text{一级公路、二级公路、桥、闸通行费可抵扣进项税额} = \text{一级公路、二级公路、桥、闸通行费发票上注明的金额} \div (1+5\%) \times 5\%$$

通行费，是指有关单位依法或者依规设立并收取的过路、过桥和过闸费用。

二、一般纳税人收取试点前开工的一级公路、二级公路、桥、闸通行费，可以选择适用简易计税方法，按照 5% 的征收率计算缴纳增值税。

试点前开工，是指相关施工许可证注明的合同开工日期在 2016 年 4 月 30 日前。

（摘自财税〔2016〕47 号第二条）

8.4.7　门票、过路（过桥）费发票延用期限

营改增后，门票、过路（过桥）费发票属于予以保留的票种，自 2016 年 5 月 1 日起，由国税机关监制管理。原地税机关监制的上述两类发票，可以延用至 2016 年 6 月 30 日。

（摘自国家税务总局公告 2016 年第 26 号第四条）

8.5　金融服务业

8.5.1　金融同业往来利息收入

金融机构开展下列业务取得的利息收入，属于《营业税改征增值税试点过渡政策

的规定》(财税〔2016〕36号,以下简称《过渡政策的规定》)第一条第(二十三)项
所称的金融同业往来利息收入:

(一)质押式买入返售金融商品。

质押式买入返售金融商品,是指交易双方进行的以债券等金融商品为权利质押的
一种短期资金融通业务。

(二)持有政策性金融债券。

政策性金融债券,是指开发性、政策性金融机构发行的债券。

(摘自财税〔2016〕46号第一条)

8.5.2　农村金融机构的金融服务按3%简易计税

农村信用社、村镇银行、农村资金互助社、由银行业机构全资发起设立的贷款公
司、法人机构在县(县级市、区、旗)及县以下地区的农村合作银行和农村商业银行
提供金融服务收入,可以选择适用简易计税方法按照3%的征收率计算缴纳增值税。

村镇银行,是指经中国银行业监督管理委员会依据有关法律、法规批准,由境内
外金融机构、境内非金融机构企业法人、境内自然人出资,在农村地区设立的主要为
当地农民、农业和农村经济发展提供金融服务的银行业金融机构。

农村资金互助社,是指经银行业监督管理机构批准,由乡(镇)、行政村农民和农
村小企业自愿入股组成,为社员提供存款、贷款、结算等业务的社区互助性银行业金
融机构。

由银行业机构全资发起设立的贷款公司,是指经中国银行业监督管理委员会依据
有关法律、法规批准,由境内商业银行或农村合作银行在农村地区设立的专门为县域
农民、农业和农村经济发展提供贷款服务的非银行业金融机构。

县(县级市、区、旗),不包括直辖市和地级市所辖城区。

(摘自财税〔2016〕46号第三条)

8.5.3　农业发展银行总行及分支机构提供贷款利息收入按3%简易计税

中国农业发展银行总行及其各分支机构提供涉农贷款(具体涉农贷款业务清单见
附件2)取得的利息收入,可以选择适用简易计税方法按照3%的征收率计算缴纳增
值税。

(摘自财税〔2016〕39号第三条)

8.5.4　三农利息收入按3%简易计税

对中国农业银行纳入"三农金融事业部"改革试点的各省、自治区、直辖市、计
划单列市分行下辖的县域支行和新疆生产建设兵团分行下辖的县域支行(也称县事业

部），提供农户贷款、农村企业和农村各类组织贷款（具体贷款业务清单见附件）取得的利息收入，可以选择适用简易计税方法按照3%的征收率计算缴纳增值税。

农户贷款，是指金融机构发放给农户的贷款，但不包括按照《过渡政策的规定》第一条第（十九）项规定的免征增值税的农户小额贷款。

农户，是指《过渡政策的规定》第一条第（十九）项所称的农户。

农村企业和农村各类组织贷款，是指金融机构发放给注册在农村地区的企业及各类组织的贷款。

（摘自财税〔2016〕46号第四条）

8.5.5　4月30日前不动产融资租赁可以选择简易计税方法

一般纳税人2016年4月30日前签订的不动产融资租赁合同，或以2016年4月30日前取得的不动产提供的融资租赁服务，可以选择适用简易计税方法，按照5%的征收率计算缴纳增值税。

（摘自财税〔2016〕47号第三条第（三）项）

8.5.6　金融业疑难问题解答

问：营改增后，金融商品转让业务如何确认销售额？

答：根据《财政部 国家税务总局关于全面推开营业税改征增值税试点的通知》（财税〔2016〕36号）规定："金融商品转让，按照卖出价扣除买入价后的余额为销售额。

转让金融商品出现的正负差，按盈亏相抵后的余额为销售额。若相抵后出现负差，可结转下一纳税期与下期转让金融商品销售额相抵，但年末时仍出现负差的，不得转入下一个会计年度。

金融商品的买入价，可以选择按照加权平均法或者移动加权平均法进行核算，选择后36个月内不得变更。

问：金融企业发放贷款后，自结息日起90天内发生的应收未收利息怎么计算缴纳增值税？

答：根据《财政部 国家税务总局关于全面推开营业税改征增值税试点的通知》（财税〔2016〕36号）附件3规定，金融企业发放贷款后，自结息日起90天内发生的应收未收利息按现行规定缴纳增值税，自结息日起90天后发生的应收未收利息暂不缴纳增值税，待实际收到利息时按规定缴纳增值税。

问：2012年1月签订的融资性售后回租合同，结束月为2021年1月，按照106号文这个部分我们应该继续按营业税执行，全面营改增之后应该怎么处理？

答：区分有形动产融资性售后回租还是不动产融资性售后回租。在纳入营改增试点之日前签订的尚未执行完毕的有形动产融资性售后回租合同可按有形动产融资租赁服务，选择简易计税方法缴纳增值税，也可按照贷款服务缴纳增值税；不动产融资性售后回租按照贷款服务缴纳增值税。

问：营改增后，企业买卖股票应如何纳税？

答：应按金融服务——金融商品转让缴纳增值税。以卖出价扣除买入价后的余额为销售额。适用税率为6%，小规模纳税人适用3%征收率。

（摘自《全面推开营改增试点12366热点问题解答》（税总纳便函〔2016〕71号））

8.6 生活服务业

8.6.1 餐饮业农产品抵扣

餐饮行业增值税一般纳税人购进农业生产者自产农产品，可以使用国税机关监制的农产品收购发票，按照现行规定计算抵扣进项税额。

有条件的地区，应积极在餐饮行业推行农产品进项税额核定扣除办法，按照《财政部 国家税务总局关于在部分行业试行农产品增值税进项税额核定扣除办法的通知》（财税〔2012〕38号）有关规定计算抵扣进项税额。

（摘自国家税务总局公告2016年第26号第一条）

8.6.2 生活服务业疑难问题解答

问：生活服务税率和征收率是怎么规定的？

答：一般纳税人提供生活服务适用税率为6%；小规模纳税人以及一般纳税人选择适用简易计税办法计税的，征收率为3%。

问：营改增物业管理公司，同时有房屋租赁业务，可否开一张租赁发票，再开一张物业服务费发票，以区别不同税率？

答：《财政部 国家税务总局关于全面推开营业税改征增值税试点的通知》（财税〔2016〕36号）第三十九条规定，纳税人兼营销售货物、劳务、服务、无形资产或者不动产，适用不同税率或者征收率的，应当分别核算适用不同税率或者征收率的销售额；未分别核算的，从高适用税率。

因此，适用不同税率的项目应分别开具。但可以在同一张发票上开具。

问：全面营改增后，旅行社提供旅游服务，其中机票款是否可以在计算销售额时扣除？

答：可以。根据《财政部 国家税务总局关于全面推开营业税改征增值税试点的通知》（财税〔2016〕36号）附件2的规定，试点纳税人提供旅游服务，可以选择以取得的全部价款和价外费用，扣除向旅游服务购买方收取并支付给其他单位或者个人的住宿费、餐饮费、交通费、签证费、门票费和支付给其他接团旅游企业的旅游费用后的余额为销售额。

选择上述办法计算销售额的试点纳税人，向旅游服务购买方收取并支付的上述费用，不得开具增值税专用发票，可以开具普通发票。

问：营改增之后，旅游业开具发票有什么特殊规定？

答：根据《财政部 国家税务总局关于全面推开营业税改征增值税试点的通知》（财税〔2016〕36号）附件2的规定，试点纳税人提供旅游服务，可以选择以取得的全部价款和价外费用，扣除向旅游服务购买方收取并支付给其他单位或者个人的住宿费、餐饮费、交通费、签证费、门票费和支付给其他接团旅游企业的旅游费用后的余额为销售额。

选择上述办法计算销售额的试点纳税人，向旅游服务购买方收取并支付的上述费用，不得开具增值税专用发票，可以开具普通发票。

（摘自《全面推开营改增试点12366热点问题解答》（税总纳便函〔2016〕71号））

9 2016年5月1日营改增前的具体货物、服务征收

9.1.1 二手车经营业务

经批准允许从事二手车经销业务的纳税人按照《机动车登记规定》的有关规定，收购二手车时将其办理过户登记到自己名下，销售时再将该二手车过户登记到买家名下的行为，属于《中华人民共和国增值税暂行条例》规定的销售货物的行为，应按照现行规定征收增值税。

除上述行为以外，纳税人受托代理销售二手车，凡同时具备以下条件的，不征收增值税；不同时具备以下条件的，视同销售征收增值税。

（一）受托方不向委托方预付货款；

（二）委托方将《二手车销售统一发票》直接开具给购买方；

（三）受托方按购买方实际支付的价款和增值税额（如系代理进口销售货物则为海关代征的增值税额）与委托方结算货款，并另外收取手续费。

（摘自国家税务总局公告 2012 年第 23 号）

9.1.2 罚没物品

根据现行罚没财物管理制度和税收制度的有关规定，现对各级行政执法机关、政法机关和经济管理部门（以下简称执罚部门和单位）依照国家有关法律、法规查处各类违法、违章案件的罚没物品变价收入征收增值税问题规定如下：

一、执罚部门和单位查处的属于一般商业部门经营的商品，具备拍卖条件的，由执罚部门或单位商同级财政部门同意后，公开拍卖。其拍卖收入作为罚没收入由执罚部门和单位如数上缴财政，不予征税。对经营单位购入拍卖物品再销售的应照章征收增值税。

二、执罚部门和单位查处的属于一般商业部门经营的商品，不具备拍卖条件的，由执罚部门、财政部门、国家指定销售单位会同有关部门按质论价，交由国家指定销售单位纳入正常销售渠道变价处理。执罚部门按商定价格所取得的变价收入作为罚没收入如数上缴财政，不予征税。国家指定销售单位将罚没物品纳入正常销售渠道销售的，应照章征收增值税。

三、执罚部门和单位查处的属于专管机关管理或专管企业经营的财物，如金银（不包括金银首饰）、外币、有价证券、非禁止出口文物，应交由专管机关或专营企业收兑或收购。执罚部门和单位按收兑或收购价所取得的收入作为罚没收入如数上缴财政，不予征税。专管机关或专营企业经营上述物品中属于应征增值税的货物，应照章

征收增值税。

本通知自文到之日起执行。

（摘自财税字〔1995〕69 号）

9.1.3　开采矿产资源劳务

现将纳税人为其他单位和个人开采矿产资源提供劳务有关货物和劳务税问题公告如下：

纳税人提供的矿山爆破、穿孔、表面附着物（包括岩层、土层、沙层等）剥离和清理劳务，以及矿井、巷道构筑劳务，属于营业税应税劳务，应当缴纳营业税。

纳税人提供的矿产资源开采、挖掘、切割、破碎、分拣、洗选等劳务，属于增值税应税劳务，应当缴纳增值税。

本公告自 2011 年 12 月 1 日起执行。此前未处理的，按照本公告的规定处理。

（摘自国家税务总局公告 2011 年第 56 号）

9.1.4　附着于土地或者不动产上的固定资产

纳税人转让土地使用权或者销售不动产的同时一并销售的附着于土地或者不动产上的固定资产中，凡属于增值税应税货物的，应按照《财政部 国家税务总局关于部分货物适用增值税低税率和简易办法征收增值税政策的通知》（财税〔2009〕9 号）第二条有关规定，计算缴纳增值税；凡属于不动产的，应按照《中华人民共和国营业税暂行条例》"销售不动产"税目计算缴纳营业税。

纳税人应分别核算增值税应税货物和不动产的销售额，未分别核算或核算不清的，由主管税务机关核定其增值税应税货物的销售额和不动产的销售额。

本公告自 2011 年 9 月 1 日起施行。《国家税务总局关于煤炭企业转让井口征收营业税问题的批复》（国税函〔1997〕556 号）和《国家税务总局关于煤矿转让征收营业税问题的批复》（国税函〔2007〕1018 号）中"对单位和个人在转让煤矿土地使用权和销售不动产的同时一并转让附着于土地或不动产上的机电设备，一并按'销售不动产'征收营业税"的规定同时废止。本公告施行前已处理的事项不再作调整，未处理事项依据本公告处理。

（摘自国家税务总局公告 2011 年第 47 号）

9.1.5　供电企业收取并网服务费

供电企业利用自身输变电设备对并入电网的企业自备电厂生产的电力产品进行电压调节，属于提供加工劳务。根据《中华人民共和国增值税暂行条例》和《中华人民共和国营业税暂行条例》有关规定，对于上述供电企业进行电力调压并按电量向电厂收取的并网服务费，应当征收增值税，不征收营业税。

（摘自国税函〔2009〕641号）

9.1.6 林木销售和管护

纳税人销售林木以及销售林木的同时提供林木管护劳务的行为，属于增值税征收范围，应征收增值税。纳税人单独提供林木管护劳务行为属于营业税征收范围，其取得的收入中，属于提供农业机耕、排灌、病虫害防治、植保劳务取得的收入，免征营业税；属于其他收入的，应照章征收营业税。

（摘自国税函〔2008〕212号）

9.1.7 水利工程水费

《财政部 国家计委关于将部分行政事业性收费转为经营服务性收费（价格）的通知》（财综〔2001〕94号）规定，水利工程水费由行政事业性收费转为经营服务性收费。因此，水利工程单位向用户收取的水利工程水费，属于其向用户提供天然水供应服务取得的收入，按照现行流转税政策规定，不征收增值税，应按"服务业"税目征收营业税。

（摘自国税函〔2007〕461号）

9.1.8 受托种植植物、饲养动物

单位和个人受托种植植物、饲养动物的行为，应按照营业税"服务业"税目征收营业税，不征收增值税。

上述单位和个人受托种植植物、饲养动物的行为是指，委托方向受托方提供其拥有的植物或动物，受托方提供种植或饲养服务并最终将植物或动物归还给委托方的行为。

（摘自国税发〔2007〕17号）

9.1.9 公用事业收取的一次性费用

对从事公用事业的纳税人收取的一次性费用是否征收增值税问题

对从事热力、电力、燃气、自来水等公用事业的增值税纳税人收取的一次性费用，凡与货物的销售数量有直接关系的，征收增值税；凡与货物的销售数量无直接关系的，不征收增值税。

（摘自财税〔2005〕165号第八条）

9.1.10 汽车按揭和代办服务

随汽车销售提供的汽车按揭服务和代办服务业务征收增值税，单独提供按揭、代办服务业务，并不销售汽车的，应征收营业税。

（摘自财税〔2003〕16号第一条第（五）项）

9.1.11 代购货物

代购货物行为，凡同时具备以下条件的，不征收增值税；不同时具备以下条件的，无论会计制度规定如何核算，均征收增值税。

（一）受托方不垫付资金；

（二）销货方将发票开具给委托方，并由受托方将该项发票转交给委托方；

（三）受托方按销售方实际收取的销售额和增值税额（如系代理进口货物则为海关代征的增值税额）与委托方结算货款，并另外收取手续费。

（摘自财税字〔1994〕第26号第五条）

9.1.12 包装物押金

根据《国务院关于第三批取消和调整行政审批项目的决定》（国发〔2004〕16号），《国家税务总局关于印发〈增值税问题解答（之一）〉的通知》（国税函发〔1995〕288号）第十一条"个别包装物周转使用期限较长的，报经税务征收机关确定后，可适当放宽逾期期限"的规定取消后，为了加强管理工作，现就有关问题明确如下：

纳税人为销售货物出租出借包装物而收取的押金，无论包装物周转使用期限长短，超过一年（含一年）以上仍不退还的均并入销售额征税。

本通知自2004年7月1日起执行。

（摘自国税函〔2004〕827号）

9.1.13 移动通信用塔（杆）进项抵扣

蜂窝数字移动通信用塔（杆），属于《固定资产分类与代码》（GB/T 14885—1994）中的"其他通讯设备"（代码699），其增值税进项税额可以按照现行规定从销项税额中抵扣。

（摘自国家税务总局公告2015年第90号第一条）

9.1.14 售后回租计算销售额扣除的本金

纳税人提供有形动产融资性售后回租服务，计算当期销售额时可以扣除的有形动产价款本金，为书面合同约定的当期应当收取的本金。无书面合同或者书面合同没有约定的，为当期实际收取的本金。

（摘自国家税务总局公告 2015 年第 90 号第三条）

9.1.15　融资租赁保理业务

提供有形动产融资租赁服务的纳税人，以保理方式将融资租赁合同项下未到期应收租金的债权转让给银行等金融机构，不改变其与承租方之间的融资租赁关系，应继续按照现行规定缴纳增值税，并向承租方开具发票。

（摘自国家税务总局公告 2015 年第 90 号第四条）

说明：国内保理主要包括应收账款买断和应收账款收购及代理。保理又称托收保付，是卖方为了强化应收账款管理采用委托第三者（保理商）管理应收账款的做法。具体做法是：卖方将其现在或将来的基于其与买方订立的货物销售/服务合同所产生的应收账款转让给保理商（提供保理服务的金融机构），由保理商向其提供资金融通、买方资信评估、销售账户管理、信用风险担保、账款催收等一系列服务的综合金融服务方式。

9.1.16　塔类站址管理业务适用税目

纳税人通过蜂窝数字移动通信用塔（杆）及配套设施，为电信企业提供的基站天线、馈线及设备环境控制、动环监控、防雷消防、运行维护等塔类站址管理业务，按照"信息技术基础设施管理服务"缴纳增值税。

（摘自国家税务总局公告 2015 年第 90 号第五条第一款）

9.1.17　无线信号室分系统传输服务适用税目

纳税人通过楼宇、隧道等室内通信分布系统，为电信企业提供的语音通话和移动互联网等无线信号室分系统传输服务，分别按照基础电信服务和增值电信服务缴纳增值税。

（摘自国家税务总局公告 2015 年第 90 号第五条第二款）

9.1.18　条形码胶片研制费

中国物品编码中心和新闻出版署条码中心向用户收取的"条形码胶片研制费"，是制作和销售条码而取得的收入，属于货物销售行为，根据《中华人民共和国增值税暂行条例》规定，应当缴纳增值税。

（摘自国税函〔1997〕606 号第一条）

9.1.19 经销企业从生产企业取得"三包"收入

经销企业从货物的生产企业取得"三包"收入，应按"修理修配"征收增值税。

（摘自国税函发〔1995〕288 号第七条）

9.1.20 劳务派遣服务政策

一般纳税人提供劳务派遣服务，可以按照《财政部 国家税务总局关于全面推开营业税改征增值税试点的通知》（财税〔2016〕36 号）的有关规定，以取得的全部价款和价外费用为销售额，按照一般计税方法计算缴纳增值税；也可以选择差额纳税，以取得的全部价款和价外费用，扣除代用工单位支付给劳务派遣员工的工资、福利和为其办理社会保险及住房公积金后的余额为销售额，按照简易计税方法依 5% 的征收率计算缴纳增值税。

小规模纳税人提供劳务派遣服务，可以按照《财政部 国家税务总局关于全面推开营业税改征增值税试点的通知》（财税〔2016〕36 号）的有关规定，以取得的全部价款和价外费用为销售额，按照简易计税方法依 3% 的征收率计算缴纳增值税；也可以选择差额纳税，以取得的全部价款和价外费用，扣除代用工单位支付给劳务派遣员工的工资、福利和为其办理社会保险及住房公积金后的余额为销售额，按照简易计税方法依 5% 的征收率计算缴纳增值税。

选择差额纳税的纳税人，向用工单位收取用于支付给劳务派遣员工工资、福利和为其办理社会保险及住房公积金的费用，不得开具增值税专用发票，可以开具普通发票。

劳务派遣服务，是指劳务派遣公司为了满足用工单位对于各类灵活用工的需求，将员工派遣至用工单位，接受用工单位管理并为其工作的服务。

（摘自财税〔2016〕47 号第一条）

9.1.21 人力资源外包

纳税人提供人力资源外包服务，按照经纪代理服务缴纳增值税，其销售额不包括受客户单位委托代为向客户单位员工发放的工资和代理缴纳的社会保险、住房公积金。向委托方收取并代为发放的工资和代理缴纳的社会保险、住房公积金，不得开具增值税专用发票，可以开具普通发票。

一般纳税人提供人力资源外包服务，可以选择适用简易计税方法，按照 5% 的征收率计算缴纳增值税。

（摘自财税〔2016〕47 号）第三条第（一）项）

9.1.22　海洋石油停止按实物征收

中国海洋石油总公司及所属单位海上自营油田开采的原油、天然气，停止按实物征收增值税，改为按照《增值税暂行条例》及其实施细则缴纳增值税。

（摘自财税〔2016〕39 号第四条）

9.1.23　货物、服务征收疑难问题解答

问：物业收取的停车费和电梯里面的广告位的出租是按什么行业核算？（编者提示：按什么税目征税？）

答：将建筑物、构筑物等不动产或者飞机、车辆等有形动产的广告位出租给其他单位或者个人用于发布广告，按照经营租赁服务缴纳增值税。

车辆停放服务、道路通行服务（包括过路费、过桥费、过闸费等）等按照不动产经营租赁服务缴纳增值税。

所以，均属于现代服务业的租赁服务。

（摘自《全面推开营改增试点 12366 热点问题解答》（税总纳便函〔2016〕71 号））

2 第二篇 增值税税收优惠政策

1　起征点

1.1　法律关于起征点的规定

纳税人销售额未达到国务院财政、税务主管部门规定的增值税起征点的，免征增值税；达到起征点的，依照本条例规定全额计算缴纳增值税。

（摘自《增值税暂行条例》第十七条）

增值税起征点的适用范围限于个人。

增值税起征点的幅度规定如下：

（一）销售货物的，为月销售额5 000～20 000元；

（二）销售应税劳务的，为月销售额5 000～20 000元；

（三）按次纳税的，为每次（日）销售额300～500元。

前款所称销售额，是指本细则第三十条第一款所称小规模纳税人的销售额。

省、自治区、直辖市财政厅（局）和国家税务局应在规定的幅度内，根据实际情况确定本地区适用的起征点，并报财政部、国家税务总局备案。

（摘自《增值税暂行条例实施细则》第三十七条）

1.2　营改增文件关于起征点的规定

1.2.1　未达到增值税起征点的免税

个人发生应税行为的销售额未达到增值税起征点的，免征增值税；达到起征点的，全额计算缴纳增值税。

增值税起征点不适用于登记为一般纳税人的个体工商户。

（摘自财税〔2016〕36号附件1第四十九条）

1.2.2　增值税起征点幅度

增值税起征点幅度如下：

（一）按期纳税的，为月销售额 5 000～20 000 元（含本数）。

（二）按次纳税的，为每次（日）销售额 300～500 元（含本数）。

起征点的调整由财政部和国家税务总局规定。省、自治区、直辖市财政厅（局）和国家税务局应当在规定的幅度内，根据实际情况确定本地区适用的起征点，并报财政部和国家税务总局备案。

（摘自财税〔2016〕36 号附件 1 第五十条）

1.2.3 小规模纳税人未达到起征点的免税

对增值税小规模纳税人中月销售额未达到 2 万元的企业或非企业性单位，免征增值税。2017 年 12 月 31 日前，对月销售额 2 万元（含本数）至 3 万元的增值税小规模纳税人，免征增值税。

（摘自财税〔2016〕36 号附件 1 第五十条）

按照现行规定，适用增值税差额征收政策的增值税小规模纳税人，以差额前的销售额确定是否可以享受 3 万元（按季纳税 9 万元）以下免征增值税政策。

（摘自国家税务总局公告 2016 年第 26 号第三条）

2　货物、劳务税收优惠

2.1　法律规定的免税项目

2.1.1　免征增值税的项目

一、下列项目免征增值税：

（一）农业生产者销售的自产农产品；

（二）避孕药品和用具；

（三）古旧图书；

（四）直接用于科学研究、科学试验和教学的进口仪器、设备；

（五）外国政府、国际组织无偿援助的进口物资和设备；

（六）由残疾人的组织直接进口供残疾人专用的物品；

（七）销售的自己使用过的物品。

除前款规定外，增值税的免税、减税项目由国务院规定。任何地区、部门均不得规定免税、减税项目。

（摘自《增值税暂行条例》第十五条）

二、条例第十五条规定的部分免税项目的范围，限定如下：

（一）第一款第（一）项所称农业，是指种植业、养殖业、林业、牧业、水产业。

农业生产者，包括从事农业生产的单位和个人。

农产品，是指初级农产品，具体范围由财政部、国家税务总局确定。

（二）第一款第（三）项所称古旧图书，是指向社会收购的古书和旧书。

（三）第一款第（七）项所称自己使用过的物品，是指其他个人自己使用过的物品。

（摘自《增值税暂行条例实施细则》第三十五条）

2.1.2　免税项目的核算、放弃

（1）兼营免税、减税项目的应分别核算。

纳税人兼营免税、减税项目的，应当分别核算免税、减税项目的销售额；未分别核算销售额的，不得免税、减税。

（摘自《增值税暂行条例》第十六条）

（2）放弃免税 36 个月内不得再申请。

纳税人销售货物或者应税劳务适用免税规定的，可以放弃免税，依照条例的规定缴纳增值税。放弃免税后，36 个月内不得再申请免税。

（摘自《增值税暂行条例实施细则》（财政部令第 65 号）第三十六条）

2.1.3 属于自产农产品免税范围的情形

（1）"农业生产者销售的自产农业产品"的解释。

《中华人民共和国增值税暂行条例》第十六条所列免税项目的第一项所称的"农业生产者销售的自产农业产品"，是指直接从事植物的种植、收割和动物的饲养、捕捞的单位和个人销售的注释所列的自产农业产品；对上述单位和个人销售的外购的农业产品，以及单位和个人外购农业产品生产、加工后销售的仍然属于注释所列的农业产品，不属于免税的范围，应当按照规定税率征收增值税。

（摘自财税字〔1995〕52 号第一条）

（2）人工合成牛胚胎。

人工合成牛胚胎属于《农业产品征税范围注释》（财税字〔1995〕52 号）第二条第（五）款规定的动物类"其他动物组织"，人工合成牛胚胎的生产过程属于农业生产，纳税人销售自产人工合成牛胚胎应免征增值税。

（摘自国税函〔2010〕97 号）

（3）"公司＋农户"经营模式销售畜禽。

目前，一些纳税人采取"公司＋农户"经营模式从事畜禽饲养，即公司与农户签订委托养殖合同，向农户提供畜禽苗、饲料、兽药及疫苗等（所有权属于公司），农户饲养畜禽苗至成品后交付公司回收，公司将回收的成品畜禽用于销售。在上述经营模式下，纳税人回收再销售畜禽，属于农业生产者销售自产农产品，应根据《中华人民共和国增值税暂行条例》的有关规定免征增值税。

本公告中的畜禽是指属于《财政部 国家税务总局关于印发〈农业产品征税范围注释〉的通知》（财税字〔1995〕52 号）文件中规定的农业产品。

（摘自国家税务总局公告 2013 年第 8 号）

（4）企业在两种生产经营模式下生产销售种子。

制种企业在下列生产经营模式下生产销售种子，属于农业生产者销售自产农业产品，应根据《中华人民共和国增值税暂行条例》有关规定免征增值税。

（一）制种企业利用自有土地或承租土地，雇佣农户或雇工进行种子繁育，再经烘干、脱粒、风筛等深加工后销售种子。

（二）制种企业提供亲本种子委托农户繁育并从农户手中收回，再经烘干、脱粒、风筛等深加工后销售种子。

（摘自国家税务总局公告 2010 年第 17 号）

（5）农民手工编织的竹芒藤柳坯具。

对于农民个人按照竹器企业提供样品规格，自产或购买竹、芒、藤、木条等，再通过手工简单编织成竹制或竹芒藤柳混合坯具的，属于自产农业初级产品，应当免征销售环节增值税。

（摘自国税函〔2005〕56号）

（6）农业生产者销售自己饲养的生猪。

农业生产者销售自己饲养的生猪免缴增值税，非农业生产者销售生猪应当按照规定征收增值税，税务机关不得以任何理由擅自改变纳税环节让农业生产者缴纳或代缴生猪增值税。

（摘自国税发〔1999〕113号第三条）

（7）退耕还林还草补助粮免税。

按照国务院规定，退耕还林还草试点工作实行"退耕还林、封山绿化、以粮代赈，个体承包"的方针，对退耕户根据退耕面积由国家无偿提供粮食补助。因此，为粮食部门经营的退耕还林还草补助粮，凡符合国家规定标准的，比照"救灾救济粮"免征增值税。

（摘自国税发〔2001〕131号）

（8）农民专业合作社优惠政策。

（一）对农民专业合作社销售本社成员生产的农业产品，视同农业生产者销售自产农业产品免征增值税。

（二）增值税一般纳税人从农民专业合作社购进的免税农业产品，可按13%的扣除率计算抵扣增值税进项税额。

本通知所称农民专业合作社，是指依照《中华人民共和国农民专业合作社法》规定设立和登记的农民专业合作社。

（摘自财税〔2008〕81号）

2.1.4　不属于自产农业产品免税范围的情形

（1）农业生产者用自产的茶青精制而成的精制茶。

农业生产者用自产的茶青再经筛分、风选、拣剔、碎块、干燥、匀堆等工序精制而成的精制茶，不得按照农业生产者销售的自产农业产品免税的规定执行，应当按照规定的税率征税。

（摘自财税字〔1995〕52号第二条）

（2）水洗猪鬃。

根据《财政部 国家税务总局关于印发〈农业产品征税范围注释〉的通知》（财税字〔1995〕52号）有关规定，水洗猪鬃是生猪鬃经过浸泡（脱脂）、打洗、分绒等加工过程生产的产品，已不属于农业产品征税范围，应按"洗净毛、洗净绒"征收增值税。

（摘自国税函〔2006〕773号）

2.2 其他文件规定的减免税项目

2.2.1 农业生产资料

（1）免税饲料。

①单一大宗饲料。

单一大宗饲料指以一种动物、植物、微生物或矿物质为来源的产品或其副产品。其范围仅限于糠麸、酒糟、鱼粉、草饲料、饲料级磷酸氢钙及除豆粕以外的菜子粕、棉子粕、向日葵粕、花生粕等粕类产品。

（摘自财税〔2001〕121号第一条）

对饲料级磷酸二氢钙产品可按照现行"单一大宗饲料"的增值税政策规定，免征增值税。

纳税人销售饲料级磷酸二氢钙产品，不得开具增值税专用发票；凡开具专用发票的，不得享受免征增值税政策，应照章全额缴纳增值税。

（摘自国税函〔2007〕10号）

饲用鱼油是鱼粉生产过程中的副产品，主要用于水产养殖和肉鸡饲养，属于单一大宗饲料。经研究，自2003年1月1日起，对饲用鱼油产品按照现行"单一大宗饲料"的增值税政策规定，免予征收增值税。

（摘自国税函〔2003〕1395号）

②混合饲料。

混合饲料指由两种以上单一大宗饲料、粮食、粮食副产品及料添加剂按照一定比例配置，其中单一大宗饲料、粮食及粮食副产品的参兑比例不低于95%的饲料。

（摘自财税〔2001〕121号第一条）

③配合饲料。

配合饲料指根据不同的饲养对象，饲养对象的不同生长发育阶段的营养需要，将多种饲料原料按饲料配方经工业生产后，形成的能满足饲养动物全部营养需要（除水分外）的饲料。

（摘自财税〔2001〕121号第一条）

精料补充料属于《财政部 国家税务总局关于饲料产品免征增值税问题的通知》（财税〔2001〕121号，以下简称"通知"）文件中"配合饲料"范畴，可按照该通知及相关规定免征增值税。

精料补充料是指为补充草食动物的营养，将多种饲料和饲料添加剂按照一定比例配制的饲料。

（摘自国家税务总局公告2013年第46号）

④复合预混料。

复合预混料指能够按照国家有关饲料产品的标准要求量，全面提供动物饲养相应阶段所需微量元素（4种或以上）、维生素（8种或以上），由微量元素、维生素、氨基酸和非营养性添加剂中任何两类或两类以上的组分与载体或稀释剂按一定比例配置的均匀混合物。

（摘自财税〔2001〕121号第一条）

⑤浓缩饲料。

浓缩饲料指由蛋白质、复合预混料及矿物质等按一定比例配制的均匀混合物。

（摘自财税〔2001〕121号第一条）

矿物质微量元素舔砖，是以四种以上微量元素、非营养性添加剂和载体为原料，经高压浓缩制成的块状预混物，可供牛、羊等牲畜直接食用，应按照"饲料"免征增值税。

（摘自国税函〔2005〕1127号）

为支持国内畜牧业的发展并根据《财政部　国家税务总局关于豆粕等粕类产品征免增值税政策的通知》（财税〔2001〕30号）第二条的有关规定，自2007年1月1日起，对进口的矿物质微量元素舔砖（税号ex38249090）免征进口环节增值税。

矿物质微量元素舔砖是以四种以上微量元素、非营养性添加剂和载体为原料，经高压浓缩制成的块状预混物，供牛、羊等直接食用。

（摘自财关税〔2006〕73号）

⑥豆粕等粕类产品的征免规定。

自2000年6月1日起，饲料产品分为征收增值税和免征增值税两类。

进口和国内生产的饲料，一律执行同样的征税或免税政策。

自2000年6月1日起，豆粕属于征收增值的饲料产品，进口或国内生产豆粕，均按13%的税率征收增值税。其他粕类属于免税饲料产品，免征收增值税，已征收入库的税款做退库处理。

（摘自财税〔2001〕30号）

豆粕属于征收增值税的饲料产品，除豆粕以外的其他粕类饲料产品，均免征增值税。

（摘自国税函〔2010〕75号）

（2）征税饲料。

①玉米浆、玉米皮、玉米纤维和玉米蛋白粉。

根据现行增值税政策规定，玉米胚芽属于《农业产品征税范围注释》中初级农产品的范围，适用13%的增值税税率；玉米浆、玉米皮、玉米纤维（又称喷浆玉米皮）和玉米蛋白粉不属于初级农产品，也不属于《财政部　国家税务总局关于饲料产品免征增值税问题的通知》（财税〔2001〕121号）中免税饲料的范围，适用17%的增值税税率。

（摘自国家税务总局公告2012年第11号）

②膨化血粉、膨化肉粉、水解羽毛粉。

根据《财政部 国家税务总局关于饲料产品免征增值税问题的通知》（财税〔2001〕121号）及相关文件的规定，单一大宗饲料产品仅限于财税〔2001〕121号文件所列举的糠麸等饲料产品。膨化血粉、膨化肉粉、水解羽毛粉不属于现行增值税优惠政策所定义的单一大宗饲料产品，应对其照章征收增值税。混合饲料是指由两种以上单一大宗饲料、粮食、粮食副产品及饲料添加剂按照一定比例配置，其中单一大宗饲料、粮食及粮食副产品的掺兑比例不低于95％的饲料。添加其他成分的膨化血粉、膨化肉粉、水解羽毛粉等饲料产品，不符合现行增值税优惠政策有关混合饲料的定义，应对其照章征收增值税。

（摘自国税函〔2009〕324号）

③宠物饲料。

宠物饲料产品不属于免征增值税的饲料，应按照饲料产品13％的税率征收增值税。

（摘自国税函〔2002〕812号）

④豆粕。

自2000年6月1日起，属于征收增值的饲料产品，进口或国内生产豆粕，均按13％的税率征收增值税。

（摘自财税〔2001〕30号）

（3）农膜、化肥、种子、农机。

下列货物免征增值税：

1. 农膜。

2. 生产销售的除尿素以外的氮肥、除磷酸二铵以外的磷肥、钾肥以及免税化肥为主要原料的复混肥（企业生产复混肥产品所用的免税化肥成本占原料中全部化肥成本的比重高于70％）。"复混肥"是指用化学方法或物理方法加工制成的氮、磷、钾三种养分中至少有两种养分标明量的肥料，包括仅用化学方法制成的复合肥和仅用物理方法制成的混配肥（也称掺合肥）。

3. 批发和零售的种子、种苗、化肥、农药、农机。

（摘自财税〔2001〕113号第一条）

不带动力的手扶拖拉机（也称"手扶拖拉机底盘"）和三轮农用运输车（指以单缸柴油机为动力装置的三个车轮的农用运输车辆）属于"农机"，应按有关"农机"的增值税政策规定征免增值税。

（摘自财税〔2002〕89号）

氨化硝酸钙属于氮肥。根据《财政部 国家税务总局关于若干农业生产资料征免增值税政策的通知》（财税〔2001〕113号）第一条第二款规定，对氨化硝酸钙免征增值税。

（摘自国税函〔2009〕430号）

自2008年6月1日起，纳税人生产销售和批发、零售有机肥产品免征增值税。

（摘自财税〔2008〕56号第一条）

《财政部　国家税务总局关于有机肥产品免征增值税的通知》（财税〔2008〕56 号）规定享受增值税免税政策的有机肥产品中，有机肥料按《有机肥料》（NY525—2012）标准执行，有机—无机复混肥料按《有机—无机复混肥料》（GB18877—2009）标准执行，生物有机肥按《生物有机肥》（NY884—2012）标准执行。不符合上述标准的有机肥产品，不得享受财税〔2008〕56 号文件规定的增值税免税政策。上述有机肥产品的国家标准、行业标准，如在执行过程中有更新、替换，统一按最新的国家标准、行业标准执行。

（摘自国家税务总局公告 2015 年第 86 号）

自 2005 年 7 月 1 日起，对国内企业生产销售的尿素产品增值税由先征后返 50％调整为暂免征收增值税。

（摘知财税〔2005〕87 号）

（4）滴灌带和滴灌管产品。

自 2007 年 7 月 1 日起，纳税人生产销售和批发、零售滴灌带和滴灌管产品免征增值税。

滴灌带和滴灌管产品是指农业节水滴灌系统专用的、具有制造过程中加工的孔口或其他出流装置、能够以滴状或连续流状出水的水带和水管产品。滴灌带和滴灌管产品按照国家有关质量技术标准要求进行生产，并与 PVC 管（主管）、PE 管（辅管）、承插管件、过滤器等部件组成为滴灌系统。

（摘自财税〔2007〕83 号）

2.2.2　工业、加工、修理、电网

（1）合同能源管理项目的货物。

节能服务公司实施符合条件的合同能源管理项目，将项目中的增值税应税货物转让给用能企业，暂免征收增值税。

（摘自财税〔2010〕110 号第一条）

（2）铁路货车修理。

为支持我国铁路建设，经国务院批准，从 2001 年 1 月 1 日起对铁路系统内部单位为本系统修理货车的业务免征增值税。

（摘自财税〔2001〕54 号）

（3）农村居民自来水、污水处理费。

对饮水工程运营管理单位向农村居民提供生活用水取得的自来水销售收入，免征增值税。

（摘自财税〔2012〕30 号第四条）

为了切实加强和改进城市供水、节水和水污染防治工作，促进社会经济的可持续发展，加快城市污水处理设施的建设步伐，根据《国务院关于加强城市供水节水和水

污染防治工作的通知》（国发〔2000〕36 号）的规定，对各级政府及主管部门委托自来水厂（公司）随水费收取的污水处理费，免征增值税。

（摘自财税〔2001〕97 号）

（4）农村电网维护费。

根据《财政部 国家税务总局关于免征农村电网维护费增值税问题的通知》（财税字〔1998〕47 号）规定，对农村电管站在收取电价时一并向用户收取的农村电网维护费（包括低压线路损耗和维护费以及电工经费）免征增值税。鉴于部分地区农村电网维护费改由其他单位收取后，只是收费的主体发生了变化，收取方法、对象以及使用用途均未发生变化，为保持政策的一致性，对其他单位收取的农村电网维护费免征增值税，不得开具增值税专用发票。

（摘自国税函〔2009〕591 号）

2.2.3　商业、储备

（1）储备大豆。

《财政部 国家税务总局关于粮食企业增值税征免问题的通知》（财税字〔1999〕198 号）第一条规定的增值税免税政策适用范围由粮食扩大到粮食和大豆，并可对免税业务开具增值税专用发票。

（摘自财税〔2014〕38 号第一条）

（2）经营粮油。

国有粮食购销企业必须按顺价原则销售粮食。对承担粮食收储任务的国有粮食购销企业销售的粮食免征增值税。

对其他粮食企业经营粮食，除下列项目免征增值税外，一律征收增值税。

（一）军队用粮：指凭军用粮票和军粮供应证按军供价供应中国人民解放军和中国人民武装警察部队的粮食。

（二）救灾救济粮：指经县（含）以上人民政府批准，凭救灾救济粮食（证）按规定的销售价格向需救助的灾民供应的粮食。

（三）水库移民口粮：指经县（含）以上人民政府批准，凭水库移民口粮票（证）按规定的销售价格供应给水库移民的粮食。

对销售食用植物油业务，除政府储备食用植物油的销售继续免征增值税外，一律照章征收增值税。

（摘自财税字〔1999〕198 号）

（3）鲜活肉蛋产品。

对从事农产品批发、零售的纳税人销售的部分鲜活肉蛋产品免征增值税。

免征增值税的鲜活肉产品，是指猪、牛、羊、鸡、鸭、鹅及其整块或者分割的鲜肉、冷藏或者冷冻肉，内脏、头、尾、骨、蹄、翅、爪等组织。

免征增值税的鲜活蛋产品，是指鸡蛋、鸭蛋、鹅蛋，包括鲜蛋、冷藏蛋以及对其进行破壳分离的蛋液、蛋黄和蛋壳。

上述产品中不包括《中华人民共和国野生动物保护法》所规定的国家珍贵、濒危野生动物及其鲜活肉类、蛋类产品。

从事农产品批发、零售的纳税人既销售本通知第一条规定的部分鲜活肉蛋产品又销售其他增值税应税货物的，应分别核算上述鲜活肉蛋产品和其他增值税应税货物的销售额；未分别核算的，不得享受部分鲜活肉蛋产品增值税免税政策。

《中华人民共和国增值税暂行条例》第八条所列准予从销项税额中扣除的进项税额的第（三）项所称的"销售发票"，是指小规模纳税人销售农产品依照3%征收率按简易办法计算缴纳增值税而自行开具或委托税务机关代开的普通发票。批发、零售纳税人享受免税政策后开具的普通发票不得作为计算抵扣进项税额的凭证。

（摘自财税〔2012〕75号）

（4）蔬菜。

对从事蔬菜批发、零售的纳税人销售的蔬菜免征增值税。

蔬菜是指可作副食的草本、木本植物，包括各种蔬菜、菌类植物和少数可作副食的木本植物。蔬菜的主要品种参照《蔬菜主要品种目录》（见附件）执行。

经挑选、清洗、切分、晾晒、包装、脱水、冷藏、冷冻等工序加工的蔬菜，属于本通知所述蔬菜的范围。

各种蔬菜罐头不属于本通知所述蔬菜的范围。蔬菜罐头是指蔬菜经处理、装罐、密封、杀菌或无菌包装而制成的食品。

纳税人既销售蔬菜又销售其他增值税应税货物的，应分别核算蔬菜和其他增值税应税货物的销售额；未分别核算的，不得享受蔬菜增值税免税政策。

（摘自财税〔2011〕137号）

（5）钻石。

纳税人自上海钻石交易所销往国内市场的毛坯钻石，免征进口环节增值税。

（摘自财税〔2006〕65号）

（6）黄金。

黄金生产和经营单位销售黄金（不包括以下品种：成色为AU9999、AU9995、AU999、AU995；规格为50克、100克、1公斤、3公斤、12.5公斤的黄金，以下简称标准黄金）和黄金矿砂（含伴生金），免征增值税；进口黄金（含标准黄金）和黄金矿砂免征进口环节增值税。

（摘自财税〔2002〕142号）

2.2.4　文化、教育、医疗

（1）电影。

对电影制片企业销售电影拷贝（含数字拷贝）、转让版权取得的收入，电影发行企业取得的电影发行收入，电影放映企业在农村的电影放映收入，自2014年1月1日至

2018 年 12 月 31 日免征增值税。

（摘自财教〔2014〕56 号第四条）

（2）高校后勤社会化改革。

对高校后勤实体向其他高校提供快餐的外销收入，免征增值税；向其他社会人员提供快餐的外销收入，应缴纳增值税。

（摘自财税字〔2000〕25 号第四条）

（3）血站供应给医疗机构的临床用血。

对血站供应给医疗机构的临床用血免征增值税。

（摘自财税字〔1999〕264 号第二条）

（4）非营利性医疗机构。

对非营利性医疗机构按照国家规定的价格取得的医疗服务收入，免征各项税收。不按照国家规定价格取得的医疗服务收入不得享受这项政策。

对非营利性医疗机构自产自用的制剂，免征增值税。

非营利性医疗机构的药房分离为独立的药品零售企业，应按规定征收各项税收。

（摘自财税〔2000〕42 号第一条）

（5）疾病控制机构和妇幼保健机构。

对疾病控制机构和妇幼保健机构等卫生机构按照国家规定的价格取得的卫生服务收入（含疫苗接种和调拨、销售收入），免征各项税收。

（摘自财税〔2000〕42 号第三条）

2.2.5　小微企业

为继续支持小微企业发展、推动创业就业，经国务院批准，《财政部 国家税务总局关于进一步支持小微企业增值税和营业税政策的通知》（财税〔2014〕71 号）规定的增值税和营业税政策继续执行至 2017 年 12 月 31 日。

（摘自财税〔2015〕96 号）

增值税小规模纳税人和营业税纳税人，月销售额或营业额不超过 3 万元（含 3 万元，下同）的，按照上述文件规定免征增值税或营业税。其中，以 1 个季度为纳税期限的增值税小规模纳税人和营业税纳税人，季度销售额或营业额不超过 9 万元的，按照上述文件规定免征增值税或营业税。

（摘自国家税务总局公告 2014 年第 57 号）

2.2.6　销售使用过的固定资产

（1）销售自己使用过的固定资产减按 2% 征收增值税。

纳税人销售自己使用过的固定资产，适用简易办法依照 3% 征收率减按 2% 征收增值税政策的，可以放弃减税，按照简易办法依照 3% 征收率缴纳增值税，并可以开具增值税专用发票。

（摘自国家税务总局公告 2015 年第 90 号第二条）

（2）一般纳税人销售自己使用过的固定资产减按 2％征收增值税。

将《国家税务总局关于一般纳税人销售自己使用过的固定资产增值税有关问题的公告》（国家税务总局公告 2012 年第 1 号）中"可按简易办法依 4％征收率减半征收增值税"，修改为"可按简易办法依 3％征收率减按 2％征收增值税"。

（摘自国家税务总局公告 2014 年第 36 号第五条）

2.3　其他文件规定的即征即退、先征后退、退税优惠

2.3.1　关于即征即退的规定

（1）施行先退税后评估。

将增值税即征即退优惠政策的管理措施由先评估后退税改为先退税后评估。

（摘自国家税务总局公告 2011 年第 60 号第一条）

（2）风电。

自 2015 年 7 月 1 日起，对纳税人销售自产的利用风力生产的电力产品，实行增值税即征即退 50％的政策。

（摘自财税〔2015〕74 号）

（3）水电。

装机容量超过 100 万千瓦的水力发电站（含抽水蓄能电站）销售自产电力产品，自 2013 年 1 月 1 日至 2015 年 12 月 31 日，对其增值税实际税负超过 8％的部分实行即征即退政策；自 2016 年 1 月 1 日至 2017 年 12 月 31 日，对其增值税实际税负超过 12％的部分实行即征即退政策。

（摘自财税〔2014〕10 号第一条）

（4）软件。

增值税一般纳税人销售其自行开发生产的软件产品，按 17％税率征收增值税后，对其增值税实际税负超过 3％的部分实行即征即退政策。

（摘自财税〔2011〕100 号第一条）

（5）动漫。

对属于增值税一般纳税人的动漫企业销售其自主开发生产的动漫软件，按 17％的税率征收增值税后，对其增值税实际税负超过 3％的部分，实行即征即退政策。动漫软件出口免征增值税。上述动漫软件，按照《财政部　国家税务总局关于软件产品增值税政策的通知》（财税〔2011〕100 号）中软件产品相关规定执行。

（摘自财税〔2013〕98 号第一条）

（6）残疾人就业。

对安置残疾人的单位，实行由税务机关按单位实际安置残疾人的人数，限额即征即退增值税或减征营业税的办法。

实际安置的每位残疾人每年可退还的增值税或减征的营业税的具体限额，由县级以上税务机关根据单位所在区县（含县级市、旗，下同）适用的经省（含自治区、直辖市、计划单列市，下同）级人民政府批准的最低工资标准的 6 倍确定，但最高不得超过每人每年 3.5 万元。

（摘自财税〔2007〕92 号第一条）

（7）新型墙体材料。

对纳税人销售自产的列入本通知所附《享受增值税即征即退政策的新型墙体材料目录》（以下简称《目录》）的新型墙体材料，实行增值税即征即退 50％的政策。

（摘自财税〔2015〕73 号）

（8）资源综合利用产品。

纳税人销售自产的资源综合利用产品和提供资源综合利用劳务（以下称销售综合利用产品和劳务），可享受增值税即征即退政策。具体综合利用的资源名称、综合利用产品和劳务名称、技术标准和相关条件、退税比例等按照本通知所附《资源综合利用产品和劳务增值税优惠目录》（以下简称《目录》）的相关规定执行。

（摘自财税〔2015〕78 号）

（9）钻石。

纳税人自上海钻石交易所销往国内市场的成品钻石，进口环节增值税实际税负超过 4％的部分由海关实行即征即退。

对国内加工的成品钻石，通过上海钻石交易所销售的，在国内销售环节免征增值税；不通过上海钻石交易所销售的，在国内销售环节按 17％的税率征收增值税。

对国内加工的成品钻石，进入上海钻石交易所时视同出口，不予退税，自上海钻石交易所再次进入国内市场，其进口环节增值税实际税负超过 4％的部分，由海关实行即征即退。

（摘自财税〔2006〕65 号）

2.3.2　关于先征后退的规定

（1）核电。

核力发电企业生产销售电力产品，自核电机组正式商业投产次月起 15 个年度内，统一实行增值税先征后退政策，返还比例分三个阶段逐级递减。

（摘自财税〔2008〕38 号第一条）

（2）煤层气。

对煤层气抽采企业的增值税一般纳税人抽采销售煤层气实行增值税先征后退政策。先征后退税款由企业专项用于煤层气技术的研究和扩大再生产，不征收企业所得税。

（摘自财税〔2007〕16 号第一条）

2.3.3　关于退税优惠的规定

自 2014 年 3 月 1 日起，对外购用于生产乙烯、芳烃类化工产品（以下称特定化工产品）的石脑油、燃料油（以下称 2 类油品），且使用 2 类油品生产特定化工产品的产量占本企业用石脑油、燃料油生产各类产品总量 50％（含）以上的企业，其外购 2 类油品的价格中消费税部分对应的增值税额，予以退还。

（摘自财税〔2014〕17 号第一条）

3 销售服务、无形资产、不动产税收优惠

3.1 关于免税项目的规定

3.1.1 销售服务免税项目

（1）托儿所、幼儿园提供的保育和教育服务。

托儿所、幼儿园提供的保育和教育服务。

托儿所、幼儿园，是指经县级以上教育部门审批成立、取得办园许可证的实施0～6岁学前教育的机构，包括公办和民办的托儿所、幼儿园、学前班、幼儿班、保育院、幼儿院。

公办托儿所、幼儿园免征增值税的收入是指，在省级财政部门和价格主管部门审核报省级人民政府批准的收费标准以内收取的教育费、保育费。

民办托儿所、幼儿园免征增值税的收入是指，在报经当地有关部门备案并公示的收费标准范围内收取的教育费、保育费。

超过规定收费标准的收费，以开办实验班、特色班和兴趣班等为由另外收取的费用以及与幼儿入园挂钩的赞助费、支教费等超过规定范围的收入，不属于免征增值税的收入。

（摘自财税〔2016〕36号附件3第一条第（一）项）

（2）养老机构提供的养老服务。

养老机构提供的养老服务。

养老机构，是指依照民政部《养老机构设立许可办法》（民政部令第48号）设立并依法办理登记的为老年人提供集中居住和照料服务的各类养老机构；养老服务，是指上述养老机构按照民政部《养老机构管理办法》（民政部令第49号）的规定，为收住的老年人提供的生活照料、康复护理、精神慰藉、文化娱乐等服务。

（摘自财税〔2016〕36号附件3第一条第（二）项）

（3）残疾人育养服务。

残疾人福利机构提供的育养服务。

（摘自财税〔2016〕36号附件3第一条第（三）项）

（4）婚介服务。

婚姻介绍服务。

（摘自财税〔2016〕36号附件3第一条第（四）项）

（5）殡葬服务。

殡葬服务，是指收费标准由各地价格主管部门会同有关部门核定，或者实行政府指导价管理的遗体接运（含抬尸、消毒）、遗体整容、遗体防腐、存放（含冷藏）、火化、骨灰寄存、吊唁设施设备租赁、墓穴租赁及管理等服务。

（摘自财税〔2016〕36号附件3第一条第（五）项）

（6）残疾人提供服务。

残疾人员本人为社会提供的服务。

（摘自财税〔2016〕36号附件3第一条第（六）项）

（7）医疗机构提供的医疗服务。

医疗机构提供的医疗服务。

医疗机构，是指依据国务院《医疗机构管理条例》（国务院令第149号）及卫生部《医疗机构管理条例实施细则》（卫生部令第35号）的规定，经登记取得《医疗机构执业许可证》的机构，以及军队、武警部队各级各类医疗机构。具体包括：各级各类医院、门诊部（所）、社区卫生服务中心（站）、急救中心（站）、城乡卫生院、护理院（所）、疗养院、临床检验中心，各级政府及有关部门举办的卫生防疫站（疾病控制中心）、各种专科疾病防治站（所），各级政府举办的妇幼保健所（站）、母婴保健机构、儿童保健机构，各级政府举办的血站（血液中心）等医疗机构。

本项所称的医疗服务，是指医疗机构按照不高于地（市）级以上价格主管部门会同同级卫生主管部门及其他相关部门制定的医疗服务指导价格（包括政府指导价和按照规定由供需双方协商确定的价格等）为就医者提供《全国医疗服务价格项目规范》所列的各项服务，以及医疗机构向社会提供卫生防疫、卫生检疫的服务。

（摘自财税〔2016〕36号附件3第一条第（七）项）

（8）从事学历教育的学校提供的教育服务。

从事学历教育的学校提供的教育服务。

（一）学历教育，是指受教育者经过国家教育考试或者国家规定的其他入学方式，进入国家有关部门批准的学校或者其他教育机构学习，获得国家承认的学历证书的教育形式。具体包括：

1. 初等教育：普通小学、成人小学。

2. 初级中等教育：普通初中、职业初中、成人初中。

3. 高级中等教育：普通高中、成人高中和中等职业学校（包括普通中专、成人中专、职业高中、技工学校）。

4. 高等教育：普通本专科、成人本专科、网络本专科、研究生（博士、硕士）、高等教育自学考试、高等教育学历文凭考试。

（二）从事学历教育的学校，是指：

1. 普通学校。

2. 经地（市）级以上人民政府或者同级政府的教育行政部门批准成立、国家承认其学员学历的各类学校。

3. 经省级及以上人力资源社会保障行政部门批准成立的技工学校、高级技工学校。

4. 经省级人民政府批准成立的技师学院。

上述学校均包括符合规定的从事学历教育的民办学校，但不包括职业培训机构等国家不承认学历的教育机构。

（三）提供教育服务免征增值税的收入，是指对列入规定招生计划的在籍学生提供学历教育服务取得的收入，具体包括：经有关部门审核批准并按规定标准收取的学费、住宿费、课本费、作业本费、考试报名费收入，以及学校食堂提供餐饮服务取得的伙食费收入。除此之外的收入，包括学校以各种名义收取的赞助费、择校费等，不属于免征增值税的范围。

学校食堂是指依照《学校食堂与学生集体用餐卫生管理规定》（教育部令第 14 号）管理的学校食堂。

（摘自财税〔2016〕36 号附件 3 第一条第（八）项）

（9）学生勤工俭学。

学生勤工俭学提供的服务。

（摘自财税〔2016〕36 号附件 3 第一条第（九）项）

（10）农业机耕、排灌、病虫害防治、植物保护、农牧保险以及相关技术培训业务，家禽、牲畜、水生动物的配种和疾病防治。

农业机耕、排灌、病虫害防治、植物保护、农牧保险以及相关技术培训业务，家禽、牲畜、水生动物的配种和疾病防治。

农业机耕，是指在农业、林业、牧业中使用农业机械进行耕作（包括耕耘、种植、收割、脱粒、植物保护等）的业务；排灌，是指对农田进行灌溉或者排涝的业务；病虫害防治，是指从事农业、林业、牧业、渔业的病虫害测报和防治的业务；农牧保险，是指为种植业、养殖业、牧业种植和饲养的动植物提供保险的业务；相关技术培训，是指与农业机耕、排灌、病虫害防治、植物保护业务相关以及为使农民获得农牧保险知识的技术培训业务；家禽、牲畜、水生动物的配种和疾病防治业务的免税范围，包括与该项服务有关的提供药品和医疗用具的业务。

（摘自财税〔2016〕36 号附件 3 第一条第（十）项）

（11）文化体育服务取得的第一道门票收入。

纪念馆、博物馆、文化馆、文物保护单位管理机构、美术馆、展览馆、书画院、图书馆在自己的场所提供文化体育服务取得的第一道门票收入。

（摘自财税〔2016〕36 号附件 3 第一条第（十一）项）

（12）宗教活动的门票收入。

寺院、宫观、清真寺和教堂举办文化、宗教活动的门票收入。

（摘自财税〔2016〕36 号附件 3 第一条第（十二）项）

（13）符合条件的政府性基金和行政事业性收费。

行政单位之外的其他单位收取的符合《试点实施办法》第十条规定条件的政府性

基金和行政事业性收费。

（摘自财税〔2016〕36 号附件 3 第一条第（十三）项）

（14）个人转让著作权。

个人转让著作权。

（摘自财税〔2016〕36 号附件 3 第一条第（十四）项）

（15）个人销售自建自用住房。

个人销售自建自用住房。

（摘自财税〔2016〕36 号附件 3 第一条第（十五）项）

（16）公共租赁住房经营管理单位出租公共租赁住房。

2018 年 12 月 31 日前，公共租赁住房经营管理单位出租公共租赁住房。

公共租赁住房，是指纳入省、自治区、直辖市、计划单列市人民政府及新疆生产建设兵团批准的公共租赁住房发展规划和年度计划，并按照《关于加快发展公共租赁住房的指导意见》（建保〔2010〕87 号）和市、县人民政府制定的具体管理办法进行管理的公共租赁住房。

（摘自财税〔2016〕36 号附件 3 第一条第（十六）项）

（17）海峡两岸直航。

台湾航运公司、航空公司从事海峡两岸海上直航、空中直航业务在大陆取得的运输收入。

台湾航运公司，是指取得交通运输部颁发的"台湾海峡两岸间水路运输许可证"且该许可证上注明的公司登记地址在台湾的航运公司。

台湾航空公司，是指取得中国民用航空局颁发的"经营许可"或者依据《海峡两岸空运协议》和《海峡两岸空运补充协议》规定，批准经营两岸旅客、货物和邮件不定期（包机）运输业务，且公司登记地址在台湾的航空公司。

（摘自财税〔2016〕36 号附件 3 第一条第（十七）项）

（18）国际货物运输代理服务。

纳税人提供的直接或者间接国际货物运输代理服务。

（一）纳税人提供直接或者间接国际货物运输代理服务，向委托方收取的全部国际货物运输代理服务收入，以及向国际运输承运人支付的国际运输费用，必须通过金融机构进行结算。

（二）纳税人为大陆与香港、澳门、台湾地区之间的货物运输提供的货物运输代理服务参照国际货物运输代理服务有关规定执行。

（三）委托方索取发票的，纳税人应当就国际货物运输代理服务收入向委托方全额开具增值税普通发票。

（摘自财税〔2016〕36 号附件 3 第一条第（十八）项）

（19）担保机构担保或者再担保收入。

担保机构担保或者再担保收入。

同时符合下列条件的担保机构从事中小企业信用担保或者再担保业务取得的收入

（不含信用评级、咨询、培训等收入）3年内免征增值税：

（一）已取得监管部门颁发的融资性担保机构经营许可证，依法登记注册为企（事）业法人，实收资本超过2 000万元。

（二）平均年担保费率不超过银行同期贷款基准利率的50%。平均年担保费率＝本期担保费收入/（期初担保余额＋本期增加担保金额）×100%。

（三）连续合规经营2年以上，资金主要用于担保业务，具备健全的内部管理制度和为中小企业提供担保的能力，经营业绩突出，对受保项目具有完善的事前评估、事中监控、事后追偿与处置机制。

（四）为中小企业提供的累计担保贷款额占其两年累计担保业务总额的80%以上，单笔800万元以下的累计担保贷款额占其累计担保业务总额的50%以上。

（五）对单个受保企业提供的担保余额不超过担保机构实收资本总额的10%，且平均单笔担保责任金额最多不超过3 000万元人民币。

（六）担保责任余额不低于其净资产的3倍，且代偿率不超过2%。

担保机构免征增值税政策采取备案管理方式。符合条件的担保机构应到所在地县（市）主管税务机关和同级中小企业管理部门履行规定的备案手续，自完成备案手续之日起，享受3年免征增值税政策。3年免税期满后，符合条件的担保机构可按规定程序办理备案手续后继续享受该项政策。

具体备案管理办法按照《国家税务总局关于中小企业信用担保机构免征营业税审批事项取消后有关管理问题的公告》（国家税务总局公告2015年第69号）规定执行，其中税务机关的备案管理部门统一调整为县（市）级国家税务局。

（摘自财税〔2016〕36号附件3第一条第（二十四）项）

（20）技术转让、技术开发和与之相关的技术咨询、技术服务。

纳税人提供技术转让、技术开发和与之相关的技术咨询、技术服务。

（一）技术转让、技术开发，是指《销售服务、无形资产、不动产注释》中"转让技术"、"研发服务"范围内的业务活动。技术咨询，是指就特定技术项目提供可行性论证、技术预测、专题技术调查、分析评价报告等业务活动。

与技术转让、技术开发相关的技术咨询、技术服务，是指转让方（或者受托方）根据技术转让或者开发合同的规定，为帮助受让方（或者委托方）掌握所转让（或者委托开发）的技术，而提供的技术咨询、技术服务业务，且这部分技术咨询、技术服务的价款与技术转让或者技术开发的价款应当在同一张发票上开具。

（二）备案程序。试点纳税人申请免征增值税时，须持技术转让、开发的书面合同，到纳税人所在地省级科技主管部门进行认定，并持有关的书面合同和科技主管部门审核意见证明文件报主管税务机关备查。

（摘自财税〔2016〕36号附件3第一条第（二十六）项）

（21）符合条件的合同能源管理服务。

同时符合下列条件的合同能源管理服务：

（一）节能服务公司实施合同能源管理项目相关技术，应当符合国家质量监督检验检疫总局和国家标准化管理委员会发布的《合同能源管理技术通则》（GB/T24915—2010）规定的技术要求。

（二）节能服务公司与用能企业签订节能效益分享型合同，其合同格式和内容，符合《中华人民共和国合同法》和《合同能源管理技术通则》（GB/T24915—2010）等规定。

（摘自财税〔2016〕36 号附件 3 第一条第（二十七）项）

（22）科普单位门票收入。

2017 年 12 月 31 日前，科普单位的门票收入，以及县级及以上党政部门和科协开展科普活动的门票收入。

科普单位，是指科技馆、自然博物馆，对公众开放的天文馆（站、台）、气象台（站）、地震台（站），以及高等院校、科研机构对公众开放的科普基地。

科普活动，是指利用各种传媒以浅显的、让公众易于理解、接受和参与的方式，向普通大众介绍自然科学和社会科学知识，推广科学技术的应用，倡导科学方法，传播科学思想，弘扬科学精神的活动。

（摘自财税〔2016〕36 号附件 3 第一条第（二十八）项）

（23）学校举办进修班、培训班的收入。

政府举办的从事学历教育的高等、中等和初等学校（不含下属单位），举办进修班、培训班取得的全部归该学校所有的收入。

全部归该学校所有，是指举办进修班、培训班取得的全部收入进入该学校统一账户，并纳入预算全额上缴财政专户管理，同时由该学校对有关票据进行统一管理和开具。

举办进修班、培训班取得的收入进入该学校下属部门自行开设账户的，不予免征增值税。

（摘自财税〔2016〕36 号附件 3 第一条第（二十九）项）

（24）职业学校提供实习场所的自办、自营现代服务、生活服务收入。

政府举办的职业学校设立的主要为在校学生提供实习场所、并由学校出资自办、由学校负责经营管理、经营收入归学校所有的企业，从事《销售服务、无形资产或者不动产注释》中"现代服务"（不含融资租赁服务、广告服务和其他现代服务）、"生活服务"（不含文化体育服务、其他生活服务和桑拿、氧吧）业务活动取得的收入。

（摘自财税〔2016〕36 号附件 3 第一条第（三十）项）

（25）家政服务企业员工制家政服务员的服务收入。

家政服务企业由员工制家政服务员提供家政服务取得的收入。

家政服务企业，是指在企业营业执照的规定经营范围中包括家政服务内容的企业。

员工制家政服务员，是指同时符合下列 3 个条件的家政服务员：

（一）依法与家政服务企业签订半年及半年以上的劳动合同或者服务协议，且在该企业实际上岗工作。

（二）家政服务企业为其按月足额缴纳了企业所在地人民政府根据国家政策规定的基本养老保险、基本医疗保险、工伤保险、失业保险等社会保险。对已享受新型农村养老保险和新型农村合作医疗等社会保险或者下岗职工原单位继续为其缴纳社会保险的家政服务员，如果本人书面提出不再缴纳企业所在地人民政府根据国家政策规定的相应的社会保险，并出具其所在乡镇或者原单位开具的已缴纳相关保险的证明，可视同家政服务企业已为其按月足额缴纳了相应的社会保险。

（三）家政服务企业通过金融机构向其实际支付不低于企业所在地适用的经省级人民政府批准的最低工资标准的工资。

（摘自财税〔2016〕36号附件3第一条第（三十一）项）

（26）福利彩票、体育彩票的发行收入。

福利彩票、体育彩票的发行收入。

（摘自财税〔2016〕36号附件3第一条第（三十二）项）

（27）随军家属就业。

随军家属就业。

（一）为安置随军家属就业而新开办的企业，自领取税务登记证之日起，其提供的应税服务3年内免征增值税。

享受税收优惠政策的企业，随军家属必须占企业总人数的60%（含）以上，并有军（含）以上政治和后勤机关出具的证明。

（二）从事个体经营的随军家属，自办理税务登记事项之日起，其提供的应税服务3年内免征增值税。

随军家属必须有师以上政治机关出具的可以表明其身份的证明。

按照上述规定，每一名随军家属可以享受一次免税政策。

（摘自财税〔2016〕36号附件3第一条第（三十九）项）

（28）军队转业干部就业。

军队转业干部就业。

（一）从事个体经营的军队转业干部，自领取税务登记证之日起，其提供的应税服务3年内免征增值税。

（二）为安置自主择业的军队转业干部就业而新开办的企业，凡安置自主择业的军队转业干部占企业总人数60%（含）以上的，自领取税务登记证之日起，其提供的应税服务3年内免征增值税。

享受上述优惠政策的自主择业的军队转业干部必须持有师以上部队颁发的转业证件。

（摘自财税〔2016〕36号附件3第一条第（四十）项）

（29）美国ABS船级社船检服务。

美国ABS船级社在非营利宗旨不变、中国船级社在美国享受同等免税待遇的前提下，在中国境内提供的船检服务免征增值税。

（摘自财税〔2016〕39号第五条）

（30）青藏铁路运输。

青藏铁路公司提供的铁路运输服务免征增值税。

（摘自财税〔2016〕39 号第六条）

（31）邮政普服特服。

中国邮政集团公司及其所属邮政企业提供的邮政普遍服务和邮政特殊服务，免征增值税。

（摘自财税〔2016〕39 号第七条）

（32）国际航保。

对下列国际航运保险业务免征增值税：

（一）注册在上海、天津的保险企业从事国际航运保险业务。

（二）注册在深圳市的保险企业向注册在前海深港现代服务业合作区的企业提供国际航运保险业务。

（三）注册在平潭的保险企业向注册在平潭的企业提供国际航运保险业务。

上述政策除已规定期限的外，其他均在营业税改征增值税试点期间执行。

（摘自财税〔2016〕39 号第十一条）

3.1.2　金融保险免税项目

（1）七项利息收入。

（一）2016 年 12 月 31 日前，金融机构农户小额贷款。

小额贷款，是指单笔且该农户贷款余额总额在 10 万元（含本数）以下的贷款。

所称农户，是指长期（一年以上）居住在乡镇（不包括城关镇）行政管理区域内的住户，还包括长期居住在城关镇所辖行政村范围内的住户和户口不在本地而在本地居住一年以上的住户，国有农场的职工和农村个体工商户。位于乡镇（不包括城关镇）行政管理区域内和在城关镇所辖行政村范围内的国有经济的机关、团体、学校、企事业单位的集体户；有本地户口，但举家外出谋生一年以上的住户，无论是否保留承包耕地均不属于农户。农户以户为统计单位，既可以从事农业生产经营，也可以从事非农业生产经营。农户贷款的判定应以贷款发放时的承贷主体是否属于农户为准。

（二）国家助学贷款。

（三）国债、地方政府债。

（四）人民银行对金融机构的贷款。

（五）住房公积金管理中心用住房公积金在指定的委托银行发放的个人住房贷款。

（六）外汇管理部门在从事国家外汇储备经营过程中，委托金融机构发放的外汇贷款。

（七）统借统还业务中，企业集团或企业集团中的核心企业以及集团所属财务公司按不高于支付给金融机构的借款利率水平或者支付的债券票面利率水平，向企业集团或者集团内下属单位收取的利息。

统借方向资金使用单位收取的利息，高于支付给金融机构借款利率水平或者支付的债券票面利率水平的，应全额缴纳增值税。

统借统还业务，是指：

1. 企业集团或者企业集团中的核心企业向金融机构借款或对外发行债券取得资金后，将所借资金分拨给下属单位（包括独立核算单位和非独立核算单位，下同），并向下属单位收取用于归还金融机构或债券购买方本息的业务。

2. 企业集团向金融机构借款或对外发行债券取得资金后，由集团所属财务公司与企业集团或者集团内下属单位签订统借统还贷款合同并分拨资金，并向企业集团或者集团内下属单位收取本息，再转付企业集团，由企业集团统一归还金融机构或债券购买方的业务。

（摘自财税〔2016〕36号附件3第一条第（十九）项）

（2）被撤销金融机构清偿债务销售。

被撤销金融机构以货物、不动产、无形资产、有价证券、票据等财产清偿债务。

被撤销金融机构，是指经人民银行、银监会依法决定撤销的金融机构及其分设于各地的分支机构，包括被依法撤销的商业银行、信托投资公司、财务公司、金融租赁公司、城市信用社和农村信用社。除另有规定外，被撤销金融机构所属、附属企业，不享受被撤销金融机构增值税免税政策。

（摘自财税〔2016〕36号附件3第一条第（二十）项）

（3）一年期以上人身保险的保费收入。

保险公司开办的一年期以上人身保险产品取得的保费收入。

一年期以上人身保险，是指保险期间为一年期及以上返还本利的人寿保险、养老年金保险，以及保险期间为一年期及以上的健康保险。

人寿保险，是指以人的寿命为保险标的的人身保险。

养老年金保险，是指以养老保障为目的，以被保险人生存为给付保险金条件，并按约定的时间间隔分期给付生存保险金的人身保险。养老年金保险应当同时符合下列条件：

（一）保险合同约定给付被保险人生存保险金的年龄不得小于国家规定的退休年龄。

（二）相邻两次给付的时间间隔不得超过一年。

健康保险，是指以因健康原因导致损失为给付保险金条件的人身保险。

上述免税政策实行备案管理，具体备案管理办法按照《国家税务总局关于一年期以上返还性人身保险产品免征营业税审批事项取消后有关管理问题的公告》（国家税务总局公告2015年第65号）规定执行。

（摘自财税〔2016〕36号附件3第一条第（二十一）项）

（4）金融商品转让收入。

下列金融商品转让收入。

（一）合格境外投资者（QFII）委托境内公司在我国从事证券买卖业务。

（二）香港市场投资者（包括单位和个人）通过沪港通买卖上海证券交易所上市 A 股。

（三）对香港市场投资者（包括单位和个人）通过基金互认买卖内地基金份额。

（四）证券投资基金（封闭式证券投资基金，开放式证券投资基金）管理人运用基金买卖股票、债券。

（五）个人从事金融商品转让业务。

（摘自财税〔2016〕36 号附件 3 第一条第（二十二）项）

（5）金融同业往来利息收入。

金融同业往来利息收入。

（一）金融机构与人民银行所发生的资金往来业务。包括人民银行对一般金融机构贷款，以及人民银行对商业银行的再贴现等。

（二）银行联行往来业务。同一银行系统内部不同行、处之间所发生的资金账务往来业务。

（三）金融机构间的资金往来业务。是指经人民银行批准，进入全国银行间同业拆借市场的金融机构之间通过全国统一的同业拆借网络进行的短期（一年以下含一年）无担保资金融通行为。

（四）金融机构之间开展的转贴现业务。

金融机构是指：

1. 银行：包括人民银行、商业银行、政策性银行。

2. 信用合作社。

3. 证券公司。

4. 金融租赁公司、证券基金管理公司、财务公司、信托投资公司、证券投资基金。

5. 保险公司。

6. 其他经人民银行、银监会、证监会、保监会批准成立且经营金融保险业务的机构等。

（摘自财税〔2016〕36 号附件 3 第一条第（二十三）项）

（6）90 天后应收未收利息暂不缴纳增值税。

金融企业发放贷款后，自结息日起 90 天内发生的应收未收利息按现行规定缴纳增值税，自结息日起 90 天后发生的应收未收利息暂不缴纳增值税，待实际收到利息时按规定缴纳增值税。

上述所称金融企业，是指银行（包括国有、集体、股份制、合资、外资银行以及其他所有制形式的银行）、城市信用社、农村信用社、信托投资公司、财务公司。

（摘自财税〔2016〕36 号附件 3 第四条第（一）项）

（7）其他年金保险。

《过渡政策的规定》第一条第（二十一）项中，享受免征增值税的一年期及以上返还本利的人身保险包括其他年金保险，其他年金保险是指养老年金以外的年金保险。

（摘自财税〔2016〕46 号第二条）

（8）小额贷款。

2016 年 12 月 31 日前，中和农信项目管理有限公司和中国扶贫基金会举办的农户自立服务社（中心）以及中和农信项目管理有限公司独资成立的小额贷款公司从事农户小额贷款取得的利息收入，免征增值税。

所称小额贷款，是指单笔且该农户贷款余额总额在 10 万元（含）以下的贷款。

所称农户，是指长期（一年以上）居住在乡镇（不包括城关镇）行政管理区域内的住户，还包括长期居住在城关镇所辖行政村范围内的住户和户口不在本地而在本地居住一年以上的住户，国有农场的职工和农村个体工商户。位于乡镇（不包括城关镇）行政管理区域内和在城关镇所辖行政村范围内的国有经济的机关、团体、学校、企事业单位的集体户；有本地户口，但举家外出谋生一年以上的住户，无论是否保留承包耕地均不属于农户。农户以户为统计单位，既可以从事农业生产经营，也可以从事非农业生产经营。农户贷款的判定应以贷款发放时的承贷主体是否属于农户为准。

（摘自财税〔2016〕39 号第八条）

（9）资产管理公司不良资产业务。

中国信达资产管理股份有限公司、中国华融资产管理股份有限公司、中国长城资产管理公司和中国东方资产管理公司及各自经批准分设于各地的分支机构（以下称资产公司），在收购、承接和处置剩余政策性剥离不良资产和改制银行剥离不良资产过程中开展的以下业务，免征增值税：

（一）接受相关国有银行的不良债权，借款方以货物、不动产、无形资产、有价证券和票据等抵充贷款本息的，资产公司销售、转让该货物、不动产、无形资产、有价证券、票据以及利用该货物、不动产从事的融资租赁业务。

（二）接受相关国有银行的不良债权取得的利息。

（三）资产公司所属的投资咨询类公司，为本公司收购、承接、处置不良资产而提供的资产、项目评估和审计服务。

中国长城资产管理公司和中国东方资产管理公司如经国务院批准改制后，继承其权利、义务的主体及其分支机构处置剩余政策性剥离不良资产和改制银行剥离不良资产，比照上述政策执行。

上述政策性剥离不良资产，是指资产公司按照国务院规定的范围和额度，以账面价值进行收购的相关国有银行的不良资产。

上述改制银行剥离不良资产，是指资产公司按照《中国银行和中国建设银行改制过程中可疑类贷款处置管理办法》（财金〔2004〕53 号）、《中国工商银行改制过程中可疑类贷款处置管理办法》（银发〔2005〕148 号）规定及中国交通银行股份制改造时国务院确定的不良资产的范围和额度收购的不良资产。

上述处置不良资产，是指资产公司按照有关法律、行政法规，为使不良资产的价值得到实现而采取的债权转移的措施，具体包括运用出售、置换、资产重组、债转股、证券化等方法对贷款及其抵押品进行处置。

资产公司（含中国长城资产管理公司和中国东方资产管理公司如经国务院批准改制后继承其权利、义务的主体）除收购、承接、处置本通知规定的政策性剥离不良资产和改制银行剥离不良资产业务外，从事其他经营业务应一律依法纳税。

除另有规定者外，资产公司所属、附属企业，不得享受资产公司免征增值税的政策。

（摘自财税〔2016〕39号第九条）

（10）社保基金金融商品收入。

全国社会保障基金理事会、全国社会保障基金投资管理人运用全国社会保障基金买卖证券投资基金、股票、债券取得的金融商品转让收入，免征增值税。

（摘自财税〔2016〕39号第十条）

3.1.3　货物免税项目

国家商品储备管理单位及其直属企业承担商品储备任务，从中央或者地方财政取得的利息补贴收入和价差补贴收入。

国家商品储备管理单位及其直属企业，是指接受中央、省、市、县四级政府有关部门（或者政府指定管理单位）委托，承担粮（含大豆）、食用油、棉、糖、肉、盐（限于中央储备）等6种商品储备任务，并按有关政策收储、销售上述6种储备商品，取得财政储备经费或者补贴的商品储备企业。利息补贴收入，是指国家商品储备管理单位及其直属企业因承担上述商品储备任务从金融机构贷款，并从中央或者地方财政取得的用于偿还贷款利息的贴息收入。价差补贴收入包括销售价差补贴收入和轮换价差补贴收入。销售价差补贴收入，是指按照中央或者地方政府指令销售上述储备商品时，由于销售收入小于库存成本而从中央或者地方财政获得的全额价差补贴收入。轮换价差补贴收入，是指根据要求定期组织政策性储备商品轮换而从中央或者地方财政取得的商品新陈品质价差补贴收入。

（摘自财税〔2016〕36号附件3第一条第（二十五）项）

3.1.4　不动产免税项目

（1）军队空余房产租赁收入。

军队空余房产租赁收入。

（摘自财税〔2016〕36号附件3第一条第（三十三）项）

（2）房改售房收入。

为了配合国家住房制度改革，企业、行政事业单位按房改成本价、标准价出售住房取得的收入。

（摘自财税〔2016〕36号附件3第一条第（三十四）项）

（3）家庭财产分割的无偿转让不动产、土地使用权。

涉及家庭财产分割的个人无偿转让不动产、土地使用权。

家庭财产分割，包括下列情形：离婚财产分割；无偿赠与配偶、父母、子女、祖父母、外祖父母、孙子女、外孙子女、兄弟姐妹；无偿赠与对其承担直接抚养或者赡养义务的抚养人或者赡养人；房屋产权所有人死亡，法定继承人、遗嘱继承人或者受遗赠人依法取得房屋产权。

（摘自财税〔2016〕36号附件3第一条第（三十六）项）

（4）个人住房对外销售。

个人将购买不足2年的住房对外销售的，按照5%的征收率全额缴纳增值税；个人将购买2年以上（含2年）的住房对外销售的，免征增值税。上述政策适用于北京市、上海市、广州市和深圳市之外的地区。

个人将购买不足2年的住房对外销售的，按照5%的征收率全额缴纳增值税；个人将购买2年以上（含2年）的非普通住房对外销售的，以销售收入减去购买住房价款后的差额按照5%的征收率缴纳增值税；个人将购买2年以上（含2年）的普通住房对外销售的，免征增值税。上述政策仅适用于北京市、上海市、广州市和深圳市。

办理免税的具体程序、购买房屋的时间、开具发票、非购买形式取得住房行为及其他相关税收管理规定，按照《国务院办公厅转发建设部等部门关于做好稳定住房价格工作意见的通知》（国办发〔2005〕26号）、《国家税务总局 财政部 建设部关于加强房地产税收管理的通知》（国税发〔2005〕89号）和《国家税务总局关于房地产税收政策执行中几个具体问题的通知》（国税发〔2005〕172号）的有关规定执行。

（摘自财税〔2016〕36号附件3第五条第（一）项）

3.1.5 无形资产免税项目

（1）土地使用权转让给农业生产者。

将土地使用权转让给农业生产者用于农业生产。

（摘自财税〔2016〕36号附件3第一条第（三十五）项）

（2）出让、归还土地使用权。

土地所有者出让土地使用权和土地使用者将土地使用权归还给土地所有者。

（摘自财税〔2016〕36号附件3第一条第（三十七）项）

（3）政府出让、转让或收回自然资源使用权。

县级以上地方人民政府或自然资源行政主管部门出让、转让或收回自然资源使用权（不含土地使用权）。

（摘自财税〔2016〕36号附件3第一条第（三十八）项）

3.2　关于增值税即征即退的规定

3.2.1　管道运输服务税负超过 3%

一般纳税人提供管道运输服务，对其增值税实际税负超过 3% 的部分实行增值税即征即退政策。

（摘自财税〔2016〕36 号附件 3 第二条第（一）项）

一般纳税人提供管道运输服务和有形动产融资租赁服务，按照《营业税改征增值税试点过渡政策的规定》（财税〔2013〕106 号）第二条有关规定适用的增值税实际税负超过 3% 部分即征即退政策，在 2016 年 1 月 1 日至 4 月 30 日期间继续执行。

（摘自财税〔2016〕47 号第三条第（四）项）

3.2.2　融资租赁税负超过 3%

经人民银行、银监会或者商务部批准从事融资租赁业务的试点纳税人中的一般纳税人，提供有形动产融资租赁服务和有形动产融资性售后回租服务，对其增值税实际税负超过 3% 的部分实行增值税即征即退政策。商务部授权的省级商务主管部门和国家经济技术开发区批准的从事融资租赁业务和融资性售后回租业务的试点纳税人中的一般纳税人，2016 年 5 月 1 日后实收资本达到 1.7 亿元的，从达到标准的当月起按照上述规定执行；2016 年 5 月 1 日后实收资本未达到 1.7 亿元但注册资本达到 1.7 亿元的，在 2016 年 7 月 31 日前仍可按照上述规定执行，2016 年 8 月 1 日后开展的有形动产融资租赁业务和有形动产融资性售后回租业务不得按照上述规定执行。

（摘自财税〔2016〕36 号附件 3 第二条第（二）项）

一般纳税人提供管道运输服务和有形动产融资租赁服务，按照《营业税改征增值税试点过渡政策的规定》（财税〔2013〕106 号）第二条有关规定适用的增值税实际税负超过 3% 部分即征即退政策，在 2016 年 1 月 1 日至 4 月 30 日期间继续执行。

（摘自财税〔2016〕47 号第三条第（四）项）

3.2.3　增值税实际税负的计算

本规定所称增值税实际税负，是指纳税人当期提供应税服务实际缴纳的增值税额占纳税人当期提供应税服务取得的全部价款和价外费用的比例。

（摘自财税〔2016〕36 号附件 3 第二条第（三）项）

3.3 年度应缴税款的扣减

（1）退役士兵创业就业。

退役士兵创业就业。

一、对自主就业退役士兵从事个体经营的，在 3 年内按每户每年 8 000 元为限额依次扣减其当年实际应缴纳的增值税、城市维护建设税、教育费附加、地方教育附加和个人所得税。限额标准最高可上浮 20％，各省、自治区、直辖市人民政府可根据本地区实际情况在此幅度内确定具体限额标准，并报财政部和国家税务总局备案。

纳税人年度应缴纳税款小于上述扣减限额的，以其实际缴纳的税款为限；大于上述扣减限额的，应以上述扣减限额为限。纳税人的实际经营期不足一年的，应当以实际月份换算其减免税限额。换算公式为：减免税限额＝年度减免税限额÷12×实际经营月数。

纳税人在享受税收优惠政策的当月，持《中国人民解放军义务兵退出现役证》或《中国人民解放军士官退出现役证》以及税务机关要求的相关材料向主管税务机关备案。

二、对商贸企业、服务型企业、劳动就业服务企业中的加工型企业和街道社区具有加工性质的小型企业实体，在新增加的岗位中，当年新招用自主就业退役士兵，与其签订 1 年以上期限劳动合同并依法缴纳社会保险费的，在 3 年内按实际招用人数予以定额依次扣减增值税、城市维护建设税、教育费附加、地方教育附加和企业所得税优惠。定额标准为每人每年 4 000 元，最高可上浮 50％，各省、自治区、直辖市人民政府可根据本地区实际情况在此幅度内确定具体定额标准，并报财政部和国家税务总局备案。

本条所称服务型企业是指从事《销售服务、无形资产、不动产注释》中"不动产租赁服务"、"商务辅助服务"（不含货物运输代理和代理报关服务）、"生活服务"（不含文化体育服务）范围内业务活动的企业以及按照《民办非企业单位登记管理暂行条例》（国务院令第 251 号）登记成立的民办非企业单位。

纳税人按企业招用人数和签订的劳动合同时间核定企业减免税总额，在核定减免税总额内每月依次扣减增值税、城市维护建设税、教育费附加和地方教育附加。纳税人实际应缴纳的增值税、城市维护建设税、教育费附加和地方教育附加小于核定减免税总额的，以实际应缴纳的增值税、城市维护建设税、教育费附加和地方教育附加为限；实际应缴纳的增值税、城市维护建设税、教育费附加和地方教育附加大于核定减免税总额的，以核定减免税总额为限。

纳税年度终了，如果企业实际减免的增值税、城市维护建设税、教育费附加和地方教育附加小于核定的减免税总额，企业在企业所得税汇算清缴时扣减企业所得税。

当年扣减不足的，不再结转以后年度扣减。

计算公式为：企业减免税总额＝∑每名自主就业退役士兵本年度在本企业工作月份÷12×定额标准。

企业自招用自主就业退役士兵的次月起享受税收优惠政策，并于享受税收优惠政策的当月，持下列材料向主管税务机关备案：

（一）新招用自主就业退役士兵的《中国人民解放军义务兵退出现役证》或《中国人民解放军士官退出现役证》。

（二）企业与新招用自主就业退役士兵签订的劳动合同（副本），企业为职工缴纳的社会保险费记录。

（三）自主就业退役士兵本年度在企业工作时间表。

（四）主管税务机关要求的其他相关材料。

三、上述所称自主就业退役士兵是指依照《退役士兵安置条例》（国务院、中央军委令第608号）的规定退出现役并按自主就业方式安置的退役士兵。

四、上述税收优惠政策的执行期限为2016年5月1日至2016年12月31日，纳税人在2016年12月31日未享受满3年的，可继续享受至3年期满为止。

按照《财政部 国家税务总局 民政部关于调整完善扶持自主就业退役士兵创业就业有关税收政策的通知》（财税〔2014〕42号）规定享受营业税优惠政策的纳税人，自2016年5月1日起按照上述规定享受增值税优惠政策，在2016年12月31日未享受满3年的，可继续享受至3年期满为止。

《财政部 国家税务总局关于将铁路运输和邮政业纳入营业税改征增值税试点的通知》（财税〔2013〕106号）附件3第一条第（十二）项城镇退役士兵就业免征增值税政策，自2014年7月1日起停止执行。在2014年6月30日未享受满3年的，可继续享受至3年期满为止。

（摘自财税〔2016〕36号附件3第三条第（一）项）

（2）重点群体创业就业。

重点群体创业就业。

一、对持《就业创业证》（注明"自主创业税收政策"或"毕业年度内自主创业税收政策"）或2015年1月27日前取得的《就业失业登记证》（注明"自主创业税收政策"或附着《高校毕业生自主创业证》）的人员从事个体经营的，在3年内按每户每年8 000元为限额依次扣减其当年实际应缴纳的增值税、城市维护建设税、教育费附加、地方教育附加和个人所得税。限额标准最高可上浮20%，各省、自治区、直辖市人民政府可根据本地区实际情况在此幅度内确定具体限额标准，并报财政部和国家税务总局备案。

纳税人年度应缴纳税款小于上述扣减限额的，以其实际缴纳的税款为限；大于上述扣减限额的，应以上述扣减限额为限。

上述人员是指：

（一）在人力资源社会保障部门公共就业服务机构登记失业半年以上的人员。

（二）零就业家庭、享受城市居民最低生活保障家庭劳动年龄内的登记失业人员。

（三）毕业年度内高校毕业生。高校毕业生是指实施高等学历教育的普通高等学校、成人高等学校毕业的学生；毕业年度是指毕业所在自然年，即1月1日至12月31日。

二、对商贸企业、服务型企业、劳动就业服务企业中的加工型企业和街道社区具有加工性质的小型企业实体，在新增加的岗位中，当年新招用在人力资源社会保障部门公共就业服务机构登记失业半年以上且持《就业创业证》或2015年1月27日前取得的《就业失业登记证》（注明"企业吸纳税收政策"）人员，与其签订1年以上期限劳动合同并依法缴纳社会保险费的，在3年内按实际招用人数予以定额依次扣减增值税、城市维护建设税、教育费附加、地方教育附加和企业所得税优惠。定额标准为每人每年4 000元，最高可上浮30％，各省、自治区、直辖市人民政府可根据本地区实际情况在此幅度内确定具体定额标准，并报财政部和国家税务总局备案。

按上述标准计算的税收扣减额应在企业当年实际应缴纳的增值税、城市维护建设税、教育费附加、地方教育附加和企业所得税税额中扣减，当年扣减不足的，不得结转下年使用。

本条所称服务型企业是指从事《销售服务、无形资产、不动产注释》中"不动产租赁服务"、"商务辅助服务"（不含货物运输代理和代理报关服务）、"生活服务"（不含文化体育服务）范围内业务活动的企业以及按照《民办非企业单位登记管理暂行条例》（国务院令第251号）登记成立的民办非企业单位。

三、享受上述优惠政策的人员按以下规定申领《就业创业证》：

（一）按照《就业服务与就业管理规定》（劳动和社会保障部令第28号）第六十三条的规定，在法定劳动年龄内，有劳动能力，有就业要求，处于无业状态的城镇常住人员，在公共就业服务机构进行失业登记，申领《就业创业证》。其中，农村进城务工人员和其他非本地户籍人员在常住地稳定就业满6个月的，失业后可以在常住地登记。

（二）零就业家庭凭社区出具的证明，城镇低保家庭凭低保证明，在公共就业服务机构登记失业，申领《就业创业证》。

（三）毕业年度内高校毕业生在校期间凭学生证向公共就业服务机构按规定申领《就业创业证》，或委托所在高校就业指导中心向公共就业服务机构按规定代为其申领《就业创业证》；毕业年度内高校毕业生离校后直接向公共就业服务机构按规定申领《就业创业证》。

（四）上述人员申领相关凭证后，由就业和创业地人力资源社会保障部门对人员范围、就业失业状态、已享受政策情况进行核实，在《就业创业证》上注明"自主创业税收政策"、"毕业年度内自主创业税收政策"或"企业吸纳税收政策"字样，同时符合自主创业和企业吸纳税收政策条件的，可同时加注；主管税务机关在《就业创业证》上加盖戳记，注明减免税所属时间。

四、上述税收优惠政策的执行期限为2016年5月1日至2016年12月31日，纳税人在2016年12月31日未享受满3年的，可继续享受至3年期满为止。

按照《财政部 国家税务总局 人力资源社会保障部关于继续实施支持和促进重点群体创业就业有关税收政策的通知》（财税〔2014〕39 号）规定享受营业税优惠政策的纳税人，自 2016 年 5 月 1 日起按照上述规定享受增值税优惠政策，在 2016 年 12 月 31 日未享受满 3 年的，可继续享受至 3 年期满为止。

《财政部 国家税务总局关于将铁路运输和邮政业纳入营业税改征增值税试点的通知》（财税〔2013〕106 号）附件 3 第一条第（十三）项失业人员就业增值税优惠政策，自 2014 年 1 月 1 日起停止执行。在 2013 年 12 月 31 日未享受满 3 年的，可继续享受至 3 年期满为止。

（摘自财税〔2016〕36 号附件 3 第三条第（二）项）

3.4 跨境应税行为的零税率和免税

3.4.1 适用零税率的出口服务

（1）国际运输服务。

国际运输服务。国际运输服务，是指：

（一）在境内载运旅客或者货物出境。

（二）在境外载运旅客或者货物入境。

（三）在境外载运旅客或者货物。

（摘自财税〔2016〕36 号附件 4 第一条第（一）项）

（2）航天运输服务。

航天运输服务。

（摘自财税〔2016〕36 号附件 4 第一条第（二）项）

（3）向境外单位提供的完全在境外消费的服务。

向境外单位提供的完全在境外消费的下列服务：

（一）研发服务。

（二）合同能源管理服务。

（三）设计服务。

（四）广播影视节目（作品）的制作和发行服务。

（五）软件服务。

（六）电路设计及测试服务。

（七）信息系统服务。

（八）业务流程管理服务。

（九）离岸服务外包业务。

离岸服务外包业务，包括信息技术外包服务（ITO）、技术性业务流程外包服务

（BPO）、技术性知识流程外包服务（KPO），其所涉及的具体业务活动，按照《销售服务、无形资产、不动产注释》相对应的业务活动执行。

（十）转让技术。

（摘自财税〔2016〕36 号附件 4 第一条第（三）项）

（4）其他服务。

财政部和国家税务总局规定的其他服务。

（摘自财税〔2016〕36 号附件 4 第一条第（四）项）

3.4.2　免税的出口服务、境外消费服务和无形资产

境内的单位和个人销售的下列服务和无形资产免征增值税，但财政部和国家税务总局规定适用增值税零税率的除外：

一、境外八项服务

（一）工程项目在境外的建筑服务。

（二）工程项目在境外的工程监理服务。

（三）工程、矿产资源在境外的工程勘察勘探服务。

（四）会议展览地点在境外的会议展览服务。

（五）存储地点在境外的仓储服务。

（六）标的物在境外使用的有形动产租赁服务。

（七）在境外提供的广播影视节目（作品）的播映服务。

（八）在境外提供的文化体育服务、教育医疗服务、旅游服务。

二、出口货物的四项服务

为出口货物提供的邮政服务、收派服务、保险服务。

为出口货物提供的保险服务，包括出口货物保险和出口信用保险。

三、境外消费的服务和无形资产

向境外单位提供的完全在境外消费的下列服务和无形资产：

（一）电信服务。

（二）知识产权服务。

（三）物流辅助服务（仓储服务、收派服务除外）。

（四）鉴证咨询服务。

（五）专业技术服务。

（六）商务辅助服务。

（七）广告投放地在境外的广告服务。

（八）无形资产。

四、无运输工具的国际运输服务

以无运输工具承运方式提供的国际运输服务。

五、境外金融服务

为境外单位之间的货币资金融通及其他金融业务提供的直接收费金融服务，且该服务与境内的货物、无形资产和不动产无关。

六、其他服务

财政部和国家税务总局规定的其他服务。

（摘自财税〔2016〕36 号附件 4 第二条）

3.4.3　"完全境外消费"的解释

本规定所称完全在境外消费，是指：

（一）服务的实际接受方在境外，且与境内的货物和不动产无关。

（二）无形资产完全在境外使用，且与境内的货物和不动产无关。

（三）财政部和国家税务总局规定的其他情形。

（摘自财税〔2016〕36 号附件 4 第七条第（一）项）

3.4.4　发生在香港、澳门、台湾有关的应税行为

境内单位和个人发生的与香港、澳门、台湾有关的应税行为，除本文另有规定外，参照上述规定执行。

（摘自财税〔2016〕36 号附件 4 第八条第（一）项）

3.5　税收优惠管理

3.5.1　免税、减税、零税率的选择权利

纳税人发生应税行为适用免税、减税规定的，可以放弃免税、减税，依照本办法的规定缴纳增值税。放弃免税、减税后，36 个月内不得再申请免税、减税。

纳税人发生应税行为同时适用免税和零税率规定的，纳税人可以选择适用免税或者零税率。

（摘自财税〔2016〕36 号之附件 1 第四十八条）

境内的单位和个人销售适用增值税零税率的服务或无形资产的，可以放弃适用增值税零税率，选择免税或按规定缴纳增值税。放弃适用增值税零税率后，36 个月内不得再申请适用增值税零税率。

（摘自财税〔2016〕36 号附件 4 第五条第（一）项）

3.5.2 增值税优惠政策执行期限

上述增值税优惠政策除已规定期限的项目和第五条政策外，其他均在营改增试点期间执行。如果试点纳税人在纳入营改增试点之日前已经按照有关政策规定享受了营业税税收优惠，在剩余税收优惠政策期限内，按照本规定享受有关增值税优惠。

（摘自财税〔2016〕36 号附件 3 第六条第（一）项）

3.5.3 出口服务、货物、无形资产按月办理退免税

境内的单位和个人销售适用增值税零税率的服务或无形资产，按月向主管退税的税务机关申报办理增值税退（免）税手续。具体管理办法由国家税务总局商财政部另行制定。

（摘自财税〔2016〕36 号附件 4 第六条第（一）项）

3.5.4 出口国际运输服务适用零税率或免税的划分

按照国家有关规定应取得相关资质的国际运输服务项目，纳税人取得相关资质的，适用增值税零税率政策，未取得的，适用增值税免税政策。

境内的单位或个人提供程租服务，如果租赁的交通工具用于国际运输服务和港澳台运输服务，由出租方按规定申请适用增值税零税率。

境内的单位和个人向境内单位或个人提供期租、湿租服务，如果承租方利用租赁的交通工具向其他单位或个人提供国际运输服务和港澳台运输服务，由承租方适用增值税零税率。境内的单位或个人向境外单位或个人提供期租、湿租服务，由出租方适用增值税零税率。

境内单位和个人以无运输工具承运方式提供的国际运输服务，由境内实际承运人适用增值税零税率；无运输工具承运业务的经营者适用增值税免税政策。

（摘自财税〔2016〕36 号附件 4 第三条第（一）项）

3.5.5 简易计税方法的出口服务或者无形资产的免税，一般计税方法的免抵退税

境内的单位和个人提供适用增值税零税率的服务或者无形资产，如果属于适用简易计税方法的，实行免征增值税办法。如果属于适用增值税，生产企业实行免抵退税办法，外贸企业外购服务或者无形资产出口实行免退税办法，外贸企业直接将服务或自行研发的无形资产出口，视同生产企业连同其出口货物统一实行免抵退税办法。

服务和无形资产的退税率为其按照《试点实施办法》第十五条第（一）至（三）

项规定适用的增值税税率。实行退（免）税办法的服务和无形资产，如果主管税务机关认定出口价格偏高的，有权按照核定的出口价格计算退（免）税，核定的出口价格低于外贸企业购进价格的，低于部分对应的进项税额不予退税，转入成本。

（摘自财税〔2016〕36 号附件 4 第四条第（一）项）

3.5.6　营改增新老政策与香港、澳门、台湾有关的应税行为衔接

2016 年 4 月 30 日前签订的合同，符合《财政部 国家税务总局关于将铁路运输和邮政业纳入营业税改征增值税试点的通知》（财税〔2013〕106 号）附件 4 和《财政部 国家税务总局关于影视等出口服务适用增值税零税率政策的通知》（财税〔2015〕118 号）规定的零税率或者免税政策条件的，在合同到期前可以继续享受零税率或者免税政策。

（摘自财税〔2016〕36 号附件 4 第九条第（一）项）

3 第三篇　增值税专项制度

1 抵扣凭证专项制度

1.1 海关缴款书"先比对后抵扣"管理

见《国家税务总局 海关总署关于实行海关进口增值税专用缴款书"先比对后抵扣"管理办法有关问题的公告》(国家税务总局 海关总署公告 2013 年第 31 号)。

1.2 未按期申报抵扣增值税扣税凭证管理

见《国家税务总局关于未按期申报抵扣增值税扣税凭证有关问题的公告》(国家税务总局公告 2011 年第 78 号)。

1.3 逾期增值税扣税凭证抵扣管理办法

见《国家税务总局关于逾期增值税扣税凭证抵扣问题的公告》(国家税务总局公告 2011 年第 50 号)。

1.4 农产品进项税额核定扣除试点

1.4.1 在部分行业试行农产品增值税进项税额核定扣除办法

见《财政部 国家税务总局关于在部分行业试行农产品增值税进项税额核定扣除办法的通知》(财税〔2012〕38 号)。

见《国家税务总局关于在部分行业试行农产品增值税进项税额核定扣除办法有关问题的公告》(国家税务总局公告 2012 年第 35 号)。

1.4.2　扩大农产品增值税进项税额核定扣除试点行业范围

见《财政部 国家税务总局关于扩大农产品增值税进项税额核定扣除试点行业范围的通知》（财税〔2013〕57 号）。

2　发票管理专项制度

2.1　全国推行增值税电子普通发票

自 2015 年 12 月 1 日起，全国推行增值税电子普通发票。见《国家税务总局关于推行通过增值税电子发票系统开具的增值税电子普通发票有关问题的公告》（国家税务总局公告 2015 年第 84 号）。

2.2　简化发票领用和使用程序

自 2014 年 5 月 1 日起，简化增值税专用发票领用和使用的事项主要有：领用发票、专用发票审批、丢失专用发票的处理、红字专用发票办理、实行分类分级管理。见《国家税务总局关于简化增值税发票领用和使用程序有关问题的公告》（国家税务总局公告 2014 年第 19 号）。

2.3　增值税专用发票使用规定

自 2007 年 1 月 1 日起至 2016 年 3 月底止，现行有效的《增值税专用发票使用规定》，是 2006 年 10 月国家税务总局修订的。见《国家税务总局关于修订〈增值税专用发票使用规定〉的通知》（国税发〔2006〕156 号）。

2013 年 8 月 1 日起第五条废止。废止依据见《国家税务总局关于在全国开展营业税改征增值税试点有关征收管理问题的公告》（国家税务总局公告 2013 年第 39 号）。清理情况：发文部门尚未清理。

2014 年 5 月 1 日起第二十八条废止。废止依据见《国家税务总局关于简化增值税发票领用和使用程序有关问题的公告》（国家税务总局公告 2014 年第 19 号）第六条。清理情况：发文部门尚未清理。

2.4 营改增发票开具

2.4.1 增值税发票税控开票软件数据接口

为配合全面推开营改增试点工作，支持使用商品和服务税收分类与编码开具增值税发票，国家税务总局决定对纳税人使用的增值税发票税控开票软件（以下简称开票软件）相关数据接口规范予以发布。现将有关事项公告如下：

一、开票软件是指增值税纳税人安装使用的增值税发票税控开票软件（金税盘版）和增值税发票税控开票软件（税控盘版）。

二、本次发布的接口规范为开具增值税发票（不含电子发票）的接口规范，包括导入接口规范和导出接口规范。

发票类型支持增值税专用发票、增值税普通发票、机动车销售统一发票和货物运输业增值税专用发票四种发票。导入接口规范是指开票软件可接收的待升具发票信息的数据格式；导出接口规范是指开票软件导出已开具发票信息的数据格式。

三、需要使用本数据接口规范的纳税人，应将开票软件统一升级为 V2.0.09 版本。

四、本数据接口规范和开票软件安装包在金税工程纳税人技术服务网（http://its.chinatax.gov.cn）上发布，纳税人可自行下载免费安装使用。

五、纳税人在使用本数据接口规范过程中如有问题，可通过电子邮件（邮箱：shuikong@chinatax.gov.cn）向税务总局反映。

六、本公告自 2016 年 5 月 1 日起施行。《国家税务总局关于发布增值税发票系统升级版开票软件数据接口规范的公告》（国家税务总局公告 2015 年第 36 号）同时废止。

（摘自国家税务总局公告 2016 年第 25 号）

2.4.2 营业税改征增值税委托地税局代征税款和代开增值税发票

为平稳推进营改增后国税、地税有关工作的顺利衔接，方便纳税人办税，根据《中华人民共和国税收征收管理法》、《财政部 国家税务总局关于全面推开营业税改征增值税试点的通知》（财税〔2016〕36 号）和《国家税务总局关于加强国家税务局、地方税务局互相委托代征税收的通知》（税总发〔2015〕155 号）等有关规定，现就营改增后纳税人销售其取得的不动产和其他个人出租不动产有关代征税款和代开增值税发票工作通知如下：

一、分工安排

国税局是增值税的主管税务机关。营改增后，为方便纳税人，暂定由地税局办理纳税人销售其取得的不动产和其他个人出租不动产增值税的纳税申报受理、计税价格评估、税款征收、税收优惠备案、发票代开等有关事项。地税局办理征缴、退库业务，使用地税局税收票证，并负责收入对账、会计核算、汇总上报工作。本代征业务国税局和地税局不需签订委托代征协议。

纳税人销售其取得的不动产和其他个人出租不动产，申请代开发票的，由代征税款的地税局代开增值税专用发票或者增值税普通发票（以下简称增值税发票）。对于具备增值税发票安全保管条件、可连通网络、地税局可有效监控代征税款及代开发票情况的政府部门等单位，县（区）以上地税局经评估后认为风险可控的，可以同意其代征税款并代开增值税发票。

2016年4月25日前，国税局负责完成同级地税局代开增值税发票操作及相关政策培训工作。

二、代开发票流程

在国税局代开增值税发票流程基础上，地税局按照纳税人销售其取得的不动产和其他个人出租不动产增值税征收管理办法有关规定，为纳税人代开增值税发票。原地税营业税发票停止使用。

（一）代开发票部门登记

比照国税局现有代开增值税发票模式，在国税综合征管软件或金税三期系统中登记维护地税局代开发票部门信息。地税局代开发票部门编码为15位，第11位为"D"，其他编码规则按照《国家税务总局关于增值税防伪税控代开专用发票系统设备及软件配备的通知》（国税发〔2004〕139号）规定编制。

（二）税控专用设备发行

地税局代开发票部门登记信息同步至增值税发票管理新系统，比照现有代开增值税发票税控专用设备发行流程，国税局为同级地税局代开发票部门发行税控专用设备并加载税务数字证书。

（三）发票提供

国税局向同级地税局提供六联增值税专用发票和五联增值税普通发票。

（四）发票开具

增值税小规模纳税人销售其取得的不动产以及其他个人出租不动产，购买方或承租方不属于其他个人的，纳税人缴纳增值税后可以向地税局申请代开增值税专用发票。不能自开增值税普通发票的小规模纳税人销售其取得的不动产，以及其他个人出租不动产，可以向地税局申请代开增值税普通发票。地税局代开发票部门通过增值税发票管理新系统代开增值税发票，系统自动在发票上打印"代开"字样。

地税局代开发票部门为纳税人代开的增值税发票，统一使用六联增值税专用发票和五联增值税普通发票。第四联由代开发票岗位留存，以备发票扫描补录；第五联交征收岗位留存，用于代开发票与征收税款的定期核对；其他联次交纳税人。

代开发票岗位应按下列要求填写增值税发票：

1."税率"栏填写增值税征收率。免税、其他个人出租其取得的不动产适用优惠政策减按1.5%征收、差额征税的，"税率"栏自动打印"***"；

2. "销售方名称"栏填写代开地税局名称；

3. "销售方纳税人识别号"栏填写代开发票地税局代码；

4. "销售方开户行及账号"栏填写税收完税凭证字轨及号码（免税代开增值税普通发票可不填写）；

5. 备注栏填写销售或出租不动产纳税人的名称、纳税人识别号（或者组织机构代码）、不动产的详细地址；

6. 差额征税代开发票，通过系统中差额征税开票功能，录入含税销售额（或含税评估额）和扣除额，系统自动计算税额和金额，备注栏自动打印"差额征税"字样；

7. 纳税人销售其取得的不动产代开发票，"货物或应税劳务、服务名称"栏填写不动产名称及房屋产权证书号码，"单位"栏填写面积单位；

8. 按照核定计税价格征税的，"金额"栏填写不含税计税价格，备注栏注明"核定计税价格，实际成交含税金额×××元"。

其他项目按照增值税发票填开的有关规定填写。

地税局代开发票部门应在代开增值税发票的备注栏上，加盖地税代开发票专用章。

（五）开票数据传输

地税局代开发票部门通过网络实时或定期将已代开增值税发票信息传输至增值税发票管理新系统。

（六）发票再次领取

地税局代开发票部门需再次领取增值税发票的，发票抄报税后，国税局通过系统验旧缴销，再次提供发票。

三、发票管理

（一）专用发票安全管理

按照国税局现有增值税发票管理有关规定，地税局应加强安全保卫，采取有效措施，保障增值税发票的安全。

（二）日常信息比对

地税局应加强内部管理，每周将代开发票岗代开发票信息与征收岗税款征收信息进行比对，发现问题的要按有关规定及时处理。

（三）事后信息比对

税务总局将根据有关工作安排，提取地税局征收税款信息与代开发票信息进行比对，防范不征税代开增值税专用发票和少征税多开票等风险。

四、信息系统升级改造

2016年4月25日前，金税三期未上线省份应由各省地税局按照税务总局有关规定及时更新升级相关信息系统，调配征管资源、规范受理申报缴税工作。金税三期已上线省份由税务总局（征管科技司）负责统一调试相关信息系统。

五、税控专用设备配备和维护

2016年4月5日前，各省地税局将代开增值税发票需要使用的税控专用设备数量告知省国税局。4月8日前，各省国税局将需要初始化的专用设备数量通过可控FTP

报税务总局（货物劳务税司）。4月20日前，各省国税局向地税局提供税控专用设备。国税局负责协调增值税税控系统服务单位，做好地税局代开增值税发票系统的安装及维护工作。

国税局委托地税局代征和代开增值税发票是深化部门合作的重要内容，各地国税局、地税局要切实履行职责，加强协调配合，形成工作合力；要对纳税人做好政策宣传和纳税辅导工作，提供优质服务和便利条件，方便纳税人申报纳税；要认真做好应急预案，切实关注纳税人反映和动态舆情，确保税制转换平稳顺利。

（摘自税总函〔2016〕145 号）

2.4.3　营改增发票开具疑难问题解答

问：5月1日之后开具的地税发票缴纳增值税时如何申报，是否如增值税发票一样先进行价税分离？如果申报时既有国税发票又有地税发票如何申报？

答：开具的地税发票上注明的金额为含税销售额，需要进行价税分离，换算成不含税销售额。纳税申报时，填入附表1"开具其他发票"中的第3列相应栏次。如果申报时既有国税发票又有地税发票，则合并申报。

问：全面营改增后，其他个人发生应税项目是否可以申请代开增值税专用发票？

答：根据《国家税务总局关于营业税改征增值税委托地税局代征税款和代开增值税发票的通知》（税总函〔2016〕145 号）的规定，其他个人销售其取得的不动产和出租不动产，购买方或承租方不属于其他个人的，纳税人缴纳增值税后可以向地税局申请代开增值税专用发票。上述情况之外的，其他个人不能申请代开增值税专用发票。

问：企业选择简易计税办法时是否可以开具增值税专用发票？

答：除规定不得开具增值税专用发票的情形外，选择简易计税办法可以开具增值税专用发票。

（摘自《全面推开营改增试点 12366 热点问题解答》（税总纳便函〔2016〕71 号））

3　行业征管专项制度

3.1　油气田行业

关于油气田行业增值税管理的文件主要有三个，一是管理办法，二是关于登记地点、预征税款的补充通知，三是开发煤层气、页岩气适用依据。见《财政部 国家税务总局关于印发〈油气田企业增值税管理办法〉的通知》（财税〔2009〕8 号）、《财政部 国家税务总局关于油气田企业增值税问题的补充通知》（财税〔2009〕97 号）、《国家税务总局关于油气田企业开发煤层气 页岩气增值税有关问题的公告》（国家税务总局公告2013 年第 27 号）。

油气田企业发生应税行为，适用《试点实施办法》规定的增值税税率，不再适用《财政部 国家税务总局关于印发〈油气田企业增值税管理办法〉的通知》（财税〔2009〕8 号）规定的增值税税率。

（摘自财税〔2016〕36 号附件 2 第一条第（十二）项）

3.2　加油站行业

关于加油站增值税征收管理的文件如下：

（1）《成品油零售加油站增值税征收管理办法》

（2）《国家税务总局关于加油站一律按照增值税一般纳税人征税的通知》（国税函〔2001〕882 号）；

（3）《国家税务总局关于严格加油站增值税管理有关问题的通知》（国税发明电〔2002〕17 号）；

（4）《国税总局关于进一步加强加油站增值税征收管理有关问题的通知》（国税发〔2003〕142 号）。

3.3　期货行业

关于期货增值税征收管理的文件主要有：

（1）《国家税务总局关于下发〈货物期货征收增值税具体办法〉的通知》（国税发〔1994〕244 号）；

（2）《国家税务总局关于增值税一般纳税人期货交易进项税额抵扣问题的通知》（国税发〔2002〕45 号）；

（3）《国家税务总局关于增值税一般纳税人期货交易有关增值税问题的通知》（国税函〔2005〕1060 号）；

（4）《国家税务总局关于印发〈上海期货交易所黄金期货交易增值税征收管理办法〉的通知》（国税发〔2008〕46 号）。

3.4 金、银行业

关于金、银增值税征收管理的文件主要有：

（1）《国家税务总局关于印发〈黄金交易增值税征收管理办法〉的通知》（国税发明电〔2002〕47 号）；

（2）《国家税务总局关于金融机构开展个人实物黄金交易业务增值税有关问题的通知》（国税发〔2005〕178 号）；

（3）《国家税务总局于金融机构销售贵金属增值税有关问题的公告》（国家税务总局公告 2013 年第 13 号）。

3.5 钻石行业

关于钻石增值税征收管理的的文件，见《国家税务总局关于印发〈钻石交易增值税征收管理办法〉的通知》（国税发〔2006〕131 号）。

3.6 航天发射行业

关于航天发射及相关业务增值税征收管理的的文件，见《财政部 国家税务总局关于航天发射有关增值税政策的通知》（财税〔2015〕66 号）。

4 增值税发票违法犯罪专项制度

4.1 虚开发票确认

4.1.1 虚开增值税专用发票征补税款

纳税人虚开增值税专用发票，未就其虚开金额申报并缴纳增值税的，应按照其虚开金额补缴增值税；已就其虚开金额申报并缴纳增值税的，不再按照其虚开金额补缴增值税。税务机关对纳税人虚开增值税专用发票的行为，应按《中华人民共和国税收征收管理法》及《中华人民共和国发票管理办法》的有关规定给予处罚。纳税人取得虚开的增值税专用发票，不得作为增值税合法有效的扣税凭证抵扣其进项税额。

（摘自国家税务总局公告 2012 年第 33 号）

4.1.2 购货方取得虚开专用发票确认偷税或者骗税的情形

为了严格贯彻执行《国家税务总局关于纳税人取得虚开的增值税专用发票处理问题的通知》（国税发〔1997〕134 号，以下简称 134 号文件），严厉打击虚开增值税专用发票活动，保护纳税人的合法权益，现对有关问题进一步明确如下：

有下列情形之一的，无论购货方（受票方）与销售方是否进行了实际的交易，增值税专用发票所注明的数量、金额与实际交易是否相符，购货方向税务机关申请抵扣进项税款或者出口退税的，对其均应按偷税或者骗取出口退税处理。

一、购货方取得的增值税专用发票所注明的销售方名称、印章与其进行实际交易的销售方不符的，即 134 号文件第二条规定的"购货方从销售方取得第三方开具的专用发票"的情况。

二、购货方取得的增值税专用发票为销售方所在省（自治区、直辖市和计划单列市）以外地区的，即 134 号文件第二条规定的"从销货地以外的地区取得专用发票"的情况。

三、其他有证据表明购货方明知取得的增值税专用发票系销售方以非法手段获得的，即 134 号文件第一条规定的"受票方利用他人虚开的专用发票，向税务机关申报抵扣税款进行偷税"的情况。

（摘自国税发〔2000〕182 号）

受票方利用他人虚开的专用发票，向税务机关申报抵扣税款进行偷税的，应当依照《中华人民共和国税收征收管理法》及有关规定追缴税款，处以偷税数额五倍以下的罚款；进项税金大于销项税金的，还应当调减其留抵的进项税额。利用虚开的专用发票进行骗取出口退税的，应当依法追缴税款，处以骗税数额五倍以下的罚款。

（摘自国税发〔1997〕134号第一条）

4.1.3　虚开、代开发票的确认

根据《决定》第一条规定，虚开增值税专用发票的，构成虚开增值税专用发票罪。

具有下列行为之一的，属于"虚开增值税专用发票"：（1）没有货物购销或者没有提供或接受应税劳务而为他人、为自己、让他人为自己、介绍他人开具增值税专用发票；（2）有货物购销或者提供或接受了应税劳务但为他人、为自己、让他人为自己、介绍他人开具数量或者金额不实的增值税专用发票；（3）进行了实际经营活动，但让他人为自己代开增值税专用发票。

虚开税款数额1万元以上的或者虚开增值税专用发票致使国家税款被骗取5 000元以上的，应当依法定罪处罚。

虚开税款数额10万元以上的，属于"虚开的税款数额较大"；具有下列情形之一的，属于"有其他严重情节"：（1）因虚开增值税专用发票致使国家税款被骗取5万元以上的；（2）具有其他严重情节的。

虚开税款数额50万元以上的，属于"虚开的税款数额巨大"；

具有下列情形之一的，属于"有其他特别严重情节"：（1）因虚开增值税专用发票致使国家税款被骗取30万元以上的；（2）虚开的税款数额接近巨大并有其他严重情节的；（3）具有其他特别严重情节的。

利用虚开的增值税专用发票实际抵扣税款或者骗取出口退税100万元以上的，属于"骗取国家税款数额特别巨大"；造成国家税款损失50万元以上并且在侦查终结前仍无法追回的，属于"给国家利益造成特别重大损失"。利用虚开的增值税专用发票骗取国家税款数额特别巨大、给国家利益造成特别重大损失，为"情节特别严重"的基本内容。

虚开增值税专用发票犯罪分子与骗取税款犯罪分子均应当对虚开的税款数额和实际骗取的国家税款数额承担刑事责任。

利用虚开的增值税专用发票抵扣税款或者骗取出口退税的，应当依照《决定》第一条的规定定罪处罚；以其他手段骗取国家税款的，仍应依照《全国人民代表大会常务委员会关于惩治偷税、抗税犯罪的补充规定》的有关规定定罪处罚。

（摘自国税发〔1996〕210号第一条）

4.2　善意取得虚开增值税专用发票的处理

　　根据《国家税务总局关于纳税人善意取得虚开的增值税专用发票处理问题的通知》（国税发〔2000〕187 号）规定，纳税人善意取得虚开的增值税专用发票指购货方与销售方存在真实交易，且购货方不知取得的增值税专用发票是以非法手段获得的。纳税人善意取得虚开的增值税专用发票，如能重新取得合法、有效的专用发票，准许其抵扣进项税款；如不能重新取得合法、有效的专用发票，不准其抵扣进项税款或追缴其已抵扣的进项税款。

　　纳税人善意取得虚开的增值税专用发票被依法追缴已抵扣税款的，不属于税收征收管理法第三十二条"纳税人未按照规定期限缴纳税款"的情形，不适用该条"税务机关除责令限期缴纳外，从滞纳税款之日起，按日加收滞纳税款万分之五的滞纳金"的规定。

（摘自国税函〔2007〕1240 号）

　　购货方与销售方存在真实的交易，销售方使用的是其所在省（自治区、直辖市和计划单列市）的专用发票，专用发票注明的销售方名称、印章、货物数量、金额及税额等全部内容与实际相符，且没有证据表明购货方知道销售方提供的专用发票是以非法手段获得的，对购货方不以偷税或者骗取出口退税论处。但应按有关规定不予抵扣进项税款或者不予出口退税；购货方已经抵扣的进项税款或者取得的出口退税，应依法追缴。

　　购货方能够重新从销售方取得防伪税控系统开出的合法、有效专用发票的，或者取得手工开出的合法、有效专用发票且取得了销售方所在地税务机关已经或者正在依法对销售方虚开专用发票行为进行查处证明的，购货方所在地税务机关应依法准予抵扣进项税款或者出口退税。

（摘自国税发〔2000〕187 号）

4.3　虚开、骗税的处理

4.3.1　虚增进项逃税开具发票不属于虚开的情形

　　纳税人通过虚增增值税进项税额偷逃税款，但对外开具增值税专用发票同时符合以下情形的，不属于对外虚开增值税专用发票：

　　一、纳税人向受票方纳税人销售了货物，或者提供了增值税应税劳务、应税服务；

二、纳税人向受票方纳税人收取了所销售货物、所提供应税劳务或者应税服务的款项，或者取得了索取销售款项的凭据；

三、纳税人按规定向受票方纳税人开具的增值税专用发票相关内容，与所销售货物、所提供应税劳务或者应税服务相符，且该增值税专用发票是纳税人合法取得、并以自己名义开具的。

受票方纳税人取得的符合上述情形的增值税专用发票，可以作为增值税扣税凭证抵扣进项税额。

（摘自国家税务总局公告 2014 年第 39 号）

4.3.2 纳税人发生增值税违法行为的处理

一、增值税纳税人发生虚开增值税专用发票或者其他增值税扣税凭证、骗取国家出口退税款行为（以下简称增值税违法行为），被税务机关行政处罚或审判机关刑事处罚的，其销售的货物、提供的应税劳务和营业税改征增值税应税服务（以下统称货物劳务服务）执行以下政策：

（一）享受增值税即征即退或者先征后退优惠政策的纳税人，自税务机关行政处罚决定或审判机关判决或裁定生效的次月起 36 个月内，暂停其享受上述增值税优惠政策。纳税人自恢复享受增值税优惠政策之月起 36 个月内再次发生增值税违法行为的，自税务机关行政处罚决定或审判机关判决或裁定生效的次月起停止其享受增值税即征即退或者先征后退优惠政策。

（二）出口企业或其他单位发生增值税违法行为对应的出口货物劳务服务，视同内销，按规定征收增值税（骗取出口退税的按查处骗税的规定处理）。出口企业或其他单位在本通知生效后发生 2 次增值税违法行为的，自税务机关行政处罚决定或审判机关判决或裁定生效之日的次日起，其出口的所有适用出口退（免）税政策的货物劳务服务，一律改为适用增值税免税政策。纳税人如果已被停止出口退税权的，适用增值税免税政策的起始时间为停止出口退税权期满后的次日。

（三）以农产品为原料生产销售货物的纳税人发生增值税违法行为的，自税务机关行政处罚决定生效的次月起，按 50% 的比例抵扣农产品进项税额；违法情形严重的，不得抵扣农产品进项税额。具体办法由国家税务总局商财政部另行制定。

（四）本通知所称虚开增值税专用发票或其他增值税扣税凭证，是指有为他人虚开、为自己虚开、让他人为自己虚开、介绍他人虚开增值税专用发票或其他增值税扣税凭证行为之一的，但纳税人善意取得虚开增值税专用发票或其他增值税扣税凭证的除外。

（摘自财税〔2013〕112 号第一条）

4.3.3 出口企业适用免税政策的情形

出口企业购进货物的供货纳税人有属于办理税务登记 2 年内被税务机关认定为非

正常户或被认定为增值税一般纳税人 2 年内注销税务登记，且符合下列情形之一的，自主管其出口退税的税务机关书面通知之日起，在 24 个月内出口的适用增值税退（免）税政策的货物劳务服务，改为适用增值税免税政策。

（摘自财税〔2013〕112 号第二条）

出口企业或其他单位存在下列情况之一的，其出口适用增值税退（免）税政策的货物劳务服务，一律适用增值税免税政策：（一）法定代表人不知道本人是法定代表人的；（二）法定代表人为无民事行为能力人或限制民事行为能力人的。

（摘自财税〔2013〕112 号第六条）

4.3.4   国内收购价格或出口价格偏高的确定调整

出口企业或其他单位出口的适用增值税退（免）税政策的货物劳务服务，如果货物劳务服务的国内收购价格或出口价格明显偏高且无正当理由的，该出口货物劳务服务适用增值税免税政策。主管税务机关按照下列方法确定货物劳务服务价格是否偏高：

（一）按照该企业最近时期购进或出口同类货物劳务服务的平均价格确定。

（二）按照其他企业最近时期购进或出口同类货物劳务服务的平均价格确定。

（三）按照组成计税价格确定。组成计税价格的公式为：

组成计税价格＝成本×(1＋成本利润率)

成本利润率由国家税务总局统一确定并公布。

（摘自财税〔2013〕112 号第五条）

5　增值税认定管理

5.1　一般纳税人认定依据

5.1.1　应当申请一般纳税人资格认定的情形

小规模纳税人以外的纳税人应当向主管税务机关申请资格认定。具体认定办法由国务院税务主管部门制定。

（摘自《增值税暂行条例》第十三条第一款）

5.1.2　可以申请一般纳税人资格认定的情形

（1）会计核算健全，能够提供准确税务资料的，可以申请资格认定。

小规模纳税人会计核算健全，能够提供准确税务资料的，可以向主管税务机关申请资格认定，不作为小规模纳税人，依照本条例有关规定计算应纳税额。

（摘自《增值税暂行条例》第十三条第二款）

（2）"会计核算健全"的解释。

条例第十三条和本细则所称会计核算健全，是指能够按照国家统一的会计制度规定设置账簿，根据合法、有效凭证核算。

（摘自《增值税暂行条例实施细则》第三十二条）

5.1.3　一经认定不得转为小规模纳税人

除国家税务总局另有规定外，纳税人一经认定为一般纳税人后，不得转为小规模纳税人。

（摘自《增值税暂行条例实施细则》第三十三条）

5.1.4　一般纳税人资格认定管理办法

见《增值税一般纳税人资格认定管理办法》。

说明：根据国家税务总局公告 2015 年第 74 号"三"的规定，《增值税一般纳税人资格认定管理办法》第十条暂停执行。

5.1.5 一般纳税人辅导期管理

见《国家税务总局关于印发〈增值税一般纳税人纳税辅导期管理办法〉的通知》（国税发〔2010〕40号）。

5.1.6 "三证合一"一般纳税人管理

主管税务机关在为纳税人办理增值税一般纳税人登记时，纳税人税务登记证件上不再加盖"增值税一般纳税人"戳记。经主管税务机关核对后退还纳税人留存的《增值税一般纳税人资格登记表》，可以作为证明纳税人具备增值税一般纳税人资格的凭据。

（摘自国家税务总局公告2015年第74号）

5.2 小规模纳税人认定依据

5.2.1 法律的相关规定

小规模纳税人的标准由国务院财政、税务主管部门规定。

（摘自《增值税暂行条例》第十一条）

条例第十一条所称小规模纳税人的标准为：

（一）从事货物生产或者提供应税劳务的纳税人，以及以从事货物生产或者提供应税劳务为主，并兼营货物批发或者零售的纳税人，年应征增值税销售额（以下简称应税销售额）在50万元以下（含本数，下同）的；

（二）除本条第一款第（一）项规定以外的纳税人，年应税销售额在80万元以下的。

本条第一款所称以从事货物生产或者提供应税劳务为主，是指纳税人的年货物生产或者提供应税劳务的销售额占年应税销售额的比重在50%以上。

（摘自《增值税暂行条例实施细则》第二十八条）

5.2.2 小规模纳税人认定依据疑难问题解答

问：我公司原来是销售货物的小规模纳税人，还有本次营改增的应税服务，一般纳税人资格登记标准应如何判断？

答：试点纳税人兼有销售货物、提供加工修理修配劳务以及销售服务、不动产、无形资产的，货物及劳务销售额与服务、不动产、无形资产销售额应分别计算，分别适用增值税一般纳税人资格登记标准。

因此，混业经营的营改增试点纳税人只要有一项（销售货物、提供加工修理修配劳务或销售服务、不动产和无形资产）达到登记标准，就应该登记为一般纳税人。

（摘自《全面推开营改增试点 12366 热点问题解答》（税总纳便函〔2016〕71 号））

5.3　税收优惠认定事项

5.3.1　五项增值税优惠审批改备案

纳税人享受下列增值税优惠政策，其涉及的税收审核、审批工作程序取消，改为备案管理。

（一）承担粮食收储任务的国有粮食企业、经营免税项目的其他粮食经营企业以及有政府储备食用植物油销售业务企业免征增值税的审核。

（二）拍卖行拍卖免税货物免征增值税的审批。

（三）随军家属就业免征增值税的审批。

（四）自主择业的军队转业干部就业免征增值税的审批。

（五）自谋职业的城镇退役士兵就业免征增值税的审批。

（摘自国家税务总局公告 2015 年第 38 号）

5.3.2　销售粮食免征增值税由审批改为备案

承担粮食收储任务的国有粮食购销企业销售粮食享受免征增值税优惠政策时，其涉及的审核确定工作程序取消，改为备案管理。

（摘自国家税务总局公告 2015 年第 42 号）

5.4　全国税收征管规范规定的增值税认定规范

见《国家税务总局关于印发〈全国税收征管规范（1.0）〉的通知》（税总发〔2015〕48 号）中"2 认定管理"大项的三个中项："2.1.1 税（费）种认定"、"2.2 增值税一般纳税人登记管理"、"2.10.1 增值税、消费税汇总纳税认定"；（税总发〔2015〕48 号）中"4 税收优惠"大项的一个中项："4.4.3 纳税人放弃免（减）税权备案"。

5.5 营改增后的一般纳税人资格登记

5.5.1 一般纳税人和小规模纳税人

纳税人分为一般纳税人和小规模纳税人。

应税行为的年应征增值税销售额（以下称应税销售额）超过财政部和国家税务总局规定标准的纳税人为一般纳税人，未超过规定标准的纳税人为小规模纳税人。

年应税销售额超过规定标准的其他个人不属于一般纳税人。年应税销售额超过规定标准但不经常发生应税行为的单位和个体工商户可选择按照小规模纳税人纳税。

（摘自财税〔2016〕36 号附件 1 第三条）

5.5.2 可以办理一般纳税人资格登记的情形

年应税销售额未超过规定标准的纳税人，会计核算健全，能够提供准确税务资料的，可以向主管税务机关办理一般纳税人资格登记，成为一般纳税人。

会计核算健全，是指能够按照国家统一的会计制度规定设置账簿，根据合法、有效凭证核算。

（摘自财税〔2016〕36 号附件 1 第四条）

5.5.3 应当办理一般纳税人资格登记的情形

符合一般纳税人条件的纳税人应当向主管税务机关办理一般纳税人资格登记。具体登记办法由国家税务总局制定。

除国家税务总局另有规定外，一经登记为一般纳税人后，不得转为小规模纳税人。

（摘自财税〔2016〕36 号附件 1 第五条）

5.5.4 一般纳税人资格登记的销售额标准

《试点实施办法》第三条规定的年应税销售额标准为 500 万元（含本数）。财政部和国家税务总局可以对年应税销售额标准进行调整。

（摘自财税〔2016〕36 号附件 2 第一条第（五）项）

6　纳税申报专项制度和税收征收管理事项

6.1　新报表适用范围和废止文件

6.1.1　适用范围

《国家税务总局关于全面推开营业税改征增值税试点后增值税纳税申报有关事项的公告》（国家税务总局公告 2016 年第 13 号）规定，自 2016 年 6 月 1 日起，中华人民共和国境内增值税纳税人均应按照本公告的规定进行增值税纳税申报。

纳税人跨县（市）提供建筑服务、房地产开发企业预售自行开发的房地产项目、纳税人出租与机构所在地不在同一县（市）的不动产，按规定需要在项目所在地或不动产所在地主管国税机关预缴税款的，需填写《增值税预缴税款表》。

《国家税务总局关于营业税改征增值税部分试点纳税人增值税纳税申报有关事项调整的公告》（国家税务总局公告 2016 年第 30 号）规定，自 2016 年 6 月 1 日起，在增值税纳税申报其他资料中增加《营改增税负分析测算明细表》，由从事建筑、房地产、金融或生活服务等经营业务的增值税一般纳税人在办理增值税纳税申报时填报。

《国家税务总局关于调整增值税纳税申报有关事项的公告》（国家税务总局公告 2016 年第 27 号）对《国家税务总局关于全面推开营业税改征增值税试点后增值税纳税申报有关事项的公告》（国家税务总局公告 2016 年第 13 号）《本期抵扣进项税额结构明细表》、《增值税纳税申报表（小规模纳税人适用）》及其附列资料进行调整。

6.1.2　关于废止文件的说明

一、《国家税务总局关于全面推开营业税改征增值税试点后增值税纳税申报有关事项的公告》（国家税务总局公告 2016 年第 13 号）规定，自 2016 年 6 月 1 日起，《国家税务总局关于调整增值税纳税申报有关事项的公告》（国家税务总局公告 2012 年第 31 号）、《国家税务总局关于营业税改征增值税总分机构试点纳税人增值税纳税申报有关事项的公告》（国家税务总局公告 2013 年第 22 号）、《国家税务总局关于调整增值税纳税申报有关事项的公告》（国家税务总局公告 2013 年第 32 号）、《国家税务总局关于铁路运输和邮政业营业税改征增值税后纳税申报有关事项的公告》（国家税务总局公告 2014 年第 7 号）、《国家税务总局关于调整增值税纳税申报有关事项的公告》（国家税务总局公告 2014 年第 45 号）、《国家税务总局关于调整增值税纳税申报有关事项的公告》

（国家税务总局公告 2014 年第 58 号）、《国家税务总局关于调整增值税纳税申报有关事项的公告》（国家税务总局公告 2014 年第 69 号）、《国家税务总局关于调整增值税纳税申报有关事项的公告》（国家税务总局公告 2015 年第 23 号）同时废止。

二、《国家税务总局关于调整增值税纳税申报有关事项的公告》（国家税务总局公告 2016 年第 27 号）规定，自 2016 年 6 月 1 日起，国家税务总局公告 2016 年第 13 号附件 1 中《本期抵扣进项税额结构明细表》、附件 2 中《本期抵扣进项税额结构明细表》填写说明、附件 3、附件 4 内容同时废止。

6.2　纳税申报资料

6.2.1　增值税一般纳税人纳税申报表及其附列资料

（1）《增值税纳税申报表（一般纳税人适用）》。

（2）《增值税纳税申报表附列资料（一）》（本期销售情况明细）。

（3）《增值税纳税申报表附列资料（二）》（本期进项税额明细）。

（4）《增值税纳税申报表附列资料（三）》（服务、不动产和无形资产扣除项目明细）。

一般纳税人销售服务、不动产和无形资产，在确定服务、不动产和无形资产销售额时，按照有关规定可以从取得的全部价款和价外费用中扣除价款的，需填报《增值税纳税申报表附列资料（三）》。其他情况不填写该附列资料。

（5）《增值税纳税申报表附列资料（四）》（税额抵减情况表）。

（6）《增值税纳税申报表附列资料（五）》（不动产分期抵扣计算表）。

（7）《固定资产（不含不动产）进项税额抵扣情况表》。

（8）《本期抵扣进项税额结构明细表》。

（9）《增值税减免税申报明细表》。

（10）《营改增税负分析测算明细表》。

6.2.2　增值税小规模纳税人纳税申报表及其附列资料

（1）《增值税纳税申报表（小规模纳税人适用）》。

（2）《增值税纳税申报表（小规模纳税人适用）附列资料》。

小规模纳税人销售服务，在确定服务销售额时，按照有关规定可以从取得的全部价款和价外费用中扣除价款的，需填报《增值税纳税申报表（小规模纳税人适用）附列资料》。其他情况不填写该附列资料。

（3）《增值税减免税申报明细表》。

6.2.3 纳税申报其他资料

（1）已开具的税控机动车销售统一发票和普通发票的存根联。

（2）符合抵扣条件且在本期申报抵扣的增值税专用发票（含税控机动车销售统一发票）的抵扣联。

（3）符合抵扣条件且在本期申报抵扣的海关进口增值税专用缴款书、购进农产品取得的普通发票的复印件。

（4）符合抵扣条件且在本期申报抵扣的税收完税凭证及其清单，书面合同、付款证明和境外单位的对账单或者发票。

（5）已开具的农产品收购凭证的存根联或报查联。

（6）纳税人销售服务、不动产和无形资产，在确定服务、不动产和无形资产销售额时，按照有关规定从取得的全部价款和价外费用中扣除价款的合法凭证及其清单。

（7）主管税务机关规定的其他资料。

6.3 填写说明

6.3.1 《增值税纳税申报表（一般纳税人适用）》及其附列资料填写说明

本纳税申报表及其附列资料填写说明（以下简称本表及填写说明）适用于增值税一般纳税人（以下简称纳税人）。

6.3.1.1 名词解释

（1）本表及填写说明所称"货物"，是指增值税的应税货物。

（2）本表及填写说明所称"劳务"，是指增值税的应税加工、修理、修配劳务。

（3）本表及填写说明所称"服务、不动产和无形资产"，是指销售服务、不动产和无形资产。

（4）本表及填写说明所称"按适用税率计税"、"按适用税率计算"和"一般计税方法"，均指按"应纳税额＝当期销项税额－当期进项税额"公式计算增值税应纳税额的计税方法。

（5）本表及填写说明所称"按简易办法计税"、"按简易征收办法计算"和"简易计税方法"，均指按"应纳税额＝销售额×征收率"公式计算增值税应纳税额的计税方法。

（6）本表及填写说明所称"扣除项目"，是指纳税人销售服务、不动产和无形资产，在确定销售额时，按照有关规定允许其从取得的全部价款和价外费用中扣除价款的项目。

6.3.1.2 《增值税纳税申报表（一般纳税人适用)》填写说明

（1）"税款所属时间"：指纳税人申报的增值税应纳税额的所属时间，应填写具体的起止年、月、日。

（2）"填表日期"：指纳税人填写本表的具体日期。

（3）"纳税人识别号"：填写纳税人的税务登记证件号码。

（4）"所属行业"：按照国民经济行业分类与代码中的小类行业填写。

（5）"纳税人名称"：填写纳税人单位名称全称。

（6）"法定代表人姓名"：填写纳税人法定代表人的姓名。

（7）"注册地址"：填写纳税人税务登记证件所注明的详细地址。

（8）"生产经营地址"：填写纳税人实际生产经营地的详细地址。

（9）"开户银行及账号"：填写纳税人开户银行的名称和纳税人在该银行的结算账户号码。

（10）"登记注册类型"：按纳税人税务登记证件的栏目内容填写。

（11）"电话号码"：填写可联系到纳税人的常用电话号码。

（12）"即征即退项目"列：填写纳税人按规定享受增值税即征即退政策的货物、劳务和服务、不动产、无形资产的征（退）税数据。

（13）"一般项目"列：填写除享受增值税即征即退政策以外的货物、劳务和服务、不动产、无形资产的征（免）税数据。

（14）"本年累计"列：一般填写本年度内各月"本月数"之和。其中，第13、20、25、32、36、38栏及第18栏"实际抵扣税额"之"一般项目"列的"本年累计"分别按本填写说明第（二十七）（三十四）（三十九）（四十六）（五十）（五十二）（三十二）条要求填写。

（15）第1栏"（一）按适用税率计税销售额"：填写纳税人本期按一般计税方法计算缴纳增值税的销售额，包含：在财务上不作销售但按税法规定应缴纳增值税的视同销售和价外费用的销售额；外贸企业作价销售进料加工复出口货物的销售额；税务、财政、审计部门检查后按一般计税方法计算调整的销售额。

营业税改征增值税的纳税人，服务、不动产和无形资产有扣除项目的，本栏应填写扣除之前的不含税销售额。

本栏"一般项目"列"本月数"=《附列资料（一）》第9列第1至5行之和－第9列第6、7行之和；本栏"即征即退项目"列"本月数"=《附列资料（一）》第9列第6、7行之和。

（16）第2栏"其中：应税货物销售额"：填写纳税人本期按适用税率计算增值税的应税货物的销售额。包含在财务上不作销售但按税法规定应缴纳增值税的视同销售货物和价外费用销售额，以及外贸企业作价销售进料加工复出口货物的销售额。

（17）第3栏"应税劳务销售额"：填写纳税人本期按适用税率计算增值税的应税

劳务的销售额。

(18) 第4栏"纳税检查调整的销售额"：填写纳税人因税务、财政、审计部门检查，并按一般计税方法在本期计算调整的销售额。但享受增值税即征即退政策的货物、劳务和服务、不动产、无形资产，经纳税检查属于偷税的，不填入"即征即退项目"列，而应填入"一般项目"列。

营业税改征增值税的纳税人，服务、不动产和无形资产有扣除项目的，本栏应填写扣除之前的不含税销售额。

本栏"一般项目"列"本月数"＝《附列资料（一）》第7列第1至5行之和。

(19) 第5栏"按简易办法计税销售额"：填写纳税人本期按简易计税方法计算增值税的销售额。包含纳税检查调整按简易计税方法计算增值税的销售额。

营业税改征增值税的纳税人，服务、不动产和无形资产有扣除项目的，本栏应填写扣除之前的不含税销售额；服务、不动产和无形资产按规定汇总计算缴纳增值税的分支机构，其当期按预征率计算缴纳增值税的销售额也填入本栏。

本栏"一般项目"列"本月数"≥《附列资料（一）》第9列第8至13b行之和－第9列第14、15行之和；本栏"即征即退项目"列"本月数"≥《附列资料（一）》第9列第14、15行之和。

(20) 第6栏"其中：纳税检查调整的销售额"：填写纳税人因税务、财政、审计部门检查，并按简易计税方法在本期计算调整的销售额。但享受增值税即征即退政策的货物、劳务和服务、不动产、无形资产，经纳税检查属于偷税的，不填入"即征即退项目"列，而应填入"一般项目"列。

营业税改征增值税的纳税人，服务、不动产和无形资产有扣除项目的，本栏应填写扣除之前的不含税销售额。

(21) 第7栏"免、抵、退办法出口销售额"：填写纳税人本期适用免、抵、退税办法的出口货物、劳务和服务、无形资产的销售额。

营业税改征增值税的纳税人，服务、无形资产有扣除项目的，本栏应填写扣除之前的销售额。

本栏"一般项目"列"本月数"＝《附列资料（一）》第9列第16、17行之和。

(22) 第8栏"免税销售额"：填写纳税人本期按照税法规定免征增值税的销售额和适用零税率的销售额，但零税率的销售额中不包括适用免、抵、退税办法的销售额。

营业税改征增值税的纳税人，服务、不动产和无形资产有扣除项目的，本栏应填写扣除之前的免税销售额。

本栏"一般项目"列"本月数"＝《附列资料（一）》第9列第18、19行之和。

(23) 第9栏"其中：免税货物销售额"：填写纳税人本期按照税法规定免征增值税的货物销售额及适用零税率的货物销售额，但零税率的销售额中不包括适用免、抵、退税办法出口货物的销售额。

(24) 第10栏"免税劳务销售额"：填写纳税人本期按照税法规定免征增值税的劳务销售额及适用零税率的劳务销售额，但零税率的销售额中不包括适用免、抵、退税办法的劳务的销售额。

(25)第11栏"销项税额":填写纳税人本期按一般计税方法计税的货物、劳务和服务、不动产、无形资产的销项税额。

营业税改征增值税的纳税人,服务、不动产和无形资产有扣除项目的,本栏应填写扣除之后的销项税额。

本栏"一般项目"列"本月数"=《附列资料(一)》(第10列第1、3行之和-第10列第6行)+(第14列第2、4、5行之和-第14列第7行);

本栏"即征即退项目"列"本月数"=《附列资料(一)》第10列第6行+第14列第7行。

(26)第12栏"进项税额":填写纳税人本期申报抵扣的进项税额。

本栏"一般项目"列"本月数"+"即征即退项目"列"本月数"=《附列资料(二)》第12栏"税额"。

(27)第13栏"上期留抵税额"。

①上期留抵税额按规定须挂账的纳税人,按以下要求填写本栏的"本月数"和"本年累计"。

上期留抵税额按规定须挂账的纳税人是指试点实施之日前一个税款所属期的申报表第20栏"期末留抵税额"之"一般货物、劳务和应税服务"列"本月数"大于零,且兼有营业税改征增值税服务、不动产和无形资产的纳税人(下同)。其试点实施之日前一个税款所属期的申报表第20栏"期末留抵税额"之"一般货物、劳务和应税服务"列"本月数",以下称为货物和劳务挂账留抵税额。

A. 本栏"一般项目"列"本月数":试点实施之日的税款所属期填写"0";以后各期按上期申报表第20栏"期末留抵税额""一般项目"列"本月数"填写。

B. 本栏"一般项目"列"本年累计":反映货物和劳务挂账留抵税额本期期初余额。试点实施之日的税款所属期按试点实施之日前一个税款所属期的申报表第20栏"期末留抵税额"之"一般货物、劳务和应税服务"列"本月数"填写;以后各期按上期申报表第20栏"期末留抵税额"之"一般项目"列"本年累计"填写。

C. 本栏"即征即退项目"列"本月数":按上期申报表第20栏"期末留抵税额"之"即征即退项目"列"本月数"填写。

②其他纳税人,按以下要求填写本栏"本月数"和"本年累计"。

其他纳税人是指除上期留抵税额按规定须挂账的纳税人之外的纳税人(下同)。

A. 本栏"一般项目"列"本月数":按上期申报表第20栏"期末留抵税额""一般项目"列"本月数"填写。

B. 本栏"一般项目"列"本年累计":填写"0"。

C. 本栏"即征即退项目"列"本月数":按上期申报表第20栏"期末留抵税额""即征即退项目"列"本月数"填写。

(28)第14栏"进项税额转出":填写纳税人已经抵扣,但按税法规定本期应转出的进项税额。

本栏"一般项目"列"本月数"＋"即征即退项目"列"本月数"＝《附列资料（二）》第13栏"税额"。

（29）第15栏"免、抵、退应退税额"：反映税务机关退税部门按照出口货物、劳务和服务、无形资产免、抵、退办法审批的增值税应退税额。

（30）第16栏"按适用税率计算的纳税检查应补缴税额"：填写税务、财政、审计部门检查，按一般计税方法计算的纳税检查应补缴的增值税税额。

本栏"一般项目"列"本月数"≤《附列资料（一）》第8列第1至5行之和＋《附列资料（二）》第19栏。

（31）第17栏"应抵扣税额合计"：填写纳税人本期应抵扣进项税额的合计数。按表中所列公式计算填写。

（32）第18栏"实际抵扣税额"。

①上期留抵税额按规定须挂账的纳税人，按以下要求填写本栏的"本月数"和"本年累计"。

A. 本栏"一般项目"列"本月数"：按表中所列公式计算填写。

B. 本栏"一般项目"列"本年累计"：填写货物和劳务挂账留抵税额本期实际抵减一般货物和劳务应纳税额的数额。将"货物和劳务挂账留抵税额本期期初余额"与"一般计税方法的一般货物及劳务应纳税额"两个数据相比较，取二者中小的数据。

其中：货物和劳务挂账留抵税额本期期初余额＝第13栏"上期留抵税额""一般项目"列"本年累计"；

一般计税方法的一般货物及劳务应纳税额＝（第11栏"销项税额"之"一般项目"列"本月数"－第18栏"实际抵扣税额"之"一般项目"列"本月数"）×一般货物及劳务销项税额比例；

一般货物及劳务销项税额比例＝（《附列资料（一）》第10列第1、3行之和－第10列第6行）÷第11栏"销项税额"之"一般项目"列"本月数"×100％。

C. 本栏"即征即退项目"列"本月数"：按表中所列公式计算填写。

②其他纳税人，按以下要求填写本栏的"本月数"和"本年累计"：

A. 本栏"一般项目"列"本月数"：按表中所列公式计算填写。

B. 本栏"一般项目"列"本年累计"：填写"0"。

C. 本栏"即征即退项目"列"本月数"：按表中所列公式计算填写。

（33）第19栏"应纳税额"：反映纳税人本期按一般计税方法计算并应缴纳的增值税额。按以下公式计算填写：

①本栏"一般项目"列"本月数"＝第11栏"销项税额"之"一般项目"列"本月数"－第18栏"实际抵扣税额"之"一般项目"列"本月数"－第18栏"实际抵扣税额"之"一般项目"列"本年累计"。

②本栏"即征即退项目"列"本月数"＝第11栏"销项税额"之"即征即退项目"列"本月数"－第18栏"实际抵扣税额"之"即征即退项目"列"本月数"。

（34）第 20 栏"期末留抵税额"。

①上期留抵税额按规定须挂账的纳税人，按以下要求填写本栏的"本月数"和"本年累计"：

A. 本栏"一般项目"列"本月数"：反映试点实施以后，货物、劳务和服务、不动产、无形资产共同形成的留抵税额。按表中所列公式计算填写。

B. 本栏"一般项目"列"本年累计"：反映货物和劳务挂账留抵税额，在试点实施以后抵减一般货物和劳务应纳税额后的余额。按以下公式计算填写：

本栏"一般项目"列"本年累计"＝第 13 栏"上期留抵税额"之"一般项目"列"本年累计"－第 18 栏"实际抵扣税额"之"一般项目"列"本年累计"。

C. 本栏"即征即退项目"列"本月数"：按表中所列公式计算填写。

②其他纳税人，按以下要求填写本栏"本月数"和"本年累计"：

A. 本栏"一般项目"列"本月数"：按表中所列公式计算填写。

B. 本栏"一般项目"列"本年累计"：填写"0"。

C. 本栏"即征即退项目"列"本月数"：按表中所列公式计算填写。

（35）第 21 栏"简易计税办法计算的应纳税额"：反映纳税人本期按简易计税方法计算并应缴纳的增值税额，但不包括按简易计税方法计算的纳税检查应补缴税额。按以下公式计算填写：

本栏"一般项目"列"本月数"＝附列资料（一）（第 10 列第 8、9a、10、11 行之和－第 10 列第 14 行）＋（第 14 列第 9b、12、13a、13b 行之和－第 14 列第 15 行）

本栏"即征即退项目"列"本月数"＝附列资料（一）第 10 列第 14 行＋第 14 列第 15 行。

营业税改征增值税的纳税人，服务、不动产和无形资产按规定汇总计算缴纳增值税的分支机构，应将预征增值税额填入本栏。预征增值税额＝应预征增值税的销售额×预征率。

（36）第 22 栏"按简易计税办法计算的纳税检查应补缴税额"：填写纳税人本期因税务、财政、审计部门检查并按简易计税方法计算的纳税检查应补缴税额。

（37）第 23 栏"应纳税额减征额"：填写纳税人本期按照税法规定减征的增值税应纳税额。包含按照规定可在增值税应纳税额中全额抵减的增值税税控系统专用设备费用以及技术维护费。

当本期减征额小于或等于第 19 栏"应纳税额"与第 21 栏"简易计税办法计算的应纳税额"之和时，按本期减征额实际填写；当本期减征额大于第 19 栏"应纳税额"与第 21 栏"简易计税办法计算的应纳税额"之和时，按本期第 19 栏与第 21 栏之和填写。本期减征额不足抵减部分结转下期继续抵减。

（38）第 24 栏"应纳税额合计"：反映纳税人本期应缴增值税的合计数。按表中所列公式计算填写。

（39）第 25 栏"期初未缴税额（多缴为负数）"："本月数"按上一税款所属期申报表第 32 栏"期末未缴税额（多缴为负数）"之"本月数"填写。"本年累计"按上年度最后一个税款所属期申报表第 32 栏"期末未缴税额（多缴为负数）"之"本年累计"填写。

（40）第 26 栏"实收出口开具专用缴款书退税额"：本栏不填写。

（41）第 27 栏"本期已缴税额"：反映纳税人本期实际缴纳的增值税额，但不包括本期入库的查补税款。按表中所列公式计算填写。

（42）第 28 栏"①分次预缴税额"：填写纳税人本期已缴纳的准予在本期增值税应纳税额中抵减的税额。

营业税改征增值税的纳税人，分以下几种情况填写：

①服务、不动产和无形资产按规定汇总计算缴纳增值税的总机构，其可以从本期增值税应纳税额中抵减的分支机构已缴纳的税款，按当期实际可抵减数填入本栏，不足抵减部分结转下期继续抵减。

②销售建筑服务并按规定预缴增值税的纳税人，其可以从本期增值税应纳税额中抵减的已缴纳的税款，按当期实际可抵减数填入本栏，不足抵减部分结转下期继续抵减。

③销售不动产并按规定预缴增值税的纳税人，其可以从本期增值税应纳税额中抵减的已缴纳的税款，按当期实际可抵减数填入本栏，不足抵减部分结转下期继续抵减。

④出租不动产并按规定预缴增值税的纳税人，其可以从本期增值税应纳税额中抵减的已缴纳的税款，按当期实际可抵减数填入本栏，不足抵减部分结转下期继续抵减。

（43）第 29 栏"②出口开具专用缴款书预缴税额"：本栏不填写。

（44）第 30 栏"③本期缴纳上期应纳税额"：填写纳税人本期缴纳上一税款所属期应缴未缴的增值税额。

（45）第 31 栏"④本期缴纳欠缴税额"：反映纳税人本期实际缴纳和留抵税额抵减的增值税欠税额，但不包括缴纳入库的查补增值税额。

（46）第 32 栏"期末未缴税额（多缴为负数）"："本月数"反映纳税人本期期末应缴未缴的增值税额，但不包括纳税检查应缴未缴的税额。按表中所列公式计算填写。"本年累计"与"本月数"相同。

（47）第 33 栏"其中：欠缴税额（≥0）"：反映纳税人按照税法规定已形成欠税的增值税额。按表中所列公式计算填写。

（48）第 34 栏"本期应补（退）税额"：反映纳税人本期应纳税额中应补缴或应退回的数额。按表中所列公式计算填写。

（49）第 35 栏"即征即退实际退税额"：反映纳税人本期因符合增值税即征即退政策规定，而实际收到的税务机关退回的增值税额。

（50）第 36 栏"期初未缴查补税额"："本月数"按上一税款所属期申报表第 38 栏"期末未缴查补税额"之"本月数"填写。"本年累计"按上年度最后一个税款所属期申报表第 38 栏"期末未缴查补税额"之"本年累计"填写。

（51）第 37 栏"本期入库查补税额"：反映纳税人本期因税务、财政、审计部门检查而实际入库的增值税额，包括按一般计税方法计算并实际缴纳的查补增值税额和按简易计税方法计算并实际缴纳的查补增值税额。

（52）第 38 栏"期末未缴查补税额"："本月数"反映纳税人接受纳税检查后应在本期期末缴纳而未缴纳的查补增值税额。按表中所列公式计算填写，"本年累计"与"本月数"相同。

6.3.1.3 《增值税纳税申报表附列资料（一）》(本期销售情况明细) 填写说明

（1）"税款所属时间""纳税人名称"的填写同主表。

（2）各列说明。

①第 1 至 2 列"开具增值税专用发票"：反映本期开具增值税专用发票（含税控机动车销售统一发票，下同）的情况。

②第 3 至 4 列"开具其他发票"：反映除增值税专用发票以外本期开具的其他发票的情况。

③第 5 至 6 列"未开具发票"：反映本期未开具发票的销售情况。

④第 7 至 8 列"纳税检查调整"：反映经税务、财政、审计部门检查并在本期调整的销售情况。

⑤第 9 至 11 列"合计"：按照表中所列公式填写。

营业税改征增值税的纳税人，服务、不动产和无形资产有扣除项目的，第 1 至 11 列应填写扣除之前的征（免）税销售额、销项（应纳）税额和价税合计额。

⑥第 12 列"服务、不动产和无形资产扣除项目本期实际扣除金额"：营业税改征增值税的纳税人，服务、不动产和无形资产有扣除项目的，按《附列资料（三）》第 5 列对应各行次数据填写，其中本列第 5 栏等于《附列资料（三）》第 5 列第 3 行与第 4 行之和；服务、不动产和无形资产无扣除项目的，本列填写"0"。其他纳税人不填写。

营业税改征增值税的纳税人，服务、不动产和无形资产按规定汇总计算缴纳增值税的分支机构，当期服务、不动产和无形资产有扣除项目的，填入本列第 13 行。

⑦第 13 列"扣除后""含税（免税）销售额"：营业税改征增值税的纳税人，服务、不动产和无形资产有扣除项目的，本列各行次＝第 11 列对应各行次－第 12 列对应各行次。其他纳税人不填写。

⑧第 14 列"扣除后""销项（应纳）税额"：营业税改征增值税的纳税人，服务、不动产和无形资产有扣除项目的，按以下要求填写本列，其他纳税人不填写。

A. 服务、不动产和无形资产按照一般计税方法计税。

本列各行次＝第 13 列÷(100%＋对应行次税率)×对应行次税率

本列第 7 行"按一般计税方法计税的即征即退服务、不动产和无形资产"不按本列的说明填写。具体填写要求见"各行说明"第②点第 B 项第③点的说明。

B. 服务、不动产和无形资产按照简易计税方法计税

本列各行次＝第 13 列÷(100%＋对应行次征收率)×对应行次征收率

本列第 13 行"预征率 ‰"不按本列的说明填写。具体填写要求见"各行说明"第④点第 B 项。

C. 服务、不动产和无形资产实行免抵退税或免税的，本列不填写。

(3) 各行说明。

①第 1 至 5 行"一、一般计税方法计税"之"全部征税项目"各行：按不同税率和项目分别填写按一般计税方法计算增值税的全部征税项目。有即征即退征税项目的纳税人，本部分数据中既包括即征即退征税项目，又包括不享受即征即退政策的一般征税项目。

②第 6 至 7 行"一、一般计税方法计税"之"其中：即征即退项目"各行：只反映按一般计税方法计算增值税的即征即退项目。按照税法规定不享受即征即退政策的纳税人，不填写本行。即征即退项目是全部征税项目的其中数。

A. 第 6 行"即征即退货物及加工修理修配劳务"：反映按一般计税方法计算增值税且享受即征即退政策的货物和加工修理修配劳务。本行不包括服务、不动产和无形资产的内容。

a. 本行第 9 列"合计"之"销售额"栏：反映按一般计税方法计算增值税且享受即征即退政策的货物及加工修理修配劳务的不含税销售额。该栏不按第 9 列所列公式计算，应按照税法规定据实填写。

b. 本行第 10 列"合计"之"销项（应纳）税额"栏：反映按一般计税方法计算增值税且享受即征即退政策的货物及加工修理修配劳务的销项税额。该栏不按第 10 列所列公式计算，应按照税法规定据实填写。

B. 第 7 行"即征即退服务、不动产和无形资产"：反映按一般计税方法计算增值税且享受即征即退政策的服务、不动产和无形资产。本行不包括货物及加工修理修配劳务的内容。

a. 本行第 9 列"合计"之"销售额"栏：反映按一般计税方法计算增值税且享受即征即退政策的服务、不动产和无形资产的不含税销售额。服务、不动产和无形资产有扣除项目的，按扣除之前的不含税销售额填写。该栏不按第 9 列所列公式计算，应按照税法规定据实填写。

b. 本行第 10 列"合计"之"销项（应纳）税额"栏：反映按一般计税方法计算增值税且享受即征即退政策的服务、不动产和无形资产的销项税额。服务、不动产和无形资产有扣除项目的，按扣除之前的销项税额填写。该栏不按第 10 列所列公式计算，应按照税法规定据实填写。

c. 本行第 14 列"扣除后"之"销项（应纳）税额"栏：反映按一般计税方法征收增值税且享受即征即退政策的服务、不动产和无形资产实际应计提的销项税额。服务、不动产和无形资产有扣除项目的，按扣除之后的销项税额填写；服务、不动产和无形资产无扣除项目的，按本行第 10 列填写。该栏不按第 14 列所列公式计算，应按照税法规定据实填写。

③第 8 至 12 行"二、简易计税方法计税"之"全部征税项目"各行：按不同征收

率和项目分别填写按简易计税方法计算增值税的全部征税项目。有即征即退征税项目的纳税人，本部分数据中既包括即征即退项目，也包括不享受即征即退政策的一般征税项目。

④第13a至13c行"二、简易计税方法计税"之"预征率 ％"：反映营业税改征增值税的纳税人，服务、不动产和无形资产按规定汇总计算缴纳增值税的分支机构，预征增值税销售额、预征增值税应纳税额。其中，第13a行"预征率 ％"适用于所有实行汇总计算缴纳增值税的分支机构试点纳税人；第13b、13c行"预征率 ％"适用于部分实行汇总计算缴纳增值税的铁路运输试点纳税人。

A. 第13a至13c行第1至6列按照销售额和销项税额的实际发生数填写。

B. 第13a至13c行第14列，纳税人按"应预征缴纳的增值税＝应预征增值税销售额×预征率"公式计算后据实填写。

⑤第14至15行"二、简易计税方法计税""其中：即征即退项目"各行：只反映按简易计税方法计算增值税的即征即退项目。按照税法规定不享受即征即退政策的纳税人，不填写本行。即征即退项目是全部征税项目的其中数。

A. 第14行"即征即退货物及加工修理修配劳务"：反映按简易计税方法计算增值税且享受即征即退政策的货物及加工修理修配劳务。本行不包括服务、不动产和无形资产的内容。

a. 本行第9列"合计"之"销售额"栏：反映按简易计税方法计算增值税且享受即征即退政策的货物及加工修理修配劳务的不含税销售额。该栏不按第9列所列公式计算，应按照税法规定据实填写。

b. 本行第10列"合计"之"销项（应纳）税额"栏：反映按简易计税方法计算增值税且享受即征即退政策的货物及加工修理修配劳务的应纳税额。该栏不按第10列所列公式计算，应按照税法规定据实填写。

B. 第15行"即征即退服务、不动产和无形资产"：反映按简易计税方法计算增值税且享受即征即退政策的服务、不动产和无形资产。本行不包括货物及加工修理修配劳务的内容。

a. 本行第9列"合计"之"销售额"栏：反映按简易计税方法计算增值税且享受即征即退政策的服务、不动产和无形资产的不含税销售额。服务、不动产和无形资产有扣除项目的，按扣除之前的不含税销售额填写。该栏不按第9列所列公式计算，应按照税法规定据实填写。

b. 本行第10列"合计"之"销项（应纳）税额"栏：反映按简易计税方法计算增值税且享受即征即退政策的服务、不动产和无形资产的应纳税额。服务、不动产和无形资产有扣除项目的，按扣除之前的应纳税额填写。该栏不按第10列所列公式计算，应按照税法规定据实填写。

c. 本行第14列"扣除后"之"销项（应纳）税额"栏：反映按简易计税方法计算增值税且享受即征即退政策的服务、不动产和无形资产实际应计提的应纳税额。服务、不动产和无形资产有扣除项目的，按扣除之后的应纳税额填写；服务、不动产和无形资产无扣除项目的，按本行第10列填写。

⑥第16行"三、免抵退税"之"货物及加工修理修配劳务"：反映适用免、抵、退税政策的出口货物、加工修理修配劳务。

⑦第17行"三、免抵退税"之"服务、不动产和无形资产"：反映适用免、抵、退税政策的服务、不动产和无形资产。

⑧第18行"四、免税"之"货物及加工修理修配劳务"：反映按照税法规定免征增值税的货物及劳务和适用零税率的出口货物及劳务，但零税率的销售额中不包括适用免、抵、退税办法的出口货物及劳务。

⑨第19行"四、免税"之"服务、不动产和无形资产"：反映按照税法规定免征增值税的服务、不动产、无形资产和适用零税率的服务、不动产、无形资产，但零税率的销售额中不包括适用免、抵、退税办法的服务、不动产和无形资产。

6.3.1.4 《增值税纳税申报表附列资料（二）》(本期进项税额明细）填写说明

（1）"税款所属时间"、"纳税人名称"的填写同主表。

（2）第1至12栏"一、申报抵扣的进项税额"：分别反映纳税人按税法规定符合抵扣条件，在本期申报抵扣的进项税额。

①第1栏"（一）认证相符的增值税专用发票"：反映纳税人取得的认证相符本期申报抵扣的增值税专用发票情况。该栏应等于第2栏"本期认证相符且本期申报抵扣"与第3栏"前期认证相符且本期申报抵扣"数据之和。

②第2栏"其中：本期认证相符且本期申报抵扣"：反映本期认证相符且本期申报抵扣的增值税专用发票的情况。本栏是第1栏的其中数，本栏只填写本期认证相符且本期申报抵扣的部分。

适用取消增值税发票认证规定的纳税人，当期申报抵扣的增值税发票数据，也填报在本栏中。

③第3栏"前期认证相符且本期申报抵扣"：反映前期认证相符且本期申报抵扣的增值税专用发票的情况。

辅导期纳税人依据税务机关告知的稽核比对结果通知书及明细清单注明的稽核相符的增值税专用发票填写本栏。本栏是第1栏的其中数，只填写前期认证相符且本期申报抵扣的部分。

④第4栏"（二）其他扣税凭证"：反映本期申报抵扣的除增值税专用发票之外的其他扣税凭证的情况。具体包括：海关进口增值税专用缴款书、农产品收购发票或者销售发票（含农产品核定扣除的进项税额）、代扣代缴税收完税凭证和其他符合政策规定的抵扣凭证。该栏应等于第5至8栏之和。

⑤第5栏"海关进口增值税专用缴款书"：反映本期申报抵扣的海关进口增值税专用缴款书的情况。按规定执行海关进口增值税专用缴款书先比对后抵扣的，纳税人需依据税务机关告知的稽核比对结果通知书及明细清单注明的稽核相符的海关进口增值税专用缴款书填写本栏。

⑥第 6 栏"农产品收购发票或者销售发票"：反映本期申报抵扣的农产品收购发票和农产品销售普通发票的情况。执行农产品增值税进项税额核定扣除办法的，填写当期允许抵扣的农产品增值税进项税额，不填写"份数"、"金额"。

⑦第 7 栏"代扣代缴税收缴款凭证"：填写本期按规定准予抵扣的完税凭证上注明的增值税额。

⑧第 8 栏"其他"：反映按规定本期可以申报抵扣的其他扣税凭证情况。

纳税人按照规定不得抵扣且未抵扣进项税额的固定资产、无形资产、不动产，发生用途改变，用于允许抵扣进项税额的应税项目，可在用途改变的次月将按公式计算出的可以抵扣的进项税额，填入"税额"栏。

⑨第 9 栏"（三）本期用于购建不动产的扣税凭证"：反映按规定本期用于购建不动产并适用分两年抵扣规定的扣税凭证上注明的金额和税额。购建不动产是指纳税人 2016 年 5 月 1 日后取得并在会计制度上按固定资产核算的不动产或者 2016 年 5 月 1 日后取得的不动产在建工程。

取得不动产，包括以直接购买、接受捐赠、接受投资入股、自建以及抵债等各种形式取得不动产，不包括房地产开发企业自行开发的房地产项目。

本栏次包括第 1 栏中本期用于购建不动产的增值税专用发票和第 4 栏中本期用于购建不动产的其他扣税凭证。

本栏"金额"、"税额"＜第 1 栏＋第 4 栏且本栏"金额"、"税额"≥0。

纳税人按照规定不得抵扣且未抵扣进项税额的不动产，发生用途改变，用于允许抵扣进项税额的应税项目，可在用途改变的次月将按公式计算出的可以抵扣的进项税额，填入"税额"栏。

本栏"税额"列＝附列资料（五）第 2 列"本期不动产进项税额增加额"。

⑩第 10 栏"（四）本期不动产允许抵扣进项税额"：反映按规定本期实际申报抵扣的不动产进项税额。本栏"税额"

列＝附列资料（五）第 3 列"本期可抵扣不动产进项税额"。

⑪第 11 栏"（五）外贸企业进项税额抵扣证明"：填写本期申报抵扣的税务机关出口退税部门开具的《出口货物转内销证明》列明允许抵扣的进项税额。

⑫第 12 栏"当期申报抵扣进项税额合计"：反映本期申报抵扣进项税额的合计数。按表中所列公式计算填写。

（3）第 13 至 23 栏"二、进项税额转出额"各栏：分别反映纳税人已经抵扣但按规定应在本期转出的进项税额明细情况。

①第 13 栏"本期进项税额转出额"：反映已经抵扣但按规定应在本期转出的进项税额合计数。按表中所列公式计算填写。

②第 14 栏"免税项目用"：反映用于免征增值税项目，按规定应在本期转出的进项税额。

③第 15 栏"集体福利、个人消费"：反映用于集体福利或者个人消费，按规定应在本期转出的进项税额。

④第 16 栏"非正常损失":反映纳税人发生非正常损失,按规定应在本期转出的进项税额。

⑤第 17 栏"简易计税方法征税项目用":反映用于按简易计税方法征税项目,按规定应在本期转出的进项税额。

营业税改征增值税的纳税人,服务、不动产和无形资产按规定汇总计算缴纳增值税的分支机构,当期应由总机构汇总的进项税额也填入本栏。

⑥第 18 栏"免抵退税办法不得抵扣的进项税额":反映按照免、抵、退税办法的规定,由于征税税率与退税税率存在税率差,在本期应转出的进项税额。

⑦第 19 栏"纳税检查调减进项税额":反映税务、财政、审计部门检查后而调减的进项税额。

⑧第 20 栏"红字专用发票信息表注明的进项税额":填写主管税务机关开具的《开具红字增值税专用发票信息表》注明的在本期应转出的进项税额。

⑨第 21 栏"上期留抵税额抵减欠税":填写本期经税务机关同意,使用上期留抵税额抵减欠税的数额。

⑩第 22 栏"上期留抵税额退税":填写本期经税务机关批准的上期留抵税额退税额。

⑪第 23 栏"其他应作进项税额转出的情形":反映除上述进项税额转出情形外,其他应在本期转出的进项税额。

(4) 第 24 至 34 栏"三、待抵扣进项税额"各栏:分别反映纳税人已经取得,但按税法规定不符合抵扣条件,暂不予在本期申报抵扣的进项税额情况及按税法规定不允许抵扣的进项税额情况。

①第 24 至 28 栏均为增值税专用发票的情况。

②第 25 栏"期初已认证相符但未申报抵扣":反映前期认证相符,但按照税法规定暂不予抵扣及不允许抵扣,结存至本期的增值税专用发票情况。辅导期纳税人填写认证相符但未收到稽核比对结果的增值税专用发票期初情况。

③第 26 栏"本期认证相符且本期未申报抵扣":反映本期认证相符,但按税法规定暂不予抵扣及不允许抵扣,而未申报抵扣的增值税专用发票情况。辅导期纳税人填写本期认证相符但未收到稽核比对结果的增值税专用发票情况。

④第 27 栏"期末已认证相符但未申报抵扣":反映截至本期期末,按照税法规定仍暂不予抵扣及不允许抵扣且已认证相符的增值税专用发票情况。辅导期纳税人填写截至本期期末已认证相符但未收到稽核比对结果的增值税专用发票期末情况。

⑤第 28 栏"其中:按照税法规定不允许抵扣":反映截至本期期末已认证相符但未申报抵扣的增值税专用发票中,按照税法规定不允许抵扣的增值税专用发票情况。

⑥第 29 栏"(二) 其他扣税凭证":反映截至本期期末仍未申报抵扣的除增值税专用发票之外的其他扣税凭证情况。具体包括:海关进口增值税专用缴款书、农产品收购发票或者销售发票、代扣代缴税收完税凭证和其他符合政策规定的抵扣凭证。该栏应等于第 30 至 33 栏之和。

⑦第 30 栏"海关进口增值税专用缴款书":反映已取得但截至本期期末仍未申报抵扣的海关进口增值税专用缴款书情况,包括纳税人未收到稽核比对结果的海关进口增值税专用缴款书情况。

⑧第 31 栏"农产品收购发票或者销售发票":反映已取得但截至本期期末仍未申报抵扣的农产品收购发票和农产品销售普通发票情况。

⑨第 32 栏"代扣代缴税收缴款凭证":反映已取得但截至本期期末仍未申报抵扣的代扣代缴税收完税凭证情况。

⑩第 33 栏"其他":反映已取得但截至本期期末仍未申报抵扣的其他扣税凭证的情况。

(5)第 35 至 36 栏"四、其他"各栏。

①第 35 栏"本期认证相符的增值税专用发票":反映本期认证相符的增值税专用发票的情况。

②第 36 栏"代扣代缴税额":填写纳税人根据《增值税暂行条例》第十八条扣缴的应税劳务增值税额与根据营业税改征增值税有关政策规定扣缴的服务、不动产和无形资产增值税额之和。

6.3.1.5 《增值税纳税申报表附列资料(三)》(服务、不动产和无形资产扣除项目明细)填写说明

(1)本表由服务、不动产和无形资产有扣除项目的营业税改征增值税纳税人填写。其他纳税人不填写。

(2)"税款所属时间"、"纳税人名称"的填写同主表。

(3)第 1 列"本期服务、不动产和无形资产价税合计额(免税销售额)":营业税改征增值税的服务、不动产和无形资产属于征税项目的,填写扣除之前的本期服务、不动产和无形资产价税合计额;营业税改征增值税的服务、不动产和无形资产属于免抵退税或免税项目的,填写扣除之前的本期服务、不动产和无形资产免税销售额。本列各行次等于附列资料(一)第 11 列对应行次,其中本列第 3 行和第 4 行之和等于附列资料(一)第 11 列第 5 栏。

营业税改征增值税的纳税人,服务、不动产和无形资产按规定汇总计算缴纳增值税的分支机构,本列各行次之和等于附列资料(一)第 11 列第 13a、13b 行之和。

(4)第 2 列"服务、不动产和无形资产扣除项目""期初余额":填写服务、不动产和无形资产扣除项目上期期末结存的金额,试点实施之日的税款所属期填写"0"。本列各行次等于上期附列资料(三)第 6 列对应行次。

本列第 4 行"6%税率的金融商品转让项目"之"期初余额"年初首期填报时应填报"0"。

(5)第 3 列"服务、不动产和无形资产扣除项目"之"本期发生额":填写本期取得的按税法规定准予扣除的服务、不动产和无形资产扣除项目金额。

(6)第 4 列"服务、不动产和无形资产扣除项目"之"本期应扣除金额":填写服

务、不动产和无形资产扣除项目本期应扣除的金额。

本列各行次＝第2列对应各行次＋第3列对应各行次

（7）第5列"服务、不动产和无形资产扣除项目"之"本期实际扣除金额"：填写服务、不动产和无形资产扣除项目本期实际扣除的金额。

本列各行次≤第4列对应各行次且本列各行次≤第1列对应各行次。

（8）第6列"服务、不动产和无形资产扣除项目"之"期末余额"：填写服务、不动产和无形资产扣除项目本期期末结存的金额。

本列各行次＝第4列对应各行次－第5列对应各行次

6.3.1.6　《增值税纳税申报表附列资料（四）》（税额抵减情况表）填写说明

本表第1行由发生增值税税控系统专用设备费用和技术维护费的纳税人填写，反映纳税人增值税税控系统专用设备费用和技术维护费按规定抵减增值税应纳税额的情况。

本表第2行由营业税改征增值税纳税人，服务、不动产和无形资产按规定汇总计算缴纳增值税的总机构填写，反映其分支机构预征缴纳税款抵减总机构应纳增值税税额的情况。

本表第3行由销售建筑服务并按规定预缴增值税的纳税人填写，反映其销售建筑服务预征缴纳税款抵减应纳增值税税额的情况。

本表第4行由销售不动产并按规定预缴增值税的纳税人填写，反映其销售不动产预征缴纳税款抵减应纳增值税税额的情况。

本表第5行由出租不动产并按规定预缴增值税的纳税人填写，反映其出租不动产预征缴纳税款抵减应纳增值税税额的情况。

未发生上述业务的纳税人不填写本表。

6.3.1.7　《增值税纳税申报表附列资料（五）》（不动产分期抵扣计算表）填表说明

（1）本表由分期抵扣不动产进项税额的纳税人填写。

（2）"税款所属时间"、"纳税人名称"的填写同主表。

（3）第1列"期初待抵扣不动产进项税额"：填写纳税人上期期末待抵扣不动产进项税额。

（4）第2列"本期不动产进项税额增加额"：填写本期取得的符合税法规定的不动产进项税额。

（5）第3列"本期可抵扣不动产进项税额"：填写符合税法规定可以在本期抵扣的不动产进项税额。

（6）第4列"本期转入的待抵扣不动产进项税额"：填写按照税法规定本期应转入的待抵扣不动产进项税额。

本列数≤附列资料（二）第23栏"税额"。

（7）第5列"本期转出的待抵扣不动产进项税额"：填写按照税法规定本期应转出的待抵扣不动产进项税额。

（8）第6列"期末待抵扣不动产进项税额"：填写本期期末尚未抵扣的不动产进项税额，按表中公式填写。

6.3.1.8　《固定资产（不含不动产）进项税额抵扣情况表》填写说明

本表反映纳税人在附列资料（二）"一、申报抵扣的进项税额"中固定资产的进项税额。本表按增值税专用发票、海关进口增值税专用缴款书分别填写。

6.3.1.9　《本期抵扣进项税额结构明细表》填写说明

（1）"税款所属时间"、"纳税人名称"的填写同主表。

（2）第1栏"合计"按表中所列公式计算填写。

本栏与附列资料（二）（本期进项税额明细，以下简称附列资料（二））相关栏次勾稽关系如下：

本栏"税额"列＝附列资料（二）第12栏"税额"列－附列资料（二）第10栏"税额"列－附列资料（二）第11栏"税额"列。

（3）第2至27栏"一、按税率或征收率归集（不包括购建不动产、通行费）的进项"各栏：反映纳税人按税法规定符合抵扣条件，在本期申报抵扣的不同税率（或征收率）的进项税额，不包括用于购建不动产的允许一次性抵扣和分期抵扣的进项税额，以及纳税人支付的道路、桥、闸通行费，取得的增值税扣税凭证上注明或计算的进项税额。

其中，第27栏反映纳税人租入个人住房，本期申报抵扣的减按1.5%征收率的进项税额。

纳税人执行农产品增值税进项税额核定扣除办法的，按照农产品增值税进项税额扣除率所对应的税率，将计算抵扣的进项税额填入相应栏次。

纳税人取得通过增值税发票管理新系统中差额征税开票功能开具的增值税专用发票，按照实际购买的服务、不动产或无形资产对应的税率或征收率，将扣税凭证上注明的税额填入对应栏次。

（4）第29至30栏"二、按抵扣项目归集的进项"各栏：反映纳税人按税法规定符合抵扣条件，在本期申报抵扣的不同抵扣项目的进项税额。

①第29栏反映纳税人用于购建不动产允许一次性抵扣的进项税额。

购建不动产允许一次性抵扣的进项税额，是指纳税人用于购建不动产时，发生的允许抵扣且不适用分期抵扣政策的进项税额。

②第30栏反映纳税人支付道路、桥、闸通行费，取得的增值税扣税凭证上注明或计算的进项税额。

（5）本表内各栏间逻辑关系如下：

第1栏表内公式为1＝2＋4＋5＋11＋16＋18＋27＋29＋30；

第 2 栏≥第 3 栏；

第 5 栏≥第 6 栏＋第 7 栏＋第 8 栏＋第 9 栏＋第 10 栏；

第 11 栏≥第 12 栏＋第 13 栏＋第 14 栏＋第 15 栏；

第 16 栏≥第 17 栏；

第 18 栏≥第 19 栏＋第 20 栏＋第 21 栏＋第 22 栏＋第 23 栏＋第 24 栏＋第 25 栏＋第 26 栏。

6.3.1.10 《增值税减免税申报明细表》填写说明

（1）本表由享受增值税减免税优惠政策的增值税一般纳税人和小规模纳税人填写。仅享受月销售额不超过 3 万元（按季纳税 9 万元）免征增值税政策或未达起征点的增值税小规模纳税人不需填报本表，即小规模纳税人当期增值税纳税申报表主表第 12 栏"其他免税销售额"之"本期数"和第 16 栏"本期应纳税额减征额"之"本期数"均无数据时，不需填报本表。

（2）"税款所属时间"、"纳税人名称"的填写同增值税纳税申报表主表（以下简称主表）。

（3）"一、减税项目"由本期按照税收法律、法规及国家有关税收规定享受减征（包含税额式减征、税率式减征）增值税优惠的纳税人填写。

①"减税性质代码及名称"：根据国家税务总局最新发布的《减免性质及分类表》所列减免性质代码、项目名称填写。同时有多个减征项目的，应分别填写。

②第 1 列"期初余额"：填写应纳税额减征项目上期"期末余额"，为对应项目上期应抵减而不足抵减的余额。

③第 2 列"本期发生额"：填写本期发生的按照规定准予抵减增值税应纳税额的金额。

④第 3 列"本期应抵减税额"：填写本期应抵减增值税应纳税额的金额。本列按表中所列公式填写。

⑤第 4 列"本期实际抵减税额"：填写本期实际抵减增值税应纳税额的金额。本列各行≤第 3 列对应各行。

一般纳税人填写时，第 1 行"合计"本列数＝主表第 23 行"一般项目"列"本月数"。

小规模纳税人填写时，第 1 行"合计"本列数＝主表第 16 行"本期应纳税额减征额"之"本期数"。

⑥第 5 列"期末余额"：按表中所列公式填写。

（4）"二、免税项目"由本期按照税收法律、法规及国家有关税收规定免征增值税的纳税人填写。仅享受小微企业免征增值税政策或未达起征点的小规模纳税人不需填写，即小规模纳税人申报表主表第 12 栏"其他免税销售额""本期数"无数据时，不需填写本栏。

①"免税性质代码及名称"：根据国家税务总局最新发布的《减免性质及分类表》

所列减免性质代码、项目名称填写。同时有多个免税项目的，应分别填写。

②"出口免税"填写纳税人本期按照税法规定出口免征增值税的销售额，但不包括适用免、抵、退税办法出口的销售额。小规模纳税人不填写本栏。

③第 1 列"免征增值税项目销售额"：填写纳税人免税项目的销售额。免税销售额按照有关规定允许从取得的全部价款和价外费用中扣除价款的，应填写扣除之前的销售额。

一般纳税人填写时，本列"合计"等于主表第 8 行"一般项目"列"本月数"。

小规模纳税人填写时，本列"合计"等于主表第 12 行"其他免税销售额"之"本期数"。

④第 2 列"免税销售额扣除项目本期实际扣除金额"：免税销售额按照有关规定允许从取得的全部价款和价外费用中扣除价款的，据实填写扣除金额；无扣除项目的，本列填写"0"。

⑤第 3 列"扣除后免税销售额"：按表中所列公式填写。

⑥第 4 列"免税销售额对应的进项税额"：本期用于增值税免税项目的进项税额。小规模纳税人不填写本列，一般纳税人按下列情况填写：

A. 纳税人兼营应税和免税项目的，按当期免税销售额对应的进项税额填写；

B. 纳税人本期销售收入全部为免税项目，且当期取得合法扣税凭证的，按当期取得的合法扣税凭证注明或计算的进项税额填写；

C. 当期未取得合法扣税凭证的，纳税人可根据实际情况自行计算免税项目对应的进项税额；无法计算的，本栏次填写"0"。

⑦第 5 列"免税额"：一般纳税人和小规模纳税人分别按下列公式计算填写，且本列各行数应大于或等于 0。

一般纳税人计算公式：第 5 列"免税额"≤第 3 列"扣除后免税销售额"×适用税率－第 4 列"免税销售额对应的进项税额"。

小规模纳税人计算公式：第 5 列"免税额"＝第 3 列"扣除后免税销售额"×征收率。

6.3.1.11 《营改增税负分析测算明细表》填写说明

（1）"应税项目代码及名称"：根据《营改增试点应税项目明细表》所列项目代码及名称填写，同时有多个项目的，应分项目填写。

（2）"增值税税率或征收率"：根据各项目适用的增值税税率或征收率填写。

（3）"营业税税率"：根据各项目在原营业税税制下适用的原营业税税率填写。

（4）第 1 列"不含税销售额"：反映纳税人当期对应项目不含的销售额（含 即征即退项目），包括开具增值税专用发票、开具其他发票、未开具发票、纳税检查调整的销售额，纳税人所填项目享受差额征税政策的，本列应填写差额扣除之前的销售额。

（5）第 2 列"销项（应纳）税额"：反映纳税人根据当期对应项目不含税的销售额计算出的销项税额或应纳税额（简易征收）。

本列各行次＝第1列对应各行次×增值税税率或征收率

（6）第3列"价税合计"：反映纳税人当期对应项目的价税合计数。

本列各行次＝第1列对应各行次＋第2列对应各行次

（7）第4列"服务、不动产和无形资产扣除项目本期实际扣除金额"：纳税人销售服务、不动产和无形资产享受差额征税政策的，应填写对应项目当期实际差额扣除的金额。不享受差额征税政策的填"0"。

（8）第5列"含税销售额"：纳税人销售服务、不动产和无形资产享受差额征税政策的，应填写对应项目差额扣除后的含税销售额。

本列各行次＝第3列对应各行次－第4列对应各行次

（9）第6列"销项（应纳）税额"：反映纳税人按现行增值税规定，分项目的增值税销项（应纳）税额，按以下要求填写：

①销售服务、不动产和无形资产按照一般计税方法计税的

$$\frac{本列}{各行次}=第5列对应各行次÷(100\%＋对应行次增值税税率)×对应行次增值税税率$$

②销售服务、不动产和无形资产按照简易计税方法计税的

$$\frac{本列}{各行次}=\frac{第5列对应}{各行次}÷(100\%＋对应行次增值税征收率)×\frac{对应行次}{增值税征收率}$$

（10）第7列"增值税应纳税额（测算）"：反映纳税人按现行增值税规定，测算出的对应项目的增值税应纳税额。

①销售服务、不动产和无形资产按照一般计税方法计税的本列各行次＝第6列对应各行次÷《增值税纳税申报表（一般纳税人适用）》主表第11栏"销项税额"中"一般项目"和"即征即退项目"之"本月数"之和×《增值税纳税申报表（一般纳税人适用）》主表第19栏"应纳税额"中"一般项目"和"即征即退项目"之"本月数"之和。

②销售服务、不动产和无形资产按照简易计税方法计税的本列各行次＝第6列对应各行次。

（11）第8列"原营业税税制下服务、不动产和无形资产差额扣除项目"之"期初余额"：填写按原营业税规定，服务、不动产和无形资产差额扣除项目上期期末结存的金额，试点实施之日的税款所属期填写"0"。本列各行次等于上期本表第12列对应行次。

（12）第9列"原营业税税制下服务、不动产和无形资产差额扣除项目"之"本期发生额"：填写按原营业税规定，本期取得的准予差额扣除的服务、不动产和无形资产差额扣除项目金额。

（13）第 10 列"原营业税税制下服务、不动产和无形资产差额扣除项目"之"本期应扣除金额"：填写按原营业税规定，服务、不动产和无形资产差额扣除项目本期应扣除的金额。

本列各行次＝第 8 列对应各行次＋第 9 列对应各行次

（14）第 11 列"原营业税税制下服务、不动产和无形资产差额扣除项目"之"本期实际扣除金额"：填写按原营业税规定，服务、不动产和无形资产差额扣除项目本期实际扣除的金额。

①当第 10 列各行次≤第 3 列对应行次时，

本列各行次＝第 10 列对应各行次

②当第 10 列各行次＞第 3 列对应行次时，

本列各行次＝第 3 列对应各行次

（15）第 12 列"原营业税税制下服务、不动产和无形资产差额扣除项目""期末余额"：填写按原营业税规定，服务、不动产和无形资产差额扣除项目本期期末结存的金额。

本列各行次＝第 10 列对应各行次－第 11 列对应各行次

（16）第 13 列"应税营业额"：反映纳税人按原营业税规定，对应项目的应税营业额。

本列各行次＝第 3 列对应各行次－第 11 列对应各行次

（17）第 14 列"营业税应纳税额"：反映纳税人按原营业税规定，计算出的对应项目的营业税应纳税额。

本列各行次＝第 13 列对应各行次×对应行次营业税税率

①"合计"行：本行各栏为对应栏次的合计数。

本行第 3 列"价税合计"＝附列资料（一）（本期销售情况明细）第 11 列"价税合计"第 2＋4＋5＋9b＋12＋13a＋13b 行。

本行第 4 列"服务、不动产和无形资产扣除项目本期实际扣除金额"＝附列资料（一）（本期销售情况明细）第 12 列"服务、不动产和无形资产扣除项目本期实际扣除金额"第 2＋4＋5＋9b＋12＋13a＋13b 行。

②其他行次根据纳税人实际发生业务分项目填写。

6.3.2 《增值税纳税申报表（小规模纳税人适用）》及其附列资料填写说明

本纳税申报表及其附列资料填写说明（以下简称本表及填写说明）适用于增值税小规模纳税人（以下简称纳税人）。

6.3.2.1　名词解释

（1）本表及填写说明所称"货物"，是指增值税的应税货物。

（2）本表及填写说明所称"劳务"，是指增值税的应税加工、修理、修配劳务。

（3）本表及填写说明所称"服务、不动产和无形资产"，是指销售服务、不动产和无形资产（以下简称应税行为）。

（4）本表及填写说明所称"扣除项目"，是指纳税人发生应税行为，在确定销售额时，按照有关规定允许其从取得的全部价款和价外费用中扣除价款的项目。

6.3.2.2　《增值税纳税申报表（小规模纳税人适用)》填写说明

本表"货物及劳务"与"服务、不动产和无形资产"各项目应分别填写。

（1）"税款所属期"是指纳税人申报的增值税应纳税额的所属时间，应填写具体的起止年、月、日。

（2）"纳税人识别号"栏，填写纳税人的税务登记证件号码。

（3）"纳税人名称"栏，填写纳税人名称全称。

（4）第1栏"应征增值税不含税销售额（3%征收率)"：填写本期销售货物及劳务、发生应税行为适用3%征收率的不含税销售额，不包括应税行为适用5%征收率的不含税销售额、销售使用过的固定资产和销售旧货的不含税销售额、免税销售额、出口免税销售额、查补销售额。

纳税人发生适用3%征收率的应税行为且有扣除项目的，本栏填写扣除后的不含税销售额，与当期《增值税纳税申报表（小规模纳税人适用）附列资料》第8栏数据一致。

（5）第2栏"税务机关代开的增值税专用发票不含税销售额"：填写税务机关代开的增值税专用发票销售额合计。

（6）第3栏"税控器具开具的普通发票不含税销售额"：填写税控器具开具的货物及劳务、应税行为的普通发票金额换算的不含税销售额。

（7）第4栏"应征增值税不含税销售额（5%征收率)"：填写本期发生应税行为适用5%征收率的不含税销售额。

纳税人发生适用5%征收率应税行为且有扣除项目的，本栏填写扣除后的不含税销售额，与当期《增值税纳税申报表（小规模纳税人适用）附列资料》第16栏数据一致。

（8）第5栏"税务机关代开的增值税专用发票不含税销售额"：填写税务机关代开的增值税专用发票销售额合计。

（9）第6栏"税控器具开具的普通发票不含税销售额"：填写税控器具开具的发生应税行为的普通发票金额换算的不含税销售额。

（10）第7栏"销售使用过的固定资产不含税销售额"：填写销售自己使用过的固定资产（不含不动产，下同）和销售旧货的不含税销售额，销售额＝含税销售额/

$(1+3\%)$。

（11）第8栏"税控器具开具的普通发票不含税销售额"：填写税控器具开具的销售自己使用过的固定资产和销售旧货的普通发票金额换算的不含税销售额。

（12）第9栏"免税销售额"：填写销售免征增值税的货物及劳务、应税行为的销售额，不包括出口免税销售额。

应税行为有扣除项目的纳税人，填写扣除之前的销售额。

（13）第10栏"小微企业免税销售额"：填写符合小微企业免征增值税政策的免税销售额，不包括符合其他增值税免税政策的销售额。个体工商户和其他个人不填写本栏次。

（14）第11栏"未达起征点销售额"：填写个体工商户和其他个人未达起征点（含支持小微企业免征增值税政策）的免税销售额，不包括符合其他增值税免税政策的销售额。本栏次由个体工商户和其他个人填写。

（15）第12栏"其他免税销售额"：填写销售免征增值税的货物及劳务、应税行为的销售额，不包括符合小微企业免征增值税和未达起征点政策的免税销售额。

（16）第13栏"出口免税销售额"：填写出口免征增值税货物及劳务、出口免征增值税应税行为的销售额。

应税行为有扣除项目的纳税人，填写扣除之前的销售额。

（17）第14栏"税控器具开具的普通发票销售额"：填写税控器具开具的出口免征增值税货物及劳务、出口免征增值税应税行为的普通发票销售额。

（18）第15栏"本期应纳税额"：填写本期按征收率计算缴纳的应纳税额。

（19）第16栏"本期应纳税额减征额"：填写纳税人本期按照税法规定减征的增值税应纳税额。包含可在增值税应纳税额中全额抵减的增值税税控系统专用设备费用以及技术维护费，可在增值税应纳税额中抵免的购置税控收款机的增值税税额。

当本期减征额小于或等于第15栏"本期应纳税额"时，按本期减征额实际填写；当本期减征额大于第15栏"本期应纳税额"时，按本期第15栏填写，本期减征额不足抵减部分结转下期继续抵减。

（20）第17栏"本期免税额"：填写纳税人本期增值税免税额，免税额根据第9栏"免税销售额"和征收率计算。

（21）第18栏"小微企业免税额"：填写符合小微企业免征增值税政策的增值税免税额，免税额根据第10栏"小微企业免税销售额"和征收率计算。

（22）第19栏"未达起征点免税额"：填写个体工商户和其他个人未达起征点（含支持小微企业免征增值税政策）的增值税免税额，免税额根据第11栏"未达起征点销售额"和征收率计算。

（23）第21栏"本期预缴税额"：填写纳税人本期预缴的增值税额，但不包括查补缴纳的增值税额。

6.3.2.3　《增值税纳税申报表（小规模纳税人适用）附列资料》填写说明

本附列资料由发生应税行为且有扣除项目的纳税人填写，各栏次均不包含免征增值税项目的金额。

（1）"税款所属期"是指纳税人申报的增值税应纳税额的所属时间，应填写具体的起止年、月、日。

（2）"纳税人名称"栏，填写纳税人名称全称。

（3）第1栏"期初余额"：填写适用3%征收率的应税行为扣除项目上期期末结存的金额，试点实施之日的税款所属期填写"0"。

（4）第2栏"本期发生额"：填写本期取得的按税法规定准予扣除的适用3%征收率的应税行为扣除项目金额。

（5）第3栏"本期扣除额"：填写适用3%征收率的应税行为扣除项目本期实际扣除的金额。

第3栏"本期扣除额"≤第1栏"期初余额"＋第2栏"本期发生额"之和，且第3栏"本期扣除额"≤第5栏"全部含税收入（适用3%征收率）"。

（6）第4栏"期末余额"：填写适用3%征收率的应税行为扣除项目本期期末结存的金额。

（7）第5栏"全部含税收入（适用3%征收率）"：填写纳税人适用3%征收率的应税行为取得的全部价款和价外费用数额。

（8）第6栏"本期扣除额"：填写本附列资料第3栏"本期扣除额"的数据。

第6栏"本期扣除额"＝第3栏"本期扣除额"

（9）第7栏"含税销售额"：填写适用3%征收率的应税行为的含税销售额。

第7栏"含税销售额"＝第5栏"全部含税收入（适用3%征收率）"－第6栏"本期扣除额"。

（10）第8栏"不含税销售额"：填写适用3%征收率的应税行为的不含税销售额。

第8栏"不含税销售额"＝第7栏"含税销售额"÷1.03，与《增值税纳税申报表（小规模纳税人适用）》第1栏"应征增值税不含税销售额（3%征收率）"中"本期数"之"服务、不动产和无形资产"栏数据一致。

（11）第9栏"期初余额"：填写适用5%征收率的应税行为扣除项目上期期末结存的金额，试点实施之日的税款所属期填写"0"。

（12）第10栏"本期发生额"：填写本期取得的按税法规定准予扣除的适用5%征收率的应税行为扣除项目金额。

（13）第11栏"本期扣除额"：填写适用5%征收率的应税行为扣除项目本期实际扣除的金额。

第11栏"本期扣除额"≤第9栏"期初余额"＋第10栏"本期发生额"之和，且第11栏"本期扣除额"≤第13栏"全部含税收入（适用5%征收率）"。

（14）第12栏"期末余额"：填写适用5%征收率的应税行为扣除项目本期期末结存的金额。

（15）第13栏"全部含税收入（适用5%征收率）"：填写纳税人适用5%征收率的应税行为取得的全部价款和价外费用数额。

（16）第 14 栏"本期扣除额"：填写本附列资料第 11 栏"本期扣除额"的数据。

第 14 栏"本期扣除额"＝第 11 栏"本期扣除额"

（17）第 15 栏"含税销售额"：填写适用 5％征收率的应税行为的含税销售额。

第 15 栏"含税销售额"＝第 13 栏"全部含税收入（适用 5％征收率）"－第 14 栏"本期扣除额"

（18）第 16 栏"不含税销售额"：填写适用 5％征收率的应税行为的不含税销售额。

第 16 栏"不含税销售额"＝第 15 栏"含税销售额"÷1.05，与《增值税纳税申报表（小规模纳税人适用）》第 4 栏"应征增值税不含税销售额（5％征收率）""本期数""服务、不动产和无形资产"栏数据一致。

6.3.3 《增值税预缴税款表》填写说明

6.3.3.1 适用情形

本表适用于纳税人发生以下情形按规定在国税机关预缴增值税时填写。

（1）纳税人（不含其他个人）跨县（市）提供建筑服务。

（2）房地产开发企业预售自行开发的房地产项目。

（3）纳税人（不含其他个人）出租与机构所在地不在同一县（市）的不动产。

6.3.3.2 基础信息填写说明

（1）"税款所属时间"：指纳税人申报的增值税预缴税额的所属时间，应填写具体的起止年、月、日。

（2）"纳税人识别号"：填写纳税人的税务登记证件号码；纳税人为未办理过税务登记证的非企业性单位的，填写其组织机构代码证号码。

（3）"纳税人名称"：填写纳税人名称全称。

（4）"是否适用一般计税方法"：该项目适用一般计税方法的纳税人在该项目后的"□"中打"√"，适用简易计税方法的纳税人在该项目后的"□"中打"×"。

（5）"项目编号"：由异地提供建筑服务的纳税人和房地产开发企业填写《建筑工程施工许可证》上的编号，根据相关规定不需要申请《建筑工程施工许可证》的建筑服务项目或不动产开发项目，不需要填写。出租不动产业务无需填写。

（6）"项目名称"：填写建筑服务或者房地产项目的名称。出租不动产业务不需要填写。

（7）"项目地址"：填写建筑服务项目、房地产项目或出租不动产的具体地址。

6.3.3.3 具体栏次填表说明

（1）纳税人异地提供建筑服务。

纳税人在"预征项目和栏次"部分的第 1 栏"建筑服务"行次填写相关信息：

①第 1 列"销售额"：填写纳税人跨县（市）提供建筑服务取得的全部价款和价外费用（含税）。

②第 2 列"扣除金额"：填写跨县（市）提供建筑服务项目按照规定准予从全部价款和价外费用中扣除的金额（含税）。

③第 3 列"预征率"：填写跨县（市）提供建筑服务项目对应的预征率或者征收率。

④第 4 列"预征税额"：填写按照规定计算的应预缴税额。

（2）房地产开发企业预售自行开发的房地产项目。

纳税人在"预征项目和栏次"部分的第 2 栏"销售不动产"行次填写相关信息：

①第 1 列"销售额"：填写本期收取的预收款（含税），包括在取得预收款当月或主管国税机关确定的预缴期取得的全部预收价款和价外费用。

②第 2 列"扣除金额"：房地产开发企业不需填写。

③第 3 列"预征率"：房地产开发企业预征率为 3%。

④第 4 列"预征税额"：填写按照规定计算的应预缴税额。

（3）纳税人出租不动产。

纳税人在"预征项目和栏次"部分的第 3 栏"出租不动产"行次填写相关信息：

①第 1 列"销售额"：填写纳税人出租不动产取得全部价款和价外费用（含税）；

②第 2 列"扣除金额"无需填写；

③第 3 列"预征率"：填写纳税人预缴增值税适用的预征率或者征收率；

④第 4 列"预征税额"：填写按照规定计算的应预缴税额。

6.4 税收征收管理事项

6.4.1 纳税申报期

（一）2016 年 5 月 1 日新纳入营改增试点范围的纳税人（以下简称试点纳税人），2016 年 6 月份增值税纳税申报期延长至 2016 年 6 月 27 日。

（二）根据工作实际情况，省、自治区、直辖市和计划单列市国家税务局（以下简称省国税局）可以适当延长 2015 年度企业所得税汇算清缴时间，但最长不得超过 2016 年 6 月 30 日。

（三）实行按季申报的原营业税纳税人，2016 年 5 月申报期内，向主管地税机关申报税款所属期为 4 月份的营业税；2016 年 7 月申报期内，向主管国税机关申报税款所属期为 5、6 月份的增值税。

（摘自国家税务总局公告 2016 年第 23 号第一条）

6.4.2 增值税一般纳税人资格登记

（一）试点纳税人应按照本公告规定办理增值税一般纳税人资格登记。

（二）除本公告第二条第（三）项规定的情形外，营改增试点实施前（以下简称试点实施前）销售服务、无形资产或者不动产（以下简称应税行为）的年应税销售额超过 500 万元的试点纳税人，应向主管国税机关办理增值税一般纳税人资格登记手续。

试点纳税人试点实施前的应税行为年应税销售额按以下公式换算：

$$应税行为年应税销售额＝连续不超过 12 个月应税行为营业额合计÷(1＋3\%)$$

按照现行营业税规定差额征收营业税的试点纳税人，其应税行为营业额按未扣除之前的营业额计算。

试点实施前，试点纳税人偶然发生的转让不动产的营业额，不计入应税行为年应税销售额。

（三）试点实施前已取得增值税一般纳税人资格并兼有应税行为的试点纳税人，不需要重新办理增值税一般纳税人资格登记手续，由主管国税机关制作、送达《税务事项通知书》，告知纳税人。

（四）试点实施前应税行为年应税销售额未超过 500 万元的试点纳税人，会计核算健全，能够提供准确税务资料的，也可以向主管国税机关办理增值税一般纳税人资格登记。

（五）试点实施前，试点纳税人增值税一般纳税人资格登记可由省国税局按照本公告及相关规定采取预登记措施。

（六）试点实施后，符合条件的试点纳税人应当按照《增值税一般纳税人资格认定管理办法》（国家税务总局令第 22 号）、《国家税务总局关于调整增值税一般纳税人管理有关事项的公告》（国家税务总局公告 2015 年第 18 号）及相关规定，办理增值税一般纳税人资格登记。按照营改增有关规定，应税行为有扣除项目的试点纳税人，其应税行为年应税销售额按未扣除之前的销售额计算。

增值税小规模纳税人偶然发生的转让不动产的销售额，不计入应税行为年应税销售额。

（七）试点纳税人兼有销售货物、提供加工修理修配劳务和应税行为的，应税货物及劳务销售额与应税行为销售额分别计算，分别适用增值税一般纳税人资格登记标准。

兼有销售货物、提供加工修理修配劳务和应税行为，年应税销售额超过财政部、国家税务总局规定标准且不经常发生销售货物、提供加工修理修配劳务和应税行为的单位和个体工商户可选择按照小规模纳税人纳税。

（八）试点纳税人在办理增值税一般纳税人资格登记后，发生增值税偷税、骗取出口退税和虚开增值税扣税凭证等行为的，主管国税机关可以对其实行 6 个月的纳税辅导期管理。

（摘自国家税务总局公告 2016 年第 23 号第二条）

6.4.3　发票使用

（一）增值税一般纳税人销售货物、提供加工修理修配劳务和应税行为，使用增值税发票管理新系统（以下简称新系统）开具增值税专用发票、增值税普通发票、机动车销售统一发票、增值税电子普通发票。

（二）增值税小规模纳税人销售货物、提供加工修理修配劳务月销售额超过 3 万元（按季纳税 9 万元），或者销售服务、无形资产月销售额超过 3 万元（按季纳税 9 万元），使用新系统开具增值税普通发票、机动车销售统一发票、增值税电子普通发票。

（三）增值税普通发票（卷式）启用前，纳税人可通过新系统使用国税机关发放的现有卷式发票。

（四）门票、过路（过桥）费发票、定额发票、客运发票和二手车销售统一发票继续使用。

（五）采取汇总纳税的金融机构，省、自治区所辖地市以下分支机构可以使用地市级机构统一领取的增值税专用发票、增值税普通发票、增值税电子普通发票；直辖市、计划单列市所辖区县及以下分支机构可以使用直辖市、计划单列市机构统一领取的增值税专用发票、增值税普通发票、增值税电子普通发票。

（六）国税机关、地税机关使用新系统代开增值税专用发票和增值税普通发票。代开增值税专用发票使用六联票，代开增值税普通发票使用五联票。

（七）自 2016 年 5 月 1 日起，地税机关不再向试点纳税人发放发票。试点纳税人已领取地税机关印制的发票以及印有本单位名称的发票，可继续使用至 2016 年 6 月 30 日，特殊情况经省国税局确定，可适当延长使用期限，最迟不超过 2016 年 8 月 31 日。

纳税人在地税机关已申报营业税未开具发票，2016 年 5 月 1 日以后需要补开发票的，可于 2016 年 12 月 31 日前开具增值税普通发票（税务总局另有规定的除外）。

（摘自国家税务总局公告 2016 年第 23 号第三条）

6.4.4　增值税发票开具

（一）税务总局编写了《商品和服务税收分类与编码（试行）》（以下简称编码，见附件），并在新系统中增加了编码相关功能。自 2016 年 5 月 1 日起，纳入新系统推行范围的试点纳税人及新办增值税纳税人，应使用新系统选择相应的编码开具增值税发票。北京市、上海市、江苏省和广东省已使用编码的纳税人，应于 5 月 1 日前完成开票软件升级。5 月 1 日前已使用新系统的纳税人，应于 8 月 1 日前完成开票软件升级。

（二）按照现行政策规定适用差额征税办法缴纳增值税，且不得全额开具增值税发票的（财政部、税务总局另有规定的除外），纳税人自行开具或者税务机关代开增值税发票时，通过新系统中差额征税开票功能，录入含税销售额（或含税评估额）和扣除额，系统自动计算税额和不含税金额，备注栏自动打印"差额征税"字样，发票开具不应与其他应税行为混开。

（三）提供建筑服务，纳税人自行开具或者税务机关代开增值税发票时，应在发票的备注栏注明建筑服务发生地县（市、区）名称及项目名称。

（四）销售不动产，纳税人自行开具或者税务机关代开增值税发票时，应在发票"货物或应税劳务、服务名称"栏填写不动产名称及房屋产权证书号码（无房屋产权证书的可不填写），"单位"栏填写面积单位，备注栏注明不动产的详细地址。

（五）出租不动产，纳税人自行开具或者税务机关代开增值税发票时，应在备注栏注明不动产的详细地址。

（六）个人出租住房适用优惠政策减按 1.5% 征收，纳税人自行开具或者税务机关代开增值税发票时，通过新系统中征收率减按 1.5% 征收开票功能，录入含税销售额，系统自动计算税额和不含税金额，发票开具不应与其他应税行为混开。

（七）税务机关代开增值税发票时，"销售方开户行及账号"栏填写税收完税凭证字轨及号码或系统税票号码（免税代开增值税普通发票可不填写）。

（八）国税机关为跨县（市、区）提供不动产经营租赁服务、建筑服务的小规模纳税人（不包括其他个人），代开增值税发票时，在发票备注栏中自动打印"YD"字样。

（摘自国家税务总局公告 2016 年第 23 号第四条）

6.4.5　扩大取消增值税发票认证的纳税人范围

（一）纳税信用 B 级增值税一般纳税人取得销售方使用新系统开具的增值税发票（包括增值税专用发票、货物运输业增值税专用发票、机动车销售统一发票，下同），可以不再进行扫描认证，登录本省增值税发票查询平台，查询、选择用于申报抵扣或者出口退税的增值税发票信息，未查询到对应发票信息的，仍可进行扫描认证。

（二）2016 年 5 月 1 日新纳入营改增试点的增值税一般纳税人，2016 年 5 月至 7 月期间不需进行增值税发票认证，登录本省增值税发票查询平台，查询、选择用于申报抵扣或者出口退税的增值税发票信息，未查询到对应发票信息的，可进行扫描认证。2016 年 8 月起按照纳税信用级别分别适用发票认证的有关规定。

（摘自国家税务总局公告 2016 年第 23 号第五条）

6.4.6　其他纳税事项

（一）原以地市一级机构汇总缴纳营业税的金融机构，营改增后继续以地市一级机构汇总缴纳增值税。

同一省（自治区、直辖市、计划单列市）范围内的金融机构，经省（自治区、直辖市、计划单列市）国家税务局和财政厅（局）批准，可以由总机构汇总向总机构所在地的主管国税机关申报缴纳增值税。

（二）增值税小规模纳税人应分别核算销售货物，提供加工、修理修配劳务的销售额，和销售服务、无形资产的销售额。增值税小规模纳税人销售货物，提供加工、修理修配劳务月销售额不超过 3 万元（按季纳税 9 万元），销售服务、无形资产月销售额不超过 3 万元（按季纳税 9 万元）的，自 2016 年 5 月 1 日起至 2017 年 12 月 31 日，可分别享受小微企业暂免征收增值税优惠政策。

（三）按季纳税申报的增值税小规模纳税人，实际经营期不足一个季度的，以实际经营月份计算当期可享受小微企业免征增值税政策的销售额度。

按照本公告第一条第（三）项规定，按季纳税的试点增值税小规模纳税人，2016 年 7 月纳税申报时，申报的 2016 年 5 月、6 月增值税应税销售额中，销售货物，提供加工、修理修配劳务的销售额不超过 6 万元，销售服务、无形资产的销售额不超过 6 万元的，可分别享受小微企业暂免征收增值税优惠政策。

（四）其他个人采取预收款形式出租不动产，取得的预收租金收入，可在预收款对应的租赁期内平均分摊，分摊后的月租金收入不超过 3 万元的，可享受小微企业免征增值税优惠政策。

（摘自国家税务总局公告 2016 年第 23 号第六条）

6.4.7　施行日期及废止文件说明

本公告自 2016 年 5 月 1 日起施行，《国家税务总局关于使用新版不动产销售统一发票和新版建筑业统一发票有关问题的通知》（国税发〔2006〕173 号）、《国家税务总局关于营业税改征增值税试点增值税一般纳税人资格认定有关事项的公告》（国家税务总局公告 2013 年第 75 号）、《国家税务总局关于开展商品和服务税收分类与编码试点工作的通知》（税总函〔2016〕56 号）同时废止。

（摘自国家税务总局公告 2016 年第 23 号第七条）

6.5　营改增国地税监督与管理

严肃财经纪律，强化责任追究。地方各级政府都要讲政治、顾大局，算政治账、经济账、长远账，严格遵守有关法律法规和财经纪律，绝不允许为了短期利益和局部利益，搞回溯性清税，甚至弄虚作假收过头税。此类问题一经发现要依法依规严肃处理，对不应征收的税收必须立即退付给纳税人，超出合理增幅部分的税收要相应扣回。有关部门要强化监督约谈，禁止个别企业等假借营改增之名刻意曲解政策、趁机涨价谋取不当利益。同时，要确保全面推开营改增试点后顺利实施调整中央与地方增值税收入划分过渡方案。要坚决避免违背市场规律的不合理行政干预，不得限制企业跨区域生产经营、操纵企业增加值地区分布，严禁以各种不当手段争夺税源，防止形成地方保护和市场分割，破坏全国统一大市场建设。要确保试点工作平稳、有序进行，确保各项减税措施落到实处、见到实效，确保各行业税负只减不增，使广大企业充分享受到全面推开营改增试点的改革红利。重大事项要及时向国务院报告。

（摘自国发明电〔2016〕1号第三条）

一是各地要充分认识减轻企业负担增强企业内生动力的重要意义。

当前经济运行中的积极变化增多，但基础并不稳固。只有减轻企业负担，调动广大企业积极性，才能有效落实稳增长调结构的供给侧改革目标。各级财政、税务部门要从发展全局的高度，不折不扣地贯彻落实好党中央、国务院的各项要求和部署。要自觉维护改革发展稳定大局，做好全面推开营改增试点前营业税、营业税改征的增值税征收管理工作，为全面推开营改增创造良好的工作环境。

二是严肃财经纪律，保障纳税人合法权益。

严禁跨月、跨季度征收或调整预征缴办法提前征收；严禁改征增值税收入进项税抵扣部分该抵不让抵，对企业该退税的不退或缓退；严禁运动式清理欠税、补税，属正常办理程序除外；严禁5月1日前要求纳税人先缴或多缴，5月1日后办退或少缴；严禁采取人为手段不开增值税发票，或增加开票手续；严禁与企业串通调账等。纳税人缴税确有困难的，经纳税人申请，税务机关按照税收征管法有关规定为其办理延期缴纳税款手续，切实保障纳税人合法权益。

三是加强国税地税合作。

5月1日后，试点纳税人纳入营改增试点之日前发生的应税行为需要补缴税款的，应按照营业税政策规定补缴营业税，由原主管地税机关负责相关欠税的追缴工作，管户移交后的主管国税机关应积极配合做好清欠工作。

四是加强监督检查。

财政、税务部门要会同有关部门加大监管力度，对增幅明显异常的地区，在核算2016年中央与地方增值税分配时，对超出合理增幅部分予以扣回，先扣减增值税基数返还，不够的还要扣减转移支付，具体办法另行制定。对收过头税、搞回溯性清税等行为要严肃处理，并依法追究有关人员的责任。各地财税部门要认真组织自查自纠，核实有无擅自改变纳税期限、征收过头税问题，有无以清理企业欠缴营业税为名，用不正当手段增加收入问题。对发现的不应在2016年1—4月征收的收入，包括擅自改变纳税期限征收的过头税、借清理企业欠税之名虚增的收入，必须立即退付给纳税人。

（摘自财预明电〔2016〕1号）

4 第四篇　建筑服务纳税申报案例

1　建筑服务业务发生（交易事实）情况

1.1　A 建筑公司经营范围及施工情况

A 建筑公司为增值税一般纳税人，建筑施工业务适用增值税税率 11%。2016 年 4 月 1 日，A 建筑公司作为乙方与甲方签订花园小区道路施工协议，工期 4 月 10 日至 6 月 20 日，收费总金额 11 000 000.00 元，其中道路工程 10 000 000.00 元，绿化工程 1 000 000.00 元。

2016 年 4 月至 6 月期间，A 建筑公司仅有花园小区道路施工一个工程项目。4 月份购进施工材料及劳务已全部结转当月经营成本。道路工程的收入、成本按时间进度确认，4 月份 20%，5 月份 50%，6 月份 30%。工程采取包工包料方式，不发生甲方供料。

绿化工程 1 000 000.00 元，A 建筑公司为总包方，分包给 B 绿化工程公司。由 A 建筑公司负责代扣代缴增值税。绿化工程工期为 2016 年 5 月 1 日至 5 月 25 日。

2016 年 5 月 1 日新购入办公楼办公用写字楼 1 000 平方米，价款 10 000 000.00 元，适用税率 11%，进项税额 1 100 000.00 元，取得增值税专用发票。

1.2　本期购进业务情况

2016 年 5 月发生下列购进业务：

业务一：5 月 2 日，购进小汽车一辆作为公司商务用车，金额 300 000.00 元，进项税额 51 000.00 元。

业务二：5 月期间，购进材料 3 000 000.00 元，适用税率 17%，取得增值税专用发票。其中：2 600 000.00 元本期认证相符且本期申报抵扣，400 000.00 元本期未认证，不能抵扣本期税额。

业务三：5 月期间，支付购进材料运费 10 000.00 元，适用税率 11%，取得增值税专用发票，本期认证相符且本期申报抵扣。

业务四：5 月 1 日初次购买增值税税控系统专用设备，取得增值税专用发票，金额 10 000.00 元，进项税额 1 700.00 元。

业务五：5 月 31 日前，绿化工程验收竣工，A 建筑公司支付 B 绿化工程公司工程款 1 000 000.00 元，适用税率 11%，取得增值税专用发票，本期认证相符。

业务六：购入办公用写字楼 1 000 平方米，价款 10 000 000.00 元，适用税率 11%，进项税额 1 100 000.00 元，取得增值税专用发票。购时当期可以抵扣进项税额 660 000.00 元。

1.3 本期销售业务情况

2016 年 5 月发生下列销售业务：

业务七：5 月道路工程施工收入 5 000 000.00 元，开具增值税专用发票，适用税率 11%。

业务八：5 月绿化工程收入 1 000 000.00 元，开具增值税专用发票，适用税率 11%。

业务九：销售使用过的建筑设备，100 000.00 元，适用税率 3%，减征税率 2%。

业务十：取得在东海市的甲工程款 30 000 000.00 元，其中分包款 20 000 000.00 元。

1.4 增值税纳税申报表及附表的填写顺序

增值税纳税申报表的填写顺序如下：

(1)《固定资产（不含不动产）进项税额抵扣情况表》；

(2) 附列资料（二）（本期进项税额明细）；

(3)《本期抵扣进项税额结构明细表》；

(4) 附列资料（一）（本期销售情况明细）；

(5) 附列资料（三）（服务、不动产和无形资产扣除项目明细）；

(6) 附列资料（四）（税额抵减情况表）；

(7) 附列资料（五）（不动产分期抵扣计算表）；

(8)《增值税纳税申报表（一般纳税人适用）》；

(9)《增值税减免税申报明细表》；

(10)《增值税纳税申报表（一般纳税人适用）》；

(11)《营改增税负分析测算明细表》。

说明：我们在介绍主表及附表的填报时，按上述填写顺序进行介绍。

2 《固定资产（不含不动产）进项税额抵扣情况表》填报

2.1 《固定资产进项税额抵扣情况表》填报情况说明

2.1.1 购进固定资产业务审核

2.1.1.1 产权登记情况

A 建筑公司已办理购进汽车的产权登记手续，《机动车行驶证》记载的所有人为 A 公司。

2.1.1.2 会计处理

根据××号记账凭证记录，本期发生的相关业务为前述业务一。

2.1.1.3 税务处理

购进汽车用于公司商务活动，应确认为用于应税项目，进项税额准予当期扣除。

2.1.2 增值税专用发票项目的填报

增值税专用发票项目，当期申报抵扣的固定资产进项税额 51 000.00 元，申报抵扣的固定资产进项税额累计 51 000.00 元。

数据来源：固定资产明细账记录的当期发生额及记账凭证。

2.1.3 海关进口增值税专用缴款书项目的填报

海关进口增值税专用缴款书项目，当期申报抵扣的固定资产进项税额 0 元，申报抵扣的固定资产进项税额累计 0 元。

2.1.4 合计项目的填报

合计项目，当期申报抵扣的固定资产进项税额 51 000.00 元，申报抵扣的固定资产进项税额累计 51 000.00 元。

2.2 《固定资产（不含不动产）进项税额抵扣情况表》填报情况

具体填报情况见表 4-1。

表 4-1 　　　　　　固定资产（不含不动产）进项税额抵扣情况表

纳税人名称（公章）：　　　　　　填表日期：　　年　月　日　　　　　　金额单位：元至角分

项目	当期申报抵扣的固定资产进项税额	申报抵扣的固定资产进项税额累计
增值税专用发票	51 000.00	51 000.00
海关进口增值税专用缴款书	0	0
合计	51 000.00	51 000.00

3　附列资料（二）（本期进项税额明细）填报

3.1　附列资料（二）（本期进项税额明细）填报情况说明

3.1.1　本期购进业务审核

3.1.1.1　产权登记情况

A公司已办理购进汽车的产权登记手续，《机动车行驶证》记载的所有人为A公司。

A公司已办理购入办公写字楼的产权登记手续，登记的所有人为A公司。

其他购进业务不需要办理产权登记手续。

3.1.1.2　会计处理

根据"应交税费——应交增值税——进项税额"明细账记录，本期发生下列五笔购进业务，即前述业务一、业务二、业务三、业务五、业务六。

业务一：2016年5月2日，境内购进小汽车一台作为公司商务用车，金额300 000.00元，适用税率17%，进项税额51 000.00元，取得增值税专用发票。

业务二：2016年5月期间，购进材料3 000 000.00元，适用税率17%，取得增值税专用发票。其中：2 600 000.00元本期认证相符且本期申报抵扣，400 000.00元本期未认证不能抵扣本期税额。

业务三：2016年5月期间，支付购进材料运费10 000.00元，适用税率11%，取得增值税专用发票，本期认证相符且本期申报抵扣。

业务五：2016年5月31日前，绿化工程验收竣工，A建筑公司支付B绿化工程公司工程款1 000 000.00元，适用税率11%，取得了增值税专用发票，本期认证相符。

业务六：购入办公用写字楼1 000平方米，价款10 000 000.00元，适用税率11%，进项税额1 100 000.00元，取得增值税专用发票。购时当期可以抵扣进项税额660 000.00元。

业务六的会计处理如下：

借：固定资产——不动产　　　　　　　　　　　　　　　　　10 000 000.00

　　　　应交税费——增值税（进项税额）——购建不动产进项（分期抵扣）

　　　　　　　　　　　　　　　　　　　　　　　　　　　660 000.00

　　　　应交税费——增值税（进项税额）——建不动产进项（分期抵扣）

　　　　　　　　　　　　　　　　　　　　　　　　　　　440 000.00

　　　贷：银行存款　　　　　　　　　　　　　　　11 100 000.00

同时：

　　借：应交税费——增值税（待抵扣进项税额）——新增不动产购进未满 12 月进

　　　项税额　　　　　　　　　　　　　　　　　　　　440 000.00

　　　贷：应交税费——增值税（进项税额）——购建不动产进项（分期抵扣）

　　　　　　　　　　　　　　　　　　　　　　　　　　　440 000.00

3.1.1.3　税务处理

（1）取得不动产进项税额抵扣

　　根据财税〔2016〕36 号文附件 2《营业税改征增值税试点有关事项的规定》，适用一般计税方法的试点纳税人，2016 年 5 月 1 日后取得并在会计制度上按固定资产核算的不动产或者 2016 年 5 月 1 日后取得的不动产在建工程，其进项税额应自取得之日起分两年从销项税额中抵扣，第一年抵扣比例为 60%，第二年抵扣比例为 40%。因此，业务六购入的办公用写字楼第一年可抵扣税额 660 000.00 元（2 200 000.00 元×60%）。

　　（2）附列资料（二）（本期进项税额明细）的数据来源为会计记录及购进业务增值税专用发票抵扣联。经审核，未发现取得不合规发票的情形。

3.1.2　申报抵扣的进项税额项目的填报

　　（1）认证相符的税控增值税专用发票项目，份数 4 份，金额 13 910 000.00 元，税额 1 704 100.00 元。

　　（2）其他扣税凭证项目，未发生。

　　（3）本期用于购建不动产的扣税凭证项目，份数 1 份，金额 10 000 000.00 元，税额 1 100 000.00 元。

　　（4）本期不动产允许抵扣进项税额项目，税额 660 000.00 元。

　　（5）外贸企业进项税额抵扣证明项目，未发生。

　　（6）当期申报抵扣进项税额合计项目，份数 4 份，金额 3 910 000.00 元，税额 1 264 100.00 元。

3.1.3　进项税额转出额项目的填报

　　本期进项税转出额项目：未发生。

3.1.4　待抵扣进项税额项目的填报

待抵扣进项税额项目：未发生。

3.1.5　其他项目的填报

（1）本期认证相符的税控增值税专用发票项目，未发生。

（2）代扣代缴税额项目，未发生。

3.2　附列资料（二）（本期进项税额明细）填报情况

具体填报情况见表 4-2。

表 4-2　　　　　　　　　增值税纳税申报表附列资料（二）

（本期进项税额明细）

纳税人名称：（公章）　　税款所属时间：　　年　月　日至　　年　月　日　　金额单位：元至角分

一、申报抵扣的进项税额				
项目	栏次	份数	金额	税额
（一）认证相符的增值税专用发票	1＝2＋3	4	13 910 000.00	1 704 100.00
其中：本期认证相符且本期申报抵扣	2	4	13 910 000.00	1 704 100.00
前期认证相符且本期申报抵扣	3			
（二）其他扣税凭证	4＝5＋6＋7＋8			
其中：海关进口增值税专用缴款书	5			
农产品收购发票或者销售发票	6			
代扣代缴税收缴款凭证	7			
其他	8			
（三）本期用于购建不动产的扣税凭证	9	1	10 000 000.00	1 100 000.00
（四）本期不动产允许抵扣进项税额	10	—		660 000.00
（五）外贸企业进项税额抵扣证明	11	—		
当期申报抵扣进项税额合计	12＝1＋4－9＋10＋11	3	3 910 000.00	1 264 100.00
二、进项税额转出额				
项目	栏次		税额	
本期进项税额转出额	13＝14 至 23 之和			
其中：免税项目用	14			
集体福利、个人消费	15			
非正常损失	16			

续表

项目	栏次	税额
简易计税方法征税项目用	17	
免抵退税办法不得抵扣的进项税额	18	
纳税检查调减进项税额	19	
红字专用发票信息表注明的进项税额	20	
上期留抵税额抵减欠税	21	
上期留抵税额退税	22	
其他应作进项税额转出的情形	23	

三、待抵扣进项税额

项目	栏次	份数	金额	税额
（一）认证相符的增值税专用发票	24	—		—
期初已认证相符但未申报抵扣	25			
本期认证相符且本期未申报抵扣	26			
期末已认证相符但未申报抵扣	27			
其中：按照税法规定不允许抵扣	28			
（二）其他扣税凭证	29＝30至33之和			
其中：海关进口增值税专用缴款书	30			
农产品收购发票或者销售发票	31			
代扣代缴税收缴款凭证	32	—		
其他	33			
	34			

四、其他

项目	栏次	份数	金额	税额
本期认证相符的增值税专用发票	35			
代扣代缴税额	36	—	—	

4 《本期抵扣进项税额结构明细表》填报

4.1 《本期抵扣进项税额结构明细表》填报情况说明

4.1.1 合计项目的填报

本期抵扣进项税额，合计项目金额 3 910 000.00 元，税额 604 100.00 元。

【提示】本表合计栏与附列资料（二）（本期进项税额明细），以下简称《附列资料（二）》相关栏次的勾稽关系如下：

第 1 栏"合计"之"税额"列＝附列资料（二）第 12 栏"税额"列－附列资料（二）第 10 栏"税额"列－附列资料（二）第 11 栏"税额"列，即 604 100.00 元（1 264 100.00 元－660 000.00 元－0 元）。

4.1.2 按税率或征收率归集（不包括购建不动产、通行费）的进项项目的填报

4.1.2.1 17%税率的进项项目的填报

本期抵扣进项税额，17%税率的进项项目，金额 2 900 000.00 元，税额 493 000.00 元。数据来源为前述业务一、业务二。

4.1.2.2 13%税率的进项项目的填报

13%税率的进项项目：未发生。

4.1.2.3 11%税率的进项项目的填报

本期抵扣进项税额，11%税率的进项项目，金额 1 010 000.00 元，税额 111 100.00 元。其中：运输服务的进项项目金额 10 000.00 元，税额 1 100.00 元；建筑安装服务的进项项目金额 1 000 000.00 元，税额 110 000.00 元。

数据来源为前述业务三、业务五。

4.1.2.4 6%税率的进项项目的填报

6%征收率的进项项目：未发生。

4.1.2.5　5%征收率的进项项目的填报

5％征收率的进项项目：未发生。

4.1.2.6　3%征收率的进项项目的填报

3％征收率的进项项目：未发生。

4.1.2.7　减按1.5%征收率的进项项目的填报

减按1.5％征收率的进项项目：未发生。

4.1.3　按抵扣项目归集的进项项目的填报

4.1.3.1　用于购建不动产并一次性抵扣的进项项目的填报

用于购建不动产并一次性抵扣的进项项目：未发生。

4.1.3.2　通行费的进项项目的填报

通行费的进项项目：未发生。

4.2　《本期抵扣进项税额结构明细表》填报情况

具体填报情况见表4-3。

表 4-3　　　　　　　　　　本期抵扣进项税额结构明细表

纳税人名称：（公章）　　税款所属时间：　　年　月　日至　　年　月　日　　金额单位：元至角分

项目	栏次	金额	税额
合计	1＝2＋4＋5＋11＋16＋18＋27＋29＋30	3 910 000.00	604 100.00
一、按税率或征收率归集（不包括购建不动产、通行费）的进项			
17％税率的进项	2	2 900 000.00	493 000.00
其中：有形动产租赁的进项	3		
13％税率的进项	4		
11％税率的进项	5	1 010 000.00	111 100.00
其中：运输服务的进项	6	10 000.00	1 100.00

续表

项目	栏次	金额	税额
电信服务的进项	7		
建筑安装服务的进项	8	1 000 000.00	110 000.00
不动产租赁服务的进项	9		
受让土地使用权的进项	10		
6%税率的进项	11		
其中：电信服务的进项	12		
金融保险服务的进项	13		
生活服务的进项	14		
取得无形资产的进项	15		
5%征收率的进项	16		
其中：不动产租赁服务的进项	17		
3%征收率的进项	18		
其中：货物及加工、修理修配劳务的进项	19		
运输服务的进项	20		
电信服务的进项	21		
建筑安装服务的进项	22		
金融保险服务的进项	23		
有形动产租赁服务的进项	24		
生活服务的进项	25		
取得无形资产的进项	26		
减按1.5%征收率的进项	27		
	28		
二、按抵扣项目归集的进项			
用于购建不动产并一次性抵扣的进项	29		
通行费的进项	30		
	31		
	32		

5 附列资料（一）（本期销售情况明细）填报

5.1 附列资料（一）（本期销售情况明细）填报情况说明

5.1.1 本期销售业务审核

5.1.1.1 会计处理

根据销售明细账记录，本期发生了三笔销售业务，即前述业务七、业务八和业务九。

5.1.1.2 税务处理

纳税人销售自己使用过的固定资产，适用简易办法依照 3％征收率减按 2％征收增值税政策的，可以放弃减税，按照简易办法依照 3％征收率缴纳增值税，并可以开具增值税专用发票。

业务九为销售使用过的建筑设备，适用简易办法依照 3％征收率减按 2％征收增值税政策，计算应纳税额 3 000.00 元，减征额 1 000.00 元，减征后纳税额 2 000.00 元。

5.1.2 一般计税方法计税项目的填报

（1）全部征税项目：建筑服务 11％税率项目，开具增值税专用发票的销售额 6 000 000.00 元、销项（应纳）税额 660 000.00 元，开具其他发票项目 0 元，未开具发票项目 0 元，纳税检查调整项目 0 元。

数据来源为前述业务七、业务八。

（2）即征即退项目：未发生。

5.1.3 简易计税方法计税项目的填报

（1）全部征税项目：销售使用过的建筑设备属于 3％征收率的货物及加工修理修配劳务，开具增值税专用发票的销售额 0 元，开具其他发票销售额 100 000.00 元、销项（应纳）税额 3 000.00 元，纳税检查调整项目 0 元。

数据来源为前述业务九。

（2）即征即退项目：未发生。

5.1.4　免抵退税项目的填报

（1）货物及加工修理修配劳务项目：未发生。
（2）应税服务项目：未发生。

5.1.5　免税项目的填报

（1）货物及加工修理修配劳务项目：未发生。
（2）应税服务项目：未发生。

5.2　附列资料（一）（本期销售情况明细）填报情况

具体填报情况见表 4-4。

表4-4

增值税纳税申报表附列资料（一）
（本期销售情况明细）

税款所属时间：　　年　月　日至　　年　月　日

纳税人名称：（公章）

金额单位：元至角分

项目及栏次	栏次	开具增值税专用发票 销售额	开具增值税专用发票 销项（应纳）税额	开具其他发票 销售额	开具其他发票 销项（应纳）税额	未开具发票 销售额	未开具发票 销项（应纳）税额	纳税检查调整 销售额	纳税检查调整 销项（应纳）税额	合计 销售额	合计 销项（应纳）税额	价税合计	服务、不动产和无形资产扣除项目本期实际扣除金额	扣除后 含税（免税）销售额	扣除后 销项（应纳）税额
		1	2	3	4	5	6	7	8	9=1+3+5+7	10=2+4+6+8	11=9+10	12	13=11−12	14=13÷(100%+税率或征收率)×税率或征收率
一般计税方法计税 全部征税项目 17%税率的货物及加工修理修配劳务	1														
17%税率的服务、不动产和无形资产	2														
13%税率	3														
11%税率	4	6 000 000.00	660 000.00							6 000 000.00	660 000.00	6 660 000.00		6 660 000.00	660 000.00
6%税率	5														
其中：即征即退项目 即征即退货物及加工修理修配劳务	6	—	—	—	—	—	—	—	—	—	—	—	—	—	—
即征即退服务、不动产和无形资产	7	—	—	—	—	—	—	—	—	—	—	—	—	—	—

续表

项目及栏次		开具增值税专用发票		开具其他发票		未开具发票		纳税检查调整		合计		价税合计	服务、不动产和无形资产扣除项目本期实际扣除金额	扣除后	
		销售额	销项（应纳）税额	销售额	销项（应纳）税额	销售额	销项（应纳）税额	销售额	销项（应纳）税额	销售额	销项（应纳）税额			含税（免税）销售额	销项（应纳）税额
		1	2	3	4	5	6	7	8	9=1+3+5+7	10=2+4+6+8	11=9+10	12	13=11-12	14=13÷(100%+税率或征收率)×税率或征收率
6%征收率	8														
5%征收率的货物及加工修理修配劳务	9a												—	—	—
5%征收率的服务、不动产和无形资产	9b													—	—
4%征收率	10														
3%征收率的货物及加工修理修配劳务	11			100 000.00	3 000.00					100 000.00	3 000.00		—	—	—
3%征收率的服务、不动产和无形资产	12													—	—
预征率%	13a														
预征率%	13b														
预征率%	13c														
即征即退货物及加工修理修配劳务	14												—	—	—
即征即退服务、不动产和无形资产	15													—	—

一、简易计税方法计税 — 全部征税项目 / 其中：即征即退项目

续表

项目及栏次	开具增值税专用发票		开具其他发票		未开具发票		纳税检查调整		合计		价税合计	服务、不动产和无形资产扣除项目本期实际扣除金额	扣除后	
	销售额	销项(应纳)税额	销售额	销项(应纳)税额	销售额	销项(应纳)税额	销售额	销项(应纳)税额	销售额	销项(应纳)税额			含税(免税)销售额	销项(应纳)税额
	1	2	3	4	5	6	7	8	$9=1+3+5+7$	$10=2+4+6+8$	$11=9+10$	12	$13=11-12$	$14=13\div(100\%+$税率或征收率$)\times$税率或征收率
三 免抵退税 货物及加工修理修配劳务 16		—	—	—	—	—	—	—	—	—	—	—	—	—
服务、不动产和无形资产 17	—	—	—	—	—	—	—	—	—	—	—	—	—	—
四 免税 货物及加工修理修配劳务 18	—	—	—	—	—	—	—	—	—	—	—	—	—	—
服务、不动产和无形资产 19	—	—	—	—	—	—	—	—	—	—	—	—	—	—

6 附列资料（三）（服务、不动产和无形资产扣除项目明细）填报

6.1 附列资料（三）（服务、不动产和无形资产扣除项目明细）填报情况说明

6.1.1 应税服务业务审核

6.1.1.1 会计处理

本期发生的相关业务为前述业务五和业务七。

会计分录如下：

借：工程施工——绿化	1 000 000.00
应交税费——应交增值税（进项税额）	110 000.00
贷：银行存款/应付账款	1 110 000.00

6.1.1.2 税务处理

分包工程款的处理方法如下：如果 A 建筑公司适用简易计税方法，以取得的全部价款和价外费用扣除支付的分包款后的余额为销售额。会计上不做收入，增值税不确认为销售额，取得的增值税专用发票绿化工程款，不确认进项税额。

如果 A 建筑公司适用简易计税方法，应按含税价格确认本表"本期应税服务价税合计额（免税销售额）"、"应税服务扣除项目"。由于 A 建筑公司适用一般计税方法，故业务五和业务七不在本表填列。

6.1.2 应税服务扣除项目的填报

11%税率的项目：本期服务、不动产和无形资产价税合计额（免税销售额）6 660 000.00 元，服务、不动产和无形资产扣除项目期初余额 0 元，本期发生额 0 元，本期应扣除金额 0 元，本期实际扣除金额 0.00 元，期末余额 0 元。

【提示】本表与附列资料（一）（本期销售情况明细）（以下简称附列资料（一））相关栏次的勾稽关系如下：

第 1 列各行次等于附列资料（一）第 11 列对应行次，其中本列第 3 行和第 4 行之

和等于附列资料（一）第11列第5栏。

6.2 附列资料（三）（服务、不动产和无形资产扣除项目明细）填报情况

具体填报情况见表4-5。

表 4-5　　　　　　　　　　**增值税纳税申报表附列资料（三）**

（服务、不动产和无形资产扣除项目明细）

纳税人名称：（公章）　　税款所属时间：　　年　月　日至　　年　月　日　　金额单位：元至角分

项目及栏次		本期服务、不动产和无形资产价税合计额（免税销售额）	服务、不动产和无形资产扣除项目				
			期初余额	本期发生额	本期应扣除金额	本期实际扣除金额	期末余额
		1	2	3	4＝2＋3	5（5≤1且5≤4）	6＝4－5
17％税率的项目	1						
11％税率的项目	2	6 660 000.00					
6％税率的项目（不含金融商品转让）	3						
6％税率的金融商品转让项目	4						
5％征收率的项目	5						
3％征收率的项目	6						
免抵退税的项目	7						
免税的项目	8						

7　附列资料（四）（税额抵减情况表）填报

7.1　附列资料（四）（税额抵减情况表）填报情况说明

7.1.1　本期购进业务审核

7.1.1.1　会计处理

本期发生的相关业务为前述业务四和业务十。

根据前述业务十，A建筑公司在在东海市的甲工程款 30 000 000.00 元及分包款 20 000 000.00 元，应换算成不含税价格进行增值税预缴，具体计算过程为：

$$应预缴税额＝（预收款－分包款）/（1＋11\%）×2\%$$
$$＝\frac{30\,000\,000.00－20\,000\,000.00}{1＋11\%}×2＝180\,180.18（元）$$

7.1.1.2　税务处理

（1）增值税纳税人 2011 年 12 月 1 日（含，下同）以后初次购买增值税税控系统专用设备（包括分开票机）支付的费用，可凭购买增值税税控系统专用设备取得的增值税专用发票，在增值税应纳税额中全额抵减（抵减额为价税合计额），不足抵减的可结转下期继续抵减。因此，业务四发生的初次购买增值税税控系统专用设备支出 11 700.00 元可全额抵减税额。

（2）一般纳税人跨县（市、区）提供建筑服务，适用一般计税方法计税的，以取得的全部价款和价外费用扣除支付的分包款后的余额，按照 2% 的预征率计算应预缴税款。

适用一般计税方法计税的，应预缴税款＝（全部价款和价外费用－支付的分包款）÷（1＋11%）×2%。

因此，业务十应预缴税额为 180 180.18 元［（预收款 30 000 000.00 元－分包款 20 000 000.00 元）/（1＋11%）×2%］。

7.1.2　增值税税控系统专用设备费及技术维护费抵减项目的填报

增值税税控系统专用设备费及技术维护费抵减项目：期初余额 0 元，本期发生额

11 700.00 元，本期应抵减税额 11 700.00 元，本期实际抵减税额 2 000.00 元，期末余额 9 700.00 元。

7.1.3 分支机构预征缴纳税款抵减项目的填报

分支机构预征缴纳税款抵减项目：未发生。

7.1.4 建筑服务预征缴纳税款抵减项目的填报

建筑服务预征缴纳税款抵减项目：期初余额 0 元，本期发生额 180 180.18 元，本期应抵减税额 180 180.18 元，本期实际抵减税额 180 180.18 元，期末余额 0 元。

7.1.5 销售不动产预征缴纳税款抵减项目的填报

销售不动产预征缴纳税款抵减项目：未发生。

7.1.6 出租不动产预征缴纳税款抵减项目的填报

出租不动产预征缴纳税款抵减项目：未发生。

7.2 附列资料（四）（税额抵减情况表）填报情况

具体填报情况见表 4-6。

表 4-6 　　　　　　　　增值税纳税申报表附列资料（四）

（税额抵减情况表）

纳税人名称：（公章）　　税款所属时间：　年 月 日至　 年 月 日　　金额单位：元至角分

序号	抵减项目	期初余额	本期发生额	本期应抵减税额	本期实际抵减税额	期末余额
		1	2	3＝1＋2	4≤3	5＝3－4
1	增值税税控系统专用设备费及技术维护费	0	11 700.00	11 700.00	2 000.00	9 700.00
2	分支机构预征缴纳税款					
3	建筑服务预征缴纳税款	0	180 180.18	180 180.18	180 180.18	0
4	销售不动产预征缴纳税款					
5	出租不动产预征缴纳税款					

8　附列资料（五）（不动产分期抵扣计算表）填报

8.1　附列资料（五）（不动产分期抵扣计算表）填报情况说明

8.1.1　不动产分期抵扣业务审核

本期发生的相关业务为前述业务六。

8.1.2　不动产分期抵扣情况的填报

期初待抵扣不动产进项税额 0 元，本期不动产进项税额增加额为 1 100 000.00 元；本期可抵扣不动产进项税额，填写符合税法规定可以在本期抵扣的不动产进项税额 660 000.00 元；本期转入的待抵扣不动产进项税额 0 元，本期转出的待抵扣不动产进项税额 0 元，期末待抵扣不动产进项税额 440 000.00 元。

8.2　附列资料（五）（不动产分期抵扣计算表）填报情况

具体填报情况见表 4-7。

表 4-7　　　　　　　　　增值税纳税申报表附列资料（五）
（不动产分期抵扣计算表）

纳税人名称：（公章）　　税款所属时间：　　年　月　日至　　年　月　日　　金额单位：元至角分

期初待抵扣不动产进项税额	本期不动产进项税额增加额	本期可抵扣不动产进项税额	本期转入的待抵扣不动产进项税额	本期转出的待抵扣不动产进项税额	期末待抵扣不动产进项税额
1	2	3≤1+2+4	4	5≤1+4	6=1+2−3+4−5
0	1 100 000.00	660 000.00	0	0	440 000.00

9 《增值税纳税申报表（一般纳税人适用）》填报

9.1 《增值税纳税申报表（一般纳税人适用）》填报情况说明

9.1.1 销售额项目的填报

（1）第1栏"按适用税率计税销售额"，一般项目本月数6 000 000.00元。

数据来源：附列资料（一）（本期销售情况明细）第9列第1至5行之和－第9列第6、7行之和，即（6 000 000.00元－0元）。

（2）第5栏"按简易办法计税销售额"，一般项目本月数100 000.00元。

数据来源：附列资料（一）（本期销售情况明细）第9列第8至13b行之和－第9列第14、15行之和，即（100 000.00元－0元）。

9.1.2 税款计算项目的填报

（1）第11栏"销项税额"，一般项目本月数660 000.00元。

数据来源：附列资料（一）（本期销售情况明细）（第10列第1、3行之和－第10列第6行）＋（第14列第2、4、5行之和－第14列第7行），即（0元－0元）＋（660 000.00元－0元）。

（2）第12栏"进项税额"，一般项目本月数1 264 100.00元。

数据来源：附列资料（二）（本期进项税额明细）第12栏"税额"，即1 264 100.00元。

（3）第17栏"应抵扣税额合计"，一般项目本月数1 264 100.00元。

数据来源：应抵扣税额合计（本月数）＝本表第12栏＋第13栏－第14栏－第15栏＋第16栏＝1 264 100.00元。

（4）第18栏"实际抵扣税额"，一般项目本月数660 000.00元。

（5）第19栏"应纳税额"，一般项目本月数0元。

数据来源：应纳税额本月数＝第11栏－第18栏＝0元。

（6）第20栏"期末留抵税额"，一般项目本月数604 100.00元。

（7）第21栏"简易办法计算的应纳税额"，一般项目本月数3 000.00元。

数据来源：附列资料（一）（本期销售情况明细）（第10列第8、9a、10、11行之和－第10列第14行）＋（第14列第9b、12、13a、13b行之和－第14列第15行），即

（3 000.00 元－0 元）＋（0 元－0 元）。

（8）第 23 栏"应纳税额减征额"，一般项目本月数 3 000.00 元。

当本期减征额小于或等于第 19 栏"应纳税额"与第 21 栏"简易计税办法计算的应纳税额"之和时，按本期减征额实际填写；当本期减征额大于第 19 栏"应纳税额"与第 21 栏"简易计税办法计算的应纳税额"之和时，按本期第 19 栏与第 21 栏之和填写。本期减征额不足抵减部分结转下期继续抵减。

（9）第 24 栏"应纳税额合计"，一般项目本月数 0 元。应纳税额合计＝本表第 19 栏＋第 21 栏－第 23 栏。

9.1.3　税款缴纳项目的填报

（1）第 27 栏"本期已缴税额"，一般项目本月数 180 180.18 元。

（2）第 28 栏"①分次预缴税额"，一般项目本月数 180 180.18 元。

（3）第 32 栏"期末未缴税额（多缴为负数）"，一般项目本月数－180 180.18 元。

数据来源：期末未缴税额＝本表第 24 栏＋第 25 栏＋第 26 栏－第 27 栏，即－180 180.18 元。

（4）第 33 栏"其中：欠缴税额"，一般项目本月数－180 180.18 元。

数据来源：欠缴税额＝本表第 25 栏＋第 26 栏－第 27 栏，即－180 180.18 元。

（5）第 34 栏"本期应补（退）税额"，一般项目本月数－180 180.18 元。

数据来源：本期应补（退）税额＝本表第 24 栏－第 28 栏－第 29 栏，即－180 180.18 元。

9.2　《增值税纳税申报表（一般纳税人适用）》填报情况

具体填报情况见表 4-8。

根据国家税收法律法规及增值税相关规定制定本表。纳税人不论有无销售额，均应按税务机关核定的纳税期限填写本表，并向当地税务机关申报。

表 4-8

增值税纳税申报表
（一般纳税人适用）

填表日期： 年 月 日　　　　　　　　　　　　　　金额单位：元至角分

税款所属时间：自 年 月 日 至 年 月 日

纳税人识别号		所属行业：	
纳税人名称	（公章）	生产经营地址	电话号码
开户银行及账号		注册地址	
登记注册类型		法定代表人姓名	

	项目	栏次	一般项目 本月数	一般项目 本年累计	即征即退项目 本月数	即征即退项目 本年累计
销售额	（一）按适用税率计税销售额	1	6 000 000.00			
	其中：应税货物销售额	2				
	应税劳务销售额	3				
	纳税检查调整的销售额	4				
	（二）按简易办法计税销售额	5	100 000.00			
	其中：纳税检查调整的销售额	6				
	（三）免、抵、退办法出口销售额	7			—	—
	（四）免税销售额	8			—	—
	其中：免税货物销售额	9			—	—
	免税劳务销售额	10			—	—
税款计算	销项税额	11	660 000.00			
	进项税额	12	1 264 100.00			
	上期留抵税额	13				
	进项税额转出	14				
	免、抵、退应退税额	15			—	—
	按适用税率计算的纳税检查应补缴税额	16			—	—
	应抵扣税额合计	17=12+13-14-15+16	1 264 100.00	—		
	实际抵扣税额	18 （如17<11，则为17，否则为11）	660 000.00			
	应纳税额	19=11-18	0			
	期末留抵税额	20=17-18	604 100.00			
	简易计税办法计算的应纳税额	21	3 000.00		—	—
	按简易计税办法计算的纳税检查应补缴税额	22				
	应纳税额减征额	23	3 000.00		—	—
	应纳税额合计	24=19+21-23	0			

续表

纳税人识别号					
纳税人名称		法定代表人姓名		所属行业：	
开户银行及账号		登记注册类型	注册地址	生产经营地址	电话号码

栏次	项目	一般项目 本月数	一般项目 本年累计	即征即退项目 本月数	即征即退项目 本年累计
25	期初未缴税额（多缴为负数）				
26	实收出口开具专用缴款书退税额	180 180.18		—	—
27＝28＋29＋30＋31	本期已缴税额	180 180.18	—		—
28	①分次预缴税额	180 180.18	—		—
29	②出口开具专用缴款书预缴税额		—		
30	③本期缴纳上期应纳税额				
31	④本期缴纳欠缴税额				
税款缴纳 32＝24＋25＋26－27	期末未缴税额（多缴为负数）	−180 180.18	—		—
33＝25＋26－27	其中：欠缴税额（≥0）	−180 180.18	—		—
34＝24－28－29	本期应补（退）税额	−180 180.18	—		—
35	即征即退实际退税额	—			
36	期初未缴查补税额				
37	本期入库查补税额				
38＝16＋22＋36－37	期末未缴查补税额				

申报人声明：本纳税申报表是根据国家税收法律法规及相关规定填报的，我确定它是真实的、可靠的、完整的。

声明人签字：

授权声明：如果你已委托代理人申报，请填写下列资料：为代理一切税务事宜，现授权（地址）为本纳税人的代理申报人，任何与本申报表有关的往来文件，都可寄予此人。

授权人签字：

10 《增值税减免税申报明细表》填报

10.1 《增值税减免税申报明细表》填报情况说明

10.1.1 本期减免税业务审核

10.1.1.1 会计处理

本期发生的相关业务为前述业务九，应纳税额 3 000.00 元，减征额 1 000.00 元，减征后应纳税额 2 000.00 元。

10.1.1.2 税务处理

纳税人销售自己使用过的固定资产，适用简易办法依照 3% 征收率减按 2% 征收增值税政策的，可以放弃减税，按照简易办法依照 3% 征收率缴纳增值税，并可以开具增值税专用发票。

根据业务九，A 建筑公司销售使用过的建筑设备，适用简易办法依照 3% 征收率减按 2% 征收增值税政策，计算应纳税额 3 000.00 元，减征额 1 000.00 元，减征后应纳税额 2 000.00 元。

10.1.2 减税项目的填报

第 1 栏"合计"，期初余额 0 元，本期发生额 12 700.00 元，本期应抵减税额 12 700.00 元，本期实际抵减税额 3 000.00 元，期末余额 9 700.00 元。

"本期实际抵减税额"数据来源：《增值税纳税申报表》第 23 行"一般项目"列"本月数"。

第 2 栏"增值税税控系统专用设备费及技术维护费"，期初余额 0 元，本期发生额 11 700.00 元，本期应抵减税额 11 700.00 元，本期实际抵减税额 2 000.00 元，期末余额 9 700.00 元。

第 3 栏"销售使用过的固定资产"，期初余额 0 元，本期发生额 1 000.00 元，本期应抵减税额 1 000.00 元，本期实际抵减税额 1 000.00 元，期末余额 0 元。

10.1.3　免税项目的填报

免税项目：未发生。

10.2　《增值税减免税申报明细表》填报情况

具体填报情况见表 4-9。

表 4-9　　　　　　　　　　增值税减免税申报明细表

纳税人名称（公章）：　税款所属时间：自　　年　　月　　日至　　年　　月　　日　金额单位：元至角分

一、减税项目						
减税性质代码及名称	栏次	期初余额	本期发生额	本期应抵减税额	本期实际抵减税额	期末余额
		1	2	3＝1＋2	4≤3	5＝3－4
合计	1	0	12 700.00	12 700.00	3 000.00	9 700.00
增值税税控系统专用设备费及技术维护费	2	0	11 700.00	11 700.00	2 000.00	9 700.00
销售使用过的固定资产	3	0	1 000.00	1 000.00	1 000.00	0
	4					
	5					
	6					
二、免税项目						
免税性质代码及名称	栏次	免征增值税项目销售额	免税销售额扣除项目本期实际扣除金额	扣除后免税销售额	免税销售额对应的进项税额	免税额
		1	2	3＝1－2	4	5
合计	7					
出口免税	8	—	—	—	—	—
其中：跨境服务	9	—	—	—	—	—
	10					
	11					
	12					
	13					
	14					
	15					
	16					

11 《增值税预缴税款表》填报

11.1 《增值税预缴税款表》填报情况说明

11.1.1 本期预缴增值税业务审核

本期发生的相关业务为前述业务十。

A 建筑公司在在东海市的甲工程款 30 000 000.00 元,应换算成不含税价格进行增值税预缴,具体计算过程为:

$$应预缴税额=(预收款-分包款)/(1+11\%)\times2\%$$

$$=\frac{30\,000\,000.00-20\,000\,000.00}{1+11\%}\times2\%=180\,180.18(元)$$

11.1.2 建筑服务预征项目的填报

建筑服务预征项目,销售额 30 000 000.00 元,扣除金额 20 000 000.00 元,预征率 2%,预征税额 180 180.18 元。

11.1.3 销售不动产预征项目的填报

销售不动产预征项目:未发生。

11.1.4 出租不动产预征项目的填报

出租不动产预征项目:未发生。

11.2 《增值税预缴税款表》填报情况

具体填报情况见表 4-10。

表 4-10　　　　　　　　　　**增值税预缴税款表**

税款所属时间：　　　年　月　日至　　　年　月　日

纳税人识别号：□□□□□□□□□□□□□□□□□□□□　是否适用一般计税方法　是□　否□

纳税人名称：（公章）　　　　　　　　　　　　　　　　　　　　　　金额单位：元列至角分

项目编号		项目名称			
项目地址					
预征项目和栏次		销售额	扣除金额	预征率	预征税额
		1	2	3	4
建筑服务	1	30 000 000.00	20 000 000.00	2％	180 180.18
销售不动产	2				
出租不动产	3				
	4				
	5				
合计	6	30 000 000.00	20 000 000.00	2％	180 180.18

授权声明	如果你已委托代理人填报，请填写下列资料：为代理一切税务事宜，现授权（地址）　　　　为本次纳税人的代理填报人，任何与本表有关的往来文件，都可寄予此人。 授权人签字：	填表人申明	以上内容是真实的、可靠的、完整的。 纳税人签字：

12 《营改增税负分析测算明细表》填报

12.1 《营改增税负分析测算明细表》填报情况说明

12.1.1 合计项目的填报

12.1.1.1 增值税

第1列"不含税销售额"6 000 000.00元，第2列"销项（应纳）税额"660 000.00元，第3列"价税合计"6 660 000.00元，第4列"服务、不动产和无形资产扣除项目本期实际扣除金额"0元，第5列"扣除后含税销售额"6 660 000.00元，第6列"扣除后销项（应纳）税额"660 000.00元，第7列"增值税应纳税额（测算）"0元。

【提示】（1）本表与附列资料（一）（本期销售情况明细）表的勾稽关系如下：

"合计"行第3列"价税合计"＝附列资料（一）（本期销售情况明细）第11列"价税合计"第2＋4＋5＋9b＋12＋13a＋13b行，即6 660 000.00元。

"合计"行第4列"服务、不动产和无形资产扣除项目本期实际扣除金额"＝附列资料（一）（本期销售情况明细）第12列"服务、不动产和无形资产扣除项目本期实际扣除金额"第2＋4＋5＋9b＋12＋13a＋13b行，即0元。

（2）本表与主表的勾稽关系如下：

销售服务、不动产和无形资产按照一般计税方法计税的，本表第7列各行次＝本表第6列各行次/主表第11栏"销项税额"一般项目和即征即退项目本月数之和×主表第19栏"应纳税额"一般项目和即征即退项目本月数之和。

销售服务、不动产和无形资产按照简易计税方法计税的，本表第7列各行次＝本表第6列对应各行次。

12.1.1.2 营业税

原营业税税制下服务、不动产和无形资产差额扣除项目，第8列"期初余额"0元，第9列"本期发生额"0元，第10列"本期应扣除金额"0元，第11列"本期实际扣除金额"0元，第12列"期末余额"0元，第13列"应税营业额"6 660 000.00元，第14列"营业税应纳税额"199 800.00元。

12.1.2　工程服务项目的填报

12.1.2.1　增值税

工程服务项目增值税税率或征收率11%，营业税税率3%，第1列"不含税销售额"5 000 000.00元，第2列"销项（应纳）税额"550 000.00元，第3列"价税合计"5 550 000.00元，第4列"服务、不动产和无形资产扣除项目本期实际扣除金额"0元，第5列"扣除后含税销售额"5 550 000.00元，第6列"扣除后销项（应纳）税额"550 000.00元，第7列"增值税应纳税额（测算）"0元。

12.1.2.2　营业税

原营业税税制下服务、不动产和无形资产差额扣除项目，第8列"期初余额"0元，第9列"本期发生额"0元，第10列"本期应扣除金额"0元，第11列"本期实际扣除金额"0元，第12列"期末余额"0元，第13列"应税营业额"5 550 000.00元，第14列"营业税应纳税额"166 500.00元。

12.1.3　其他建筑服务项目的填报

12.1.3.1　增值税

其他建筑服务项目增值税税率或征收率11%，营业税税率3%，第1列"不含税销售额"1 000 000.00元，第2列"销项（应纳）税额"110 000.00元，第3列"价税合计"1 110 000.00元，第4列"服务、不动产和无形资产扣除项目本期实际扣除金额"0元，第5列"扣除后含税销售额"1 110 000.00元，第6列"扣除后销项（应纳）税额"110 000.00元，第7列"增值税应纳税额（测算）"0元。

12.1.3.2　营业税

原营业税税制下服务、不动产和无形资产差额扣除项目，第8列"期初余额"0元，第9列"本期发生额"0元，第10列"本期应扣除金额"0元，第11列"本期实际扣除金额"0元，第12列"期末余额"0元。第13列"应税营业额"1 110 000.00元，第14列"营业税应纳税额"33 300.00元。

12.2　《营改增税负分析测算明细表》填报情况

具体填报情况见表4-11。

表 4-11

营改增税负分析测算明细表

纳税人名称：（公章）　　税款所属时间：　　年　月　日至　　年　月　日　　金额单位：元至角分

项目及栏次			增值税				扣除后		增值税应纳税额（测算）	营业税						应税营业额	营业税应纳税额
			不含税销售额	销项（应纳）税额	价税合计	服务、不动产和无形资产项目本期实际扣除金额	含税销售额	销项（应纳）税额		原营业税税制下服务、无形资产和不动产项目							
应税项目代码及名称	增值税税率或征收率	营业税税率		2=1×增值税率或征收率	3=1+2		5=3−4	6=5÷(100%+增值税率或征收率)×增值税税率或征收率		期初余额	本期发生额	本期应扣除金额	本期实际扣除金额	期末余额	应税营业额		14=13×营业税税率
			1			4			7	8	9	10=8+9	11 (11≤3且11≤10)	12=10−11	13=3−11		
合计	—	—	6 000 000.00	660 000.00	6 660 000.00	0	6 660 000.00	660 000.00	0	0	0	0	0	0	6 660 000.00	199 800.00
040100 工程服务	11%	3%	5 000 000.00	550 000.00	5 550 000.00	0	5 550 000.00	550 000.00	0	0	0	0	0	0	5 550 000.00	166 500.00
040500 其他建筑服务	11%	3%	1 000 000.00	110 000.00	1 110 000.00	0	1 110 000.00	110 000.00	0	0	0	0	0	0	1 110 000.00	33 300.00

5 第五篇 房地产开发纳税申报案例

1　房地产开发业务发生（交易事实）情况

1.1　A房地产公司经营范围及开发情况

A房地产公司2015年9月与B建筑公司签订一期西湖楼项目施工协议，工程款1亿元（不含税）。受让土地出让金0.8亿元。一期西湖楼住宅项目，2016年4月30日项目全部竣工。2016年5月1日至5月31日，全部完成销售，总售价1.4亿元。

A房地产公司2016年4月与B建筑公司签订二期东湖项目施工协议，工程款1.11亿元（含税）。工期：2016年4月开始施工至2017年9月底全部竣工。协议约定施工内容包括取得土地后的土地开发、主体施工及其他建筑服务。二期东湖楼住宅项目，2017年9月1日至9月30日全部销售完成。二期开发面积。根据房地产勘察测绘所提供实测总建筑面积证明为20 000.00平方米，地上10层为住宅，地下2层为人防工程。可售面积证书中批复商品房销售面积17 000.00平方米，其余不可出售的面积为3 000平方米。

A房地产开发公司的一期项目，由于销售在2016年4月实现，属于增值税申报项目。一期项目属于销售2016年4月30日前开发的老项目。销售额1.4亿元，可选择简易计税方法，按5%的征收率计税。

A房地产开发公司的二期项目，2016年4月至2017年9月为开发期，为了方便讲解，我们假设2016年4月1日以后发生的开发成本均在2017年9月支付并取得发票，与实现销售在同一个月份。下面我们讨论A房地产公司2017年9月份的纳税申报。

1.2　本期购进业务发生情况

2017年9月发生下列购进业务：

业务一：境内购进小汽车一辆作为公司商务用车，金额300 000.00元，进项税额51 000.00元，取得增值税专用发票。

业务二：购进办公室一套，含税价格3 330 000.00元，取得税率为11%增值税专用发票。

业务三：结算施工成本。A房地产公司2016年4月与B建筑公司签订二期东湖楼住宅项目施工协议，含税价款111 000 000.00元。施工内容包括取得土地后的土地开发、主体施工及其他建筑服务。A 房地产公司依据工程预算及结算明细资料有关凭证，确认截至 2017 年 9 月，二期东湖楼住宅项目不含税工程总成本为 100 000 000.00 元。假定 2017 年 9 月以转账方式支付，同月取得 B 建筑公司开具的增值税专用发票。

业务四：结转房地产开发利息支出。根据金融机构贷款利息证明和借款合同，确认贷款利息支出 6 300 000.00 元，取得增值税普通发票。

业务五：受让政府出让土地。A 房地产公司二期开发土地地价款 16 000 000.00 元。公司提供了"×号土地出让合同"及××房地〔地〕字×号地价缴款证明，经确认东湖楼住宅项目已向国有土地资源和房屋管理局交纳地价款 16 000 000.00 元，并取得省级以上（含省级）财政部门监（印）制的财政票据。

业务六：2017 年 9 月 1 日初次购买增值税税控系统专用设备，取得增值税专用发票，金额 10 000.00 元，进项税额 1 700 元。

【提示】A 房地产公司二期东湖楼住宅项目选择按一般计税方法计税，可抵扣的进项税额为工程成本 100 000 000.00 元 ×11％ ＝ 11 000 000.00（元）；利息支出 6 300 000.00 元属于贷款服务，属于不得从销项税额中抵扣的进项税额；支付的地价款 160 000 000.00 元可从销售额中抵减。

1.3　本期销售业务发生情况

2017 年 9 月发生下列销售业务：

业务七：销售使用过的专用设备，含税价 103 000.00 元，开具普通发票。适用税率 3％，减征税率 2％。不含税价 100 000.00 元。

业务八：转让商品房销售。截至 2017 年 9 月 16 日，已出售面积为 16 000 平方米；奖励本单位职工 1 000 平方米，视同销售。东湖楼住宅项目出售的商品住宅取得销售收入 132 800 000.00 元，全部为货币收入。

业务九：奖励职工确认视同销售。按东湖楼住宅项目平均销售价格每平方米 8 300.00 元，视同销售收入为 8 300 000.00 元。

全部销售收入合计为 141 100 000.00 元。

【提示】房地产开发企业采取预收款方式销售所开发的房地产项目，在收到预收款时按照 3％ 的预征率预缴增值税。

A 房地产公司二期东湖楼住宅项目选择按一般计税方法计税，应确认的销项税额为：（含税销售收入 141 100 000－地价款 16 000 000）/1.11×11％＝12 397 297.30.00（元）。

业务十：取得租赁收入 216 000.00 元，其中，2016 年 2 月购入不动产取得租金收入 105 000.00 元，2016 年 9 月购入写字楼租金收入 111 000.00 元。

业务十一：A 房地产公司二期东湖项目于 2017 年 8 月进行预售，收到预收房款

30 000 000.00 元。

1.4　增值税纳税申报表及附表的填写顺序

增值税纳税申报表的填写顺序如下：

（1）《固定资产（不含不动产）进项税额抵扣情况表》；

（2）附列资料（二）（本期进项税额明细）；

（3）《本期抵扣进项税额结构明细表》；

（4）附列资料（一）（本期销售情况明细）；

（5）附列资料（三）（服务、不动产和无形资产扣除项目明细）；

（6）附列资料（四）（税额抵减情况表）；

（7）附列资料（五）（不动产分期抵扣计算表）；

（8）《增值税纳税申报表（一般纳税人适用）》；

（9）《增值税减免税申报明细表》；

（10）《增值税预缴税款表》；

（11）《营改增税负分析测算明细表》。

说明：我们在介绍主表及附表的填报时，按上述填写顺序进行介绍。

2 《固定资产（不含不动产）进项税额抵扣情况表》填报

2.1 《固定资产（不含不动产）进项税额抵扣情况表》填报情况说明

2.1.1 购进固定资产业务审核

2.1.1.1 产权登记情况

A 房地产公司已办理购进汽车的产权登记手续，《机动车行驶证》记载的所有人为 A 房地产公司。

2.1.1.2 会计处理

根据××号记账凭证记录，本期发生的相关业务为前述业务一。

2.1.1.3 税务处理

购进汽车用于公司商务活动，应确认为用于应税项目，进项税额准予当期扣除。

2.1.2 增值税专用发票项目的填报

增值税专用发票项目，当期申报抵扣的固定资产进项税额 51 000.00 元，申报抵扣的固定资产进项税额累计 51 000.00 元。

数据来源：固定资产明细账记录的当期发生额及记账凭证。

2.1.3 海关进口增值税专用缴款书项目的填报

海关进口增值税专用缴款书项目：未发生。

2.1.4 合计项目的填报

合计项目，当期申报抵扣的固定资产进项税额 51 000.00 元，申报抵扣的固定资产进项税额累计 51 000.00 元。

2.2 《固定资产（不含不动产）进项税额抵扣情况表》填报情况

具体填报情况见表 5-1。

表 5-1　　　　　　　固定资产（不含不动产）进项税额抵扣情况表

纳税人名称（公章）：　税款所属时间：自　　年　月　日至　　年　月　日　金额单位：元至角分

项目	当期申报抵扣的固定 资产进项税额	申报抵扣的固定 资产进项税额累计
增值税专用发票	51 000.00	51 000.00
海关进口增值税专用缴款书		
合计	51 000.00	51 000.00

3 附列资料（二）（本期进项税额明细）填报

3.1 附列资料（二）（本期进项税额明细）填报情况说明

3.1.1 本期购进业务审核

3.1.1.1 产权登记情况

A 房地产公司已办理购进汽车的产权登记手续，《机动车行驶证》记载的所有人为 A 房地产公司。其他几项购进业务不需要办理产权登记手续。

A 房地产公司已办理购进办公用房的产权登记手续，登记的所有人为 A 房地产公司。

3.1.1.2 会计处理

根据"应交税费——应交增值税（进项税额）"明细账记录，本期发生的相关业务为前述业务一、业务二和业务三。

业务二的会计处理如下：

借：固定资产——不动产　　　　　　　　　　　　　　　　　　3 000 000.00

　　应交税费——应交增值税（进项税额）——购建不动产进项（分期抵扣）

　　　　　　　　　　　　　　　　　　　　　　　　　　　　　198 000.00

　　应交税费——应交增值税（进项税额）——购建不动产进项（分期抵扣）

　　　　　　　　　　　　　　　　　　　　　　　　　　　　　132 000.00

　　贷：银行存款　　　　　　　　　　　　　　　　　　　　　3 330 000.00

同时：

借：应交税费——应交增值税（待抵扣进项税额）——新增不动产购进未满 12
月进项税额　　　　　　　　　　　　　　　　　　　　　　　132 000.00

　　贷：应交税费——应交增值税（进项税额）——购建不动产进项（分期抵扣）

　　　　　　　　　　　　　　　　　　　　　　　　　　　　　132 000.00

3.1.1.3 税务处理

（1）取得不动产进项税额抵扣。

根据财税〔2016〕36 号文附件 2《营业税改征增值税试点有关事项的规定》，适用一般计税方法的试点纳税人，2016 年 5 月 1 日后取得并在会计制度上按固定资产核算的不动产或者 2016 年 5 月 1 日后取得的不动产在建工程，其进项税额应自取得之日起分两年从销项税额中抵扣，第一年抵扣比例为 60%，第二年抵扣比例为 40%。因此，业务二购入办公室第一年可抵扣税额为 198 000.00 元（330 000.00 元×60%）。

（2）本期发生购进业务用于应税项目，进项税额准予当期扣除。

附列资料（二）（本期进项税额明细）的数据来源为会计记录及购进业务增值税专用发票抵扣联。经审核，未发现取得不合规发票的情形。

3.1.2　申报抵扣的进项税额项目的填报

（1）认证相符的税控增值税专用发票项目，份数 10 份，金额 103 300 000 元，税额 11 381 000.00 元。

（2）其他扣税凭证项目，未发生。

（3）本期用于购建不动产的扣税凭证项目，份数 1 份，金额 3 000 000.00 元，税额 330 000.00 元。

（4）本期不动产允许抵扣进项税额项目，税额 198 000.00 元。

（5）外贸企业进项税额抵扣证明项目，未发生。

（6）当期申报抵扣进项税额合计项目，份数 9 份，金额 100 300 000.00 元，税额 11 249 000.00 元。

3.1.3　进项税额转出额项目的填报

本期进项税额转出额项目：未发生。

3.1.4　待抵扣进项税额项目的填报

待抵扣进项税额项目：未发生。

3.1.5　其他项目填报

（1）本期认证相符的增值税专用发票项目：未发生。

（2）代扣代缴税额项目：未发生。

3.2　附列资料（二）（本期进项税额明细）填报情况

具体填报情况见表 5-2。

表 5-2 　　　　　　　　　增值税纳税申报表附列资料（二）

（本期进项税额明细）

纳税人名称：（公章）　　　税款所属时间：年　月　日至　年　月　日　　金额单位：元至角分

一、申报抵扣的进项税额

项目	栏次	份数	金额	税额
（一）认证相符的增值税专用发票	1＝2＋3	10	103 300 000.00	11 381 000.00
其中：本期认证相符且本期申报抵扣	2	10	103 300 000.00	11 381 000.00
前期认证相符且本期申报抵扣	3			
（二）其他扣税凭证	4＝5＋6＋7＋8	0		
其中：海关进口增值税专用缴款书	5			
农产品收购发票或者销售发票	6			
代扣代缴税收缴款凭证	7		—	
其他	8			
（三）本期用于购建不动产的扣税凭证	9	1	3 000 000.00	330 000.00
（四）本期不动产允许抵扣进项税额	10	—	—	198 000.00
（五）外贸企业进项税额抵扣证明	11	—	—	
当期申报抵扣进项税额合计	12＝1＋4－9＋10＋11	9	100 300 000.00	11 249 000.00

二、进项税额转出额

项目	栏次	税额
本期进项税额转出额	13＝14 至 23 之和	
其中：免税项目用	14	
集体福利、个人消费	15	
非正常损失	16	
简易计税方法征税项目用	17	
免抵退税办法不得抵扣的进项税额	18	
纳税检查调减进项税额	19	
红字专用发票信息表注明的进项税额	20	
上期留抵税额抵减欠税	21	
上期留抵税额退税	22	
其他应作进项税额转出的情形	23	

三、待抵扣进项税额

项目	栏次	份数	金额	税额
（一）认证相符的增值税专用发票	24	—	—	—
期初已认证相符但未申报抵扣	25			
本期认证相符且本期未申报抵扣	26			
期末已认证相符但未申报抵扣	27			
其中：按照税法规定不允许抵扣	28			

项目	栏次	份数	金额	税额
（二）其他扣税凭证	29＝30至33之和			
其中：海关进口增值税专用缴款书	30			
农产品收购发票或者销售发票	31			
代扣代缴税收缴款凭证	32		—	
其他	33			
	34			

四、其他				
项目	栏次	份数	金额	税额
本期认证相符的增值税专用发票	35			
代扣代缴税额	36	—		

4 《本期抵扣进项税额结构明细表》填报

4.1 《本期抵扣进项税额结构明细表》填报情况说明

4.1.1 合计项目的填报

本期抵扣进项税额，合计项目金额 100 300 000.00 元，税额 11 051 000.00 元。

【提示】本表合计栏与附列资料（二）（本期进项税额明细）（以下简称附列资料（二））相关栏次如勾稽关系如下：

第 1 栏"合计"之"税额"列＝附列资料（二）第 12 栏"税额"列－附列资料（二）第 10 栏"税额"列－附列资料（二）第 11 栏"税额"列，即 11 051 000.00 元（11 249 000.00 元－198 000.00 元－0 元）。

4.1.2 按税率或征收率归集（不包括购建不动产、通行费）的进项项目的填报

4.1.2.1 17%税率的进项项目的填报

本期抵扣进项税额，17%税率的进项项目，金额 300 000.00 元，税额 51 000.00 元。数据来源为前述业务一。

4.1.2.2 13%税率的进项项目的填报

13%税率的进项项目：未发生。

4.1.2.3 11%税率的进项项目的填报

本期抵扣进项税额，11%税率的进项项目，金额 100 000 000.00 元，税额 11 000 000.00 元。其中：建筑安装服务的进项项目金额 100 000 000.00 元，税额 11 000 000.00 元。数据来源为前述业务三。

4.1.2.4 6%税率的进项项目的填报

6%税率的进项项目：未发生。

4.1.2.5 5%征收率的进项项目的填报

5%征收率的进项项目：未发生。

4.1.2.6 3%征收率的进项项目的填报

3%征收率的进项项目：未发生。

4.1.2.7 减按1.5%征收率的进项项目的填报

减按1.5%征收率的进项项目：未发生。

4.1.3 按抵扣项目归集的进项项目的填报

4.1.3.1 用于购建不动产并一次性抵扣的进项项目的填报

用于购建不动产并一次性抵扣的进项项目：未发生。

4.1.3.2 通行费的进项项目的填报

通行费的进项项目：未发生。

4.2 《本期抵扣进项税额结构明细表》填报情况

具体填报情况见表5-3。

表5-3　　　　　　　　　　本期抵扣进项税额结构明细表

纳税人名称：（公章）　　税款所属时间：　年　月　日至　年　月　日　　金额单位：元至角分

项目	栏次	金额	税额
合计	1＝2＋4＋5＋11＋16＋18＋27＋29＋30	100 300 000.00	11 051 000.00
一、按税率或征收率归集（不包括购建不动产、通行费）的进项			
17%税率的进项	2	300 000.00	51 000.00
其中：有形动产租赁的进项	3		
13%税率的进项	4		
11%税率的进项	5	100 000 000.00	11 000 000.00
其中：运输服务的进项	6		
电信服务的进项	7		

续表

项目	栏次	金额	税额
建筑安装服务的进项	8	100 000 000.00	11 000 000.00
不动产租赁服务的进项	9		
受让土地使用权的进项	10		
6%税率的进项	11		
其中：电信服务的进项	12		
金融保险服务的进项	13		
生活服务的进项	14		
取得无形资产的进项	15		
5%征收率的进项	16		
其中：不动产租赁服务的进项	17		
3%征收率的进项	18		
其中：货物及加工、修理修配劳务的进项	19		
运输服务的进项	20		
电信服务的进项	21		
建筑安装服务的进项	22		
金融保险服务的进项	23		
有形动产租赁服务的进项	24		
生活服务的进项	25		
取得无形资产的进项	26		
减按1.5%征收率的进项	27		
	28		
二、按抵扣项目归集的进项			
用于购建不动产并一次性抵扣的进项	29		
通行费的进项	30		
	31		
	32		

5　附列资料（一）（本期销售情况明细）填报

5.1　附列资料（一）（本期销售情况明细）填报情况说明

5.1.1　本期销售业务审核

5.1.1.1　会计处理

根据销售明细账记录，前述业务八、业务九、业务十为一般计税方法计税项目，业务七为简易计税方法计税项目。

其中，业务七应纳税额 3 000.00 元，减征额 1 000.00 元，减征后应纳税额 2 000.00 元；业务八取得销售收入 132 800 000.00 元，全部为货币收入；业务九视同销售收入为 8 300 000.00 元，计算过程：1 000 平方米×8 300.00 元＝8 300 000.00 元。

全部销售收入合计为 141 100 000.00 元。计算过程：全部销售收入＝非普通住宅转让收入＋视同销售收入＝132 800 000＋8 300 000＝141 100 000（元）。

【提示】房地产开发企业采取预收款方式销售所开发的房地产项目，在收到预收款时按照 3% 的预征率预缴增值税。

A 房地产公司二期东湖楼住宅项目选择按一般计税方法计税，销项税额的确认如下：

$$
\begin{aligned}
销项税额 &＝（含税销售收入－地价款）/1.11×11\% \\
&＝（141\ 100\ 000－16\ 000\ 000）/1.11×11\% \\
&＝12\ 397\ 297.30（元）
\end{aligned}
$$

假设 A 房地产公司城市维护建设税、教育费附加、地方教育附加的税率分别为 7%、3%、2%。营改增后，房地产开发企业适用 11% 的增值税税率。同样的条件，相关的会计处理如下：

借：银行存款 141 100 000.00
　　贷：主营业务收入 127 117 117.12
　　　　应交税费——应交增值税（销项税额） 13 982 882.88
借：应交税费——应交增值税（营改增抵减的销项税额） 1 585 585.59
　　贷：主营业务成本 1 585 585.59
考虑当月增值税进项税额的情况下：
借：营业税金及附加 160 391.68

贷：应交税费——应交城市维护建设税   93 561.81

    应交税费——应交教育费附加   40 097.92

    应交税费——应交地方教育附加   26 731.95

另外，业务十取得租赁收入 216 000.00 元。

5.1.1.2 税务处理

销售业务取得价款应按规定确认销售额。房地产开发企业为一般纳税人，销售一期开发项目，可选择简易计税方法，按 5% 的征收率计税。销售二期开发项目，可选择一般计税方法。

销售使用过的专用设备适用征收率 3%，减征 2%。不含税价 100 000.00 元。应纳税额 3 000.00 元，减征额 1 000.00 元，减征后纳税额 2 000.00 元。

【提示】

（1）一般纳税人出租其 2016 年 4 月 30 日前取得的不动产，可以选择适用简易计税方法，按照 5% 的征收率计算应纳税额。纳税人出租其 2016 年 4 月 30 日前取得的与机构所在地不在同一县（市）的不动产，应按照上述计税方法在不动产所在地预缴税款后，向机构所在地主管税务机关进行纳税申报。

（2）一般纳税人出租其 2016 年 5 月 1 日后取得的、与机构所在地不在同一县（市）的不动产，应按照 3% 的预征率在不动产所在地预缴税款后，向机构所在地主管税务机关进行纳税申报。

（3）小规模纳税人出租其取得的不动产（不含个人出租住房），应按照 5% 的征收率计算应纳税额。纳税人出租与机构所在地不在同一县（市）的不动产，应按照上述计税方法在不动产所在地预缴税款后，向机构所在地主管税务机关进行纳税申报。

5.1.2 一般计税方法计税项目的填报

（1）全部征税项目：11% 税率项目，开具增值税专用发票的销售额 127 117 117.12 元、销项（应纳）税额 13 982 882.88 元，开具其他发票项目 0 元，未开具发票项目 0 元，纳税检查调整项目 0 元。

（2）税务处理。A 房地产公司二期东湖楼住宅项目选择按一般计税方法计税，开具增值税专用发票的金额为 141 100 000.00 元，其中：销售额 127 117 117.12 元，销项（应纳）税额 13 982 882.88 元，价税合计 141 100 000.00 元，应税服务扣除项目本期实际扣除金额 16 000 000.00 元，扣除后含税（免税）销售额 125 100 000.00 元，扣除后销项（应纳）税额 12 397 297.30 元。扣除后销项（应纳）税额计算过程为：

$$销项（应纳）税额 = （含税销售收入 - 地价款）/1.11 \times 11\%$$
$$= （141\ 100\ 000.00 - 16\ 000\ 000.00）/1.11 \times 11\%$$
$$= 12\ 397\ 297.30（元）$$

A房地产公司2017年9月取得2016年9月购入的写字楼取得租金收入111 000.00元，应按一般计税方法计算缴纳增值税。

（3）即征即退项目：未发生。

5.1.3　简易计税方法计税项目的填报

（1）全部征税项目：5％征收率的服务、不动产和无形资产项目，开具增值税专用发票的销售额100 000.00元、销项（应纳）税额5 000.00元，扣除后含税（免税）销售额105 000.00元、销项（应纳）税额5 000.00元。

3％征收率的货物及加工修理修配劳务项目，开具其他发票销售额100 000.00元、销项（应纳）税额3 000.00元。

【提示】2016年5月，A房地产公司一期西湖楼项目含税销售额1.4亿元，选择按简易计税方法计税，申报时应填写至《增值税纳税申报表附列资料（一）》中"二、简易计税方法计税"之"全部征税项目"中"5％征收率的服务、不动产和无形资产"行的相关列次。

（2）即征即退项目：未发生。

5.1.4　免抵退税项目的填报

（1）货物及加工修理修配劳务项目：未发生。
（2）应税服务项目：未发生。

5.1.5　免税项目的填报

（1）货物及加工修理修配劳务项目：未发生。
（2）应税服务项目：未发生。

5.2　附列资料（一）（本期销售情况明细）填报情况

具体填报情况见表5-4。

表5-4

增值税纳税申报表附列资料（一）
（本期销售情况明细）

纳税人名称：（公章）　　税款所属时间：　年　月　日　至　年　月　日　　金额单位：元至角分

项目及栏次		开具增值税专用发票		开具其他发票		未开具发票		纳税检查调整		合计		价税合计	服务、不动产和无形资产扣除项目本期实际扣除金额	扣除后	
		销售额	销项（应纳）税额	销售额	销项（应纳）税额	销售额	销项（应纳）税额	销售额	销项（应纳）税额	销售额	销项（应纳）税额	价税合计		含税（免税）销售额	销项（应纳）税额
		1	2	3	4	5	6	7	8	9=1+3+5+7	10=2+4+6+8	11=9+10	12	13=11-12	14=13÷(100%+税率或征收率)×税率或征收率
一、一般计税方法计税 全部征税项目	17%税率的货物及加工修理修配劳务	1													
	17%税率的服务、不动产和无形资产	2												—	—
	13%税率	3													
	11%税率	4	127 117 117.12	13 982 882.88							127 117 117.12	13 982 882.88	141 100 000.00	16 000 000.00	125 100 000.00	12 397 297.30
	6%税率	5											—			
其中：即征即退项目	即征即退货物及加工修理修配劳务	6	—	—									—		—	—
	即征即退服务、不动产和无形资产	7	—	—									—		—	—
二、简易计税方法计税 全部征税项目	6%征收率	8	—	—									—			
	5%征收率的货物及加工修理修配劳务及加工修理修配劳务	9a														
	5%征收率的服务、不动产和无形资产	9b	100 000.00	5 000.00							100 000.00	5 000.00	105 000.00		105 000.00	5 000.00

续表

项目及栏次		开具增值税专用发票		开具其他发票		未开具发票		纳税检查调整		合计				扣除后	
		销售额	销项（应纳）税额	销售额	销项（应纳）税额	销售额	销项（应纳）税额	销售额	销项（应纳）税额	销售额	销项（应纳）税额	价税合计	服务、不动产和无形资产扣除项目本期实际扣除金额	含税（免税）销售额	销项（应纳）税额
		1	2	3	4	5	6	7	8	9=1+3+5+7	10=2+4+6+8	11=9+10	12	13=11−12	14=13÷(100%+税率或征收率)×税率或征收率
二、简易计税方法计税	10　4%征收率				3 000.00					100 000.00	3 000.00	—	—	—	—
	11　3%征收率的货物及加工修理修配劳务			100 000.00						100 000.00	3 000.00	—	—	—	—
	12　3%征收率的服务、不动产和无形资产	—	—	—	—	—	—	—	—	—	—	—	—	—	—
	13a　预征率%														
	13b　预征率%														
	13c　预征率%														
其中：即征即退项目	14　即征即退货物及加工修理修配劳务	—	—	—	—	—	—	—	—	—	—	—	—	—	—
	15　即征即退服务、不动产和无形资产														
三、免抵退税	16　货物及加工修理修配劳务														
	17　服务、不动产和无形资产														
四、免税	18　货物及加工修理修配劳务														
	19　服务、不动产和无形资产	—		—								—			—

6 附列资料（三）（服务、不动产和无形资产扣除项目明细）填报

6.1 附列资料（三）（服务、不动产和无形资产扣除项目明细）填报情况说明

6.1.1 应税服务业务审核

6.1.1.1 会计处理

本期发生的相关业务为前述业务五。

6.1.1.2 税务处理

A房地产公司二期东湖楼住宅项目选择按一般计税方法计税，销项税额的确认如下：

$$销项税额＝（含税销售收入－地价款）/1.11×11\%$$
$$＝（141\,100\,000.00－16\,000\,000.00）/1.11×11\%$$
$$＝12\,397\,297.30（元）$$

房地产开发企业中的一般纳税人销售其开发的房地产项目（选择简易计税方法的房地产老项目除外），以取得的全部价款和价外费用，扣除受让土地时向政府部门支付的土地价款后的余额为销售额。

6.1.2 应税服务扣除项目的填报情况

6.1.2.1 免税销售额扣除项目的填报

11%税率的项目，本期服务、不动产和无形资产价税合计额（免税销售额）141 211 000.00元，服务、不动产和无形资产扣除项目期初余额0元，本期发生额16 000 000.00元，本期应扣除金额16 000 000.00元，本期实际扣除金额16 000 000.00元，期末余额0元。

数据来源为前述业务五。

5%征收率的项目，本期服务、不动产和无形资产价税合计额（免税销售额）105 000.00元。

6.1.2.2　出口业务免抵退税项目的填报

本期未发生出口业务，不存在应税服务出口业务免抵退税或免税项目。

6.2　附列资料（三）（服务、不动产和无形资产扣除项目明细）填报情况

具体填报情况见表5-5。

表 5-5　　　　　　　　增值税纳税申报表附列资料（三）

（服务、不动产和无形资产扣除项目明细）

纳税人名称：（公章）　　税款所属时间：　年　月　日至　年　月　日　　金额单位：元至角分

项目及栏次		本期服务、不动产和无形资产价税合计额（免税销售额）	服务、不动产和无形资产扣除项目				
			期初余额	本期发生额	本期应扣除金额	本期实际扣除金额	期末余额
		1	2	3	4＝2＋3	5（5≤1且5≤4）	6＝4－5
17%税率的项目	1						
11%税率的项目	2	141 211 000.00		16 000 000.00	16 000 000.00	16 000 000.00	
6%税率的项目（不含金融商品转让）	3						
6%税率的金融商品转让项目	4						
5%征收率的项目	5	105 000.00					
3%征收率的项目	6						
免抵退税的项目	7						
免税的项目	8						

7 附列资料（四）（税额抵减情况表）填报

7.1 附列资料（四）（税额抵减情况表）填报情况说明

7.1.1 本期购进业务审核

7.1.1.1 会计处理

本期发生的相关业务为前述业务六、业务十一。

业务十一的预征税款计算如下：A 房地产公司二期东湖项目预收房款 30 000 000.00 元，应换算成不含税价格进行增值税预缴，具体计算过程为：

$$应预缴税额 = 预收款/(1+11\%) \times 3\%$$
$$= 30\,000\,000.00/(1+11\%) \times 3\%$$
$$= 810\,810.81(元)$$

7.1.1.2 税务处理

（1）增值税纳税人 2011 年 12 月 1 日（含，下同）以后初次购买增值税税控系统专用设备（包括分开票机）支付的费用，可凭购买增值税税控系统专用设备取得的增值税专用发票，在增值税应纳税额中全额抵减（抵减额为价税合计额），不足抵减的可结转下期继续抵减。

（2）一般纳税人采取预收款方式销售自行开发的房地产项目，应在收到预收款时按照 3% 的预征率预缴增值税。

应预缴税款按照以下公式计算：

$$应预缴税款 = 预收款 \div (1+适用税率或征收率) \times 3\%$$

适用一般计税方法计税的，按照 11% 的适用税率计算；适用简易计税方法计税的，按照 5% 的征收率计算。

7.1.2 增值税税控系统专用设备费及技术维护费项目的填报

增值税税控系统专用设备费及技术维护费抵减项目：期初余额 0 元，本期发生额

11 700.00 元，本期应抵减税额 11 700.00 元，本期实际抵减税额 11 700.00 元，期末余额 0 元。

7.1.3　分支机构预征缴纳税款项目的填报

分支机构预征缴纳税款抵减项目：未发生。

7.1.4　建筑服务预征缴纳税款项目的填报

建筑服务预征缴纳税款项目：未发生。

7.1.5　销售不动产预征缴纳税款项目的填报

销售不动产预征缴纳税款：按 2017 年 8 月预售房款取得预收款 30 000 000.00 元时，预缴的税金在当期可抵扣情况进行填写。具体为：

第 4 栏"销售不动产预征缴纳税款"，期初余额填写 0 元，本期发生额填写 810 810.81 元，本期应抵减税额填写 810 810.81 元，本期实际抵减税额填写 810 810.81 元，期末余额写 0 元。

7.1.6　出租不动产预征缴纳税款项目的填报

出租不动产预征缴纳税款项目：未发生。

7.2　附列资料（四）（税额抵减情况表）填报情况

具体填报情况见表 5-6。

表 5-6　　　　　　　　　增值税纳税申报表附列资料（四）

（税额抵减情况表）

纳税人名称：（公章）　　　税款所属时间：　年　月　日至　年　月　日　　　　金额单位：元至角分

序号	抵减项目	期初余额	本期发生额	本期应抵减税额	本期实际抵减税额	期末余额
		1	2	3=1+2	4≤3	5=3−4
1	增值税税控系统专用设备费及技术维护费		11 700.00	11 700.00	11 700.00	
2	分支机构预征缴纳税款					

续表

序号	抵减项目	期初余额	本期发生额	本期应抵减税额	本期实际抵减税额	期末余额
		1	2	3＝1＋2	4≤3	5＝3－4
3	建筑服务预征缴纳税款					
4	销售不动产预征缴纳税款		810 810.81	810 810.81	810 810.81	
5	出租不动产预征缴纳税款					

8　附列资料（五）（不动产分期抵扣计算表）填报

8.1　附列资料（五）（不动产分期抵扣计算表）填报情况说明

8.1.1　不动产分期抵扣业务审核

本期发生的相关业务为前述业务二。

8.1.2　不动产分期抵扣情况的填报

期初待抵扣不动产进项税额 0 元，本期不动产进项税额增加额为 330 000.00 元，本期可抵扣不动产进项税额，填写符合税法规定可以在本期抵扣的不动产进项税额 198 000.00 元，本期转入的待抵扣不动产进项税额 0 元，本期转出的待抵扣不动产进项税额 0 元，期末待抵扣不动产进项税额 132 000.00 元。

8.2　附列资料（五）（不动产分期抵扣计算表）填报情况

具体填报情况见表 5-7。

表 5-7　　　　　　　　　　（不动产分期抵扣计算表）

纳税人名称：（公章）　　　税款所属时间：　年　月　日至　年　月　日　　　金额单位：元至角分

期初待抵扣不动产进项税额	本期不动产进项税额增加额	本期可抵扣不动产进项税额	本期转入的待抵扣不动产进项税额	本期转出的待抵扣不动产进项税额	期末待抵扣不动产进项税额
1	2	3≤1+2+4	4	5≤1+4	6=1+2-3+4-5
	330 000.00	198 000.00			132 000.00

9 《增值税纳税申报表（一般纳税人适用）》填报

9.1 《增值税纳税申报表（一般纳税人适用）》填报情况说明

9.1.1 销售额项目的填报

（1）第1栏"按适用税率计税销售额"，一般项目本月数127 217 117.12元。

数据来源：附列资料（一）（本期销售情况明细）第9列第1至5行之和－第9列第6、7行之和，即（127 217 117.12元－0元）。

（2）第5栏"按简易办法计税销售额"，一般项目本月数200 000.00元。

数据来源：附列资料（一）（本期销售情况明细）第9列第8至13b行之和－第9列第14、15行之和，即（200 000.00元－0元）。

9.1.2 税款计算项目的填报

（1）第11栏"销项税额"，一般项目本月数12 397 297.30元。

数据来源：附列资料（一）（本期销售情况明细）（第10列第1、3行之和－第10列第6行）＋（第14列第2、4、5行之和－第14列第7行），即（0元－0元）＋（12 397 297.30元－0元）。

（2）第12栏"进项税额"，一般项目本月数11 249 000.00元。

数据来源：附列资料（二）（本期进项税额明细）第12栏"税额"，即11 249 000.00元。

【提示】《增值税纳税申报表（一般纳税人适用）》第12栏"进项税额"的金额，应根据企业经营业务范围，结合附列资料（二）（本期进项税额明细）第12栏"当期申报抵扣进项税额合计"税额的数据分析填报。

对于享受管道运输服务税负超过3%和融资租赁税负超过3%享受即征即退的企业，应将其该两项业务的本期申报抵扣的税额，填写至本表第12栏"进项税额"之"即征即退项目"中的"本月数"；将附列资料（二）（本期进项税额明细）第12栏"当期申报抵扣进项税额合计"税额与本表第12栏"进项税额"之"一般项目"中"本月数"的差额，填写至本表第12栏"进项税额"之"即征即退项目"中的"本月数"。

A房地产公司是房地产开发企业，不从事上述两项即征即退项目的经营。2017年9月，A房地产公司将《增值税纳税申报表附列资料（二）》（本期进项税额明细）第

12栏"当期申报抵扣进项税额合计"的税额11 249 000.00元，填入本表第12栏"进项税额"之"一般项目"中的"本月数"。

（3）第17栏"应抵扣税额合计"，一般项目本月数11 249 000.00元。

数据来源：应抵扣税额合计（本月数）＝本表第12栏＋第13栏－第14栏－第15栏＋第16栏＝11 249 000.00元。

（4）第18栏"实际抵扣税额"，一般项目本月数11 249 000.00元。

（5）第19栏"应纳税额"，一般项目本月数1 159 297.30元。

数据来源：应纳税额本月数＝第11栏－第18栏＝1 159 297.30元。

（6）第21栏"简易办法计算的应纳税额"，一般项目本月数8 000.00元。

数据来源：附列资料（一）（本期销售情况明细）（第10列第8、9a、10、11行之和－第10列第14行）＋（第14列第9b、12、13a、13b行之和－第14列第15行），即（3 000.00元－0元）＋（5 000.00元－0元）。

营业税改征增值税的纳税人，服务、不动产和无形资产按规定汇总计算缴纳增值税的分支机构，应将预征增值税额填入本栏。计算公式为：

$$预征增值税额＝应预征增值税的销售额×预征率$$

（7）第23栏"应纳税额减征额"，一般项目本月数12 700.00元。

数据来源：第23栏"应纳税额减征额"：填写纳税人本期按照税法规定减征的增值税应纳税额。包含按照规定可在增值税应纳税额中全额抵减的增值税税控系统专用设备费用以及技术维护费。

当本期减征额小于或等于第19栏"应纳税额"与第21栏"简易计税办法计算的应纳税额"之和时，按本期减征额实际填写；当本期减征额大于第19栏"应纳税额"与第21栏"简易计税办法计算的应纳税额"之和时，按本期第19栏与第21栏之和填写。本期减征额不足抵减部分结转下期继续抵减。

（8）第24栏"应纳税额合计"，一般项目本月数1 154 597.30元。应纳税额合计＝第19栏"应纳税额"一般项目本月数1 159 297.30元＋第21栏"简易计税办法计算的应纳税额"一般项目本月数3 000.00元－第23栏"应纳税额减征额"一般项目本月数12 700.00元。

9.1.3 税款缴纳项目的填报

（1）第27栏"本期已缴税额"，一般项目本月数810 810.81元。

（2）第28栏"①分次预缴税额"，一般项目本月数810 810.81元。

（3）第32栏"期末未缴税额（多缴为负数）"，一般项目本月数343 786.49元。

数据来源：期末未缴税额＝本表第24栏＋第25栏＋第26栏－第27栏，即343 786.49元。

（4）第33栏"其中：欠缴税额"，一般项目本月数－810 810.81元。

数据来源：欠缴税额＝本表第 25 栏＋第 26 栏－第 27 栏，即－810 810.81 元。

（5）第 34 栏"本期应补（退）税额"，一般项目本月数 343 786.49 元。

数据来源：本期应补（退）税额＝本表第 24 栏－第 28 栏－第 29 栏，即 343 786.49 元。

9.2 《增值税纳税申报表（一般纳税人适用）》填报情况

具体填报情况见表 5-8。

表5-8

增值税纳税申报表
（一般纳税人适用）

根据国家税收法律法规及增值税相关规定制定本表。纳税人不论有无销售额，均应按税务机关核定的纳税期限填写本表，并向当地税务机关申报。

税款所属时间：自　年　月　日至　年　月　日　　填表日期：　年　月　日　　金额单位：元至角分

纳税人识别号					
纳税人名称	（公章）		法定代表人姓名		
开户银行及账号		登记注册类型		注册地址	
		所属行业		生产经营地址	电话号码

	项目	栏次	一般项目 本月数	一般项目 本年累计	即征即退项目 本月数	即征即退项目 本年累计
销售额	（一）按适用税率计税销售额	1	127 217 117.12			
	其中：应税货物销售额	2				
	应税劳务销售额	3				
	纳税检查调整的销售额	4				
	（二）按简易办法计税销售额	5	200 000.00			
	其中：纳税检查调整的销售额	6				
	（三）免、抵、退办法出口销售额	7		—	—	—
	（四）免税销售额	8			—	—
	其中：免税货物销售额	9			—	—
	免税劳务销售额	10			—	—
税款计算	销项税额	11	12 397 297.30			
	进项税额	12	11 249 000.00			
	上期留抵税额	13				
	进项税额转出	14				
	免、抵、退应退税额	15				
	按适用税率计算的纳税检查应补缴税额	16				
	应抵扣税额合计	17＝12+13－14－15+16	11 249 000.00	—		
	实际抵扣税额	18（如17<11，则为17，否则为11）	11 249 000.00			
	应纳税额	19＝11－18	1 159 297.30			
	期末留抵税额	20＝17－18				
	简易计税办法计算的应纳税额	21	8 000.00			
	按简易计税办法计算的纳税检查应补缴税额	22				
	应纳税额减征额	23	12 700.00			
	应纳税额合计	24＝19+21－23	1 154 597.30			

续表

纳税人识别号						
纳税人名称		法定代表人姓名		注册地址		所属行业：
开户银行及账号		登记注册类型		生产经营地址		电话号码

项目	栏次	一般项目		即征即退项目	
		本月数	本年累计	本月数	本年累计
期初未缴税额（多缴为负数）	25		—	—	—
实收出口开具专用缴款书退税额	26		—	—	—
本期已缴税额	27＝28＋29＋30＋31	810 810.81	—	—	—
①分次预缴税额	28	810 810.81	—	—	—
②出口开具专用缴款书预缴税额	29		—	—	—
③本期缴纳上期应纳税额	30				
④本期缴纳欠缴税额	31				
期末未缴税额（多缴为负数）	32＝24＋25＋26－27	343 786.49	343 786.49	—	—
其中：欠缴税额（≥0）	33＝25＋26－27	－810 810.81	—	—	—
本期应补（退）税额	34＝24－28－29	343 786.49	343 786.49	—	—
即征即退实际退税额	35		—	—	—
期初未缴查补税额	36		—	—	—
本期入库查补税额	37		—	—	—
期末未缴查补税额	38＝16＋22＋36－37		—	—	—

（税款缴纳）

授权声明

如果你已委托代理人申报，请填写下列资料：
为代理一切税务事宜，现授权
（地址） 为本纳税人的代理申报人，任何与本申报表有关的往来文件，都可寄予此人。

授权人签字：

申报人声明

本纳税申报表是根据国家税收法律法规及相关规定填报的，我确定它是真实的、可靠的、完整的。

声明人签字：

主管税务机关： 接收人： 接收日期：

10　《增值税减免税申报明细表》填报

10.1　《增值税减免税申报明细表》填报情况说明

10.1.1　本期减免税业务审核

10.1.1.1　会计处理

本期发生的相关业务为前述业务七，应纳税额 3 000.00 元，减征额 1 000.00 元，减征后应纳税额 2 000.00 元。

10.1.1.2　税务处理

纳税人销售自己使用过的固定资产，适用简易办法依照 3% 征收率减按 2% 征收增值税政策的，可以放弃减税，按照简易办法依照 3% 征收率缴纳增值税，并可以开具增值税专用发票。

根据前述业务七，销售使用过的专用设备，适用简易办法依照 3% 征收率减按 2% 征收增值税政策，计算应纳税额 3 000.00 元，减征额 1 000.00 元，减征后应纳税额 2 000.00 元。

10.1.2　减税项目的填报

第 1 栏 "合计"，期初余额 0 元，本期发生额 12 700.00 元，本期应抵减税额 12 700.00 元，本期实际抵减税额 12 700.00 元，期末余额 0 元。

"本期实际抵减税额" 数据来源：《增值税纳税申报表》第 23 行 "一般项目" 之 "本月数"。

第 2 栏 "增值税税控系统专用设备费及技术维护费"，期初余额 0 元，本期发生额 11 700.00 元，本期应抵减税额 11 700.00 元，本期实际抵减税额 11 700.00 元，期末余额 0 元。

第 3 栏 "销售使用过的固定资产"，期初余额 0 元，本期发生额 1 000.00 元，本期应抵减税额 1 000.00 元，本期实际抵减税额 1 000.00 元，期末余额 0 元。

10.1.3 免税项目的填报

免税项目：未发生。

10.2 《增值税减免税申报明细表》填报情况

具体填报情况见表5-9。

表 5-9 增值税减免税申报明细表

纳税人名称（公章）： 税款所属时间：自 年 月 日至 年 月 日 金额单位：元至角分

一、减税项目						
减税性质代码及名称	栏次	期初余额	本期发生额	本期应抵减税额	本期实际抵减税额	期末余额
		1	2	3＝1＋2	4≤3	5＝3－4
合计	1		12 700.00	12 700.00	12 700.00	
增值税税控系统专用设备费及技术维护费	2		11 700.00	11 700.00	11 700.00	
销售使用过的固定资产	3		1 000.00	1 000.00	1 000.00	
	4					
	5					
	6					
二、免税项目						
免税性质代码及名称	栏次	免征增值税项目销售额	免税销售额扣除项目本期实际扣除金额	扣除后免税销售额	免税销售额对应的进项税额	免税额
		1	2	3＝1－2	4	5
合计	7					
出口免税	8					
其中：跨境服务	9					
	10					
	11					
	12					
	13					
	14					
	15					
	16					

11 《增值税预缴税款表》填报

11.1 《增值税预缴税款表》填报情况说明

11.1.1 本期预缴增值税业务审核

本期发生的相关业务为前述业务十一。

预征税款计算：A房地产公司二期东湖项目预收房款30 000 000.00元，应换算成不含税价格进行增值税预缴，具体计算过程为：

$$应预缴税额＝预收款/(1＋11\%)×3\%$$
$$＝30\,000\,000.00/(1＋11\%)×3\%$$
$$＝810\,810.81(元)$$

11.1.2 建筑服务预征项目的填报

建筑服务预征项目：未发生。

11.1.3 销售不动产预征项目的填报

销售不动产预征项目，销售额30 000 000.00元，扣除金额0元，预征率3%，预征税额810 810.81元。

11.1.4 出租不动产预征项目的填报

出租不动产预征项目：未发生。

11.2 《增值税预缴税款表》填报情况

具体填报情况见表5-10。

表 5-10   **增值税预缴税款表**

税款所属时间：　　年　月　日至　　年　月　日

纳税人识别号：□□□□□□□□□□□□□□□□□□□□　是否适用一般计税方法　是□　否□

纳税人名称： （公章）			金额单位：元 （列至角分）	
项目编号		项目名称		
项目地址				
预征项目和栏次		销售额	扣除金额	预征率	预征税额
		1	2	3	4
建筑服务	1				
销售不动产	2	30 000 000.00		3%	810 810.81
出租不动产	3				
	4				
	5				
合计	6				
授权声明	如果你已委托代理人填报，请填写下列资料： 　　为代理一切税务事宜，现授权 （地址）　　　　　　为本次纳税人的代理填报人，任何与本表有关的往来文件，都可寄予此人。 授权人签字：		填表人申明	以上内容是真实的、可靠的、完整的。 纳税人签字：	

12　《营改增税负分析测算明细表》填报

12.1　《营改增税负分析测算明细表》填报情况说明

12.1.1　合计项目的填报

12.1.1.1　增值税

第1列"不含税销售额"127 217 117.12元，第2列"销项（应纳）税额"13 987 882.88元，第3列"价税合计"141 205 000.00元，第4列"服务、不动产和无形资产扣除项目本期实际扣除金额"16 000 000.00元，第5列"扣除后含税销售额"125 205 000.00元，第6列"扣除后销项（应纳）税额"12 402 297.30元，第7列"增值税应纳税额（测算）"1 164 297.30元。

【提示】（1）本表与附列资料（一）（本期销售情况明细）表的勾稽关系为：

"合计"行第3列"价税合计"＝附列资料（一）（本期销售情况明细）第11列"价税合计"第2＋4＋5＋9b＋12＋13a＋13b行，即141 205 000.00元。

"合计"行第4列"服务、不动产和无形资产扣除项目本期实际扣除金额"＝附列资料（一）（本期销售情况明细）第12列"服务、不动产和无形资产扣除项目本期实际扣除金额"第2＋4＋5＋9b＋12＋13a＋13b行，即16 000 000.00元。

（2）本表与主表的勾稽关系为：

销售服务、不动产和无形资产按照一般计税方法计税的，本表第7列各行次＝本表第6列各行次/主表第11栏销项税额一般项目和即征即退项目本月数之和×主表第19栏应纳税额一般项目和即征即退项目本月数之和。

销售服务、不动产和无形资产按照简易计税方法计税的，本表第7列各行次＝本表第6列对应各行次。

12.1.1.2　营业税

原营业税税制下服务、不动产和无形资产差额扣除项目，第8列"期初余额"0元，第9列"本期发生额"0元，第10列"本期应扣除金额"0元，第11列"本期实际扣除金额"0元，第12列"期末余额"0元。第13列"应税营业额"141 205 000.00，第14列"营业税应纳税额"7 060 250.00元。

12.1.2 销售不动产建筑物项目的填报

12.1.2.1 增值税

销售不动产建筑物项目增值税税率或征收率11%，营业税税率5%，第1列"不含税销售额"127 117 117.12元，第2列"销项（应纳）税额"13 982 882.88元，第3列"价税合计"141 100 000.00元，第4列"服务、不动产和无形资产扣除项目本期实际扣除金额"16 000 000.00元，第5列"扣除后含税销售额"125 100 000.00元，第6列"扣除后销项（应纳）税额"12 397 297.30元，第7列"增值税应纳税额（测算）"1 159 297.30元。

12.1.2.2 营业税

原营业税税制下服务、不动产和无形资产差额扣除项目，第8列"期初余额"0元，第9列"本期发生额"0元，第10列"本期应扣除金额"0元，第11列"本期实际扣除金额"0元，第12列"期末余额"0元。第13列"应税营业额"141 100 000.00元，第14列"营业税应纳税额"7 055 000.00元。

12.1.3 不动产经营租赁项目的填报

12.1.3.1 增值税

不动产经营租赁项目增值税税率或征收率5%，营业税税率5%，第1列"不含税销售额"100 000.00元，第2列"销项（应纳）税额"5 000.00元，第3列"价税合计"105 000.00元，第4列"服务、不动产和无形资产扣除项目本期实际扣除金额"0元，第5列"扣除后含税销售额"105 000.00元，第6列"扣除后销项（应纳）税额"5 000.00元，第7列"增值税应纳税额（测算）"5 000.00元。

12.1.3.2 营业税

原营业税税制下服务、不动产和无形资产差额扣除项目，第8列"期初余额"0元，第9列"本期发生额"0元，第10列"本期应扣除金额"0元，第11列"本期实际扣除金额"0元，第12列"期末余额"0元。第13列"应税营业额"105 000.00元，第14列"营业税应纳税额"5 250.00元。

12.2 《营改增税负分析测算明细表》填报情况

具体填报情况见表5-11。

表 5-11

营改增税负分析测算明细表

纳税人名称（公章）：　　　　　税款所属时间：　年　月　日至　年　月　日　　　　金额单位：元至角分

项目及栏次			增值税							营业税						
	增值税税率或征收率	营业税税率	不含税销售额	销项(应纳)税额	价税合计	服务、不动产和无形资产本期实际扣除金额	扣除后		增值税应纳税额(测算)	原营业税应税服务、无形资产和不动产					应税营业额	营业税应纳税额
							含税销售额	销项(应纳)税额		期初余额	本期发生额	本期应扣除金额	本期实际扣除金额	期末余额		
项目及代码及名称			1	2=1×增值税税率或征收率	3=1+2	4	5=3-4	6=5÷(100%+增值税税率或征收率)×增值税税率或征收率	7	8	9	10=8+9	11 (11≤3且11≤10)	12=10-11	13=3-11	14=13×营业税税率
合计	—	—	127 217 117.12	13 987 882.88	141 205 000.00	16 000 000.00	125 205 000.00	12 402 297.30	1 164 297.30	8	9	0	0	0	141 205 000.00	7 060 250.00
090100 销售不动产建筑物	11%	5%	127 117 117.12	13 982 882.88	141 100 000.00	16 000 000.00	125 100 000.00	12 397 297.30	1 159 297.30	0	0	0	0	0	141 100 000.00	7 055 000.00
060502 不动产经营租赁	5%	5%	100 000.00	5 000.00	105 000.00	0	105 000.00	5 000.00	5 000.00	0	0	0	0	0	105 000.00	5 250.00

6 第六篇　金融服务纳税申报案例

1 金融服务业务发生（交易事实）情况

1.1 A金融企业经营范围及开发情况

A金融企业的业务主要有：贷款业务、直接收费金融服务、金融商品转让。

1.2 本期购进业务发生情况

本期发生下列购进业务：

业务一：购进固定资产。2016年5月，购进小汽车一台作为公司商务用车，金额300 000.00元，进项税额51 000.00元，取得增值税专用发票。

业务二：2016年5月，初次购买增值税税控系统专用设备，取得增值税专用发票，金额10 000.00元，进项税额1 700.00元。

业务三：2016年5月，利息支出总额20 000 000.00元，转账支付。其中，存款利息1 000 000.00元属于不征税事项，不能取得增值税专用发票；其余19 000 000.00元已取得增值税专用发票，进项税额1 140 000.00元。

业务四：A公司的法人股东B公司，2012年4月取得持有A公司上市前发行的股票1万股，股价1元。A公司2015年4月上市首次发行价，每股6元。解禁当月2016年5月的每股净资产5元。

业务五：2016年5月购进水1 500 000.00元，进项税额195 000.00元；购进电1 500 000.00元，进项税额255 000.00元。购进水电均取得增值税专用发票。

【提示】水适用税率13%，电适用税率17%。

业务六：购入办公用写字楼500平方米，价款20 000 000.00元，适用税率11%，进项税额2 200 000.00元，取得增值税专用发票。

1.3 本期销售业务发生情况

本期发生下列销售业务：

业务七：销售使用过的专用设备，含税价 103 000.00 元，开具普通发票。适用税率 3%，减征税率 2%。不含税价 100 000.00 元。

业务八：2016 年 5 月，取得货币兑换、账户管理、电子银行、信用卡等金融服务不含税收入 2 000 000.00 元，已开具增值税专用发票。

业务九：取得贷款利息收入不含税收入 30 000 000.00 元，其中免税利息：同业拆借 1 500 000.00 元，小农贷款 2 000 000.00 元，国家助学贷款 500 000.00 元；征税利息 260 000 000.00 元，已开具增值税普通发票。

业务十：2016 年 5 月 B 公司所持 A 公司的股票解禁，5 月转让 5000 股，每股售价 8 元，含税销售额 40 000.00 元，适用税率 6%，销项税额 2 264.15 元，未开具发票。

1.4　增值税纳税申报表及附表的填写顺序

增值税纳税申报表的填写顺序如下：

(1)《固定资产（不含不动产）进项税额抵扣情况表》；

(2) 附列资料（二）（本期进项税额明细）；

(3)《本期抵扣进项税额结构明细表》；

(4) 附列资料（一）（本期销售情况明细）；

(5) 附列资料（三）（服务、不动产和无形资产扣除项目明细）；

(6) 附列资料（四）（税额抵减情况表）；

(7) 附列资料（五）（不动产分期抵扣计算表）；

(8)《增值税纳税申报表—一般纳税人适用》；

(9)《增值税减免税申报明细表》；

(10)《营改增税负分析测算明细表》。

说明：我们在介绍主表及附表填报时，按上述填写顺序进行介绍。

2　《固定资产（不含不动产）进项税额抵扣情况表》填报

2.1　《固定资产（不含不动产）进项税额抵扣情况表》填报情况说明

2.1.1　购进固定资产业务审核

2.1.1.1　产权登记情况

A金融公司已办理购进汽车的产权登记手续，《机动车行驶证》记载的所有人为A金融公司。

2.1.1.2　会计处理

根据××号记账凭证记录，本期发生的相关业务为业务一。
会计分录如下：

　　借：固定资产　　　　　　　　　　　　　　　　　　　　300 000.00
　　　　应交税费——应交增值税（进项税额）　　　　　　　51 000.00
　　　贷：银行存款　　　　　　　　　　　　　　　　　　　351 000.00

2.1.1.3　税务处理

购进汽车用于公司商务活动，应确认为用于应税项目，进项税额准予当期扣除。

2.1.2　增值税专用发票项目的填报

增值税专用发票项目，当期申报抵扣的固定资产进项税额51 000.00元，申报抵扣的固定资产进项税额累计51 000.00元。
数据来源：固定资产明细账及记账凭证。

2.1.3　海关进口增值税专用缴款书项目的填报

海关进口增值税专用缴款书项目，当期申报抵扣的固定资产进项税额0元，申报抵扣的固定资产进项税额累计0元。

2.1.4 合计项目的填报

合计项目，当期申报抵扣的固定资产进项税额 51 000.00 元，申报抵扣的固定资产进项税额累计 51 000.00 元。

2.2 《固定资产（不含不动产）进项税额抵扣情况表》填报情况

具体填报情况见表 6-1。

表 6-1　　　　　　　　固定资产（不含不动产）进项税额抵扣情况表

纳税人名称（公章）：　　　　　　填表日期：　年　月　日　　　　　金额单位：元至角分

项目	当期申报抵扣的固定资产进项税额	申报抵扣的固定资产进项税额累计
增值税专用发票	51 000.00	51 000.00
海关进口增值税专用缴款书	0	0
合计	51 000.00	51 000.00

3　附列资料（二）（本期进项税额明细）填报

3.1　附列资料（二）（本期进项税额明细）填报情况说明

3.1.1　本期购进业务审核

3.1.1.1　产权登记情况

A公司已办理购进汽车的产权登记手续，《机动车行驶证》记载的所有人为A公司。

A公司已办理购入办公写字楼的产权登记手续，登记的所有人为A公司。

其他购进业务不需要办理产权登记手续。

3.1.1.2　会计处理

银行业务成本主要有三项：银行利息支出、银行手续费及佣金支出、业务及管理费。根据"应交税费——应交增值税（进项税额）"明细账记录，本期发生四笔购进业务，即前述业务一、业务三、业务五和业务六。

业务三的会计处理为：

借：利息支出		20 000 000.00
贷：银行存款		20 000 000.00

业务五的会计处理为：

借：业务及管理费——水费	1 500 000.00
业务及管理费——电费	1 500 000.00
应交税费——应交增值税（进项税额）	450 000.00
贷：银行存款	3 450 000.00

业务六的会计处理为：

借：固定资产——不动产	20 000 000.00
应交税费——应交增值税（进项税额）——购建不动产进项（分期抵扣）	
	1 320 000.00
应交税费——应交增值税（进项税额）——购建不动产进项（分期抵扣）	
	880 000.00
贷：银行存款	22 200 000.00

同时：

借：应交税费——应交增值税（待抵扣进项税额）——新增不动产购进未满 12
月进项税额   880 000.00
　　贷：应交税费——应交增值税（进项税额）——购建不动产进项（分期抵扣）
                                                            880 000.00

3.1.1.3　税务处理

（1）贷款利息不得抵扣进项税额。

根据财税〔2016〕36 号文附件 2《营业税改征增值税试点有关事项的规定》，贷款利息费用不得扣除。因此，前述业务三发生的利息支出 20 000 000.00 元不得扣除，不在当期申报扣除。尽管 19 000 000.00 元已取得增值税专用发票，进项税额 1 140 000.00 元同样不得抵扣销项税额。

（2）取得不动产进项税额抵扣。

根据财税〔2016〕36 号文附件 2《营业税改征增值税试点有关事项的规定》，适用一般计税方法的试点纳税人，2016 年 5 月 1 日后取得并在会计制度上按固定资产核算的不动产或者 2016 年 5 月 1 日后取得的不动产在建工程，其进项税额应自取得之日起分两年从销项税额中抵扣，第一年抵扣比例为 60%，第二年抵扣比例为 40%。因此，前述业务六购入办公用写字楼第一年可抵扣税额 1 320 000.00 元（2 200 000.00×60%）。

（3）附列资料（二）（本期进项税额明细）的数据来源为会计记录及购进业务增值税专用发票抵扣联。经审核，未发现取得不合规发票的情形。

3.1.2　申报抵扣的进项税额项目的填报

（1）认证相符的增值税专用发票项目，份数 10 份，金额 23 300 000.00 元，税额 2 701 000.00 元。

（2）其他扣税凭证项目：未发生。

（3）本期用于购建不动产的扣税凭证项目，份数 6 份，金额 20 000 000.00 元，税额 2 200 000.00 元。

（4）本期不动产允许抵扣进项税额项目，税额 1 320 000.00 元。

（5）外贸企业进项税额抵扣证明项目：未发生。

（6）当期申报抵扣进项税额合计项目，份数 10 份，金额 3 300 000.00 元，税额 1 821 000.00 元。

3.1.3　进项税额转出额项目的填报

进项税转出额项目：未发生。

3.1.4　待抵扣进项税额项目的填报

待抵扣进项税额项目：未发生。

3.1.5　其他项目的填报

（1）本期认证相符的税控增值税专用发票项目：未发生。

（2）代扣代缴税额项目：未发生。

3.2　附列资料（二）（本期进项税额明细）填报情况

具体填报情况见表 6-2。

表 6-2　　　　　　**增值税纳税申报表附列资料（二）**

（本期进项税额明细）

税款所属时间：　　年　　月　　日至　　年　　月　　日

纳税人名称：（公章）　　　　　　　　　　　　　　　金额单位：元至角分

一、申报抵扣的进项税额				
项目	栏次	份数	金额	税额
（一）认证相符的增值税专用发票	1＝2＋3	10	23 300 000.00	2 701 000.00
其中：本期认证相符且本期申报抵扣	2	10	23 300 000.00	2 701 000.00
前期认证相符且本期申报抵扣	3			
（二）其他扣税凭证	4＝5＋6＋7＋8			
其中：海关进口增值税专用缴款书	5			
农产品收购发票或者销售发票	6			
代扣代缴税收缴款凭证	7			
其他	8			
（三）本期用于购建不动产的扣税凭证	9	6	20 000 000.00	2 200 000.00
（四）本期不动产允许抵扣进项税额	10	—	—	1 320 000.00
（五）外贸企业进项税额抵扣证明	11			
当期申报抵扣进项税额合计	12＝1＋4－9＋10＋11	10	3 300 000.00	1 821 000.00
二、进项税额转出额				
项目	栏次		税额	
本期进项税额转出额	13＝14 至 23 之和			

续表

项目	栏次	税额
其中：免税项目用	14	
集体福利、个人消费	15	
非正常损失	16	
简易计税方法征税项目用	17	
免抵退税办法不得抵扣的进项税额	18	
纳税检查调减进项税额	19	
红字专用发票信息表注明的进项税额	20	
上期留抵税额抵减欠税	21	
上期留抵税额退税	22	
其他应作进项税额转出的情形	23	

三、待抵扣进项税额

项目	栏次	份数	金额	税额
（一）认证相符的增值税专用发票	24	—	—	—
期初已认证相符但未申报抵扣	25			
本期认证相符且本期未申报抵扣	26			
期末已认证相符但未申报抵扣	27			
其中：按照税法规定不允许抵扣	28			
（二）其他扣税凭证	29＝30 至 33 之和			
其中：海关进口增值税专用缴款书	30			
农产品收购发票或者销售发票	31			
代扣代缴税收缴款凭证	32		—	
其他	33			
	34			

四、其他

项目	栏次	份数	金额	税额
本期认证相符的增值税专用发票	35			
代扣代缴税额	36	—	—	

4　《本期抵扣进项税额结构明细表》填报

4.1　《本期抵扣进项税额结构明细表》填报情况说明

4.1.1　合计项目的填报

本期抵扣进项税额，合计项目金额 3 300 000.00 元，税额 501 000.00 元。

【提示】本表合计栏与附列资料（二）（本期进项税额明细），以下简称附列资料（二）相关栏次的勾稽关系如下：

第 1 栏"合计""税额"列＝附列资料（二）第 12 栏"税额"列－附列资料（二）第 10 栏"税额"列－附列资料（二）第 11 栏"税额"列，即 501 000.00 元（1 821 000.00 元－1 320 000.00 元－0 元）。

4.1.2　按税率或征收率归集（不包括购建不动产、通行费）的进项项目的填报

4.1.2.1　17%税率的进项项目的填报

本期抵扣进项税额，17%税率的进项项目，金额 1 800 000.00 元，税额 306 000.00 元。数据来源为前述业务一、业务五。

4.1.2.2　13%税率的进项项目的填报

本期抵扣进项税额，13%税率的进项项目，金额 1 500 000.00 元，税额 195 000.00 元。数据来源为前述业务五。

4.1.2.3　11%税率的进项项目的填报

11%税率的进项项目：未发生。

4.1.2.4　6%税率的进项项目的填报

6%税率的进项项目：未发生。

4.1.2.5 5%征收率的进项项目的填报

5%征收率的进项项目：未发生。

4.1.2.6 3%征收率的进项项目的填报

3%征收率的进项项目：未发生。

4.1.2.7 减按1.5%征收率的进项项目的填报

减按1.5%征收率的进项项目：未发生。

4.1.3 按抵扣项目归集的进项项目的填报

4.1.3.1 用于购建不动产并一次性抵扣的进项项目的填报

用于购建不动产并一次性抵扣的进项项目：未发生。

4.1.3.2 通行费的进项项目的填报

通行费的进项项目：未发生。

4.2 《本期抵扣进项税额结构明细表》填报情况

具体填报情况见表6-3。

表 6-3 本期抵扣进项税额结构明细表

纳税人名称：（公章）　　税款所属时间：　　年　月　日至　　年　月　日　　金额单位：元至角分

项目	栏次	金额	税额
合计	1＝2＋4＋5＋11＋16＋18＋27＋29＋30	3 300 000.00	501 000.00
一、按税率或征收率归集（不包括购建不动产、通行费）的进项			
17%税率的进项	2	1 800 000.00	306 000.00
其中：有形动产租赁的进项	3		
13%税率的进项	4	1 500 000.00	195 000.00
11%税率的进项	5		
其中：运输服务的进项	6		
电信服务的进项	7		
建筑安装服务的进项	8		

续表

项目	栏次	金额	税额
不动产租赁服务的进项	9		
受让土地使用权的进项	10		
6%税率的进项	11		
其中：电信服务的进项	12		
金融保险服务的进项	13		
生活服务的进项	14		
取得无形资产的进项	15		
5%征收率的进项	16		
其中：不动产租赁服务的进项	17		
3%征收率的进项	18		
其中：货物及加工、修理修配劳务的进项	19		
运输服务的进项	20		
电信服务的进项	21		
建筑安装服务的进项	22		
金融保险服务的进项	23		
有形动产租赁服务的进项	24		
生活服务的进项	25		
取得无形资产的进项	26		
减按 1.5%征收率的进项	27		
	28		
二、按抵扣项目归集的进项			
用于购建不动产并一次性抵扣的进项	29		
通行费的进项	30		
	31		
	32		

5 附列资料（一）（本期销售情况明细）填报

5.1 附列资料（一）（本期销售情况明细）填报情况说明

5.1.1 本期销售业务审核情况

5.1.1.1 交易处理情况

根据证券公司提供的交易资料，A公司本期发生的股票转让，是转让A公司持有B上市公司的股票。具体交易情况与会计记录反映的内容一致。

5.1.1.2 会计处理

根据销售明细账记录，本期共发生四笔销售业务，即前述业务七、业务八、业务九和业务十。

5.1.1.3 税务处理

（1）销售使用过的专用设备适用征收率3％，减征2％。不含税价100 000.00元。应纳税额3 000.00元，减征额1 000.00元，减征后纳税额2 000.00元。

（2）同业拆借、小农贷款、国家助学贷款属于免税利息收入。因此，业务九取得同业拆借利息收入1 500 000.00元、小农贷款2 000 000.00元、国家助学贷款500 000.00元属于免税收入。

【提示】"同业拆借"是指金融机构之间的拆借。财税〔2016〕36号文附件3第一条第二十三项规定，金融机构是指：（1）银行：包括人民银行、商业银行、政策性银行。（2）信用合作社。（3）证券公司。（4）金融租赁公司、证券基金管理公司、财务公司、信托投资公司、证券投资基金。（5）保险公司。（6）其他经人民银行、银监会、证监会、保监会批准成立且经营金融保险业务的机构等。

5.1.2 一般计税方法计税项目的填报

（1）全部征税项目：第5栏"6％税率项目"，对应的第1列"开具增值税专用发票销售额"2 000 000.00元，第2列"销项（应纳）税额"120 000.00元，第3列"开具其他发票销售额"26 000 000.00元，第4列"销项（应纳）税额"1 560 000.00元，第5列

"未开具发票的销售额" 37 735.85 元、第 6 列 "销项（应纳）税额" 2 264.15 元，第 12 列 "应税服务扣除项目本期实际扣除金额" 30 000.00 元，第 13 列 "扣除后的含税（免税）销售额" 29 690 000.00 元，第 14 列 "销项（应纳）税额" 1 680 566.04 元。

金融商品转让，金融商品转让的销售额为卖出价（含税价）40 000.00 元，按上市公司首次发行价每股 6 元计算买入价（含税价）为扣除额 30 000.00 元（5 000×6 元），卖出价减买入价后的余额 10 000.00 元为扣除后含税（免税）销售额。

（2）即征即退项目：未发生。

5.1.3　简易计税方法计税项目的填报

（1）全部征税项目：第 11 栏 "3％征收率的货物及加工修理修配劳务" 对应的第 3 列 "开具其他发票销售额" 100 000.00 元、第 4 列 "销项（应纳）税额" 3 000 元。

（2）即征即退项目：未发生。

5.1.4　免抵退税项目的填报

（1）货物及加工修理修配劳务项目：未发生。
（2）应税服务项目：未发生。

5.1.5　免税项目的填报

（1）货物及加工修理修配劳务项目：未发生。
（2）应税服务项目：第 19 栏 "服务、不动产和无形资产" 对应的第 5 列 "未开具发票" 4 000 000.00 元，第 13 列 "扣除后含税（免税）销售额" 4 000 000.00 元。

数据来源为前述业务九。

5.2　附列资料（一）（本期销售情况明细）填报情况

具体填报情况见表 6-4。

表 6-4

增值税纳税申报表附列资料（一）

（本期销售情况明细）

纳税人名称：（公章）

税款所属时间： 年 月 日至 年 月 日

金额单位：元至角分

项目及栏次		开具增值税专用发票		开具其他发票		未开具发票		纳税检查调整		合计			服务、不动产和无形资产扣除项目本期实际扣除金额	扣除后	
		销售额	销项（应纳）税额	销售额	销项（应纳）税额	销售额	销项（应纳）税额	销售额	销项（应纳）税额	销售额	销项（应纳）税额	价税合计		含税（免税）销售额	销项（应纳）税额
		1	2	3	4	5	6	7	8	$9=1+3+5+7$	$10=2+4+6+8$	$11=9+10$	12	$13=11-12$	$14=13\div(100\%+税率或征收率)\times税率或征收率$
一、一般计税方法计税 全部征税项目 17%税率的货物及加工修理修配劳务	1														
17%税率的服务、不动产和无形资产	2														
13%税率	3														
11%税率	4														
6%税率	5	2 000 000.00	120 000.00	26 000 000.00	1 560 000.00	37 735.85	2 264.15			28 037 735.85	1 682 264.15	29 720 000.00	30 000.00	29 690 000.00	1 680 566.04
其中：即征即退项目 即征即退货物及加工修理修配劳务	6									—	—	—	—	—	—
即征即退服务、不动产和无形资产	7									—	—	—	—	—	—
二、简易计税方法计税 全部征税项目 6%征收率	8									—	—	—	—	—	—
5%征收率的货物及加工修理修配劳务	9a														
5%征收率的服务、不动产和无形资产	9b									—	—	—	—	—	—

项目及栏次	栏次	开具增值税专用发票 销售额	开具增值税专用发票 销项(应纳)税额	开具其他发票 销售额	开具其他发票 销项(应纳)税额	未开具发票 销售额	未开具发票 销项(应纳)税额	纳税检查调整 销售额	纳税检查调整 销项(应纳)税额	合计 销售额	合计 销项(应纳)税额	价税合计	服务、不动产和无形资产扣除项目本期实际扣除金额	扣除后 含税(免税)销售额	扣除后 销项(应纳)税额
		1	2	3	4	5	6	7	8	9=1+3+5+7	10=2+4+6+8	11=9+10	12	13=11-12	14=13÷(100%+税率或征收率)×税率或征收率
二、简易计税方法计税 全部征税项目 4%征收率	10														—
3%征收率的货物及加工修理修配劳务	11			100 000.00	3 000.00					100 000.00	3 000.00	11=9+10	12	13=11-12	—
3%征收率的服务、不动产和无形资产	12										3 000.00		12		—
其中：预征率%	13a														
预征率%	13b														
预征率%	13c														
即征即退项目 即征即退货物及加工修理修配劳务	14														—
即征即退服务、不动产和无形资产	15														—
三、免抵退税 货物及加工修理修配劳务	16														
服务、不动产和无形资产	17														
四、免税 货物及加工修理修配劳务	18													—	
服务、不动产和无形资产	19	—	—	—	—	4 000 000.00	—	—							

6 附列资料（三）（服务、不动产和无形资产扣除项目明细）填报

6.1 附列资料（三）（服务、不动产和无形资产扣除项目明细）填报情况说明

6.1.1 应税服务扣除项目审核

6.1.1.1 交易处理情况

根据证券公司提供的交易资料，A公司本期发生的股票转让，是转让A公司持有B上市公司的股票。具体交易情况与会计记录反映的内容一致。

6.1.1.2 会计处理

本期发生的相关业务为前述业务四、业务十。

6.1.1.3 税务处理

金融商品转让，按照卖出价扣除买入价后的差额为销售额。金融商品转让，不得开具增值税专用发票。

按上市公司首次发行价每股6元计算买入价（含税价）为30 000.00元（5 000×6元）。金融商品转让的销售额为卖出价（含税价）40 000.00元－买入价30 000.00元＝10 000.00元。

【提示】*与本次5 000股的股票转让，所对应的应税服务扣除项目，是5 000股的含税买入价。*

6.1.2 应税服务扣除项目的填报

6%税率的项目（不含金融商品转让），本期服务、不动产和无形资产价税合计额（免税销售额）29 680 000.00元，服务、不动产和无形资产扣除项目期初余额0元，本期发生额0元，本期应扣除金额0元，本期实际扣除金额0元，期末余额0元。

6%税率的金融商品转让项目，本期服务、不动产和无形资产价税合计额（免税销售额）40 000.00元，服务、不动产和无形资产扣除项目期初余额0元，本期发生额

30 000.00 元，本期应扣除金额 30 000.00 元，本期实际扣除金额 30 000.00 元，期末余额 0 元。

3%征收率的项目，本期服务、不动产和无形资产价税合计额（免税销售额）103 000.00 元，服务、不动产和无形资产扣除项目期初余额 0 元，本期发生额 0 元，本期应扣除金额 0 元，本期实际扣除金额 0 元，期末余额 0 元。

免税的项目，本期服务、不动产和无形资产价税合计额（免税销售额）4 000 000.00 元，服务、不动产和无形资产扣除项目期初余额 0 元，本期发生额 0 元，本期应扣除金额 0 元，本期实际扣除金额 0 元，期末余额 0 元。

【提示】本表与《增值税纳税申报表附列资料（一）》的逻辑关系为：

第 5 列第 3 行与第 4 行之和 30 000.00 元应填列至附列资料（一）"一般计税方法计税"第 5 栏"6%税率"对应的第 12 列"服务、不动产和无形资产扣除项目本期实际扣除金额"。

6.2　附列资料（三）（服务、不动产和无形资产扣除项目明细）填报情况

具体填报情况见表 6-5。

表 6-5　　　　　　　　　　增值税纳税申报表附列资料（三）

（服务、不动产和无形资产扣除项目明细）

纳税人名称：（公章）　　　税款所属时间：　　年　月　日至　　年　月　日　　金额单位：元至角分

项目及栏次		本期服务、不动产和无形资产价税合计额（免税销售额）	服务、不动产和无形资产扣除项目				
			期初余额	本期发生额	本期应扣除金额	本期实际扣除金额	期末余额
		1	2	3	4=2+3	5（5≤1且5≤4）	6=4-5
17%税率的项目	1						
11%税率的项目	2						
6%税率的项目（不含金融商品转让）	3	29 680 000.00					
6%税率的金融商品转让项目	4	40 000.00	0	30 000.00	30 000.00	30 000.00	0
5%征收率的项目	5						
3%征收率的项目	6	103 000.00					
免抵退税的项目	7						
免税的项目	8	4 000 000.00					

7　附列资料（四）（税额抵减情况表）填报

7.1　附列资料（四）（税额抵减情况表）填报情况说明

7.1.1　本期购进业务审核

7.1.1.1　会计处理

本期发生的相关业务为前述业务二。

7.1.1.2　税务处理

增值税纳税人 2011 年 12 月 1 日（含，下同）以后初次购买增值税税控系统专用设备（包括分开票机）支付的费用，可凭购买增值税税控系统专用设备取得的增值税专用发票，在增值税应纳税额中全额抵减（抵减额为价税合计额），不足抵减的可结转下期继续抵减。因此，前述业务二发生初次购买增值税税控系统专用设备可按价税合计额全额抵减。

7.1.2　增值税税控系统专用设备费及技术维护费抵减项目的填报

增值税税控系统专用设备费及技术维护费项目：期初余额 0 元，本期发生额 11 700.00 元，本期应抵减税额 11 700.00 元，本期实际抵减税额 2 000.00 元，期末余额 9 700.00 元。

7.1.3　分支机构预征缴纳税款抵减项目的填报

分支机构预征缴纳税款项目：未发生。

7.1.4　建筑服务预征缴纳税款抵减项目的填报

建筑服务预征缴纳税款项目：未发生。

7.1.5 销售不动产预征缴纳税款抵减项目的填报

销售不动产预征缴纳税款项目：未发生。

7.1.6 出租不动产预征缴纳税款抵减项目的填报

出租不动产预征缴纳税款项目：未发生。

7.2 附列资料（四）（税额抵减情况表）填报情况

具体填报情况见表 6-6。

表 6-6

增值税纳税申报表附列资料（四）

（税额抵减情况表）

纳税人名称：（公章）　　　税款所属时间：　年　月　日至　年　月　日　　　金额单位：元至角分

序号	抵减项目	期初余额	本期发生额	本期应抵减税额	本期实际抵减税额	期末余额
		1	2	3＝1＋2	4≤3	5＝3－4
1	增值税税控系统专用设备费及技术维护费	0	11 700.00	11 700.00	2 000.00	9 700.00
2	分支机构预征缴纳税款					
3	建筑服务预征缴纳税款					
4	销售不动产预征缴纳税款					
5	出租不动产预征缴纳税款					

8　附列资料（五）（不动产分期抵扣计算表）填报

8.1　附列资料（五）（不动产分期抵扣计算表）填报情况说明

8.1.1　不动产分期抵扣业务审核

8.1.1.1　产权登记情况

A 公司已办理购入办公写字楼的产权登记手续，所有人为 A 公司。

8.1.1.2　会计处理

根据××号记账凭证记录，本期发生的相关业务为前述业务七。会计处理如下：

借：固定资产——不动产　　　　　　　　　　　　　　　20 000 000.00

应交税费——应交增值税（进项税额）——购建不动产进项（分期抵扣）

1 320 000.00

应交税费——应交增值税（进项税额）——购建不动产进项（分期抵扣）

880 000.00

贷：银行存款　　　　　　　　　　　　　　　　22 200 000.00

同时：

借：应交税费——应交增值税（待抵扣进项税额）——新增不动产购进未满 12
月进项税额　　　　　　　　　　　　　　　　　880 000.00

贷：应交税费——应交增值税（进项税额）——购建不动产进项（分期抵扣）

880 000.00

8.1.1.3　税务处理

购进房屋用于公司日常办公，应确认为用于应税项目，进项税额准予当期扣除。

根据财税〔2016〕36 号文附件 2《营业税改征增值税试点有关事项的规定》，适用
一般计税方法的试点纳税人，2016 年 5 月 1 日后取得并在会计制度上按固定资产核算
的不动产或者 2016 年 5 月 1 日后取得的不动产在建工程，其进项税额应自取得之日起
分两年从销项税额中抵扣，第一年抵扣比例为 60%，第二年抵扣比例为 40%。因此，
第一年可抵扣税额 1 320 000.00 元（2 200 000.00 元×60%）。

8.1.2 不动产分期抵扣情况的填报

本期不动产进项税额增加额为 2 200 000.00 元；本期可抵扣不动产进项税额，填写符合税法规定可以在本期抵扣的不动产进项税额 1 320 000.00 元；期末待抵扣不动产进项税额 880 000.00 元。

8.2 附列资料（五）（不动产分期抵扣计算表）填报情况

具体填报情况见表 6-7。

表 6-7 　　　　　　　　　增值税纳税申报表附列资料（五）

（不动产分期抵扣计算表）

纳税人名称：（公章）　　税款所属时间：　年　月　日至　年　月　日　　金额单位：元至角分

期初待抵扣不动产进项税额	本期不动产进项税额增加额	本期可抵扣不动产进项税额	本期转入的待抵扣不动产进项税额	本期转出的待抵扣不动产进项税额	期末待抵扣不动产进项税额
1	2	3≤1+2+4	4	5≤1+4	6=1+2−3+4−5
0.00	2 200 000.00	1 320 000.00	0	0	880 000.00

9 《增值税纳税申报表（一般纳税人适用）》填报

9.1 《增值税纳税申报表（一般纳税人适用）》填报情况说明

9.1.1 销售额项目的填报

（1）第 1 栏"按适用税率计税销售额"，一般项目本月数 28 037 735.85 元。

数据来源：附列资料（一）（本期销售情况明细）第 9 列第 1 至 5 行之和－第 9 列第 6、7 行之和，即（28 037 735.85 元－0 元）。

（2）第 3 栏"应税劳务销售额"，一般项目本月数 28 037 735.85 元。

（3）第 5 栏"按简易办法计税销售额"，一般项目本月数 100 000.00 元。

数据来源：附列资料（一）（本期销售情况明细）第 9 列第 8 至 13b 行之和－第 9 列第 14、15 行之和，即（100 000.00 元－0 元）。

（4）第 8 栏"免税销售额"一般项目本月数 4 000 000.00 元。

数据来源：附列资料（一）（本期销售情况明细）第 18、19 行之和，即（0 元＋4 000 000.00 元）。

9.1.2 税款计算项目的填报

（1）第 11 栏"销项税额"，一般项目本月数 1 680 566.04 元。

数据来源：附列资料（一）（本期销售情况明细）（第 10 列第 1、3 行之和－10 列第 6 行）＋（第 14 列第 2、4、5 行之和－14 列第 7 行），即（0 元－0 元）＋（1 680 566.04 元－0 元）。

（2）第 12 栏"进项税额"，一般项目本月数 1 821 000.00 元。

数据来源：附列资料（二）（本期进项税额明细）第 12 栏"税额"，即 1 821 000.00 元。

（3）第 17 栏"应抵扣税额合计"，一般项目本月数 1 821 000.00 元。

数据来源：应抵扣税额合计（本月数）＝本表第 12 栏＋第 13 栏－第 14 栏－第 15 栏＋第 16 栏＝1 821 000.00 元。

（4）第 18 栏"实际抵扣税额"，一般项目本月数 1 680 566.04 元。

（5）第 19 栏"应纳税额"，一般项目本月数 0 元。

数据来源：应纳税额本月数＝第 11 栏－第 18 栏＝0 元。

（6）第 21 栏"简易办法计算的应纳税额"，一般项目本月数 3 000.00 元。

数据来源：附列资料（一）（本期销售情况明细）（第 10 列第 8、9a、10、11 行之和－10 列第 14 行）＋（第 14 列第 9b、12、13a、13b 行之和－14 列第 15 行），即（3 000.00 元－0 元）＋（0 元－0 元）。

（7）第 23 栏"应纳税额减征额"，一般货物、劳务和应税服务本月数 3 000.00 元。

数据来源：第 23 栏"应纳税额减征额"：填写纳税人本期按照税法规定减征的增值税应纳税额。包含按照规定可在增值税应纳税额中全额抵减的增值税税控系统专用设备费用以及技术维护费。

当本期减征额小于或等于第 19 栏"应纳税额"与第 21 栏"简易计税办法计算的应纳税额"之和时，按本期减征额实际填写；当本期减征额大于第 19 栏"应纳税额"与第 21 栏"简易计税办法计算的应纳税额"之和时，按本期第 19 栏与第 21 栏之和填写。本期减征额不足抵减部分结转下期继续抵减。

（8）第 24 栏"应纳税额合计"，一般货物、劳务和应税服务本月数 1 169 866.04 元。应纳税额合计＝第 19 栏"应纳税额"一般货物、劳务和应税服务本月数＋第 21 栏"简易计税办法计算的应纳税额"一般货物、劳务和应税服务本月数－第 23 栏"应纳税额减征额"一般货物、劳务和应税服务本月数，即（0 元＋3 000.00 元－3 000.00 元）。

9.1.3　税款缴纳项目的填报

税款缴纳项目：无。

9.2　《增值税纳税申报表（一般纳税人适用）》填报情况

具体填报情况见表 6-8。

表6-8

增值税纳税申报表

(一般纳税人适用)

根据国家税收法律法规及增值税相关规定制定本表。纳税人不论有无销售额，均应按税务机关核定的纳税期限填写本表，并向当地税务机关申报。

税款所属时间：自 年 月 日至 年 月 日　　填表日期： 年 月 日　　金额单位：元至角分

纳税人识别号			所属行业：	
纳税人名称	(公章)	法定代表人姓名	注册地址	生产经营地址
开户银行及账号		登记注册类型		电话号码

	项目	栏次	一般项目		即征即退项目	
			本月数	本年累计	本月数	本年累计
销售额	（一）按适用税率计税销售额	1	28 037 735.85			
	其中：应税货物销售额	2				
	应税劳务销售额	3	28 037 735.85			
	纳税检查调整的销售额	4				
	（二）按简易办法计税销售额	5	100 000.00			
	其中：纳税检查调整的销售额	6				
	（三）免、抵、退办法出口销售额	7			—	—
	（四）免税销售额	8	4 000 000.00		—	—
	其中：免税货物销售额	9			—	—
	免税劳务销售额	10			—	—
税款计算	销项税额	11	1 680 566.04			
	进项税额	12	1 821 000.00			
	上期留抵税额	13				
	进项税额转出	14				
	免、抵、退应退税额	15				
	按适用税率计算的纳税检查应补缴税额	16				
	应抵扣税额合计	17＝12＋13－14－15＋16			—	
	实际抵扣税额	18（如17＜11，则为17，否则为11）	1 821 000.00			
	应纳税额	19＝11－18	1 680 566.04			
	期末留抵税额	20＝17－18	0		—	
	简易计税办法计算的应纳税额	21	3 000.00			
	按简易计税办法计算的纳税检查应补缴税额	22			—	—
	应纳税额减征额	23	3 000.00			
	应纳税额合计	24＝19＋21－23	0		—	

续表

纳税人识别号						
纳税人名称		法定代表人姓名		注册地址		所属行业:
开户银行及账号		登记注册类型		生产经营地址		电话号码:

项目	栏次	一般项目		即征即退项目	
		本月数	本年累计	本月数	本年累计
期初未缴税额(多缴为负数)	25				
实收出口开具专用缴款书退税额	26			—	—
本期已缴税额	27=28+29+30+31				
①分次预缴税额	28			—	—
②出口开具专用缴款书预缴税额	29			—	—
③本期缴纳上期应纳税额	30				
④本期缴纳欠缴税额	31				
期末未缴税额(多缴为负数)	32=24+25+26-27				
其中: 欠缴税额(≥0)	33=25+26-27			—	—
本期应补(退)税额	34=24-28-29			—	—
即征即退实际退税额	35	—	—		
期初未缴查补税额	36			—	—
本期入库查补税额	37			—	—
期末未缴查补税额	38=16+22+36-37			—	—

左侧竖排标注: 税款缴纳

授权声明: 如果你已委托代理人申报，请填写下列资料:

为代理一切税务事宜，现授权_____（地址）为本纳税人的代理申报人，任何与本申报表有关的往来文件，都可寄予此人。

授权人签字:

申报人声明: 本纳税申报表是根据国家税收法律法规及相关规定填报的，我确定它是真实的、可靠的、完整的。

声明人签字:

主管税务机关:　　　接收人:　　　接收日期:

10 《增值税减免税申报明细表》填报

10.1 《增值税减免税申报明细表》填报情况说明

10.1.1 本期减免税业务审核

10.1.1.1 会计处理

本期发生的相关业务为前述业务七，应纳税额 3 000.00 元，减征额 1 000.00 元，减征后应纳税额 2 000.00 元。

10.1.1.2 税务处理

纳税人销售自己使用过的固定资产，适用简易办法依照 3‰ 征收率减按 2‰ 征收增值税政策的，可以放弃减税，按照简易办法依照 3‰ 征收率缴纳增值税，并可以开具增值税专用发票。

10.1.2 减税项目的填报

第 1 栏"合计"，期初余额 0 元，本期发生额 12 700.00 元，本期应抵减税额 12 700.00 元，本期实际抵减税额 3 000.00 元，期末余额 9 700.00 元。

第 2 栏"增值税税控系统专用设备费及技术维护费"，期初余额 0 元，本期发生额 11 700.00 元，本期应抵减税额 11 700.00 元，本期实际抵减税额 2 000.00 元，期末余额 9 700.00 元。

第 3 栏"销售使用过的固定资产"，期初余额 0 元，本期发生额 1 000.00 元，本期应抵减税额 1 000.00 元，本期实际抵减税额 1 000.00 元，期末余额 0 元。

10.1.3 免税项目的填报

第 7 栏"合计"，免征增值税项目销售额 4 000 000.00 元，免税销售额扣除项目本期实际扣除金额 0 元，扣除后免税销售额 4 000 000.00 元，免税销售额对应的进项税额 240 000.00 元，免税额 3 760 000.00 元。

"免征增值税项目销售额"数据来源：《增值税纳税申报表（一般纳税人适用）》第

8行"一般项目"之"本月数",即 4 000 000.00 元。

第10栏"同业拆借、小农贷款、国家助学贷款",免征增值税项目销售额 4 000 000.00 元,免税销售额扣除项目本期实际扣除金额 0 元,扣除后免税销售额 4 000 000.00 元,免税销售额对应的进项税额 240 000.00 元,免税额 3 760 000.00 元。

10.2 《增值税减免税申报明细表》填报情况

具体填报情况见表 6-9。

表 6-9　　　　　　　　**增值税减免税申报明细表**

纳税人名称(公章):　　税款所属时间:自　年　月　日至　年　月　日　　金额单位:元至角分

一、减税项目						
减税性质代码及名称	栏次	期初余额	本期发生额	本期应抵减税额	本期实际抵减税额	期末余额
		1	2	3=1+2	4≤3	5=3-4
合计	1	0	12 700.00	12 700.00	3 000.00	9 700.00
增值税税控系统专用设备费及技术维护费	2	0	11 700.00	11 700.00	2 000.00	9 700.00
销售使用过的固定资产	3	0	1 000.00	1 000.00	1 000.00	0
	4					
	5					
	6					
二、免税项目						
免税性质代码及名称	栏次	免征增值税项目销售额	免税销售额扣除项目本期实际扣除金额	扣除后免税销售额	免税销售额对应的进项税额	免税额
		1	2	3=1-2	4	5
合计	7	4 000 000.00	0	4 000 000.00	240 000.00	3 760 000.00
出口免税	8	—	—	—	—	—
其中:跨境服务	9	—	—	—	—	—
同业拆借、小农贷款、国家助学贷款	10	4 000 000.00	0	4 000 000.00	240 000.00	3 760 000.00
	11					
	12					
	13					
	14					
	15					
	16					

11 《营改增税负分析测算明细表》填报

11.1 《营改增税负分析测算明细表》填报情况说明

11.1.1 合计项目的填报

11.1.1.1 增值税

第1列"不含税销售额"28 037 735.85元，第2列"销项（应纳）税额"1 682 264.15元，第3列"价税合计"29 720 000.00元，第4列"服务、不动产和无形资产扣除项目本期实际扣除金额"30 000.00元，第5列"扣除后含税销售额"29 690 000.00元，第6列"扣除后销项（应纳）税额"1 680 566.04元，第7列"增值税应纳税额（测算）"0元。

【提示】（1）本表与附列资料（一）（本期销售情况明细）的勾稽关系为：

"合计"行第3列"价税合计"＝附列资料（一）（本期销售情况明细）第11列价税合计第2＋4＋5＋9b＋12＋13a＋13b行，即29 720 000.00元。

"合计"行第4列"服务、不动产和无形资产扣除项目本期实际扣除金额"＝附列资料（一）（本期销售情况明细）第12列"服务、不动产和无形资产扣除项目本期实际扣除金额"第2＋4＋5＋9b＋12＋13a＋13b行，即30 000.00元。

（2）本表与主表的勾稽关系为：

销售服务、不动产和无形资产按照一般计税方法计税的，本表第7列各行次＝本表第6列各行次/主表第11栏销项税额一般项目和即征即退项目本月数之和×主表第19栏应纳税额一般项目和即征即退项目本月数之和。

销售服务、不动产和无形资产按照简易计税方法计税的，本表第7列各行次＝本表第6列对应各行次。

11.1.1.2 营业税

原营业税税制下服务、不动产和无形资产差额扣除项目，第8列"期初余额"0元，第9列"本期发生额"30 000.00元，第10列"本期应扣除金额"30 000.00元，第11列"本期实际扣除金额"30 000.00元，第12列"期末余额"0元，第13列"应税营业额"29 690 000.00元，第14列"营业税应纳税额"1 484 500.00元。

11.1.2　直接收费金融服务项目的填报

11.1.2.1　增值税

直接收费金融服务项目增值税税率或征收率6%，营业税税率5%，第1列"不含税销售额"2 000 000.00元，第2列"销项（应纳）税额"120 000.00元，第3列"价税合计"2 120 000.00元，第4列"服务、不动产和无形资产扣除项目本期实际扣除金额"0元，第5列"扣除后含税销售额"2 120 000.00元，第6列"扣除后销项（应纳）税额"120 000.00元，第7列"增值税应纳税额（测算）"0元。

11.1.2.2　营业税

原营业税税制下服务、不动产和无形资产差额扣除项目，第8列"期初余额"0元，第9列"本期发生额"0元，第10列"本期应扣除金额"0元，第11列"本期实际扣除金额"0元，第12列"期末余额"0元。第13列"应税营业额"2 120 000.00元，第14列"营业税应纳税额"106 000.00元。

11.1.3　贷款服务项目的填报

11.1.3.1　增值税

贷款服务项目增值税税率或征收率6%，营业税税率5%，第1列"不含税销售额"26 000 000.00元，第2列"销项（应纳）税额"1 560 000.00元，第3列"价税合计"27 560 000.00元，第4列"服务、不动产和无形资产扣除项目本期实际扣除金额"0元，第5列"扣除后含税销售额"27 560 000.00元，第6列"扣除后销项（应纳）税额"1 560 000.00元，第7列"增值税应纳税额（测算）"0元。

11.1.3.2　营业税

原营业税税制下服务、不动产和无形资产差额扣除项目，第8列"期初余额"0元，第9列"本期发生额"0元，第10列"本期应扣除金额"0元，第11列"本期实际扣除金额"0元，第12列"期末余额"0元。第13列"应税营业额"27 560 000.00元，第14列"营业税应纳税额"1 378 000.00元。

11.1.4　金融商品转让项目的填报

11.1.4.1　增值税

金融商品转让项目增值税税率或征收率6%，营业税税率5%，第1列"不含税销售额"37 735.85元,第2列"销项(应纳)税额"2 264.15元,第3列"价税合计"
40 000.00元,第4列"服务、不动产和无形资产扣除项目本期实际扣除金额"
30 000.00元,第5列"扣除后含税销售额"10 000.00元,第6列"扣除后销项(应
纳)税额"566.04元,第7列"增值税应纳税额(测算)"0元。

11.1.4.2　营业税

原营业税税制下服务、不动产和无形资产差额扣除项目,第8列"期初余额"0
元,第9列"本期发生额"30 000.00元,第10列"本期应扣除金额"30 000.00元,
第11列"本期实际扣除金额"30 000.00元,第12列"期末余额"0元。第13列"应
税营业额"10 000.00元,第14列"营业税应纳税额"500.00元。

11.2　《营改增税负分析测算明细表》填报情况

具体填报情况见表6-10。

表 6-10

营改增税负分析测算明细表

税款所属时间：自　年　月　日 至　年　月　日

纳税人名称（公章）：

金额单位：元至角分

项目及栏次 应税项目代码及名称	增值税税率或征收率	营业税税率	增值税				扣除后		增值税应纳税额（测算）	营业税						
			不含税销售额	销项（应纳）税额	价税合计	服务、不动产和无形资产项目本期实际扣除金额	含税销售额	销项（应纳）税额		原营业税税制下服务、不动产和无形资产差额扣除项目					应税营业额	营业税应纳税额
										期初余额	本期发生额	本期应扣除金额	本期实际扣除金额	期末余额		
			1	2=1×增值税税率或征收率	3=1+2	4	5=3－4	6=5÷(100%＋增值税税率或征收率)×增值税税率或征收率	7	8	9	10=8+9	11 (11≤3且11≤10)	12=10－11	13=3－11	14=13×营业税税率
合计	—	—	28 037 735.85	1 682 264.15	29 720 000.00	30 000.00	29 690 000.00	1 680 566.04	0	0	30 000.00	30 000.00	30 000.00	0	29 690 000.00	1 484 500.00
050200 直接收费金融服务	6%	5%	2 000 000.00	120 000.00	2 120 000.00	0	2 120 000.00	120 000.00	0	0	0	0	0	0	2 120 000.00	106 000.00
050100 贷款服务	6%	5%	26 000 000.00	1 560 000.00	27 560 000.00	0	27 560 000.00	1 560 000.00	0	0	0	0	0	0	270 560 000.00	1 378 000.00
050500 金融商品转让	6%	5%	37 735.85	2 264.15	40 000.00	30 000.00	10 000.00	566.04	0	0	30 000.00	30 000.00	30 000.00	0	10 000.00	500.00

7

第七篇　生活服务纳税申报案例

1　生活服务业务发生（交易事实）情况

1.1　A酒店公司经营范围及开发情况

A酒店公司的业务主要有：旅游娱乐服务、餐饮住宿服务。

1.2　本期购进业务发生情况

本期发生下列购进业务：

业务一：购进固定资产。2016年5月，购进小汽车一台作为公司商务用车，金额300 000.00元，进项税额51 000.00元，取得增值税专用发票。

业务二：2016年5月，初次购买增值税税控系统专用设备，取得增值税专用发票，金额10 000.00元，进项税额1 700.00元。

业务三：2016年5月，贷款利息500 000.00万元，取得普通发票；支付给银行贷款咨询费用100 000.00元，取得普通发票。

业务四：购进水3 000 000.00元，适用税率13%，进项税额390 000.00元；购进电3 000 000.00元，适用税率17%，进项税额510 000.00元；购买材料及用品8 000 000.00元，适用税率17%，进项税额1 360 000.00元。购进水、电、材料及用品均取得增值税专用发票。

业务五：支付咨询费100 000.00元，适用税率6%，进项税额6 000.00元，取得增值税专用发票。

业务六：职工餐厅领用材料涉及进项税额51 000.00元。

业务七：购入办公用写字楼500平方米，价款20 000 000.00元，适用税率11%，进项税额2 200 000.00元，取得增值税专用发票。

1.3　本期销售业务发生情况调查确认

本期发生下列销售业务：

业务八：2016 年 5 月，取得业务收入（不含税）27 000 000.00 元，其中，餐饮收入 14 000 000.00 元，住宿收入 10 000 000.00 元，娱乐收入 3 000 000.00 元，适用税率 6%。

业务九：销售餐饮业外卖收入 500 000.00 元，适用税率 17%。

业务十：旅游收入 1 500 000.00 元（其中支付门票费 100 000.00 元、交通费 150 000.00 元、旅游公司中介费 450 000.00 元）。

业务十一：销售使用过的专用设备，含税价 103 000.00 元，开具普通发票。适用税率 3%，减征税率 2%。不含税价 100 000.00 元。

业务十二：取得租赁收入 216 000.00 元，其中，酒店原不动产租金收入 105 000.00 元，新购入写字楼租金收入 111 000.00 元。

1.4   增值税纳税申报表及附表的填写顺序

增值税纳税申报表的填写顺序如下：

(1)《固定资产（不含不动产）进项税额抵扣情况表》；

(2) 附列资料（二）（本期进项税额明细）；

(3)《本期抵扣进项税额结构明细表》；

(4) 附列资料（一）（本期销售情况明细）；

(5) 附列资料（三）（服务、不动产和无形资产扣除项目明细）；

(6) 附列资料（四）（税额抵减情况表）；

(7) 附列资料（五）（不动产分期抵扣计算表）；

(8)《增值税纳税申报表（一般纳税人适用）》；

(9)《增值税减免税申报明细表》；

(10)《营改增税负分析测算明细表》。

说明：我们在介绍主表及附表填报时，按上述填写顺序进行介绍。

2 《固定资产（不含不动产）进项税额抵扣情况表》填报

2.1 《固定资产（不含不动产）进项税额抵扣情况表》填报情况说明

2.1.1 购进固定资产业务审核

2.1.1.1 产权登记情况

A 酒店公司已办理购进汽车的产权登记手续，《机动车行驶证》记载的所有人为 A 酒店公司。

2.1.1.2 会计处理

本期发生的相关业务为前述业务一。

会计分录如下：

借：固定资产　　　　　　　　　　　　　　　　　　300 000.00

应交税费——应交增值税（进项税额）　　　　　51 000.00

贷：银行存款　　　　　　　　　　　　　　　　351 000.00

2.1.1.3 税务处理

购进汽车用于公司商务活动，应确认为用于应税项目，进项税额准予当期扣除。

2.1.2 增值税专用发票项目的填报

增值税专用发票项目，当期申报抵扣的固定资产进项税额 51 000.00 元，申报抵扣的固定资产进项税额累计 51 000.00 元。

数据来源：固定资产明细账记录的当期发生额及记账凭证。

2.1.3 海关进口增值税专用缴款书项目的填报

海关进口增值税专用缴款书项目，当期申报抵扣的固定资产进项税额 0 元，申报抵扣的固定资产进项税额累计 0 元。

2.1.4 合计项目的填报

合计项目，当期申报抵扣的固定资产进项税额 51 000.00 元，申报抵扣的固定资产进项税额累计 51 000.00 元。

2.2 《固定资产（不含不动产）进项税额抵扣情况表》填报情况

具体填报情况见表 7-1。

表 7-1　　　　　　　　固定资产（不含不动产）进项税额抵扣情况表

纳税人名称（公章）：　　　　　　填表日期：　　年　月　日　　　　　　金额单位：元至角分

项目	当期申报抵扣的固定资产进项税额	申报抵扣的固定资产进项税额累计
增值税专用发票	51 000.00	51 000.00
海关进口增值税专用缴款书	0	0
合计	51 000.00	51 000.00

3 附列资料（二）（本期进项税额明细）填报

3.1 附列资料（二）（本期进项税额明细）填报情况说明

3.1.1 本期购进业务审核

3.1.1.1 产权登记情况

A 酒店公司已办理购进汽车的产权登记手续，《机动车行驶证》记载的所有人为 A 酒店公司。

A 酒店公司已办理购入办公写字楼的产权登记手续，登记的所有人为 A 酒店公司。其他几项购进不需要办理产权登记手续。

3.1.1.2 会计处理

根据"应交税费——应交增值税（进项税额）"明细账记录，本期发生的相关购进业务为前述业务一、业务三、业务四、业务五、业务六和业务七。

业务三的会计处理为：

借：财务费用		600 000.00
贷：银行存款		600 000.00

业务四的会计处理为：

借：营业成本——水费		3 000 000.00
营业成本——电费		3 000 000.00
原材料等		8 000 000.00
应交税费——应交增值税（进项税额）		2 260 000.00

业务五的会计处理为：

借：管理费用——咨询费		100 000.00
应交税费——应交增值税（进项税额）		6 000.00
贷：银行存款等		106 000.00

业务六的会计处理为：

借：管理费用——职工福利费		351 000.00
贷：原材料等		300 000.00
应交税费——应交增值税（进项税额转出）		51 000.00

业务七的会计处理为：

借：固定资产——不动产 20 000 000.00

　　应交税费——应交增值税（进项税额）——购建不动产进项（分期抵扣）

　　　　 1 320 000.00

　　应交税费——应交增值税（进项税额）——购建不动产进项（分期抵扣）

　　　　 880 000.00

　贷：银行存款 22 200 000.00

同时，

　借：应交税费——应交增值税（待抵扣进项税额）——新增不动产购进未满 12

　　 月进项税额 880 000.00

　　贷：应交税费——应交增值税（待抵扣进项税额）——购建不动产进项（分期抵

　　　 扣） 880 000.00

3.1.1.3　税务处理

（1）贷款利息不得抵扣进项税额。

根据财税〔2016〕36 号文附件 2《营业税改征增值税试点有关事项的规定》，贷款利息费用不得扣除。

因此，前述业务三发生的利息支出不得扣除，应确认为不得抵扣项目。不得抵扣项目不属于当期申报扣除项目。

（2）外购材料用于职工福利应转出进项税额。

前述业务六属于用于集体福利。涉及进项税额 5.1 万元，根据《中华人民共和国增值税暂行条例》第十条规定，用于非增值税应税项目、免征增值税项目、集体福利或者个人消费的购进货物或者应税劳务，不得抵扣进项税额，属于本表进项税额转出额。

（3）取得不动产进项税额抵扣。

前述业务七，根据财税〔2016〕36 号文附件 2《营业税改征增值税试点有关事项的规定》，适用一般计税方法的试点纳税人，2016 年 5 月 1 日后取得并在会计制度上按固定资产核算的不动产或者 2016 年 5 月 1 日后取得的不动产在建工程，其进项税额应自取得之日起分两年从销项税额中抵扣，第一年抵扣比例为 60%，第二年抵扣比例为 40%。因此，本期不动产允许抵扣进项税额 1 320 000.00 元（2 200 000.00 元×60%）。

（4）附列资料（二）（本期进项税额明细）的数据来源为会计记录及购进业务增值税专用发票抵扣联。经审核，未发现取得不合规发票的情形。

3.1.2　申报抵扣的进项税额项目的填报

（1）认证相符的增值税专用发票项目，份数 10 份，金额 34 400 000.00 元，税额 4 517 000.00 元。

（2）其他扣税凭证项目：未发生。

（3）本期用于购建不动产的扣税凭证项目，份数 4 份，金额 20 000 000.00 元，税额 2 200 000.00 元。

（4）本期不动产允许抵扣进项税额项目，税额 1 320 000.00 元。

（5）外贸企业进项税额抵扣证明项目：未发生。

（6）当期申报抵扣进项税额合计项目，份数 6 份，金额 14 400 000.00 元，税额 3 637 000.00 元。

3.1.3　进项税额转出额项目的填报

本期进项税转出额项目：税额 51 000.00 元，其中，集体福利、个人消费税额 51 000.00 元。

3.1.4　待抵扣进项税额项目的填报

待抵扣进项税额项目：未发生。

3.1.5　其他项目的填报

（1）本期认证相符的增值税专用发票项目：未发生。

（2）代扣代缴税额项目：未发生。

3.2　附列资料（二）（本期进项税额明细）填报情况

具体填报情况见表 7-2。

表 7-2　　　　　　　　　增值税纳税申报表附列资料（二）

（本期进项税额明细）

纳税人名称：（公章）　　税款所属时间：　年　月　日至　年　月　日　金额单位：元至角分

一、申报抵扣的进项税额				
项目	栏次	份数	金额	税额
（一）认证相符的增值税专用发票	1＝2＋3	10	34 400 000.00	4 517 000.00
其中：本期认证相符且本期申报抵扣	2	10	34 400 000.00	4 517 000.00
前期认证相符且本期申报抵扣	3			
（二）其他扣税凭证	4＝5＋6＋7＋8			
其中：海关进口增值税专用缴款书	5			
农产品收购发票或者销售发票	6			
代扣代缴税收缴款凭证	7		—	

续表

项目	栏次	份数	金额	税额
其他	8			
（三）本期用于购建不动产的扣税凭证	9	4	20 000 000.00	2 200 000.00
（四）本期不动产允许抵扣进项税额	10	—	—	1 320 000.00
（五）外贸企业进项税额抵扣证明	11	—	—	
当期申报抵扣进项税额合计	12＝1＋4－9＋10＋11	6	14 400 000.00	3 637 000.00

二、进项税额转出额

项目	栏次	税额		
本期进项税额转出额	13＝14 至 23 之和	51 000.00		
其中：免税项目	14			
集体福利、个人消费	15	51 000.00		
非正常损失	16			
简易计税方法征税项目	17			
免抵退税办法不得抵扣的进项税额	18			
纳税检查调减进项税额	19			
红字专用发票信息表注明的进项税额	20			
上期留抵税额抵减欠税	21			
上期留抵税额退税	22			
其他应作进项税额转出的情形	23			

三、待抵扣进项税额

项目	栏次	份数	金额	税额
（一）认证相符的增值税专用发票	24	—	—	—
期初已认证相符但未申报抵扣	25			
本期认证相符且本期未申报抵扣	26			
期末已认证相符但未申报抵扣	27			
其中：按照税法规定不允许抵扣	28			
（二）其他扣税凭证	29＝30 至 33 之和			
其中：海关进口增值税专用缴款书	30			
农产品收购发票或者销售发票	31			
代扣代缴税收缴款凭证	32		—	
其他	33			
	34			

四、其他

项目	栏次	份数	金额	税额
本期认证相符的增值税专用发票	35			
代扣代缴税额	36	—	—	

4 《本期抵扣进项税额结构明细表》填报

4.1 《本期抵扣进项税额结构明细表》填报情况说明

4.1.1 合计项目的填报

合计项目金额 14 400 000.00 元，税额 2 371 000.00 元。

【提示】本表合计栏与附列资料（二）（本期进项税额明细），以下简称附列资料（二）相关栏次的勾稽关系如下：

第 1 栏"合计"之"税额"列＝附列资料（二）第 12 栏"税额"列－附列资料（二）第 10 栏"税额"列－附列资料（二）第 11 栏"税额"列，即 2 317 000.00 元（3 637 000.00 元－1 320 000.00 元－0 元）。

4.1.2 按税率或征收率归集（不包括购建不动产、通行费）的进项项目的填报

4.1.2.1 17%税率的进项项目的填报

本期抵扣进项税额，17% 税率的进项项目，金额 11 300 000.00 元，税额 1 921 000.00 元。

数据来源为前述业务一、业务四。

4.1.2.2 13%税率的进项项目的填报

本期抵扣进项税额，13% 税率的进项项目，金额 3 000 000.00 元，税额 390 000.00 元。

数据来源为前述业务四。

4.1.2.3 11%税率的进项项目的填报

11%税率的进项项目：未发生。

4.1.2.4 6%税率的进项项目的填报

本期抵扣进项税额，6%税率的进项项目，金额 3 000 000.00 元，税额 390 000.00 元。其中，生活服务的进项项目，金额 3 000 000.00 元，税额 390 000.00 元。

数据来源为前述业务五。

4.1.2.5 5%征收率的进项项目的填报

5%征收率的进项项目：未发生。

4.1.2.6 3%征收率的进项项目的填报

3%征收率的进项项目：未发生。

4.1.2.7 减按1.5%征收率的进项项目的填报

减按1.5%征收率的进项项目：未发生。

4.1.3 按抵扣项目归集的进项项目的填报

4.1.3.1 用于购建不动产并一次性抵扣的进项项目的填报

用于购建不动产并一次性抵扣的进项项目：未发生。

4.1.3.2 通行费的进项项目的填报

通行费的进项项目：未发生。

4.2 《本期抵扣进项税额结构明细表》填报情况

具体填报情况见表7-3。

表 7-3   本期抵扣进项税额结构明细表

纳税人名称：（公章）　　税款所属时间：　　年　月　日至　　年　月　日　　金额单位：元至角分

项目	栏次	金额	税额
合计	1=2+4+5+11+16+18+27+29+30	14 400 000.00	2 317 000.00
一、按税率或征收率归集（不包括购建不动产、通行费）的进项			
17%税率的进项	2	11 300 000.00	1 921 000.00
其中：有形动产租赁的进项	3		
13%税率的进项	4	3 000 000.00	390 000.00
11%税率的进项	5		
其中：运输服务的进项	6		
电信服务的进项	7		

续表

项目	栏次	金额	税额
建筑安装服务的进项	8		
不动产租赁服务的进项	9		
受让土地使用权的进项	10		
6%税率的进项	11	100 000.00	6 000.00
其中：电信服务的进项	12		
金融保险服务的进项	13		
生活服务的进项	14	100 000.00	6 000.00
取得无形资产的进项	15		
5%征收率的进项	16		
其中：不动产租赁服务的进项	17		
3%征收率的进项	18		
其中：货物及加工、修理修配劳务的进项	19		
运输服务的进项	20		
电信服务的进项	21		
建筑安装服务的进项	22		
金融保险服务的进项	23		
有形动产租赁服务的进项	24		
生活服务的进项	25		
取得无形资产的进项	26		
减按1.5%征收率的进项	27		
	28		
二、按抵扣项目归集的进项			
用于购建不动产并一次性抵扣的进项	29		
通行费的进项	30		
	31		
	32		

5　附列资料（一）（本期销售情况明细）填报

5.1　附列资料（一）（本期销售情况明细）填报情况说明

5.1.1　本期销售业务审核

5.1.1.1　会计处理

根据销售明细账记录，本期共发生五笔销售业务，即前述业务八、业务九、业务十、业务十一和业务十二。

业务八的会计处理为：

借：银行存款等		28 620 000.00
贷：主营业务收入——餐饮		14 000 000.00
主营业务收入——住宿		10 000 000.00
主营业务收入——娱乐		3 000 000.00
应交税费——应交增值税（销项税额）		1 620 000.00

业务九的会计处理为：

借：银行存款等		585 000.00
贷：主营业务收入——外卖		500 000.00
应交税费——应交增值税（销项税额）		85 000.00

业务十的会计处理为：

借：银行存款		1 590 000.00
贷：主营业务收入		1 500 000.00
应交税费——应交增值税（销项税额）		90 000.00

业务十一应纳税额 3 000.00 元，减征额 1 000.00 元，减征后应纳税额 2 000.00 元。

有三种会计处理方法：

（1）直接处理。

借：银行存款		102 000.00
贷：固定资产清理		100 000.00
应交税费——应交增值税（销项税额）		2 000.00

（2）冲减"固定资产清理"。

借：银行存款		102 000.00

贷：固定资产清理	100 000.00
应交税费——应交增值税（销项税额）	2 000.00
借：固定资产清理	－1 000.00
贷：应交税费——应交增值税（销项税额）	－1 000.00

（3）计入营业外收入。

借：银行存款	102 000.00
贷：固定资产清理	100 000.00
应交税费——应交增值税（销项税额）	2 000.00
借：应交税费——应交增值税（销项税额）	1 000.00
贷：营业外收入	1 000.00

说明：中介费为其他接团旅游企业的旅游费用。

业务十二的会计处理为：

（1）写字楼租金收入 111 000.00 元。

借：银行存款等	111 000.00
贷：主营业务收入——租金收入	100 000.00
应交税费——应交增值税（销项税额）	11 000.00

（2）原不动产租金收入 105 000.00 元，按简易方法计税。

借：银行存款	105 000.00
贷：主营业务收入	100 000.00
应交税费——应交增值税（销项税额）	5 000.00

　　　　主营业务收入＝105 000.00/（1＋5％）＝100 000.00（元）

　　　　销项税额＝100 000.00×5％＝5 000.00（元）

5.1.1.2　税务处理

（1）前述业务十一：销售使用过的专用设备适用征收率3％，减征2％。不含税价 100 000.00 元。应纳税额 3 000.00 元，减征额 1 000.00 元，减征后应纳税额 2 000.00 元。

（2）前述业务十二：

①新购入写字楼租金收入 111 000.00 元，应按一般计税方确认增值税销项税额，本业务应确认销项税额 11 000.00 元。

②原不动产租金收入 105 000.00 元，可以按简易方法计税。本业务应确认销项税额为 5 000.00 元。

　　　　主营业务收入＝105 000.00/（1＋5％）＝100 000.00（元）

　　　　销项税额＝100 000.00×5％＝5 000.00（元）

5.1.2　一般计税方法计税项目的填报

5.1.2.1　全部征税项目的填报

（1）17%税率的货物及加工修理修配劳务项目，开具增值税专用发票的销售额500 000.00 元、销项（应纳）税额 85 000.00 元。

数据来源为前述业务九。

（2）11%税率项目，开具增值税专用发票的销售额 100 000.00 元、销项（应纳）税额 11 000.00 元。

数据来源为前述业务十二。

（3）6%税率项目，开具增值税专用发票的销售额 28 500 000.00 元、销项（应纳）税额 1 710 000.00 元，服务、不动产和无形资产扣除项目本期实际扣除金额 742 000.00 元，扣除后的含税（免税）销售额 29 468 000.00 元，销项（应纳）税额 1 668 000.00 元。

数据来源为前述业务八、业务十。

5.1.2.2　即征即退项目的填报

即征即退项目：未发生。

5.1.3　简易计税方法计税项目的填报

5.1.3.1　全部征税项目的填报

（1）5%征收率的服务、不动产和无形资产项目，开具其他发票销售额 100 000.00 元，销项（应纳）税额 5 000.00 元。

数据来源为前述业务十二。

（2）3%征收率的货物及加工修理修配劳务项目，开具其他发票销售额 100 000.00 元，销项（应纳）税额 3 000.00 元。

数据来源为前述业务十一。

5.1.3.2　即征即退项目的填报

即征即退项目：未发生。

5.1.4　免抵退税项目的填报

（1）货物及加工修理修配劳务项目：未发生。

（2）服务、不动产和无形资产：未发生。

5.1.5　免税项目的填报

（1）货物及加工修理修配劳务项目：未发生。

（2）服务、不动产和无形资产项目：未发生。

5.2　附列资料（一）（本期销售情况明细）填报情况

具体填报情况见表 7-4。

表7-4

增值税纳税申报表附列资料（一）

（本期销售情况明细）

纳税人名称：（公章）

税款所属时间： 年 月 日 至 年 月 日

金额单位：元至角分

项目及栏次	栏次	开具增值税专用发票 销售额(1)	开具增值税专用发票 销项（应纳）税额(2)	开具其他发票 销售额(3)	开具其他发票 销项（应纳）税额(4)	未开具发票 销售额(5)	未开具发票 销项（应纳）税额(6)	纳税检查调整 销售额(7)	纳税检查调整 销项（应纳）税额(8)	合计 销售额 9=1+3+5+7	合计 销项（应纳）税额 10=2+4+6+8	价税合计 11=9+10	服务、不动产和无形资产扣除项目本期实际扣除金额(12)	扣除后 含税（免税）销售额 13=11-12	扣除后 销项（应纳）税额 14=13÷(100%+税率或征收率)×税率或征收率
一、一般计税方法计税 全部征税项目 17%税率的货物及加工修理修配劳务	1	500 000.00	85 000.00							500 000.00	85 000.00	—	—	—	—
17%税率的服务、不动产和无形资产	2														
13%税率	3														
11%税率	4	100 000.00	11 000.00							100 000.00	11 000.00	111 000.00	0	111 000.00	11 000.00
6%税率	5	28 500 000.00	1 710 000.00							28 500 000.00	1 710 000.00	30 210 000.00	742 000.00	29 468 000.00	1 668 000.00
其中：即征即退项目 即征即退货物及加工修理修配劳务	6	—						—	—			—	—	—	—
即征即退服务、不动产和无形资产	7	—						—	—			—	—	—	—

续表

项目及栏次	栏次	开具增值税专用发票 销售额	开具增值税专用发票 销项(应纳)税额	开具其他发票 销售额	开具其他发票 销项(应纳)税额	未开具发票 销售额	未开具发票 销项(应纳)税额	纳税检查调整 销售额	纳税检查调整 销项(应纳)税额	合计 销售额	合计 销项(应纳)税额	合计 价税合计	服务、不动产和无形资产扣除项目本期实际扣除金额	扣除后 含税(免税)销售额	扣除后 销项(应纳)税额
		1	2	3	4	5	6	7	8	9=1+3+5+7	10=2+4+6+8	11=9+10	12	13=11−12	14=13÷(100%+税率或征收率)×税率或征收率
6%征收率	8					—		—	—			—	—	—	—
5%征收率的货物及加工修理修配劳务	9a					—		—	—			—	—	—	—
5%征收率的服务、不动产和无形资产	9b			100 000.00	5 000.00					100 000.00	5 000.00	105 000.00	0	105 000.00	5 000.00
4%征收率	10									0	0	—	—	—	—
3%征收率的货物及加工修理修配劳务	11			100 000.00	3 000.00					100 000.00	3 000.00				
3%征收率的服务、不动产和无形资产	12														
预征率　%	13a					—	—	—	—			—			
预征率　%	13b					—	—	—	—			—			
预征率　%	13c					—	—	—	—			—			
即征即退货物及加工修理修配劳务	14	—	—	—	—	—	—	—	—			—			
即征即退服务、不动产和无形资产	15	—	—	—	—	—	—	—	—			—			

全部征税项目　一、简易计税方法计税

其中：即征即退项目

续表

项目及栏次		开具增值税专用发票		开具其他发票		未开具发票		纳税检查调整		合计		价税合计	服务、不动产和无形资产扣除项目本期实际扣除金额	扣除后	
		销售额	销项(应纳)税额	销售额	销项(应纳)税额	销售额	销项(应纳)税额	销售额	销项(应纳)税额	销售额	销项(应纳)税额	价税合计		含税(免税)销售额	销项(应纳)税额
		1	2	3	4	5	6	7	8	9=1+3+5+7	10=2+4+6+8	11=9+10	12	13=11-12	14=13÷(100%+税率或征收率)×税率或征收率
三、抵退税	货物及加工修理修配劳务 16	—	—	—	—	—	—	—	—	—	—	—	—	—	—
	服务、不动产和无形资产 17	—	—	—	—	—	—	—	—	—	—	—	—	—	—
四、免税	货物及加工修理修配劳务 18	—	—	—	—	—	—	—	—	—	—	—	—	—	—
	服务、不动产和无形资产 19	—	—	—	—	—	—	—	—	—	—	—	—	—	—

第12列"服务、不动产和无形资产扣除项目本期实际扣除金额":营业税改征增值税的纳税人,服务、不动产和无形资产有扣除项目的,按《附列资料(三)》第5列对应各行次数据填写,其中本列第3行与第4行之和=《附列资料(三)》第5列第3行与第4行之和;服务、不动产和无形资产无扣除项目的,本列填写"0"。其他纳税人不填写。

6　附列资料（三）（服务、不动产和无形资产扣除项目明细）填报

6.1　附列资料（三）（服务、不动产和无形资产扣除项目明细）填报情况说明

6.1.1　服务、不动产和无形资产业务审核

6.1.1.1　会计处理

本期发生的相关业务为前述业务十。

会计处理如下：

借：银行存款	1 590 000.00
贷：主营业务收入	1 500 000.00
应交税费——应交增值税（销项税额）	90 000.00

6.1.1.2　税务处理

试点纳税人提供旅游服务，可以选择以取得的全部价款和价外费用，扣除向旅游服务购买方收取并支付给其他单位或者个人的住宿费、餐饮费、交通费、签证费、门票费和支付给其他接团旅游企业的旅游费用后的余额为销售额。

选择上述办法计算销售额的试点纳税人，向旅游服务购买方收取并支付的上述费用，不得开具增值税专用发票，可以开具普通发票。

前述业务十发生的旅游收入价税合计1，590 000.00元，按规定可扣除的费用价税合计742 000.00元［（100 000.00＋150 000.00＋450 000.00）×1.06］。

6.1.2　服务、不动产和无形资产扣除项目的填报

（1）11％税率的项目，本期服务、不动产和无形资产价税合计额（免税销售额）111 000.00元，服务、不动产和无形资产扣除项目0元。

（2）6％税率的项目（不含金融商品转让）项目，本期服务、不动产和无形资产价税合计额（免税销售额）30 210 000.00元，服务、不动产和无形资产扣除项目期初余额0元，本期发生额742 000.00元，本期应扣除金额742 000.00元，本期实际扣除金

额 742 000.00 元，期末余额 0 元。

数据来源为前述业务十。

（3）5％征收率的项目，本期服务、不动产和无形资产价税合计额（免税销售额）105 000.00 元，服务、不动产和无形资产扣除项目 0 元。

【提示】本表与《增值税纳税申报表附列资料（一）》的逻辑关系为：

第 5 列第 3 行与第 4 行之和 742 000.00 元应填列至《增值税纳税申报表附列资料（一）》"一般计税方法计税"第 5 行"6％税率"对应的第 12 列"服务、不动产和无形资产扣除项目本期实际扣除金额"。

6.2　附列资料（三）（服务、不动产和无形资产扣除项目明细）填报情况

具体填报情况见表 7-5。

表 7-5　　　　　　　　　增值税纳税申报表附列资料（三）

（服务、不动产和无形资产扣除项目明细）

纳税人名称：（公章）　　　税款所属时间：　　年　月　日至　　年　月　日　　金额单位：元至角分

项目及栏次		本期服务、不动产和无形资产价税合计额（免税销售额）	服务、不动产和无形资产扣除项目				
			期初余额	本期发生额	本期应扣除金额	本期实际扣除金额	期末余额
		1	2	3	4＝2＋3	5（5≤1 且 5≤4）	6＝4－5
17％税率的项目	1						
11％税率的项目	2	111 000.00					
6％税率的项目（不含金融商品转让）	3	30 210 000.00		742 000.00	742 000.00	742 000.00	0
6％税率的金融商品转让项目	4						
5％征收率的项目	5	105 000.00					
3％征收率的项目	6						
免抵退税的项目	7						
免税的项目	8						

7　附列资料（四）（税额抵减情况表）填报

7.1　附列资料（四）（税额抵减情况表）填报情况说明

7.1.1　本期购进业务审核

7.1.1.1　会计处理

本期发生的相关业务为前述业务二。

7.1.1.2　税务处理

增值税纳税人 2011 年 12 月 1 日（含，下同）以后初次购买增值税税控系统专用设备（包括分开票机）支付的费用，可凭购买增值税税控系统专用设备取得的增值税专用发票，在增值税应纳税额中全额抵减（抵减额为价税合计额），不足抵减的可结转下期继续抵减。

7.1.2　增值税税控系统专用设备费及技术维护费抵减项目的填报

增值税税控系统专用设备费及技术维护费抵减项目：期初余额 0 元，本期发生额 11 700.00 元，本期应抵减税额 11 700.00 元，本期实际抵减税额 7 000.00 元，期末余额 4 700.00 元。

7.1.3　分支机构预征缴纳税款抵减项目的填报

分支机构预征缴纳税款抵减项目：未发生。

7.1.4　建筑服务预征缴纳税款抵减项目的填报

建筑服务预征缴纳税款抵减项目：未发生。

7.1.5　销售不动产预征缴纳税款抵减项目的填报

销售不动产预征缴纳税款抵减项目：未发生。

7.1.6 出租不动产预征缴纳税款抵减项目的填报

出租不动产预征缴纳税款抵减项目：未发生。

7.2 附列资料（四）（税额抵减情况表）填报情况

具体填报情况见表 7-6。

表 7-6   增值税纳税申报表附列资料（四）

（税额抵减情况表）

纳税人名称：（公章）   税款所属时间：   年 月 日至   年 月 日   金额单位：元至角分

序号	抵减项目	期初余额	本期发生额	本期应抵减税额	本期实际抵减税额	期末余额
		1	2	3＝1＋2	4≤3	5＝3－4
1	增值税税控系统专用设备费及技术维护费	0	11 700.00	11 700.00	7 000.00	4 700.00
2	分支机构预征缴纳税款					
3	建筑服务预征缴纳税款					
4	销售不动产预征缴纳税款					
5	出租不动产预征缴纳税款					

8 附列资料（五）（不动产分期抵扣计算表）填报

8.1 附列资料（五）（不动产分期抵扣计算表）填报情况说明

8.1.1 不动产分期抵扣业务审核

8.1.1.1 产权登记情况

A 酒店公司已办理购入办公写字楼的产权登记手续，登记的所有人为 A 酒店公司。

8.1.1.2 会计处理

本期发生的相关业务为前述业务七。
会计处理如下：

借：固定资产——不动产   20 000 000.00

  应交税费——应交增值税（进项税额）——购建不动产进项（分期抵扣）

                  1 320 000.00

  应交税费——应交增值税（进项税额）——购建不动产进项（分期抵扣）

                  880 000.00

 贷：银行存款   22 200 000.00

同时，

借：应交税费——应交增值税（待抵扣进项税额）——新增不动产购进未满 12

  月进项税额   880 000.00

 贷：应交税费——应交增值税（进项税额）——购建不动产进项（分期抵扣）

                  880 000.00

8.1.1.3 税务处理

购进房屋用于公司日常办公，应确认为用于应税项目，进项税额准予当期扣除。

根据财税〔2016〕36 号文附件 2《营业税改征增值税试点有关事项的规定》，适用一般计税方法的试点纳税人，2016 年 5 月 1 日后取得并在会计制度上按固定资产核算的不动产或者 2016 年 5 月 1 日后取得的不动产在建工程，其进项税额应自取得之日起分两年从销项税额中抵扣，第一年抵扣比例为 60%，第二年抵扣比例为 40%。因此，第一年可抵扣税额 1 320 000.00 元（2 200 000.00 元×60%）。

8.1.2 不动产分期抵扣情况的填报

期初待抵扣不动产进项税额 0 元，本期不动产进项税额增加额 2 200 000.00 元，本期可抵扣不动产进项税额，填写符合税法规定可以在本期抵扣的不动产进项税额 1 320 000.00 元，本期转入的待抵扣不动产进项税额 0 元，本期转出的待抵扣不动产进项税额 0 元，期末待抵扣不动产进项税额 880 000.00 元。

8.2 附列资料（五）（不动产分期抵扣计算表）填报情况

具体填报情况见表 7-7。

表 7-7 　　　　　　　　　　增值税纳税申报表附列资料（五）
（不动产分期抵扣计算表）

纳税人名称：（公章）　　　税款所属时间：　　年　月　日至　　年　月　日　　　金额单位：元至角分

期初待抵扣不动产进项税额	本期不动产进项税额增加额	本期可抵扣不动产进项税额	本期转入的待抵扣不动产进项税额	本期转出的待抵扣不动产进项税额	期末待抵扣不动产进项税额
1	2	3≤1+2+4	4	5≤1+4	6=1+2−3+4−5
0.00	2 200 000.00	1 320 000.00	0	0	880 000.00

9 《增值税纳税申报表（一般纳税人适用）》填报

9.1 《增值税纳税申报表（一般纳税人适用）》填报情况说明

9.1.1 销售额项目的填报

（1）第1栏"按适用税率计税销售额"，一般项目本月数29 100 000.00元。

数据来源：附列资料（一）（本期销售情况明细）第9列第1至5行之和－第9列第6、7行之和，即（500 000.00元＋100 000.00＋28 500 000.00元－0元）。

（2）第2栏"应税货物销售额"一般项目本月数500 000.00元。

（3）第3栏"应税劳务销售额"一般项目本月数28 500 000.00元。

（4）第5栏"按简易办法计税销售额"，一般项目本月数200 000.00元。

数据来源：附列资料（一）（本期销售情况明细）第9列第8至13b行之和－第9列第14、15行之和，即（200 000.00元－0元）。

9.1.2 税款计算项目的填报

（1）第11栏"销项税额"，一般项目本月数1 764 000.00元。

数据来源：附列资料（一）（本期销售情况明细）（第10列第1、3行之和－10列第6行）＋（第14列第2、4、5行之和－14列第7行），即（0元－0元）＋（1 764 000.00元－0元）。

（2）第12栏"进项税额"，本期申报抵扣的进项税额3 637 000.00元。

数据来源：附列资料（二）（本期进项税额明细）第12栏"税额"，即3 637 000.00元。

（3）第14栏"进项税额转出"，一般项目按税法规定本期应转出的进项税额51 000.00元。

数据来源：附列资料（二）（本期进项税额明细）第13栏"税额"，即51 000.00元。

（4）第17栏"应抵扣税额合计"，一般项目本月数3 586 000.00元。

数据来源：应抵扣税额合计（本月数）＝本表第12栏＋第13栏－第14栏－第15栏＋第16栏＝3 586 000.00元。

（5）第18栏"实际抵扣税额"，一般项目本月数1 764 000.00元。

（6）第19栏"应纳税额"，一般项目本月数0元。

数据来源：应纳税额本月数＝第11栏－第18栏＝0元。

（7）第 20 栏"期末留抵税额"，一般项目本月数 1 822 000.00 元。

数据来源：期末留抵税额本月数＝第 17 栏－第 18 栏＝1 822 000.00 元。

（8）第 21 栏"简易办法计算应纳税额"，一般项目本月数 8 000.00 元。

数据来源：附列资料（一）（本期销售情况明细）（第 10 列第 8、9a、10、11 行之和－第 10 列第 14 行）＋（第 14 列第 9b、12、13a、13b 行之和－第 14 列第 15 行），即（3 000.00 元－0 元）＋（5 000 元－0 元）。

（9）第 23 栏"应纳税额减征额"，一般项目本月数 8 000.00 元。

数据来源：第 23 栏"应纳税额减征额"填写纳税人本期按照税法规定减征的增值税应纳税额。包含按照规定可在增值税应纳税额中全额抵减的增值税税控系统专用设备费用以及技术维护费。

当本期减征额小于或等于第 19 栏"应纳税额"与第 21 栏"简易计税办法计算的应纳税额"之和时，按本期减征额实际填写；当本期减征额大于第 19 栏"应纳税额"与第 21 栏"简易计税办法计算的应纳税额"之和时，按本期第 19 栏与第 21 栏之和填写。本期减征额不足抵减部分结转下期继续抵减。

（10）第 24 栏"应纳税额合计"，一般项目本月数 8 000.00 元。

【提示】应纳税额合计＝第 19 栏"应纳税额"一般项目本月数＋第 21 栏"简易计税办法计算的应纳税额"一般项目本月数－第 23 栏"应纳税额减征额"一般项目本月数，即（0.00 元＋8 000.00 元－8 000.00 元）。

9.1.3 税款缴纳项目的填报

税款缴纳项目：无。

9.2 《增值税纳税申报表（一般纳税人适用）》填报情况

具体填报情况见表 7-8。

表 7-8

增值税纳税申报表
(一般纳税人适用)

根据国家税收法律法规及增值税相关规定制定本表。纳税人不论有无销售额,均应按税务机关核定的纳税期限填写本表,并向当地税务机关申报。

税款所属时间:自　年　月　日 至　年　月　日　　填表日期:　年　月　日　　　　　　　　　　金额单位:元至角分

纳税人识别号				
纳税人名称	(公章)	所属行业:		
开户银行及账号		注册地址		
法定代表人姓名	登记注册类型	生产经营地址		
		电话号码		

项目		栏次	一般项目		即征即退项目	
			本月数	本年累计	本月数	本年累计
销售额	(一)按适用税率计税销售额	1	29 100 000.00			
	其中:应税货物销售额	2	500 000.00			
	应税劳务销售额	3	28 500 000.00			
	纳税检查调整的销售额	4				
	(二)按简易办法计税销售额	5	200 000.00			
	其中:纳税检查调整的销售额	6				
	(三)免、抵、退办法出口销售额	7	—	—	—	—
	(四)免税销售额	8	—	—	—	—
	其中:免税货物销售额	9	—	—	—	—
	免税劳务销售额	10	—	—	—	—
税款计算	销项税额	11	1 764 000.00			
	进项税额	12	3 637 000.00			
	上期留抵税额	13	0			
	进项税额转出	14				
	免、抵、退应退税额	15	51 000.00			
	按适用税率计算的纳税检查应补缴税额	16				
	应抵扣税额合计	17=12+13-14-15+16	3 586 000.00			
	实际抵扣税额	18 (如17<11,则为17,否则为11)	1 764 000.00			

续表

项目		栏次	一般项目		即征即退项目	
			本月数	本年累计	本月数	本年累计
税款计算	应纳税额	19＝11－18	0	—	—	—
	期末留抵税额	20＝17－18	1 822 000.00	—	—	—
	简易计税办法计算的应纳税额	21	8 000.00			—
	按简易计税办法计算的纳税检查应补缴税额	22				—
	应纳税额减征额	23	8 000.00			
	应纳税额合计	24＝19＋21－23	0	—	—	—
税款缴纳	期初未缴税额（多缴为负数）	25				
	实收出口开具专用缴款书退税额	26		—		—
	本期已缴税额	27＝28＋29＋30＋31		—		—
	①分次预缴税额	28		—		—
	②出口开具专用缴款书预缴税额	29		—		—
	③本期缴纳上期应纳税额	30		—		—
	④本期缴纳欠缴税额	31		—		—
	期末未缴税额（多缴为负数）	32＝24＋25＋26－27		—		—
	其中：欠缴税额（≥0）	33＝25＋26－27		—		—
	本期应补（退）税额	34＝24－28－29		—		—
	即征即退实际退税额	35				
	期初未缴查补税额	36		—		—
	本期入库查补税额	37		—		—
	期末未缴查补税额	38＝16＋22＋36－37		—		—

授权声明	如果你已委托代理人申报，请填写下列资料： 为代理一切税务事宜，现授权 （地址）　　　　　为本纳税人的代理申报人。 申报表有关的往来文件，都可寄予此人。 授权人签字：	申报人声明	本纳税申报表是根据国家税收法律法规及相关规定填报的，我确定它是真实的、可靠的、完整的。 声明人签字：

主管税务机关：　　　　　　　　　　接收人：　　　　　　　　接收日期：

10 《增值税减免税申报明细表》填报

10.1 《增值税减免税申报明细表》填报情况说明

10.1.1 本期减免税业务审核

10.1.1.1 会计处理

本期发生的相关业务为前述业务十一。

10.1.1.2 税务处理

纳税人销售自己使用过的固定资产，适用简易办法依照3%征收率减按2%征收增值税政策的，可以放弃减税，按照简易办法依照3%征收率缴纳增值税，并可以开具增值税专用发票。

前述业务十一，销售使用过的建筑设备，适用简易办法依照3%征收率减按2%征收增值税政策，计算应纳税额3 000.00元，减征额1 000.00元，减征后应纳税额2 000.00元。

10.1.2 减税项目的填报

10.1.2.1 合计项目

第1栏"合计"，期初余额0元，本期发生额12 700.00元，本期应抵减税额12 700.00元，本期实际抵减税额8 000.00元，期末余额4 700.00元。

"本期实际抵减税额"数据来源：《增值税纳税申报表》第23行"一般项目"之"本月数"；附列资料（四）（税额抵减情况表）"增值税税控系统专用设备费及技术维护费"第4列"本期实际抵减税额"，即（11 700.00元－7 000.00元）。

10.1.2.2 增值税税控系统专用设备费及技术维护费项目

第2栏"增值税税控系统专用设备费及技术维护费"，期初余额0元，本期发生额11 700.00元，本期应抵减税额11 700.00元，本期实际抵减税额7 000.00元，期末余额4 700.00元。

10.1.2.3 销售使用过的固定资产项目

第3栏"销售使用过的固定资产",期初余额0元,本期发生额1 000.00元,本期应抵减税额1 000.00元,本期实际抵减税额1 000.00元,期末余额0元。

【提示】一般纳税人2014年7月1日后销售固定资产,适用"按照简易办法依照3‰征收率减按2‰征收增值税"的政策,申报表主表应将3‰的税款填写至21行,将1‰的差额填写至23行;附表1应将销售额与3‰的税款填写至第11行。

10.1.3 免税项目的填报

免税项目:未发生。

10.2 《增值税减免税申报明细表》填报情况

具体填报情况见表7-9。

表7-9　　　　　　　　　　　增值税减免税申报明细表

纳税人名称(公章):　　税款所属时间:自　　年　月　日至　　年　月　日　金额单位:元至角分

一、减税项目						
减税性质代码及名称	栏次	期初余额	本期发生额	本期应抵减税额	本期实际抵减税额	期末余额
		1	2	3=1+2	4≤3	5=3-4
合计	1	0	12 700.00	12 700.00	8 000.00	4 700.00
增值税税控系统专用设备费及技术维护费	2	0	11 700.00	11 700.00	7 000.00	4 700.00
销售使用过的固定资产	3	0	1 000.00	1 000.00	1 000.00	0
	4					
	5					
	6					
二、免税项目						
免税性质代码及名称	栏次	免征增值税项目销售额	免税销售额扣除项目本期实际扣除金额	扣除后免税销售额	免税销售额对应的进项税额	免税额
		1	2	3=1-2	4	5
合　计	7					
出口免税	8	—	—	—	—	—
其中:跨境服务	9	—	—	—	—	—
	10					

续表

免税性质代码及名称	栏次	免征增值税项目销售额	免税销售额扣除项目本期实际扣除金额	扣除后免税销售额	免税销售额对应的进项税额	免税额
		1	2	3=1-2	4	5
	11					
	12					
	13					
	14					
	15					
	16					

11 《营改增税负分析测算明细表》填报

11.1 《营改增税负分析测算明细表》填报情况说明

11.1.1 合计项目的填报

11.1.1.1 增值税

第 1 列"不含税销售额"28 700 000.00 元，第 2 列"销项（应纳）税额"1 726 000.00 元，第 3 列"价税合计"30 426 000.00 元，第 4 列"服务、不动产和无形资产扣除项目本期实际扣除金额"742 000.00 元，第 5 列"扣除后含税销售额"29 684 000.00 元，第 6 列"扣除后销项（应纳）税额"1 684 000.00 元，第 7 列"增值税应纳税额（测算）"5 000 元。

【提示】（1）本表与附列资料（一）（本期销售情况明细）的勾稽关系为：

"合计"行第 3 列"价税合计"＝附列资料（一）（本期销售情况明细）第 11 列价税合计第 2＋4＋5＋9b＋12＋13a＋13b 行，即 30 426 000.00 元。

"合计"行第 4 列"服务、不动产和无形资产扣除项目本期实际扣除金额"＝附列资料（一）（本期销售情况明细）第 12 列服务、不动产和无形资产扣除项目本期实际扣除金额第 2＋4＋5＋9b＋12＋13a＋13b 行，即 742 000.00 元。

（2）本表与主表的勾稽关系为：

销售服务、不动产和无形资产按照一般计税方法计税的，本表第 7 列各行次＝本表第 6 列各行次/主表第 11 栏销项税额一般项目和即征即退项目本月数之和×主表第 19 栏应纳税额一般项目和即征即退项目本月数之和。

销售服务、不动产和无形资产按照简易计税方法计税的，本表第 7 列各行次＝本表第 6 列对应各行次。

11.1.1.2 营业税

原营业税税制下服务、不动产和无形资产差额扣除项目，第 8 列"期初余额"0 元，第 9 列"本期发生额"742 000.00 元，第 10 列"本期应扣除金额"742 000.00 元，第 11 列"本期实际扣除金额"742 000.00 元，第 12 列"期末余额"0 元，第 13 列"应税营业额"29 684 000.00 元，第 14 列"营业税应纳税额"1 484 200.00 元。

11.1.2　餐饮服务项目的填报

11.1.2.1　增值税

餐饮服务项目增值税税率或征收率6%，营业税税率5%，第1列"不含税销售额"14 000 000.00元，第2列"销项（应纳）税额"840 000.00元，第3列"价税合计"14 840 000.00元，第4列"服务、不动产和无形资产扣除项目本期实际扣除金额"0元，第5列"扣除后含税销售额"14 840 000.00元，第6列"扣除后销项（应纳）税额"840 000.00元，第7列"增值税应纳税额（测算)"0元。

11.1.2.2　营业税

原营业税税制下服务、不动产和无形资产差额扣除项目，第8列"期初余额"0元，第9列"本期发生额"0元，第10列"本期应扣除金额"0元，第11列"本期实际扣除金额"0元，第12列"期末余额"0元。第13列"应税营业额"14 840 000.00元，第14列"营业税应纳税额"742 000.00元。

11.1.3　住宿服务项目的填报

11.1.3.1　增值税

贷款服务项目增值税税率或征收率6%，营业税税率5%，第1列"不含税销售额"10 000 000.00元，第2列"销项（应纳）税额"600 000.00元，第3列"价税合计"10 600 000.00元，第4列"服务、不动产和无形资产扣除项目本期实际扣除金额"0元，第5列"扣除后含税销售额"10 600 000.00元，第6列"扣除后销项（应纳）税额"600 000.00元，第7列"增值税应纳税额（测算)"0元。

11.1.3.2　营业税

原营业税税制下服务、不动产和无形资产差额扣除项目，第8列"期初余额"0元，第9列"本期发生额"0元，第10列"本期应扣除金额"0元，第11列"本期实际扣除金额"0元，第12列"期末余额"0元，第13列"应税营业额"10 600 000.00元，第14列"营业税应纳税额"530 000.00元。

11.1.4　娱乐服务项目的填报

11.1.4.1　增值税

娱乐服务项目增值税税率或征收率6%，营业税税率5%，第1列"不含税销售额"

3 000 000.00 元，第 2 列"销项（应纳）税额"180 000.00 元，第 3 列"价税合计"3 180 000.00 元，第 4 列"服务、不动产和无形资产扣除项目本期实际扣除金额"0 元，第 5 列"扣除后含税销售额"3 180 000.00 元，第 6 列"扣除后销项（应纳）税额"180 000.00 元，第 7 列"增值税应纳税额（测算）"0 元。

11.1.4.2　营业税

原营业税税制下服务、不动产和无形资产差额扣除项目，第 8 列"期初余额"0 元，第 9 列"本期发生额"0 元，第 10 列"本期应扣除金额"0 元，第 11 列"本期实际扣除金额"0 元，第 12 列"期末余额"0 元，第 13 列"应税营业额"3 180 000.00 元，第 14 列"营业税应纳税额"159 000.00 元。

11.1.5　旅游服务项目的填报

11.1.5.1　增值税

旅游服务项目增值税税率或征收率 6%，营业税税率 5%，第 1 列"不含税销售额"1 500 000.00 元，第 2 列"销项（应纳）税额"90 000.00 元，第 3 列"价税合计"1 590 000.00 元，第 4 列"服务、不动产和无形资产扣除项目本期实际扣除金额"742 000.00 元，第 5 列"扣除后含税销售额"848 000.00 元，第 6 列"扣除后销项（应纳）税额"48 000.00 元，第 7 列"增值税应纳税额（测算）"0 元。

11.1.5.2　营业税

原营业税税制下服务、不动产和无形资产差额扣除项目，第 8 列"期初余额"0 元，第 9 列"本期发生额"742 000.00 元，第 10 列"本期应扣除金额"742 000.00 元，第 11 列"本期实际扣除金额"742 000.00 元，第 12 列"期末余额"0 元，第 13 列"应税营业额"848 000.00 元，第 14 列"营业税应纳税额"42 400.00 元。

11.1.6　不动产经营租赁项目（一般计税）的填报

11.1.6.1　增值税

不动产经营租赁项目增值税税率或征收率 11%，营业税税率 5%，第 1 列"不含税销售额"100 000.00 元，第 2 列"销项（应纳）税额"11 000.00 元，第 3 列"价税合计"111 000.00 元，第 4 列"服务、不动产和无形资产扣除项目本期实际扣除金额"0 元，第 5 列"扣除后含税销售额"111 000.00 元，第 6 列"扣除后销项（应纳）税额"11 000.00 元，第 7 列"增值税应纳税额（测算）"0 元。

11.1.6.2　营业税

原营业税税制下服务、不动产和无形资产差额扣除项目，第 8 列"期初余额"0 元，第 9 列"本期发生额"0 元，第 10 列"本期应扣除金额"0 元，第 11 列"本期实际扣除金额"0 元，第 12 列"期末余额"0 元，第 13 列"应税营业额"111 000.00 元，第 14 列"营业税应纳税额"5 550.00 元。

11.1.7　不动产经营租赁项目（简易计税）的填报

11.1.7.1　增值税

不动产经营租赁项目增值税税率或征收率 5%，营业税税率 5%，第 1 列"不含税销售额"100 000.00 元，第 2 列"销项（应纳）税额"5 000.00 元，第 3 列"价税合计"105 000.00 元，第 4 列"服务、不动产和无形资产扣除项目本期实际扣除金额"0 元，第 5 列"扣除后含税销售额"105 000.00 元，第 6 列"扣除后销项（应纳）税额"5 000.00 元，第 7 列"增值税应纳税额（测算）"5 000.00 元。

11.1.7.2　营业税

原营业税税制下服务、不动产和无形资产差额扣除项目，第 8 列"期初余额"0 元，第 9 列"本期发生额"0 元，第 10 列"本期应扣除金额"0 元，第 11 列"本期实际扣除金额"0 元，第 12 列"期末余额"0 元，第 13 列"应税营业额"105 000.00 元，第 14 列"营业税应纳税额"5 250.00 元。

11.2　《营改增税负分析测算明细表》填报情况

具体填报情况见表 7-10。

表 7-10

营改增税负分析测算明细表

纳税人名称：（公章）　　　　税款所属时间：　年　月　日至　年　月　日

金额单位：元至角分

项目及栏次			增值税						营业税						
应税项目代码及名称	增值税税率或征收率	营业税税率	不含税销售额	销项（应纳）税额	价税合计	服务、不动产和无形资产扣除项目本期实际扣除金额	扣除后		增值税应纳税额（测算）	原营业税税制下服务、不动产和无形资产差额扣除项目					应税营业额	营业税应纳税额
							含税销售额	销项（应纳）税额		期初余额	本期发生额	本期应扣除金额	本期实际扣除金额	期末余额		
			1	2=1×增值税率或征收率	3=1+2	4	5=3−4	6=5÷(100%+增值税征收率或增值税率)×增值税率或征收率	7	8	9	10=8+9	11 (11≤3且11≤10)	12=10−11	13=3−11	14=13×营业税税率
合计	—	—	28 700 000.00	1 726 000.00	30 426 000.00	742 000.00	29 684 000.00	1 684 000.00	5 000	0	742 000.00	742 000.00	742 000.00	0	29 684 000.00	1 484 200.00
070401 餐饮服务	6.00%	5.00%	14 000 000.00	840 000.00	14 840 000.00	0	14 840 000.00	840 000.00	0	0	0	0	0	0	14 840 000.00	742 000.00
070402 住宿服务	6.00%	5.00%	10 000 000.00	600 000.00	10 600 000.00	0	10 600 000.00	600 000.00	0	0	0	0	0	0	10 600 000.00	530 000.00
070302 娱乐服务	6.00%	5.00%	3 000 000.00	180 000.00	3 180 000.00	0	3 180 000.00	180 000.00	0	0	0	0	0	0	3 180 000.00	159 000.00
070301 旅游服务	6.00%	5.00%	1 500 000.00	90 000.00	1 590 000.00	742 000.00	848 000.00	48 000.00	0	0	742 000.00	742 000.00	742 000.00	0	848 000.00	42 400.00
060502 不动产经营租赁	11.00%	5.00%	100 000.00	11 000.00	111 000.00	0	111 000.00	11 000.00	0	0	0	0	0	0	111 000.00	5 550.00
060502 不动产经营租赁	5.00%	5.00%	100 000.00	5 000.00	105 000.00	0	105 000.00	5 000.00	5 000	0	0	0	0	0	105 000.00	5 250.00

8 第八篇　小规模纳税人纳税申报案例

1　小规模纳税人发生业务（交易事实）情况

1.1　A公司购销业务发生情况

A公司为小规模纳税人，2016年8月发生下列业务：

业务一：2016年8月1日初次购买增值税税控系统专用设备，取得增值税专用发票，价税合计10 000.00元。

业务二：2016年8月10日提供纳税鉴证服务，含税销售额1 030 000.00元，由税务机关代开增值税专用发票。

业务三：2016年8月15日提供纳税咨询服务，含税销售额1 030 000.00元，开具增值税普通发票。

业务四：2016年8月5日取得展会代理收入103 000.00元（含税），支付第三方场租费、场地搭建费、广告费、食宿费、门票费等费用82 400.00元，取得差价收入20 600.00元，开具增值税普通发票。

业务五：2016年8月15日销售使用过的专用设备，含税价103 000.00元，开具普通发票。适用税率3%，减征税率2%。不含税价100 000.00元。

1.2　增值税纳税申报表及附表的填写顺序

纳税申报表的填写顺序如下：

（1）附列资料（四）（税额抵减情况表）；

（2）《增值税纳税申报表（小规模纳税人适用）附列资料》；

（3）《增值税减免税申报明细表》；

（4）《增值税纳税申报表（小规模纳税人适用）》。

说明：我们在介绍主表及附表填报时，按上述填写顺序进行介绍。

2 附列资料（四）（税额抵减情况表）填报

2.1 附列资料（四）（税额抵减情况表）填报情况说明

2.1.1 本期购进业务审核

2.1.1.1 会计处理

本期发生的相关业务为前述业务一。

2.1.1.2 税务处理

增值税纳税人 2011 年 12 月 1 日（含，下同）以后初次购买增值税税控系统专用设备（包括分开票机）支付的费用，可凭购买增值税税控系统专用设备取得的增值税专用发票，在增值税应纳税额中全额抵减（抵减额为价税合计额），不足抵减的可结转下期继续抵减。

2.1.2 增值税税控系统专用设备费及技术维护费抵减项目的填报

增值税税控系统专用设备费及技术维护费项目，期初余额 0 元，本期发生额 10 000.00 元，本期应抵减税额 10 000.00 元，本期实际抵减税额 10 000.00 元，期末余额 0 元。

2.1.3 分支机构预征缴纳税款抵减项目的填报

分支机构预征缴纳税款抵减项目：未发生。

2.1.4 建筑服务预征缴纳税款抵减项目的填报

建筑服务预征缴纳税款抵减项目：未发生。

2.1.5 销售不动产预征缴纳税款抵减项目的填报

销售不动产预征缴纳税款抵减项目：未发生。

2.1.6　出租不动产预征缴纳税款抵减项目的填报

出租不动产预征缴纳税款抵减项目：未发生。

2.2　附列资料（四）（税额抵减情况表）填报情况

具体填报情况见表 8-1。

表 8-1　　　　　　　　　增值税纳税申报表附列资料（四）

（税额抵减情况表）

纳税人名称：（公章）　　税款所属时间：　　年　月　日至　　年　月　日　　金额单位：元至角分

序号	抵减项目	期初余额	本期发生额	本期应抵减税额	本期实际抵减税额	期末余额
		1	2	3＝1＋2	4≤3	5＝3－4
1	增值税税控系统专用设备费及技术维护费	0	10 000.00	10 000.00	10 000.00	0
2	分支机构预征缴纳税款					
3	建筑服务预征缴纳税款					
4	销售不动产预征缴纳税款					
5	出租不动产预征缴纳税款					

3 《增值税纳税申报表（小规模纳税人适用）附列资料》填报

3.1 《增值税纳税申报表（小规模纳税人适用）附列资料》填报情况说明

3.1.1 服务扣除项目审核

3.1.1.1 会计处理

本期发生的相关业务为前述业务二、业务三和业务四。

3.1.1.2 税务处理

（1）前述业务五发生的展会代理服务属于"销售服务的范围"的"现代服务"中"商务辅助服务"下的"经纪代理服务"。适用6％税率，按差额计税方法缴纳增值税。具体理由如下：

第一，征税范围确认。根据现行有效文件规定，增值税不征税项目不包括展会代理业务。因此，展会代理业务属于增值税征税范围。

第二，征税范围的大类确认。增值税征税项目有五个大类：属于销售货物、劳务，销售服务，销售无形资产，销售不动产。经分析，展会代理应属于销售服务大类。

第三，征税范围的中类确认。销售服务范围有八个中类，具体包括：销售服务、交通运输服务、邮政服务、电信服务、建筑服务、金融服务、现代服务、生活服务。经分析，展会代理应属于现代服务中类。

第四，征税范围的小类确认。现代服务范围有九个小类，具体包括：研发和技术服务、信息技术服务、文化创意服务、物流辅助服务、租赁服务、鉴证咨询服务、广播影视服务、商务辅助服务、其他现代服务。经分析，展会代理应属于商务辅助服务小类。

第五，征税范围的事项确认。商务辅助服务有四个事项，具体包括企业管理服务、经纪代理服务、人力资源服务、安全保护服务。经分析，展会代理应属于经纪代理服务事项。

第六，征税范围的项目或税目确认。经纪代理服务有三个项目或税目，具体包括各类经纪、中介、代理服务。

第七，销售额的计算。根据财税〔2016〕36号附件2第一条第（三）项规定，"经纪代理服务，以取得的全部价款和价外费用，扣除向委托方收取并代为支付的政府性基金或者行政事业性收费后的余额为销售额。向委托方收取的政府性基金或者行政事业性收费，不得开具增值税专用发票"。因此，展会代理可按经纪代理服务差额计税方法计算增值税，前述业务五发生支付第三方费用82 400.00元为本期可扣除额，取得差价收入20 600.00元按6%税率计算增值税。

（2）其他业务均取得合规发票，未发现取得不合规发票的情形。

3.1.2 应税行为（3%征收率）扣除额计算项目的填报

应税行为（3%征收率）扣除额计算，期初余额0元，本期发生额2 163 000.00元，本期扣除额82 400.00元，期末余额2 080 600.00元。

"本期发生额"数据来源：业务二销售额＋业务三销售额＋业务四销售额＝2 163 000.00元（1 030 000.00元＋1 030 000.00元＋103 000.00元）。

3.1.3 应税行为（3%征收率）计税销售额计算项目的填报

应税行为（3%征收率）计税销售额计算，全部含税收入2 163 000.00元，本期扣除额82 400.00元，含税销售额2 080 600.00元，不含税销售额2 020 000.00元。

【提示】第8栏"不含税销售额"＝第7栏"含税销售额"÷1.03，与《增值税纳税申报表（小规模纳税人适用)》第1栏"应征增值税不含税销售额"中"本期数"之"服务、不动产和无形资产"栏数据一致。

3.1.4 应税行为（5%征收率）扣除额计算项目的填报

应税行为（5%征收率）扣除额计算项目：未发生。

3.1.5 应税行为（5%征收率）计税销售额计算项目的填报

应税行为（3%征收率）计税销售额计算项目：未发生。

3.2 《增值税纳税申报表（小规模纳税人适用）附列资料》填报情况

具体填报情况见表8-2。

表 8-2　　　　　　　**增值税纳税申报表（小规模纳税人适用）附列资料**

税款所属期：　年　月　日至　　年　月　日　　　　　　　　填表日期：　年　月　日

纳税人名称（公章）：　　　　　　　　　　　　　　　　　　　　金额单位：元至角分

应税行为（3%征收率）扣除额计算			
期初余额	本期发生额	本期扣除额	期末余额
1	2	3（3≤1+2之和，且3≤5）	4=1+2-3
0	2 163 000.00	82 400.00	2 080 600.00
应税行为（3%征收率）计税销售额计算			
全部含税收入（适用3%征收率）	本期扣除额	含税销售额	不含税销售额
5	6=3	7=5-6	8=7÷1.03
2 163 000.00	82 400.00	2 080 600.00	2 020 000.00
应税行为（5%征收率）扣除额计算			
期初余额	本期发生额	本期扣除额	期末余额
9	10	11（11≤9+10之和，且11≤13）	12=9+10-11
应税行为（5%征收率）计税销售额计算			
全部含税收入（适用5%征收率）	本期扣除额	含税销售额	不含税销售额
13	14=11	15=13-14	16=15÷1.05

4 《增值税减免税申报明细表》填报

4.1 《增值税减免税申报明细表》填报情况说明

4.1.1 本期减免税业务审核

4.1.1.1 会计处理

本期发生相关业务为前述业务五，应纳税额 3 000.00 元，减征额 1 000.00 元，减征后纳税额 2 000.00 元。

4.1.1.2 税务处理

小规模纳税人（除其他个人外，下同）销售自己使用过的固定资产，减按2%征收率征收增值税。

小规模纳税人销售自己使用过的除固定资产以外的物品，应按3%的征收率征收增值税。

前述业务二，销售使用过的建筑设备，适用简易办法依照3%征收率减按2%征收增值税政策，计算应纳税额 3 000.00 元，减征额 1 000.00 元，减征后应纳税额 2 000.00 元。

4.1.2 减税项目的填报

4.1.2.1 合计项目

第1栏"合计"，期初余额 0 元，本期发生额 11 000.00 元，本期应抵减税额 11 000.00 元，本期实际抵减税额 11 000.00 元，期末余额 0 元。

4.1.2.2 增值税税控系统专用设备费及技术维护费项目

第2栏"增值税税控系统专用设备费及技术维护费"，期初余额 0 元，本期发生额 10 000.00 元，本期应抵减税额 10 000.00 元，本期实际抵减税额 10 000.00 元，期末余额 0 元。

4.1.2.3 销售使用过的固定资产项目

第3栏"销售使用过的固定资产",期初余额0.00元,本期发生额1 000.00元,本期应抵减税额1 000.00元,本期实际抵减税额1 000.00元,期末余额0元。

4.1.3 免税项目的填报

免税项目:未发生。

4.2 《增值税减免税申报明细表》填报情况

具体填报情况见表8-3。

表 8-3   增值税减免税申报明细表

纳税人名称(公章):   税款所属时间:自   年   月   日至   年   月   日   金额单位:元至角分

一、减税项目					
减税性质代码及名称	栏次	期初余额	本期发生额	本期应抵减税额	本期实际抵减税额	期末余额
		1	2	3=1+2	4≤3	5=3−4
合计	1	0	11 000.00	11 000.00	11 000.00	0
增值税税控系统专用设备费及技术维护费	2	0	10 000.00	10 000.00	10 000.00	0
销售使用过的固定资产	3	0	1 000.00	1 000.00	1 000.00	0
	4					
	5					
	6					

二、免税项目					
免税性质代码及名称	栏次	免征增值税项目销售额	免税销售额扣除项目本期实际扣除金额	扣除后免税销售额	免税销售额对应的进项税额	免税额
		1	2	3=1−2	4	5
合 计	7					
出口免税	8	—	—	—	—
其中:跨境服务	9	—	—	—	—
	10					
	11					
	12					

续表

免税性质代码及名称	栏次	免征增值税项目销售额	免税销售额扣除项目本期实际扣除金额	扣除后免税销售额	免税销售额对应的进项税额	免税额
		1	2	3＝1－2	4	5
	13					
	14					
	15					
	16					

5 《增值税纳税申报表（小规模纳税人适用）》填报

5.1 《增值税纳税申报表（小规模纳税人适用）》填报情况说明

5.1.1 计税依据项目的填报

（1）第1栏"应征增值税不含税销售额（3％征收率）"项目，服务、不动产和无形资产本期数 2 020 000.00 元。

数据来源：纳税人发生适用 3％征收率的应税行为且有扣除项目的，本栏填写扣除后的不含税销售额，与当期《增值税纳税申报表（小规模纳税人适用）附列资料》第 8 栏数据一致，即 2 020 000.00 元。

（2）第2栏"税务机关代开的增值税专用发票不含税销售额"项目，服务、不动产和无形资产本期数 1 000 000.00 元。

数据来源为前述业务二。

（3）第3栏"税控器具开具的普通发票不含税销售额"项目，服务、不动产和无形资产本期数 1 020 000.00 元。

数据来源为业务三、业务四。

【提示】服务、不动产和无形资产本期数 1 020 000.00 元＝（业务四不含税销售额 1 000 000.00 元＋业务五取得差价不含税收入 20 000.00 元）。

（4）第7栏"销售使用过的固定资产不含税销售额"项目，货物及劳务本期数 100 000.00 元。

数据来源为前述业务五，应纳税额 3 000.00 元，减征额 1 000.00 元，减征后纳税额 2 000.00 元。

（5）第8栏"税控器具开具的普通发票不含税销售额"项目，货物及劳务本期数 100 000.00 元。

5.1.2 税款计算项目的填报

（1）第15栏"本期应纳税额"项目，货物及劳务本期数 3 000.00 元，服务、不动产和无形资产本期数 60 600.00 元。

（2）第16栏"本期应纳税额减征额"项目，货物及劳务本期数 1 000.00 元，服务、不动产和无形资产本期数 10 000.00 元。

货物及劳务本期数数据来源：小规模纳税人（除其他个人外，下同）销售自己使用过的固定资产，减按 2% 征收率征收增值税。按 3% 征收率计算应纳税额 3 000.00 元，按 2% 征收率计算应纳税额 2 000.00 元，二者差额 1 000.00 元为减征额。

服务、不动产和无形资产本期数数据来源：初次购买增值税专用设备，价税合计 10 000.00 元，可全额抵减。

（3）第 20 栏"应纳税额合计"项目，货物及劳务本期数 2 000.00 元，服务、不动产和无形资产本期数 50 600.00 元。

数据来源：本表第 20 栏＝本表第 15 栏－本表第 16 栏。

（4）第 22 栏"本期应补（退）税额"项目，货物及劳务本月数 2 000.00 元，服务、不动产和无形资产本月数 50 600.00 元。

数据来源：本表第 22 栏＝本表第 20 栏－本表第 21 栏。

5.2　《增值税纳税申报表（小规模纳税人适用）》填报情况

具体填报情况见表 8-4。

表 8-4　　　　　　　　　　　　增值税纳税申报表

（小规模纳税人适用）

纳税人识别号：□□□□□□□□□□□□□□□□□□□□

纳税人名称（公章）：　　　　　　　　　　　　　　　　　金额单位：元至角分

税款所属期：　年　月　日至　年　月　日　　　　　　填表日期：　年　月　日

项目	栏次	本期数		本年累计	
		货物及劳务	服务、不动产和无形资产	货物及劳务	服务、不动产和无形资产
一 计税依据 （一）应征增值税不含税销售额（3%征收率）	1		2 020 000.00		
税务机关代开的增值税专用发票不含税销售额	2		1 000 000.00		
税控器具开具的普通发票不含税销售额	3		1 020 000.00		
（二）应征增值税不含税销售额（5%征收率）	4	—		—	
税务机关代开的增值税专用发票不含税销售额	5	—		—	
税控器具开具的普通发票不含税销售额	6	—		—	
（三）销售使用过的固定资产不含税销售额	7（7≥8）	100 000.00	—		—

续表

项目		栏次	本期数		本年累计	
			货物及劳务	服务、不动产和无形资产	货物及劳务	服务、不动产和无形资产
一、计税依据	其中：税控器具开具的普通发票不含税销售额	8	100 000.00	—		—
	（四）免税销售额	9＝10＋11＋12				
	其中：小微企业免税销售额	10				
	未达起征点销售额	11				
	其他免税销售额	12				
	（五）出口免税销售额	13（13≥14）				
	其中：税控器具开具的普通发票销售额	14				
二、税款计算	本期应纳税额	15	3 000.00	60 600.00		
	本期应纳税额减征额	16	1 000.00	10 000.00		
	本期免税额	17				
	其中：小微企业免税额	18				
	未达起征点免税额	19				
	应纳税额合计	20＝15－16	2 000.00	50 600.00		
	本期预缴税额	21			—	—
	本期应补（退）税额	22＝20－21	2 000.00	50 600.00	—	—

纳税人或代理人声明：	如纳税人填报，由纳税人填写以下各栏：	
本纳税申报表是根据国家税收法律法规及相关规定填报的，我确定它是真实的、可靠的、完整的。	办税人员： 法定代表人：	财务负责人： 联系电话：
	如委托代理人填报，由代理人填写以下各栏：	
	代理人名称（公章）：	经办人： 联系电话：

主管税务机关：　　　　　　　　　　接收人：　　　　　　　　　　接收日期：

附录 增值税法规政策一览

增值税基本法规

1.《中华人民共和国增值税暂行条例》（中华人民共和国国务院令第 538 号，2008 年 11 月 10 日）

2.《国家税务总局关于修改〈中华人民共和国增值税暂行条例实施细则〉和〈中华人民共和国营业税暂行条例实施细则〉的决定》（中华人民共和国财政部令第 65 号，2011 年 10 月 28 日）

增值税税收政策

2016 年文件

3.《国家税务总局关于优化完善增值税发票查询平台功能有关事项的公告》（国家税务总局公告 2016 年第 32 号，2016 年 5 月 27 日）

4.《国家税务总局关于发布〈促进残疾人就业增值税优惠政策管理办法〉的公告》（国家税务总局公告 2016 年第 33 号，2016 年 5 月 27 日）

5.《统一明确营改增实务中的 33 个问题》（税总纳便函〔2016〕71 号，2016 年 5 月 11 日）

6.《国家税务总局关于营业税改征增值税部分试点纳税人增值税纳税申报有关事项调整的公告》（国家税务总局公告 2016 年第 30 号，2016 年 5 月 10 日）

7.《国家税务总局关于调整增值税纳税申报有关事项的公告》（国家税务总局公告 2016 年第 27 号，2016 年 5 月 5 日）

8.《国家税务总局关于纳税人销售其取得的不动产办理产权过户手续使用的增值税发票联次问题的通知》（税总函〔2016〕190 号，2016 年 5 月 2 日）

9.《财政部 国家税务总局关于进一步明确全面推开营改增试点有关劳务派遣服务、收费公路通行费抵扣等政策的通知》（财税〔2016〕47 号，2016 年 4 月 30 日）

10.《国家税务总局关于迅速学习贯彻〈国务院关于做好全面推开营改增试点工作的通知〉的紧急通知》（税总发〔2016〕60 号，2016 年 4 月 30 日）

11.《财政部 国家税务总局关于进一步明确全面推开营改增试点金融业有关政策的通知》（财税〔2016〕46 号，2016 年 4 月 29 日）

12.《国务院关于做好全面推开营改增试点工作的通知》（国发明电〔2016〕1 号，2016 年 4 月 29 日）

13.《国家税务总局关于明确营改增试点若干征管问题的公告》（国家税务总局公

告 2016 年第 26 号，2016 年 4 月 26 日）

14.《国家税务总局关于发布增值税发票税控开票软件数据接口规范的公告》（国家税务总局公告 2016 年第 25 号，2016 年 4 月 25 日）

15.《国家税务总局关于营业税改征增值税委托地税局代征税款和代开增值税发票的通知》（税总函〔2016〕145 号，2016 年 3 月 31 日）

16.《财政部 国家税务总局关于营业税改征增值税试点有关文化事业建设费政策及征收管理问题的通知》（财税〔2016〕25 号，2016 年 3 月 28 日）

17.《财政部 国家税务总局关于营业税改征增值税试点若干政策的通知》（财税〔2016〕39 号，2016 年 3 月 23 日）

18.《国家税务总局关于全面推开营业税改征增值税试点有关税收征收管理事项的公告》（国家税务总局公告 2016 年第 23 号，2016 年 4 月 19 日）

19.《国家税务总局关于延长 2016 年出口退（免）税相关业务申报期限的公告》（国家税务总局公告 2016 年第 22 号，2016 年 4 月 7 日）

20.《国家税务总局关于营业税改征增值税委托地税机关代征税款和代开增值税发票的公告》（国家税务总局公告 2016 年第 19 号，2016 年 3 月 31 日）

21.《国家税务总局关于发布〈房地产开发企业销售自行开发的房地产项目增值税征收管理暂行办法〉的公告》（国家税务总局公告 2016 年第 18 号，2016 年 3 月 31 日）

22.《国家税务总局关于发布〈纳税人跨县（市、区）提供建筑服务增值税征收管理暂行办法〉的公告》（国家税务总局公告 2016 年第 17 号，2016 年 3 月 31 日）

23.《国家税务总局关于发布〈纳税人提供不动产经营租赁服务增值税征收管理暂行办法〉的公告》（国家税务总局公告 2016 年第 16 号，2016 年 3 月 31 日）

24.《国家税务总局关于发布〈不动产进项税额分期抵扣暂行办法〉的公告》（国家税务总局公告 2016 年第 15 号，2016 年 3 月 31 日）

25.《国家税务总局关于发布〈纳税人转让不动产增值税征收管理暂行办法〉的公告》（国家税务总局公告 2016 年第 14 号，2016 年 3 月 31 日）

26.《国家税务总局关于全面推开营业税改征增值税试点后增值税纳税申报有关事项的公告》（国家税务总局公告 2016 年第 13 号，2016 年 3 月 31 日）

27.《财政部 国家税务总局关于全面推开营业税改征增值税试点的通知》（财税〔2016〕36 号，2016 年 3 月 23 日）

28.《国家税务总局关于兽用药品经营企业销售兽用生物制品有关增值税问题的公告》（国家税务总局公告〔2016〕8 号，2016 年 2 月 4 日）

2015 年文件

29.《国家税务总局关于停止使用货物运输业增值税专用发票有关问题的公告》（国家税务总局公告 2015 年第 99 号，2015 年 12 月 31 日）

30.《国家税务总局关于营业税改征增值税试点期间有关增值税问题的公告》（国家税务总局公告 2015 年第 90 号，2015 年 12 月 22 日）

31.《国家税务总局关于〈适用增值税零税率应税服务退（免）税管理办法〉的补

充公告》（国家税务总局公告 2015 年第 88 号，2015 年 12 月 14 日）

32.《国家税务总局关于明确有机肥产品执行标准的公告》（国家税务总局公告 2015 年第 86 号，2015 年 12 月 1 日）

33.《国家税务总局关于推行通过增值税电子发票系统开具的增值税电子普通发票有关问题的公告》（国家税务总局公告 2015 年第 84 号，2015 年 11 月 26 日）

34.《国家税务总局关于发布增值税发票系统升级版与税控收款机数据接口规范的公告》（国家税务总局公告 2015 年第 77 号，2015 年 11 月 11 日）

35.《财政部 国家税务总局关于煤炭采掘企业增值税进项税额抵扣有关事项的通知》（财税〔2015〕117 号，2015 年 11 月 2 日）

36.《国家税务总局关于"三证合一"登记制度改革涉及增值税一般纳税人管理有关事项的公告》（国家税务总局公告 2015 年第 74 号，2015 年 11 月 2 日）

37.《财政部 国家税务总局关于影视等出口服务适用增值税零税率政策的通知》（财税〔2015〕118 号，2015 年 10 月 30 日）

38.《国家税务总局关于动物尸体降解处理机、蔬菜清洗机增值税适用税率问题的公告》（国家税务总局公告 2015 年第 72 号，2015 年 10 月 15 日）

39.《国家税务总局关于印发〈增值税税控系统服务单位监督管理办法〉的通知》（税总发〔2015〕118 号，2015 年 10 月 9 日）

40.《国家税务总局关于化肥恢复征收增值税后库存化肥有关税收管理事项的公告》（国家税务总局公告 2015 年第 64 号，2015 年 9 月 15 日）

41.《财政部 国家税务总局关于对化肥恢复征收增值税政策的补充通知》（财税〔2015〕97 号，2015 年 8 月 28 日）

42.《财政部 国家税务总局关于继续执行小微企业增值税和营业税政策的通知》（财税〔2015〕96 号，2015 年 8 月 27 日）

43.《国家税务总局关于纳税人认定或登记为一般纳税人前进项税额抵扣问题的公告》（国家税务总局公告 2015 年第 59 号，2015 年 8 月 19 日）

44.《财政部 海关总署 国家税务总局关于对化肥恢复征收增值税政策的通知》（财税〔2015〕90 号，2015 年 8 月 10 日）

45.《财政部 国家税务总局关于调整铁路和航空运输企业汇总缴纳增值税分支机构名单的通知》（财税〔2015〕87 号，2015 年 8 月 10 日）

46.《国家税务总局关于发布增值税发票系统升级版与电子发票系统数据接口规范的公告》（国家税务总局公告 2015 年第 53 号，2015 年 7 月 20 日）

47.《国家税务总局关于开展增值税发票系统升级版电子发票试运行工作有关问题的通知》（税总函〔2015〕373 号，2015 年 7 月 9 日）

48.《财政部 国家税务总局关于航天发射有关增值税政策的通知》（财税〔2015〕66 号，2015 年 6 月 15 日）

49.《财政部 国家税务总局关于印发〈资源综合利用产品和劳务增值税优惠目录〉的通知》（财税〔2015〕78 号，2015 年 6 月 12 日）

50.《财政部 国家税务总局关于新型墙体材料增值税政策的通知》（财税〔2015〕73号，2015年6月12日）

51.《财政部 国家税务总局关于风力发电增值税政策的通知》（财税〔2015〕74号，2015年6月12日）

52.《国家税务总局关于界定超标准小规模纳税人偷税数额的批复》（税总函〔2015〕311号，2015年6月11日）

53.《国家税务总局关于中国石油天然气股份有限公司2014年进口天然气增值税返还收入企业所得税纳税地点问题的批复》（税总函〔2015〕292号，2015年6月1日）

54.《国家税务总局关于国网冀北电力有限公司增值税有关问题的批复》（税总函〔2015〕283号，2015年5月26日）

55.《国家税务总局关于国有粮食购销企业销售粮食免征增值税审批事项取消后有关管理事项的公告》（国家税务总局公告2015年第42号，2015年5月22日）

56.《国家税务总局关于明确部分增值税优惠政策审批事项取消后有关管理事项的公告》（国家税务总局公告2015年第38号，2015年5月19日）

57.《国家税务总局关于发布增值税发票系统升级版开票软件数据接口规范的公告》（国家税务总局公告2015年第36号，2015年5月15日）

58.《国家税务总局关于调整增值税纳税申报有关事项的公告》（国家税务总局公告2015年第23号，2015年4月20日）

59.《国家税务总局关于再次明确不得将不达增值税起征点的小规模纳税人纳入增值税发票系统升级版推行范围的通知》（税总函〔2015〕199号，2015年4月14日）

60.《财政部 国家税务总局关于原油和铁矿石期货保税交割业务增值税政策的通知》（财税〔2015〕35号，2015年4月8日）

61.《国家税务总局关于调整增值税一般纳税人管理有关事项的公告》（国家税务总局公告2015年第18号，2015年3月30日）

62.《国家税务总局关于全面推行增值税发票系统升级版有关问题的公告》（国家税务总局公告2015年第19号，2015年3月30日）

63.《国家税务总局关于全面推行增值税发票系统升级版工作有关问题的通知》（税总发〔2015〕42号，2015年3月30日）

64.《财政部 海关总署 国家税务总局关于支持鲁甸地震灾后恢复重建有关税收政策问题的通知》（财税〔2015〕27号，2015年1月26日）

65.《财政部 国家税务总局关于创新药后续免费使用有关增值税政策的通知》（财税〔2015〕4号，2015年1月26日）

66.《财政部 国家税务总局关于进入中哈霍尔果斯国际边境合作中心的货物适用增值税退（免）税政策的通知》（财税〔2015〕17号，2015年1月21日）

2014年文件

67.《国家税务总局关于发布〈邮政企业增值税征收管理暂行办法〉的公告》（国

家税务总局公告 2014 年第 5 号，2014 年 1 月 20 日）

68.《国家税务总局关于发布〈铁路运输企业增值税征收管理暂行办法〉的公告国家税务总局公告 2014 年第 6 号，2014 年 1 月 20 日）

69.《国家税务总局关于铁路运输和邮政业营业税改征增值税后纳税申报有关事项的公告》（国家税务总局公告 2014 年第 7 号，2014 年 1 月 21 日）

70.《国家税务总局关于发布〈适用增值税零税率应税服务退（免）税管理办法〉的公告》（国家税务总局公告 2014 年第 11 号，2014 年 2 月 8 日）

71.《财政部 国家税务总局关于大型水电企业增值税政策的通知》（财税〔2014〕10 号，2014 年 2 月 12 日）

72.《财政部 国家税务局关于利用石脑油和燃料油生产乙烯芳烃类产品有关增值税政策的通知》（财税〔2014〕17 号，2014 年 2 月 17 日）

73.《国家税务总局关于农用挖掘机 养鸡设备系列 养猪设备系列产品增值税适用税率问题的公告》（国家税务总局公告 2014 年第 12 号，2014 年 2 月 27 日）

74.《国家税务总局关于发布增值税发票税控开票软件数据接口规范的公告》（国家税务总局公告 2014 年第 17 号，2014 年 3 月 14 日）

75.《国家税务总局关于简化增值税发票领用和使用程序有关问题的公告》（国家税务总局公告 2014 年第 19 号，2014 年 3 月 24 日）

76.《国家税务总局关于杏仁油 葡萄籽油增值税适用税率问题的公告》（国家税务总局公告 2014 年第 22 号，2014 年 4 月 11 日）

77.《财政部 国家税务总局关于将电信业纳入营业税改征增值税试点的通知》（财税〔2014〕43 号，2014 年 4 月 29 日）

78.《财政部 国家税务总局关于免征储备大豆增值税政策的通知》（财税〔2014〕38 号，2014 年 5 月 8 日）

79.《国家税务总局关于发布〈电信企业增值税征收管理暂行办法〉的公告》（国家税务总局公告 2014 年第 26 号，2014 年 5 月 14 日）

80.《国家税务总局关于调整机动车销售统一发票票面内容的公告》（国家税务总局公告 2014 年第 27 号，2014 年 5 月 16 日）

81.《财政部 国家发展改革委 国土资源部 住房和城乡建设部 中国人民银行 国家税务总局 新闻出版广电总局关于支持电影发展若干经济政策的通知》（财教〔2014〕56 号，2014 年 5 月 31 日）

82.《国家税务总局关于成品油经销企业开具的增值税发票纳入防伪税控系统汉字防伪版管理的公告》（国家税务总局公告 2014 年第 33 号，2014 年 6 月 6 日）

83.《财政部 国家税务总局关于国际水路运输增值税零税率政策的补充通知》（财税〔2014〕50 号，2014 年 6 月 13 日）

84.《财政部 国家税务总局关于简并增值税征收率政策的通知》（财税〔2014〕57 号，2014 年 6 月 13 日）

85.《国家税务总局关于简并增值税征收率有关问题的公告》（国家税务总局公告

2014 年第 36 号，2014 年 6 月 27 日）

86.《国家税务总局关于纳税人对外开具增值税专用发票有关问题的公告》（国家税务总局公告 2014 年第 39 号，2014 年 7 月 2 日）

87.《国家税务总局关于国际货物运输代理服务有关增值税问题的公告》（国家税务总局公告 2014 年第 42 号，2014 年 7 月 4 日）

88.《国家税务总局关于启用新版增值税发票有关问题的公告》（国家税务总局公告 2014 年第 43 号，2014 年 7 月 8 日）

89.《国家税务总局关于停止发售金税卡 IC 卡等税控专用设备有关问题的公告》（国家税务总局公告 2014 年第 44 号，2014 年 7 月 9 日）

90.《国家税务总局关于调整增值税纳税申报有关事项的公告》（国家税务总局公告 2014 年第 45 号，2014 年 7 月 25 日）

91.《国家税务总局关于公布符合条件的销售熊猫普制金币纳税人名单（第三批）暨不符合条件的纳税人退出名单的公告》（国家税务总局公告 2014 年第 47 号，2014 年 8 月 4 日）

92.《财政部 国家税务总局关于铁路运输企业汇总缴纳增值税的补充通知》（财税〔2014〕54 号，2014 年 8 月 5 日）

93.《财政部 国家税务总局 中国人民银行关于跨省合资铁路运输企业"营改增"后税收收入分配有关问题的补充通知》（财预〔2014〕96 号，2014 年 8 月 11 日）

94.《国家税务总局关于重新发布〈营业税改征增值税跨境应税服务增值税免税管理办法（试行）〉的公告》（国家税务总局公告 2014 年第 49 号，2014 年 8 月 27 日）

95.《财政部 国家税务总局关于进一步支持小微企业增值税和营业税政策的通知》（财税〔2014〕71 号，2014 年 9 月 25 日）

96.《国家税务总局关于增值税税控系统打通整合试运行期间红字货物运输业增值税专用发票开具有关问题的通知》（税总函〔2014〕468 号，2014 年 9 月 25 日）

97.《国家税务总局关于部分航空运输企业总分机构增值税计算缴纳问题的公告》（国家税务总局公告 2014 年第 55 号，2014 年 9 月 28 日）

98.《国家税务总局关于小微企业免征增值税和营业税有关问题的公告》（国家税务总局公告 2014 年第 57 号，2014 年 10 月 11 日）

99.《国家税务总局关于调整增值税纳税申报有关事项的公告》（国家税务总局公告 2014 年第 58 号，2014 年 10 月 13 日）

100.《财政部 国家税务总局关于华夏航空有限公司及其分支机构增值税计算缴纳问题的通知》（财税〔2014〕76 号，2014 年 10 月 17 日）

101.《国家税务总局关于调整增值税纳税申报有关事项的公告》（国家税务总局公告 2014 年第 69 号，2014 年 12 月 15 日）

102.《国家税务总局关于推行增值税发票系统升级版有关问题的公告》（国家税务总局公告 2014 年第 73 号，2014 年 12 月 29 日）

103.《国家税务总局关于推行增值税发票系统升级版工作有关问题的通知》（税总

发〔2014〕156 号，2014 年 12 月 29 日）

104.《国家税务总局关于牡丹籽油增值税适用税率问题的公告》（国家税务总局公告 2014 年第 75 号，2014 年 12 月 31 日）

2013 年文件

105.《财政部 国家税务总局关于国家大学科技园税收政策的通知》（财税〔2013〕118 号，2013 年 12 月 31 日）

106.《财政部 国家税务总局关于科技企业孵化器税收政策的通知》（财税〔2013〕117 号，2013 年 12 月 31 日）

107.《财政部 国家税务总局关于铁路运输和邮政业营业税改征增值税试点有关政策的补充通知》（财税〔2013〕121 号，2013 年 12 月 30 日）

108.《财政部 国家税务总局关于铁路运输企业汇总缴纳增值税的通知》（财税〔2013〕111 号，2013 年 12 月 30 日）

109.《国家税务总局关于成品油生产企业开具的增值税发票纳入防伪税控系统汉字防伪项目管理的公告》（国家税务总局公告 2013 年第 79 号，2013 年 12 月 27 日）

110.《财政部 国家税务总局关于防范税收风险若干增值税政策的通知》（财税〔2013〕112 号，2013 年 12 月 27 日）

111.《财政部 国家税务总局 中国人民银行关于铁路运输和邮政业纳入营业税改征增值税试点有关预算管理问题的通知》（财预〔2013〕442 号，2013 年 12 月 25 日）

112.《财政部 国家税务总局关于延续宣传文化增值税和营业税优惠政策的通知》（财税〔2013〕87 号，2013 年 12 月 25 日）

113.《国家税务总局关于铁路运输和邮政业营业税改征增值税发票及税控系统使用问题的公告》（国家税务总局公告 2013 年第 76 号，2013 年 12 月 18 日）

114.《国家税务总局关于营业税改征增值税试点增值税一般纳税人资格认定有关事项的公告》（国家税务总局公告 2013 年第 75 号，2013 年 12 月 16 日）

115.《国家税务总局关于促进残疾人就业增值税优惠政策有关问题的公告》（国家税务总局公告 2013 年第 73 号，2013 年 12 月 13 日）

116.《国家税务总局关于做好铁路运输和邮政服务业营业税改征增值税试点工作的通知》（税总发〔2013〕125 号，2013 年 12 月 9 日）

117.《国家税务总局关于动物骨粒适用增值税税率的公告》（国家税务总局公告 2013 年第 71 号，2013 年 12 月 3 日）

118.《国家税务总局关于纳税人无偿赠送煤矸石征收增值税问题的公告》（国家税务总局公告 2013 年第 70 号，2013 年 12 月 3 日）

119.《国家税务总局关于发布〈航空运输企业增值税征收管理暂行办法〉的公告》（国家税务总局公告 2013 年第 68 号，2013 年 11 月 28 日）

120.《财政部 国家税务总局关于动漫产业增值税和营业税政策的通知》（财税〔2013〕98 号，2013 年 11 月 28 日）

121.《国家税务总局关于输水管道有关增值税问题的批复》（税总函〔2013〕642

号，2013 年 11 月 25 日）

122.《国家税务总局关于纳税人资产重组有关增值税问题的公告》（国家税务总局公告 2013 年第 66 号，2013 年 11 月 19 日）

123.《财政部 国家税务总局关于重新印发〈总分机构试点纳税人增值税计算缴纳暂行办法〉的通知》（财税〔2013〕74 号，2013 年 10 月 24 日）

124.《财政部 国家税务总局关于部分航空运输企业总分机构增值税计算缴纳问题的通知》（财税〔2013〕86 号，2013 年 10 月 24 日）

125.《国家税务总局关于铁路货运组织改革后两端物流服务有关营业税和增值税问题的公告》（国家税务总局公告 2013 年第 55 号，2013 年 9 月 24 日）

126.《财政部 国家税务总局关于光伏发电增值税政策的通知》（财税〔2013〕66 号，2013 年 9 月 23 日）

127.《国家税务总局关于增值税普通发票印制供应有关事项的公告》（国家税务总局公告 2013 年第 51 号，2013 年 9 月 9 日）

128.《财政部 国家税务总局关于营业税改征增值税试点有关文化事业建设费征收管理问题的通知》（财综〔2013〕88 号，2013 年 8 月 29 日）

129.《财政部 国家税务总局关于扩大农产品增值税进项税额核定扣除试点行业范围的通知》（财税〔2013〕57 号，2013 年 8 月 28 日）

130.《国家税务总局关于暂免征收部分小微企业增值税和营业税政策有关问题的公告》（国家税务总局公告 2013 年第 49 号，2013 年 8 月 21 日）

131.《国家税务总局关于公布符合条件的销售熊猫普制金币纳税人名单（第二批）的公告》（国家税务总局公告 2013 年第 48 号，2013 年 8 月 21 日）

132.《国家税务总局关于精料补充料免征增值税问题的公告》（国家税务总局公告 2013 年第 46 号，2013 年 8 月 7 日）

133.《财政部 国家税务总局关于暂免征收部分小微企业增值税和营业税的通知》（财税〔2013〕52 号，2013 年 7 月 29 日）

134.《财政部 国家税务总局关于停止执行民航国际航班使用进口保税航空燃油政策的通知》（财税〔2013〕42 号，2013 年 7 月 29 日）

135.《国家税务总局关于在全国开展营业税改征增值税试点有关征收管理问题的公告》（国家税务总局公告 2013 年第 39 号，2013 年 7 月 10 日）

136.《国家税务总局关于机动车电子信息采集和最低计税价格核定有关事项的公告》（国家税务总局公告 2013 年第 36 号，2013 年 7 月 3 日）

137.《财政部 中国人民银行 国家税务总局关于营业税改征增值税试点有关预算管理问题的通知》（财预〔2013〕275 号，2013 年 6 月 28 日）

138.《国家税务总局关于营业税改征增值税试点中文化事业建设费征收有关事项的公告》（国家税务总局公告 2013 年第 35 号，2013 年 6 月 28 日）

139.《国家税务总局关于调整增值税纳税申报有关事项的公告》（国家税务总局公告 2013 年第 32 号，2013 年 6 月 19 日）

140.《国家税务总局 海关总署关于实行海关进口增值税专用缴款书"先比对后抵扣"管理办法有关问题的公告》(国家税务总局 海关总署公告 2013 年第 31 号,2013 年 6 月 14 日)

141.《国家税务总局关于油气田企业开发煤层气 页岩气增值税有关问题的公告》(国家税务总局公告 2013 年第 27 号,2013 年 5 月 30 日)

142.《国家税务总局关于营业税改征增值税总分机构试点纳税人增值税纳税申报有关事项的公告》(国家税务总局公告 2013 年第 22 号,2013 年 5 月 7 日)

143.《国家税务总局关于旅店业和饮食业纳税人销售非现场消费食品增值税有关问题的公告》(国家税务总局公告 2013 年第 17 号,2013 年 4 月 22 日)

144.《国家税务总局于金融机构销售贵金属增值税有关问题的公告》(国家税务总局公告 2013 年第 13 号,2013 年 3 月 15 日)

145.《国家税务总局关于承印境外图书增值税适用税率问题的公告》(国家税务总局公告 2013 年第 10 号,2013 年 2 月 22 日)

146.《国家税务总局关于纳税人采取"公司＋农户"经营模式销售畜禽有关增值税问题的公告》(国家税务总局公告 2013 年第 8 号,2013 年 2 月 6 日)

147.《国家税务总局关于发布〈熊猫普制金币免征增值税管理办法(试行)〉的公告》(国家税务总局公告 2013 年第 6 号,2013 年 2 月 5 日)

148.《国家税务总局关于直销企业增值税销售额确定有关问题的公告》(国家税务总局公告 2013 年第 5 号,2013 年 1 月 17 日)

149.《国家税务总局关于中央财政补贴增值税有关问题的公告》(国家税务总局公告 2013 年第 3 号,2013 年 1 月 8 日)

2012 年文件

150.《财政部 国家税务总局关于熊猫普制金币免征增值税政策的通知》(财税〔2012〕97 号,2012 年 12 月 28 日)

151.《国家税务总局关于纳税人资产重组增值税留抵税额处理有关问题的公告》(国家税务总局公告 2012 年第 55 号,2012 年 12 月 13 日)

152.《国家税务总局关于硝基复合肥有关增值税问题的公告》(国家税务总局公告 2012 年第 52 号,2012 年 12 月 7 日)

153.《财政部 国家税务总局关于免征部分鲜活肉蛋产品流通环节增值税政策的通知》(财税〔2012〕75 号,2012 年 9 月 27 日)

154.《国家税务总局关于在部分行业试行农产品增值税进项税额核定扣除办法有关问题的公告》(国家税务总局公告 2012 年第 35 号 2012 年 7 月 17 日)

155.《国家税务总局关于纳税人虚开增值税专用发票征补税款问题的公告》(国家税务总局公告 2012 年第 33 号,2012 年 7 月 9 日)

156.《国家税务总局关于调整增值税纳税申报有关事项的公告》(国家税务总局公告 2012 年第 31 号,2012 年 6 月 29 日)

157.《国家税务总局关于卷帘机适用增值税税率问题的公告》(国家税务总局公告

2012 年第 29 号，2012 年 6 月 29 日）

158.《国家税务总局关于二手车经营业务有关增值税问题的公告》（国家税务总局公告 2012 年第 23 号，2012 年 6 月 1 日）

159.《国家税务总局关于进一步贯彻落实税收政策促进民间投资健康发展的意见》（国税发〔2012〕53 号，2012 年 5 月 29 日）

160.《国家税务总局关于药品经营企业销售生物制品有关增值税问题的公告》（国家税务总局公告 2012 年第 20 号，2012 年 5 月 28 日）

161.《国家税务总局关于将稀土企业开具的发票纳入增值税防伪税控系统汉字防伪项目管理有关问题的公告》（国家税务总局公告 2012 年第 17 号，2012 年 5 月 16 日）

162.《财政部 国家税务总局关于支持农村饮水安全工程建设运营税收政策的通知》（财税〔2012〕30 号，2012 年 4 月 24 日）

163.《财政部 海关总署 国家税务总局关于进一步扶持新型显示器件产业发展有关税收优惠政策的通知》（财关税〔2012〕16 号，2012 年 4 月 9 日）

164.《财政部 国家税务总局关于在部分行业试行农产品增值税进项税额核定扣除办法的通知》（财税〔2012〕38 号，2012 年 4 月 6 日）

165.《国家税务总局关于部分玉米深加工产品增值税税率问题的公告》（国家税务总局公告 2012 年第 11 号，2012 年 3 月 27 日）

166.《国家税务总局关于部分产品增值税适用税率问题的公告》（国家税务总局公告 2012 年第 10 号，2012 年 3 月 16 日）

167.《财政部 国家税务总局关于增值税税控系统专用设备和技术维护费用抵减增值税税额有关政策的通知》（财税〔2012〕15 号，2012 年 2 月 7 日）

168.《财政部 国家税务总局关于固定业户总分支机构增值税汇总纳税有关政策的通知》（财税〔2012〕9 号，2012 年 1 月 16 日）

169.《国家税务总局关于一般纳税人销售自己使用过的固定资产增值税有关问题的公告》（国家税务总局公告 2012 年第 1 号，2012 年 1 月 6 日）

170.《国家税务总局关于营业税改征增值税试点有关税收征收管理问题的公告》（国家税务总局公告 2011 年第 77 号，2012 年 1 月 1 日）

2011 年文件

171.《国家税务总局关于修订〈增值税防伪税控开票系统服务监督管理办法〉的通知》（国税发〔2011〕132 号，2011 年 12 月 31 日）

172.《财政部 国家税务总局关于免征蔬菜流通环节增值税有关问题的通知》（财税〔2011〕137 号，2011 年 12 月 31 日）

173.《国家税务总局关于未按期申报抵扣增值税扣税凭证有关问题的公告》（国家税务总局公告 2011 年第 78 号，2011 年 12 月 29 日）

174.《国家税务总局关于启用货物运输业增值税专用发票的公告》（国家税务总局公告 2011 年第 74 号，2011 年 12 月 15 日）

175.《财政部 国家税务总局关于继续免征国产抗艾滋病病毒药品增值税的通知》

（财税〔2011〕128 号，2011 年 12 月 14 日）

176.《国家税务总局关于印发〈研发机构采购国产设备退税管理办法〉的公告》（2011 年第 73 号，2011 年 12 月 14 日）

177.《国家税务总局关于一般纳税人迁移有关增值税问题的公告》（国家税务总局公告 2011 年第 71 号，2011 年 12 月 9 日）

178.《财政部 国家税务总局关于继续执行边销茶增值税政策的通知》（财税〔2011〕89 号，2011 年 12 月 7 日）

179.《国家税务总局关于纳税人既享受增值税即征即退 先征后退政策又享受免抵退税政策有关问题的公告》（国家税务总局公告 2011 年第 69 号，2011 年 12 月 1 日）

180.《国家税务总局关于旅店业和饮食业纳税人销售食品有关税收问题的公告》（国家税务总局公告 2011 年第 62 号，2011 年 11 月 24 日）

181.《财政部 国家税务总局关于继续执行供热企业增值税 房产税 城镇土地使用税优惠政策的通知》（财税〔2011〕118 号，2011 年 11 月 24 日）

182.《国家税务总局关于安置残疾人单位是否可以同时享受多项增值税优惠政策问题的公告》（国家税务总局公告 2011 年第 61 号，2011 年 11 月 18 日）

183.《财政部 国家税务总局关于印发〈营业税改征增值税试点方案〉的通知》（财税〔2011〕110 号，2011 年 11 月 16 日）

184.《国家税务总局关于调整增值税即征即退优惠政策管理措施有关问题的公告》（国家税务总局公告 2011 年第 60 号，2011 年 11 月 14 日）

185.《财政部 国家税务总局关于退还集成电路企业采购设备增值税期末留抵税额的通知》（财税〔2011〕107 号，2011 年 11 月 14 日）

186.《国家税务总局关于纳税人为其他单位和个人开采矿产资源提供劳务有关货物和劳务税问题的公告》（国家税务总局公告 2011 年第 56 号，2011 年 11 月 7 日）

187.《财政部 国家税务总局关于软件产品增值税政策的通知》（财税〔2011〕100 号，2011 年 10 月 13 日）

188.《财政部 商务部 海关总署 国家税务总局关于继续执行研发机构采购设备税收政策的通知》（财税〔2011〕88 号，2011 年 10 月 10 日）

189.《国家税务总局关于逾期增值税扣税凭证抵扣问题的公告》（国家税务总局公告 2011 年第 50 号，2011 年 9 月 14 日）

190.《国家税务总局关于废止逾期增值税扣税凭证一律不得抵扣规定的公告》（国家税务总局公告 2011 年第 49 号，2011 年 9 月 14 日）

191.《国家税务总局关于做好增值税防伪税控系统汉字防伪项目试运行工作有关问题的通知》（国税函〔2011〕470 号，2011 年 8 月 25 日）

192.《国家税务总局关于纳税人转让土地使用权或者销售不动产同时一并销售附着于土地或者不动产上的固定资产有关税收问题的公告》（国家税务总局公告 2011 年第 47 号，2011 年 8 月 17 日）

193.《国家税务总局关于环氧大豆油氢化植物油增值税适用税率问题的公告》（国

家税务总局公告 2011 年第 43 号，2011 年 7 月 25 日）

194.《国家税务总局关于增值税纳税义务发生时间有关问题的公告》（国家税务总局公告 2011 年第 40 号，2011 年 7 月 15 日）

195.《国家税务总局关于部分液体乳增值税适用税率的公告》（国家税务总局公告 2011 年第 38 号，2011 年 7 月 6 日）

196.《国家税务总局关于花椒油增值税适用税率问题的公告》（国家税务总局公告 2011 年第 33 号，2011 年 6 月 2 日）

197.《国家税务总局关于纳税人无偿赠送粉煤灰征收增值税问题的公告》（国家税务总局公告 2011 年第 32 号，2011 年 5 月 19 日）

198.《财政部 国家税务总局关于暂停部分玉米深加工企业购进玉米增值税抵扣政策的通知》（财税〔2011〕34 号，2011 年 4 月 19 日）

199.《国家税务总局关于纳税人销售自产货物并同时提供建筑业劳务有关税收问题的公告》（国家税务总局公告 2011 年第 23 号，2011 年 3 月 25 日）

200.《国家税务总局关于增值税防伪税控系统汉字防伪项目试运行有关问题的通知》（国税发〔2011〕44 号，2011 年 3 月 23 日）

201.《国家税务总局关于皂脚适用增值税税率问题的公告》（国家税务总局公告 2011 年第 20 号，2011 年 3 月 16 日）

202.《财政部 国家税务总局关于收购烟叶支付的价外补贴进项税额抵扣问题的通知》（财税〔2011〕21 号，2011 年 3 月 2 日）

203.《国家税务总局关于增值税防伪税控一机多票系统开具普通发票有关问题的公告》（国家税务总局公告 2011 年第 15 号，2011 年 3 月 1 日）

204.《国家税务总局关于增值税普通发票印制公开招标后有关问题的通知》（国税函〔2011〕100 号，2011 年 2 月 21 日）

205.《国家税务总局关于纳税人资产重组有关增值税问题的公告》（国家税务总局公告 2011 年第 13 号，2011 年 2 月 18 日）

206.《国家税务总局关于纳税人销售伴生金有关增值税问题的公告》（国家税务总局公告 2011 年第 8 号，2011 年 1 月 24 日）

2010 年文件

207.《财政部 国家税务总局关于促进节能服务产业发展增值税 营业税和企业所得税政策问题的通知》（财税〔2010〕110 号，2010 年 12 月 30 日）

208.《财政部 国家税务总局关于上海期货交易所开展期货保税交割业务有关增值税问题的通知》（财税〔2010〕108 号，2010 年 12 月 2 日）

209.《国家税务总局关于做好增值税防伪税控开票系统升级工作的通知》（国税函〔2010〕585 号 2010 年 11 月 29 日）

210.《国家税务总局关于制种行业增值税有关问题的公告》（国家税务总局公告 2010 年第 17 号，2010 年 10 月 25 日）

211.《国家税务总局关于发布试点物流企业名单（第六批）的公告》（国家税务总局

公告 2010 年第 18 号，2010 年 10 月 25 日）

212.《国家税务总局关于融资性售后回租业务中承租方出售资产行为有关税收问题的公告》（国家税务总局公告 2010 年第 13 号，2010 年 9 月 8 日）

213.《国家税务总局关于干姜 姜黄增值税适用税率问题的公告》（国家税务总局公告 2010 年第 9 号，2010 年 8 月 19 日）

214.《国家税务总局关于项目运营方利用信托资金融资过程中增值税进项税额抵扣问题的公告》（国家税务总局公告 2010 年第 8 号，2010 年 8 月 9 日）

215.《国家税务总局关于肉桂油 桉油 香茅油增值税适用税率问题的公告》（国家税务总局公告 2010 年第 5 号，2010 年 7 月 27 日）

216.《国家税务总局关于增值税一般纳税人抗震救灾期间增值税扣税凭证认证稽核有关问题的通知》（国税函〔2010〕173 号，2010 年 5 月 4 日）

217.《国家税务总局关于橄榄油适用税率问题的批复》（国税函〔2010〕144 号，2010 年 4 月 8 日）

218.《国家税务总局关于印发〈增值税一般纳税人纳税辅导期管理办法〉的通知》（国税发〔2010〕40 号，2010 年 4 月 7 日）

219.《国家税务总局关于〈增值税一般纳税人资格认定管理办法〉政策衔接有关问题的通知》（国税函〔2010〕137 号，2010 年 4 月 7 日）

220.《国家税务总局关于印发〈增值税一般纳税人资格认定管理办法〉宣传材料的通知》（国税函〔2010〕138 号，2010 年 4 月 7 日）

221.《国家税务总局关于明确〈增值税一般纳税人资格认定管理办法〉若干条款处理意见的通知》（国税函〔2010〕139 号，2010 年 4 月 7 日）

222.《国家税务总局关于新认定增值税一般纳税人使用增值税防伪税控系统有关问题的通知》（国税函〔2010〕126 号，2010 年 3 月 31 日）

223.《国家税务总局关于人工合成牛胚胎适用增值税税率问题的通知》（国税函〔2010〕97 号，2010 年 3 月 4 日）

224.《国家税务总局关于粕类产品征免增值税问题的通知》（国税函〔2010〕75 号，2010 年 2 月 20 日）

225.《增值税一般纳税人资格认定管理办法》（国家税务总局令第 22 号 2010 年 2 月 10 日）

226.《国家税务总局关于折扣额抵减增值税应税销售额问题通知》（国税函〔2010〕56 号，2010 年 2 月 8 日）

227.《国家税务总局关于办理 2009 年销售额超过标准的小规模纳税人申请增值税一般纳税人认定问题的通知》（国税函〔2010〕35 号，2010 年 1 月 25 日）

2009 年文件

228.《国家税务总局关于供电企业收取并网服务费征收增值税问题的批复》（国税函〔2009〕641 号，2009 年 11 月 19 日）

229.《国家税务总局关于调整增值税扣税凭证抵扣期限有关问题的通知》（国税函

〔2009〕617号，2009年11月9日）

230.《国家税务总局关于人发适用增值税税率问题的批复》（国税函〔2009〕625号，2009年10月28日）

231.《国家税务总局关于农村电网维护费征免增值税问题的通知》（国税函〔2009〕591号，2009年10月23日）

232.《财政部 国家税务总局关于再生资源增值税退税政策若干问题的通知》（财税〔2009〕119号，2009年9月29日）

233.《财政部 国家税务总局关于固定资产进项税额抵扣问题的通知》（财税〔2009〕113号，2009年9月9日）

234.《国家税务总局大企业税收管理司关于2009年度税收自查有关政策问题》（企便函〔2009〕33号，2009年9月4日）

235.《财政部 海关总署 国家税务总局关于国内采购材料进入海关特殊监管区域适用退税政策的通知》（财税〔2009〕107号，2009年9月3日）

236.《国家税务总局关于供应非临床用血增值税政策问题的批复》（国税函〔2009〕456号，2009年8月24日）

237.《国家税务总局关于核桃油适用税率问题的批复》（国税函〔2009〕455号，2009年8月21日）

238.《国家税务总局关于复合胶适用增值税税率问题的批复》（国税函〔2009〕453号 2009年8月21日）

239.《国家税务总局关于氨化硝酸钙免征增值税问题的批复》（国税函〔2009〕430号，2009年8月13日）

240.《财政部 国家税务总局关于扶持动漫产业发展有关税收政策问题的通知》（财税〔2009〕65号，2009年7月17日）

241.《财政部 国家税务总局关于油气田企业增值税问题的补充通知》（财税〔2009〕97号，2009年7月9日）

242.《国家发展改革委关于降低增值税专用发票和防伪税控系统技术维护价格的通知》（发改价格〔2009〕1607号，2009年6月23日）

243.《国家税务总局关于转发〈国家发展改革委关于降低增值税专用发票和防伪税控系统技术维护价格的通知〉的通知》（国税函〔2009〕343号，2009年6月20日）

244.《国家税务总局关于部分饲料产品征免增值税政策问题的批复》（国税函〔2009〕324号，2009年6月15日）

245.《国家税务总局货物与劳务税司关于卷烟消费税最低计税价格调整后卷烟工业企业与卷烟批发企业差价结算开具增值税专用发票有关问题的通知》（货便函〔2009〕95号，2009年6月11日）

246.《国家税务总局关于麦芽适用税率问题的批复》（国税函〔2009〕177号，2009年4月7日）

247.《财政部 海关总署 国家税务总局关于支持文化企业发展若干税收政策问题的

通知》(财税〔2009〕31号，2009年3月27日)

248.《财政部 国家税务总局关于文化体制改革中经营性文化事业单位转制为企业的若干税收优惠政策的通知》(财税〔2009〕34号，2009年3月26日)

249.《国家税务总局关于保税物流中心及出口加工区功能拓展有关税收问题的通知》(国税函〔2009〕145号，2009年3月18日)

250.《国家税务总局关于增值税简易征收政策有关管理问题的通知》(国税函〔2009〕90号，2009年2月25日)

251.《财政部关于明确办理再生资源增值税退税程序的补充通知》(财监〔2009〕7号，2009年2月13日)

252.《财政部 国家税务总局关于继续执行供热企业增值税 房产税 城镇土地使用税优惠政策的通知》(财税〔2009〕11号，2009年2月10日)

253.《国家税务总局关于修改若干增值税规范性文件引用法规规章条款依据的通知》(国税发〔2009〕10号，2009年2月5日)

254.《国家税务总局关于推行机动车销售统一发票稽核系统的通知》(国税函〔2009〕54号，2009年2月2日)

255.《财政部 国家税务总局关于部分货物适用增值税低税率和简易办法征收增值税政策的通知》(财税〔2009〕9号，2009年1月19日)

256.《财政部 国家税务总局关于印发〈油气田企业增值税管理办法〉的通知》(财税〔2009〕8号，2009年1月19日)

2008年文件

257.《国家税务总局关于增值税一般纳税人认定有关问题的通知》(国税函〔2008〕1079号，2008年12月31日)

258.《国家税务总局关于废旧物资发票抵扣增值税有关事项的公告》(国家税务总局公告2008年第1号，2008年12月31日)

259.《国家税务总局关于调整增值税一般纳税人纳税申报"一窗式"管理操作规程有关事项的通知》(国税函〔2008〕1074号，2008年12月30日)

260.《国家税务总局关于调整增值税纳税申报有关事项的通知》(国税函〔2008〕1075号，2008年12月30日)

261.《国家税务总局关于外商投资企业采购国产设备增值税专用发票遗失问题的批复》(国税函〔2008〕1078号，2008年12月30日)

262.《财政部 国家税务总局关于停止外商投资企业购买国产设备退税政策的通知》(财税〔2008〕176号，2008年12月25日)

263.《国家税务总局 国家发展和改革委员会关于外商投资项目采购国产设备退税有关政策的通知》(国税发〔2008〕121号，2008年12月25日)

264.《财政部 国家税务总局关于全国实施增值税转型改革若干问题的通知》(财税〔2008〕170号，2008年12月19日)

265.《财政部 国家税务总局关于金属矿、非金属矿采选产品增值税税率的通知》

（财税〔2008〕171号，2008年12月19日）

266.《国家税务总局关于推行机动车销售统一发票税控系统有关工作的紧急通知》（国税发〔2008〕117号，2008年12月15日）

267.《财政部 国家税务总局关于再生资源增值税政策的通知》（财税〔2008〕157号，2008年12月9日）

268.《国家税务总局关于挂面适用增值税税率问题的通知》（国税函〔2008〕1007号，2008年12月8日）

269.《国家税务总局关于桶装饮用水生产企业征收增值税问题的批复》（国税函〔2008〕953号，2008年11月24日）

270.《国家税务总局关于红字增值税专用发票通知单管理系统推行工作的通知》（国税函〔2008〕761号，2008年8月25日）

271.《国家税务总局关于上海市税控收款机推广应用有关问题的批复》（国税函〔2008〕690号，2008年7月23日）

272.《财政部 国家税务总局关于农民专业合作社有关税收政策的通知》（财税〔2008〕81号，2008年6月24日）

273.《国家税务总局关于失控增值税专用发票处理的批复》（国税函〔2008〕607号，2008年6月19日）

274.《国家税务总局关于印发〈上海期货交易所黄金期货交易增值税征收管理办法〉的通知》（国税发〔2008〕46号，2008年5月4日）

275.《财政部 国家税务总局关于核电行业税收政策有关问题的通知》（财税〔2008〕38号，2008年4月3日）

276.《国家税务总局关于开展部分大型电器零售企业增值税存根联滞留票专项核查的通知》（国税函〔2008〕279号，2008年3月28日）

277.《国家税务总局关于印发〈增值税专用发票审核检查操作规程（试行）〉的通知》（国税发〔2008〕33号，2008年3月26日）

278.《国家税务总局关于推广增值税专用发票审核检查子系统的通知》（国税函〔2008〕229号，2008年3月12日）

279.《国家税务总局关于林木销售和管护征收流转税问题的通知》（国税函〔2008〕212号，2008年2月27日）

280.《财政部 国家税务总局关于黄金期货交易有关税收政策的通知》（财税〔2008〕5号，2008年2月2日）

281.《国家税务总局关于出境口岸免税店有关增值税政策问题的通知》（国税函〔2008〕81号，2008年1月24日）

282.《财政部 国家税务总局关于民贸企业有关税收问题的通知》（财税字〔1997〕124号，1998年1月7日）

2007年文件

283.《财政部 国家税务总局关于军工企业股份制改造有关增值税政策问题的通知》

（财税〔2007〕172号，2007年12月28日）

284.《国家税务总局关于加强民族贸易企业增值税管理的通知》（国税函〔2007〕1289号，2007年12月24日）

285.《国家税务总局关于纳税人加工和销售珠宝玉石征收增值税问题的批复》（国税函〔2007〕1286号，2007年12月23日）

286.《国家税务总局关于纳税人善意取得虚开增值税专用发票已抵扣税款加收滞纳金问题的批复》（国税函〔2007〕1240号，2007年12月12日）

287.《国家税务总局关于修订扩大增值税抵扣范围相关报表的通知》（国税函〔2007〕1231号，2007年12月10日）

288.《财政部 国家税务总局关于民族贸易企业销售货物增值税有关问题的通知》（财税〔2007〕133号，2007年9月30日）

289.《财政部 国家税务总局关于增值税纳税人放弃免税权有关问题的通知》（财税〔2007〕127号，2007年9月25日）

290.《国家税务总局关于下放增值税专用发票最高开票限额审批权限的通知》（国税函〔2007〕918号，2007年8月28日）

291.《国家税务总局关于下达2007年下半年增值税专用发票印制计划的通知》（国税函〔2007〕777号，2007年7月19日）

292.《财政部 国家税务总局关于促进残疾人就业税收优惠政策的通知》（财税〔2007〕92号，2007年6月15日）

293.《财政部 国家税务总局关于免征滴灌带和滴灌管产品增值税的通知》（财税〔2007〕83号，2007年5月30日）

294.《国家税务总局关于认真做好增值税失控发票数据采集工作有关问题的通知》（国税函〔2007〕517号，2007年5月23日）

295.《国家税务总局关于加强防伪税控一机多票系统开具增值税普通发票管理有关问题的通知》（国税函〔2007〕507号，2007年5月21日）

296.《国家税务总局关于水利工程水费征收流转税问题的批复》（国税函〔2007〕461号，2007年4月29日）

297.《财政部 国家税务总局关于外国银行分行改制为外商独资银行有关税收问题的通知》（财税〔2007〕45号，2007年3月26日）

298.《国家税务总局关于纳税人进口货物增值税进项税额抵扣有关问题的通知》（国税函〔2007〕350号，2007年3月22日）

299.《国家税务总局关于受托种植植物、饲养动物征收流转税问题的通知》（国税发〔2007〕17号，2007年2月15日）

300.《财政部 国家税务总局关于加快煤层气抽采有关税收政策问题的通知》（财税〔2007〕16号，2007年2月7日）

301.《国家税务总局关于粉煤灰（渣）征收增值税问题的批复》（国税函〔2007〕158号，2007年2月5日）

302.《财政部 国家税务总局关于促进农产品连锁经营试点税收优惠政策的通知》（财税〔2007〕10号，2007年1月10日）

303.《财政部 国家税务总局关于明确硝酸铵适用增值税税率的通知》（财税〔2007〕7号，2007年1月10日）

304.《国家税务总局关于饲料级磷酸二氢钙产品增值税政策问题的通知》（国税函〔2007〕10号，2007年1月8日）

2006年文件

305.《国家税务总局关于纳税人折扣折让行为开具红字增值税专用发票问题的通知》（国税函〔2006〕1279号，2006年12月29日）

306.《国家税务总局关于加强增值税其他抵扣凭证数据采集传输管理有关问题的通知》（国税函〔2006〕1244号，2006年12月22日）

307.《国家税务总局关于增值税专用发票抵扣联信息扫描器具等设备有关税收问题的通知》（国税函〔2006〕1248号，2006年12月22日）

308.《国家税务总局关于燃油电厂取得发电补贴有关增值税政策的通知》（国税函〔2006〕1235号，2006年12月19日）

309.《国家税务总局关于公路、内河货物运输业统一发票增值税抵扣有关问题的公告》（国家税务总局公告2006年第2号，2006年12月14日）

310.《财政部 国家税务总局关于矿物质微量元素舔砖免征进口环节增值税的通知》（财关税〔2006〕73号，2006年12月12日）

311.《国家税务总局关于旧版货运发票抵扣增值税进项税额有关问题的通知》（国税函〔2006〕1187号，2006年12月11日）

312.《财政部 国家税务总局关于继续执行供热企业相关税收优惠政策的通知》（财税〔2006〕117号，2006年11月27日）

313.《国家税务总局关于全国范围内推行公路、内河货物运输业发票税控系统有关工作的通知》（国税发〔2006〕163号，2006年11月6日）

314.《国家税务总局关于金税工程增值税征管信息系统发现的涉嫌违规增值税专用发票处理问题的通知》（国税函〔2006〕969号，2006年10月30日）

315.《国家税务总局关于修订〈增值税专用发票使用规定〉的通知》（国税发〔2006〕156号，2006年10月17日）

316.《国家税务总局关于实施增值税普通发票"一窗式"比对的通知》（国税函〔2006〕971号，2006年10月13日）

317.《财政部 国家税务总局关于延长家禽行业有关税收优惠政策的通知》（财税〔2006〕113号，2006年9月4日）

318.《国家税务总局关于执行〈增值税一般纳税人纳税申报"一窗式"管理操作规程〉的通知》（国税函〔2006〕824号，2006年9月4日）

319.《财政部 国家税务总局关于调整海上石油开采企业名单的通知》（财税〔2006〕108号，2006年8月28日）

320.《国家税务总局关于印发〈钻石交易增值税征收管理办法〉的通知》（国税发〔2006〕131号，2006年8月28日）

321.《国家税务总局关于〈机动车销售统一发票〉注册登记联加盖开票单位印章问题的通知》（国税函〔2006〕813号，2006年8月28日）

322.《国家税务总局关于中小学课本配套产品适用增值税税率的批复》（国税函〔2006〕770号，2006年8月15日）

323.《国家税务总局关于水洗猪鬃征收增值税问题的批复》（国税函〔2006〕773号，2006年8月15日）

324.《财政部 国家税务总局关于到期停止执行重水和钒钛产品的增值税优惠政策的通知》（财税〔2006〕95号，2006年8月3日）

325.《国家税务总局关于转发〈国家发展改革委关于降低增值税防伪税控系统专用产品价格的通知〉的通知》（国税函〔2006〕683号，2006年7月17日）

326.《国家税务总局关于销售摩托车增值税小规模纳税人开具机动车销售统一发票有关问题的通知》（国税函〔2006〕681号，2006年7月13日）

327.《国家税务总局关于进行公路、内河货运发票税控系统试点工作的通知》（国税发〔2006〕95号，2006年6月30日）

328.《国家税务总局关于增加试点物流企业名单的通知》（国税函〔2006〕575号，2006年6月14日）

329.《财政部 海关总署 国家税务总局关于调整钻石及上海钻石交易所有关税收政策的通知》（财税〔2006〕65号，2006年6月7日）

330.《国家税务总局关于机动车辆生产企业和经销企业增值税纳税评估有关问题的通知》（国税函〔2006〕546号，2006年6月6日）

331.《国家税务总局关于推行增值税防伪税控一机多票系统的通知》（国税发〔2006〕78号，2006年6月5日）

332.《国家税务总局关于使用新版机动车销售统一发票有关问题的通知》（国税函〔2006〕479号，2006年5月22日）

333.《国家税务总局关于印发〈国家税务总局关于推行增值税防伪税控一机多票系统的公告〉的通知》（国税发〔2006〕79号，2006年5月19日）

334.《国家税务总局关于增值税网上申报有关问题的通知》（国税发〔2006〕20号，2006年2月5日）

2005 年文件

335.《国家税务总局关于试点物流企业有关税收政策问题的通知》（国税发〔2005〕208号，2005年12月29日）

336.《国家税务总局关于印发增值税纳税评估部分方法及行业纳税评估指标的通知》（国税函〔2005〕1205号，2005年12月20日）

337.《财政部 国家税务总局关于变性燃料乙醇定点生产企业有关税收政策问题的通知》（财税〔2005〕174号，2005年12月14日）

338.《国家税务总局关于矿物质微量元素舔砖免征增值税问题的批复》（国税函〔2005〕1127号，2005年11月30日）

339.《财政部 国家税务总局关于增值税若干政策的通知》（财税〔2005〕165号，2005年11月28日）

340.《国家税务总局关于增值税一般纳税人期货交易有关增值税问题的通知》（国税函〔2005〕1060号，2005年11月9日）

341.《国家税务总局关于金融机构开展个人实物黄金交易业务增值税有关问题的通知》（国税发〔2005〕178号，2005年11月7日）

342.《国家税务总局关于加强煤炭行业税收管理的通知》（国税发〔2005〕153号2005年9月26日）

343.《国家税务总局关于废旧物资回收经营企业增值税问题的批复》（国税函〔2005〕839号，2005年9月14日）

344.《国家税务总局关于加强增值税专用发票管理有关问题的通知》（国税发〔2005〕150号，2005年9月12日）

345.《国家税务总局关于做好增值税普通发票"一窗式"票表比对准备工作的通知》（国税发〔2005〕141号，2005年9月8日）

346.《国家税务总局关于以外购木片为原料生产的产品享受增值税优惠政策问题的批复》（国税函〔2005〕826号，2005年8月24日）

347.《国家税务总局关于启用增值税普通发票有关问题的通知》（国税发明电〔2005〕34号，2005年8月19日）

348.《国家税务总局关于加强免征增值税货物专用发票管理的通知》（国税函〔2005〕780号，2005年8月8日）

349.《国家税务总局关于供电企业收取的免税农村电网维护费有关增值税问题的通知》（国税函〔2005〕778号，2005年8月5日）

350.《国家税务总局关于增值税一般纳税人取得的账外经营部分防伪税控增值税专用发票进项税额抵扣问题的批复》（国税函〔2005〕763号，2005年8月3日）

351.《国家税务总局关于规范未达增值税营业税起征点的个体工商户税收征收管理的通知》（国税发〔2005〕123号，2005年7月20日）

352.《国家税务总局关于新疆油田油气储运公司管道运输收入征收流转税问题的通知》（国税函〔2005〕704号，2005年7月7日）

353.《国家税务总局关于加强农产品增值税抵扣管理有关问题的通知》（国税函〔2005〕545号，2005年5月27日）

354.《国家税务总局关于增值税抵扣凭证审核检查有关问题的批复》（国税函〔2005〕495号，2005年5月24日）

355.《财政部 国家税务总局关于暂免征收尿素产品增值税的通知》（财税〔2005〕87号，2005年5月23日）

356.《国家税务总局关于由石油伴生产加工压缩成的石油液化气适用增值税税率

的通知》（国税发〔2005〕83号，2005年5月18日）

357.《国家税务总局关于加强机动车辆税收管理有关问题的通知》（国税发〔2005〕79号，2005年5月11日）

358.《国家税务总局关于明确天然肠衣适用征税率、出口退税率等有关问题的通知》（国税发〔2005〕74号，2005年4月28日）

359.《国家税务总局关于纳税人提供泥浆工程劳务征收流转税问题的批复》（国税函〔2005〕375号，2005年4月27日）

360.《国家税务总局关于印发〈增值税一般纳税人纳税申报"一窗式"管理操作规程〉的通知》（国税发〔2005〕61号，2005年4月13日）

361.《商务部 财政部 国家税务总局关于开展农产品连锁经营试点的通知》（商建发〔2005〕1号，2005年4月4日）

362.《财政部 海关总署 国家税务总局关于文化体制改革中经营性文化事业单位转制后企业的若干税收政策问题的通知》（财税〔2005〕1号，2005年3月29日）

363.《国家税务总局关于印发〈增值税防伪税控系统服务监督管理办法〉的通知》（国税发〔2005〕19号，2005年3月1日）

364.《国家税务总局关于国家税务局为小规模纳税人代开发票及税款征收有关问题的通知》（国税发〔2005〕18号，2005年2月28日）

365.《国家税务总局关于增值税一般纳税人将增值税进项留抵税额抵减查补税款欠税问题的批复》（国税函〔2005〕169号，2005年2月24日）

366.《财政部 国家税务总局关于外国政府和国际组织无偿援助项目在华采购物资免征增值税的补充通知》（财税〔2005〕13号，2005年1月21日）

367.《国家税务总局关于农户手工编织的竹制和竹芒藤柳坯具征收增值税问题的批复》（国税函〔2005〕56号，2005年1月18日）

368.《国家税务总局关于增值税一般纳税人支付的货物运输代理费用不得抵扣进项税额的批复》（国税函〔2005〕54号，2005年1月18日）

369.《国家税务总局关于平板玻璃不得享受资源利用产品增值税优惠政策的批复》（国税函〔2005〕34号，2005年1月14日）

370.《国家税务总局关于增值税专用发票和其他抵扣凭证审核检查有关问题的补充通知》（国税发〔2005〕6号，2005年1月10日）

2004年文件

371.《国家税务总局关于加强税务机关代开增值税专用发票管理问题的通知》（国税函〔2004〕1404号，2004年12月22日）

372.《国家税务总局电力产品增值税征收管理办法》（国家税务总局令第10号，2004年12月22日）

373.《国家税务局关于印发〈税务机关代开增值税专用发票管理办法（试行）〉的通知》（国税发〔2004〕153号，2004年12月22日）

374.《财政部 国家税务总局关于钾肥增值税有关问题的通知》（财税〔2004〕197

号，2004 年 12 月 14 日）

375.《国家税务总局关于增值税一般纳税人取得海关进口增值税专用缴款书抵扣进项税额问题的通知》（国税发〔2004〕148 号，2004 年 11 月 11 日）

376.《财政部 国家税务总局关于推广税控收款机有关税收政策的通知》（财税〔2004〕167 号，2004 年 11 月 9 日）

377.《国家税务总局关于增值税进项留抵税额抵减增值税欠税有关处理事项的通知》（国税函〔2004〕1197 号，2004 年 10 月 29 日）

378.《国家税务总局关于增值税专用发票和其他抵扣凭证开展审核检查的通知》（国税发明电〔2004〕59 号，2004 年 10 月 25 日）

379.《财政部 国家税务总局关于停止集成电路增值税退税政策的通知》（财税〔2004〕174 号，2004 年 10 月 25 日）

380.《国家税务总局关于商业企业向货物供应方收取的部分费用征收流转税问题的通知》（国税发〔2004〕136 号，2004 年 10 月 13 日）

381.《国家税务总局关于建立增值税失控发票快速反应机制的通知》（国税发〔2004〕123 号，2004 年 9 月 23 日）

382.《财政部关于印发〈东北地区扩大增值税抵扣范围有关会计处理规定〉的通知》（财会〔2004〕11 号，2004 年 9 月 22 日）

383.《国家税务总局关于增值税专用发票和其他抵扣凭证审核检查有关问题的通知》（国税发〔2004〕119 号，2004 年 9 月 20 日）

384.《国家税务总局关于增值税一般纳税人用进项留抵税额抵减增值税欠税问题的通知》（国税发〔2004〕112 号，2004 年 8 月 30 日）

385.《国家税务总局关于取消小规模企业销售货物或应税劳务由税务所代开增值税专用发票审批后有关问题的通知》（国税函〔2004〕895 号，2004 年 7 月 14 日）

386.《国家税务总局关于取消饲料产品免征增值税审批程序后加强后续管理的通知》（国税函〔2004〕884 号，2004 年 7 月 7 日）

387.《国家税务总局关于取消包装物押金逾期期限审批后有关问题的通知》（国税函〔2004〕827 号，2004 年 6 月 25 日）

388.《国家税务总局关于取消防伪税控企业资格认定的通知》（国税函〔2004〕823 号，2004 年 6 月 25 日）

389.《国家税务总局关于取消为纳税人提供增值税专用发票开票服务的中介机构资格审批后有关问题的通知》（国税函〔2004〕822 号，2004 年 6 月 25 日）

390.《国家税务总局关于严格执行税法规定不得实行边境贸易"双倍抵扣"政策的通知》（国税函〔2004〕830 号，2004 年 6 月 21 日）

391.《国家税务总局 国家质量监督检验检疫总局关于调整税控加油机、出租汽车税控计价器型式批准和制造许可证办理程序的通知》（国税函〔2004〕662 号，2004 年 5 月 25 日）

392.《国家税务总局关于电力公司过网费收入征收增值税问题的批复》（国税函

〔2004〕607号，2004年5月19日）

393.《国家税务总局关于增值税一般纳税人销售软件产品各向购买方收取的培训费用享受增值税即征即退政策的批复》（国税函〔2004〕553号，204月5月12日）

394.《国家税务总局关于修订印发〈增值税计算机稽核系统发票比对操作规程（试行）〉的通知》（国税发〔2004〕43号，2004年4月22日）

395.《国家税务总局关于血液制品增值税政策的批复》（国税函〔2004〕335号，2004年3月8日）

396.《财政部 国家税务总局关于教育税收政策的通知》（财税〔2004〕39号，2004年2月5日）

397.《国家税务总局关于使用增值税专用发票认证信息审核出口退税的紧急通知》（国税函〔2004〕133号，2004年1月21日）

398.《国家税务总局关于进一步落实税收优惠政策、促进农民增加收入的通知国税发〔2004〕13号，2004年1月20日）

2003年文件

399.《国家税务总局关于债转股企业实物投资免征增值税政策有关问题的批复》（国税函〔2003〕1394号，2003年12月29日）

400.《国家税务总局关于饲用鱼油产品免征增值税的批复》（国税函〔2003〕1395号，2003年12月29日）

401.《国家税务总局关于增值税起征点调整后有关问题的批复》（国税函〔2003〕1396号，2003年12月29日）

402.《国家税务总局关于印发〈享受税收优惠集成电路产品名录（第一批）〉的通知》（国税函〔2003〕1384号，2003年12月23日）

403.《国家税务总局关于个体工商户销售农产品有关税收政策问题的通知》（国税发〔2003〕149号，2003年12月23日）

404.《国家税务总局关于企业改制中资产评估减值发生的流动资产损失进项税额抵扣问题的批复》（国税函〔2002〕1103号，2002年12月20日）

405.《国家税务总局关于调整外国驻华使领馆及外交人员自用免税汽柴油管理办法的通知》（国税函〔2003〕1346号，2003年12月18日）

406.《国家税务总局关于天然二氧化碳适用增值税税率的批复》（国税函〔2003〕1324号，2003年12月10日）

407.《国税总局关于进一步加强加油站增值税征收管理有关问题的通知》（国税发〔2003〕142号，2003年11月26日）

408.《国家税务总局关于加强对货物运输业税收征收管理的通知》（国税发明电〔2003〕53号，2003年11月26日）

409.《财政部 国家税务总局关于"十五"期间外汇借款项目以税还贷政策执行中有关问题的通知》（财企〔2003〕293号，2003年11月19日）

410.《国家税务总局关于外交人员从上海购物退税有关发票问题的通知》（国税函

〔2003〕1179 号，2003 年 10 月 22 日）

411.《国家税务总局关于印发〈国家税务总局关于加强货物运输业税收管理及运输发票增值税抵扣管理的公告〉的通知》（国税发〔2003〕120 号，2003 年 10 月 18 日）

412.《国家税务总局关于进一步明确若干再就业税收政策问题的通知》（国税发〔2003〕119 号，2003 年 10 月 18 日）

413.《国家税务总局关于加强货物运输业税收征收管理的通知》（国税发〔2003〕121 号，2003 年 10 月 17 日）

414.《国家税务总局关于调整饲料生产企业饲料免征增值税审批程序的通知》（国税发〔2003〕114 号，2003 年 10 月 10 日）

415.《国家税务总局关于不带动力的手扶拖拉机和三轮农用运输车适用 13% 税率执行时间的批复》（国税函〔2003〕1118 号，2003 年 10 月 9 日）

416.《财政部 海关总署 国家税务总局关于农药税收政策的通知》（财税〔2003〕186 号，2003 年 9 月 23 日）

417.《国家税务总局关于铁路运费进项税额抵扣有关问题的补充通知》（国税函〔2003〕970 号，2003 年 8 月 22 日）

418.《国家税务总局关于进一步做好增值税纳税申报"一窗式"管理工作的通知》（国税函〔2003〕962 号，2003 年 8 月 19 日）

419.《国家税务总局关于印发〈国家税务总局关于北京等地增值税一般纳税人停止开具手写版增值税专用发票的公告〉的通知》（国税函〔2003〕817 号，2003 年 7 月 9 日）

420.《财政部 国家税务总局关于被撤销金融机构有关税收政策问题的通知》（财税〔2003〕141 号，2003 年 7 月 3 日）

421.《国家税务总局关于认真做好增值税专用发票发售、填开管理等有关问题的通知》（国税函〔2003〕785 号，2003 年 7 月 2 日）

422.《国家税务总局关于印发〈增值税专用发票抵扣联信息企业采集方式管理规定〉的通知》（国税发〔2003〕71 号，2003 年 6 月 19 日）

423.《国家税务总局关于印发〈增值税防伪税控主机共享服务系统管理暂行办法〉的通知》（国税发〔2003〕67 号，2003 年 6 月 16 日）

424.《财政部 国家税务总局关于国产重型燃气轮机有关税收政策的通知》（财税〔2003〕132 号，2003 年 6 月 12 日）

425.《国家税务总局关于印发〈国家税务总局关于推广应用增值税防伪税控主机共享服务系统有关问题的通告〉的通知》（国税函〔2003〕588 号，2003 年 6 月 2 日）

426.《国家税务总局关于印发〈国家税务总局关于浙江、江西两省增值税一般纳税人停止开具手写版增值税专用发票的公告〉的通知》（国税函〔2003〕581 号，2003 年 5 月 30 日）

427.《国家税务总局关于重新修订〈增值税一般纳税人纳税申报办法〉的通知》

（国税发〔2003〕53 号，2003 年 5 月 13 日）

428.《国家税务总局关于印发〈国家税务总局关于新疆维吾尔自治区一般纳税人停止开具手写版增值税专用发票的公告〉的通知》（国税函〔2003〕508 号，2003 年 5 月 13 日）

429.《财政部 国家税务总局 海关总署科技部 新闻出版总署关于鼓励科普事业发展税收政策问题的通知》（财税〔2003〕55 号，2003 年 5 月 8 日）

430.《财政部 国家税务总局关于铂金及其制品税收政策的通知》（财税〔2003〕86 号，2003 年 4 月 28 日）

431.《国家税务总局关于茴油、毛椰子油适用增值税税率的批复》（国税函〔2003〕426 号，2003 年 4 月 18 日）

432.《国家税务总局关于纳税人销售计算机软件有关税务处理问题的批复》（国税函〔2003〕383 号，2003 年 4 月 9 日）

433.《国家税务总局关于印发〈国家税务总局关山东省和大连市增值税一般纳税人停止开具手写版增值税专用发票的公告〉的通知》（国税函〔2003〕373 号，2003 年 4 月 4 日）

434.《国家税务总局关于印发〈关于辽宁省增值税一般纳税人停止开具手写版增值税专用发票的公告〉的通知》（国税函〔2003〕324 号，2003 年 3 月 24 日）

435.《财政部 国家税务总局关于连锁经营企业有关税收问题的通知》（财税〔2003〕1 号，2003 年 2 月 27 日）

436.《国家税务总局关于增值税一般纳税人取得防伪税控系统开具的增值税专用发票进项税额抵扣问题的通知》（国税发〔2003〕17 号，2003 年 2 月 14 日）

437.《国家税务总局 外交部关于印发〈外国驻华使（领）馆及其人员在华购买物品和劳务退还增值税管理办法〉的通知》（国税发〔2003〕20 号，2003 年 2 月 12 日）

438.《财政部 国家税务总局关于营业税若干政策问题的通知》（财税〔2003〕16 号，条款失效，2003 年 1 月 15 日）

439.《国家税务总局关于外商投资企业和外国企业从事金融资产处置业务有关税收问题的通知》（国税发〔2003〕3 号，2003 年 1 月 7 日）

2002 年文件

440.《国家税务总局关于企业改制中资产评估减值发生的流动资产损失进项税额抵扣问题的批复》（国税函〔2002〕1103 号，2002 年 12 月 20 日）

441.《财政部 国家税务总局关于停止经济特区地产地销货物增值税优惠政策的通知》（财税〔2002〕164 号，2002 年 11 月 23 日）

442.《国家税务总局关于印发〈黄金交易增值税征收管理办法〉的通知》（国税发明电〔2002〕47 号，2002 年 10 月 23 日）

443.《财政部 国家税务总局关于进一步鼓励软件产业和集成电路产业发展税收政策的通知》（财税〔2002〕70 号，2002 年 10 月 10 日）

444.《国家税务总局关于废旧物资回收经营业务有关税收问题的批复》（国税函

〔2002〕893 号，2002 年 10 月 10 日）

445.《国家税务总局关于宠物饲料征收增值税问题的批复》（国税函〔2002〕812 号，2002 年 9 月 12 日）

446.《财政部 国家税务总局关于黄金税收政策问题的通知》（财税〔2002〕142 号，2002 年 9 月 12 日）

447.《财政部 国家税务总局关于"十五"期间对 1994 年 12 月 31 日前外汇借款项目继续实行部分以税还贷政策的通知》（财企〔2002〕368 号，2002 年 9 月 10 日）

448.《国家税务总局关于纳税人以资金结算网络方式收取货款增值税纳税地点问题的通知》（国税函〔2002〕802 号，2002 年 9 月 3 日）

449.《财政部 国家税务总局关于西气东输项目有关税收政策的通知》（财税〔2002〕111 号，2002 年 7 月 31 日）

450.《国家税务总局关于外国政府和国际组织无偿援助项目在华采购物资免征增值税的通知》（国税函〔2002〕563 号，2002 年 6 月 24 日）

451.《国家税务总局关于政府储备食用植物油销售业务开具增值税专用发票问题的通知》（国税函〔2002〕531 号，2002 年 6 月 10 日）

452.《财政部 国家税务总局关于不带动力的手扶拖拉机和三轮农用运输车增值税政策的通知》（财税〔2002〕89 号，2002 年 6 月 6 日）

453.《国家税务总局关于严格加油站增值税管理有关问题的通知》（国税发明电〔2002〕17 号，2002 年 5 月 20 日）

454.《国家税务总局关于增值税一般纳税人期货交易进项税额抵扣问题的通知》（国税发〔2002〕45 号，2002 年 4 月 29 日）

455.《财政部关于印发 2002 年度享受废船进口环节增值税先征后返政策企业名单的通知》（财税〔2002〕67 号，2002 年 4 月 29 日）

456.《成品油零售加油站增值税征收管理办法》（国家税务总局令第 2 号，2002 年 4 月 2 日）

457.《国家税务总局关于外国政府和国际组织无偿援助项目在华采购物资免征增值税的通知》（国税函〔2002〕236 号，2002 年 3 月 29 日）

458.《财政部 国家税务总局关于三峡电站电力产品增值税税收政策问题的通知》（财税〔2002〕24 号，2002 年 2 月 4 日）

459.《国家税务总局 国家质量监督检验检疫总局 国家经济贸易委员会关于进一步做好加油机安装税控装置和整机防爆工作的通知》（国税发〔2002〕3 号，2002 年 2 月 1 日）

460.《财政部 国家税务总局 外经贸部关于外国政府和国际组织无偿援助项目在华采购物资免征增值税问题的通知》（财税〔2002〕2 号，2002 年 1 月 11 日）

2001 年文件

461.《国家税务总局关于加油站一律按照增值税一般纳税人征税的通知》（国税函〔2001〕882 号，2001 年 12 月 3 日）

462.《国家税务总局关于退耕还林还草补助粮免征增值税问题的通知》(国税发〔2001〕131号，2001年11月26日)

463.《国家税务总局关于新闻产品征收流转税问题的通知》(国税发〔2001〕105号，2001年9月13日)

464.《财政部 国家税务总局关于豆粕等粕类产品征免增值税政策的通知》(财税〔2001〕30号，2001年8月7日)

465.《财政部 国家税务总局关于饲料产品免征增值税问题的通知》(财税〔2001〕121号，2001年7月12日)

466.《财政部 国家税务总局关于污水处理费有关增值税政策的通知》(财税〔2001〕97号，2001年6月19日)

467.《财政部 国家税务总局关于停止执行商业企业批发肉、禽、蛋、水产品和蔬菜业务增值税先征后返政策的通知》(财税〔2001〕46号，2001年4月18日)

468.《国家税务总局关于增值税一般纳税人平销行为征收增值税问题的批复》(国税函〔2001〕247号，2001年4月5日)

469.《财政部 国家税务总局关于铁路货车修理免征增值税的通知》(财税〔2001〕54号，2001年4月3日)

2000年文件

470.《国家税务总局 国家质量技术监督局关于印发〈关于停止生产销售非税控加油机和非税控计价器的通告〉的通知》(国税发〔2000〕198号，2000年12月22日)

471.《国务院关于支持文化事业发展若干经济政策的通知》(国发〔2000〕41号，2000年12月18日)

472.《国家税务总局关于印发〈增值税专用发票数据采集管理规定〉的通知》(国税发〔2000〕207号，2000年12月14日)

473.《国家税务总局关于出版物广告收入有关增值税问题的通知》(国税发〔2000〕188号，2000年11月17日)

474.《国家税务总局关于纳税人善意取得虚开的增值税专用发票处理问题的通知》(国税发〔2000〕187号，2000年11月16日)

475.《国家税务总局关于〈国家税务总局关于纳税人取得虚开的增值税专用发票处理问题的通知〉的补充通知》(国税发〔2000〕182号，2000年11月6日)

476.《财政部 国家税务总局关于飞机维修增值税问题的通知》(财税〔2000〕102号，2000年10月12日)

477.《财政部 国家税务总局关于校办企业免税问题的通知》(财税〔2000〕92号，2000年9月28日)

478.《国家税务总局关于电信部门销售电话号码簿征收营业税问题的通知》(国税函〔2000〕698号，2000年9月7日)

479.《财政部 国家税务总局 中国人民银行关于配售出口黄金有关税收规定的通知》(财税〔2000〕3号，2000年7月28日)

480.《国家税务总局关于计算机软件征收流转税若干问题的通知》（国税发〔2000〕133 号，2000 年 7 月 20 日）

481.《国家税务总局关于融资租赁业务征收流转税问题的通知》（国税函〔2000〕514 号，2000 年 7 月 7 日）

482.《财政部 国家税务总局 海关总署关于鼓励软件产业和集成电路产业发展有关税收税收政策问题的通知》（财税〔2000〕25 号，2000 年 5 月 12 日）

483.《财政部 国家税务总局关于校办企业有关税收政策问题的通知》（财税字〔2000〕33 号，2000 年 3 月 23 日）

484.《国家税务总局关于白银生产环节征收增值税的通知》（国税发〔2000〕51 号，2000 年 3 月 17 日）

485.《财政部 国家税务总局关于高校后勤社会化改革有关税收政策的通知》（财税字〔2000〕25 号，2000 年 2 月 28 日）

486.《国务院办公厅转发国家税务总局关于全面推广应用增值税防伪税控系统意见的通知》（国办发〔2000〕12 号，2000 年 2 月 12 日）

1999 年文件

487.《国家税务总局关于修改〈国家税务总局关于增值税一般纳税人发生偷税行为如何确定偷税数额和补税罚款的通知〉的通知》（国税函〔1999〕739 号，1999 年 11 月 12 日）

488.《财政部 国家税务总局关于贯彻落实〈中共中央 国务院关于加强技术创新，发展高科技，实现产业化的决定〉有关税收问题的通知》（财税字〔1999〕273 号，1999 年 11 月 2 日）

489.《财政部 国家税务总局关于血站有关税收问题的通知》（财税字〔1999〕264 号，1999 年 10 月 13 日）

490.《国家税务总局关于加强国有粮食购销企业增值税管理有关问题的通知》（国税函〔1999〕560 号，1999 年 8 月 18 日）

491.《国家税务总局关于国有粮食购销企业开具粮食销售发票有关问题的通知》（国税明电〔1999〕10 号，1999 年 7 月 19 日）

492.《财政部 国家税务总局关于粮食企业增值税征免问题的通知》（财税字〔1999〕198 号，1999 年 6 月 29 日）

493.《国家税务总局关于生猪生产流通过程中有关税收问题的通知》（国税发〔1999〕113 号，1999 年 6 月 9 日）

494.《国家税务总局关于拍卖行取得的拍卖收入征收增值税、营业税有关问题的通知》（国税发〔1999〕40 号，1999 年 3 月 11 日）

495.《国家税务总局关于修订"饲料"注释及加强饲料征免增值税管理问题的通知》（国税发〔1999〕39 号，1999 年 3 月 8 日）

1998 年文件

496.《国家税务总局关于对外合作开采陆上石油资源征收增值税问题的通知》（国

税发〔1998〕219号，1998年12月15日）

497.《国家税务总局关于企业所属机构间移送货物征收增值税问题的补充通知》（国税函发〔1998〕718号，1998年12月3日）

498.《国家税务总局关于严禁对增值税一般纳税人实行定率征收增值税问题的通知》（国税发〔1998〕183号，1998年10月21日）

499.《国家税务总局关于外国驻华使（瓴）馆及其外交代表（领事官员）购买中国产物品按增值税税率办理退税的通知》（国税发〔1998〕151号，1998年9月23日）

500.《国家税务总局关于企业所属机构间移送货物征收增值税问题的通知》（国税发〔1998〕137号，1998年8月26日）

501.《国家税务总局关于企业破产、倒闭解散、停业后增值税留抵税额处理问题的批复》（国税函〔1998〕429号，1998年7月16日）

502.《国家税务总局关于电梯保养、维修收入征税问题的批复》（国税函〔1998〕390号，1998年6月29日）

503.《财政部 国家税务总局关于数控机床产品增值税先征后返问题的通知》（财税字〔1998〕70号，1998年5月12日）

504.《财政部 国家税务总局关于明确对查补税款不得享受先征后退政策的批复》（财税字〔1998〕80号，1998年5月11日）

505.《国家税务总局关于印发〈增值税日常稽查办法〉的通知》（国税发〔1998〕44号，1998年3月26日）

506.《财政部 国家税务总局关于免征农村电网维护费增值税问题的通知》（财税字〔1998〕47号，1998年3月5日）

507.《财政部 国家税务总局关于1994年12月31日前外汇借款项目恢复实行部分以税还贷政策的通知》（财工字〔1998〕24号，1998年2月9日）

508.《财政部 国家税务总局关于民贸企业有关税收问题的通知》（财税字〔1997〕124号，1998年1月7日）

1997年文件

509.《财政部 国家税务总局关于军队系统所属企业征收增值税问题的通知》（财税字〔1997〕135号，1997年11月27日）

510.《国家税务总局关于编码中心条形码制作收入征税问题的批复》（国税函〔1997〕606号，1997年11月11日）

511.《财政部 国家税务总局关于连锁经营企业增值税纳税地点问题的通知》（财税字〔1997〕97号，1997年11月11日）

512.《国家税务总局关于平销行为征收增值税问题的通知》（国税发〔1997〕167号，1997年10月31日）

513.《国家税务总局关于纳税人取得虚开的增值税专用发票处理问题的通知》（国税发〔1997〕134号，1997年8月8日）

514.《国家税务总局关于出口商品支付的国内运费税款抵扣问题的批复》（国税函

〔1997〕441 号，1997 年 7 月 11 日）

1996 年文件

515.《国家税务总局关于淀粉的增值税适用税率问题的批复》（国税函发〔1996〕744 号，1996 年 12 月 31 日）

516.《国家税务总局转发〈最高人民法院关于适用《全国人民代表大会常务委员会关于惩治虚开、伪造和非法出售增值税专用发票犯罪的决定》的若干问题的解释〉的通知》（国税发〔1996〕210 号，1996 年 11 月 15 日）

517.《财政部 国家税务总局关于体育彩票发行收入税收问题的通知》（财税字〔1996〕77 号，1996 年 11 月 7 日）

518.《国家税务总局关于农牧业救灾柴油征收增值税问题的批复》（国税函发〔1996〕612 号，1996 年 10 月 29 日）

519.《国家税务总局关于铁路支线维护费征收增值税问题的通知》（国税函发〔1996〕561 号，1996 年 9 月 24 日）

520.《国家税务总局关于易货贸易进口环节减征的增值税税款抵扣问题的通知》（国税函发〔1996〕550 号，1996 年 9 月 17 日）

521.《财政部 国家税务总局关于金银首饰等货物征收增值税问题的通知》（财税字〔1996〕74 号，1996 年 9 月 14 日）

522.《国家税务总局关于原油管理费征收增值税问题的通知》（国税发〔1996〕111 号，1996 年 6 月 26 日）

523.《财政部 国家税务总局关于对铁路工附业单位恢复征收增值税问题的通知》（财税字〔1996〕35 号，1996 年 5 月 30 日）

524.《国家税务总局关于加强进口环节增值税专用缴款书抵扣税款管理的通知》（国税发〔1996〕32 号，1996 年 2 月 14 日）

1995 年文件

525.《国家税务总局 涉外税务管理司关于涉外企业增值税纳税申报有关问题的通知》（国税外函〔1995〕82 号，1995 年 12 月 28 日）

526.《国家税务总局关于外商投资企业非正常终止经营能否享受增加税负返还照顾的批复》（国税函发〔1995〕612 号，1995 年 12 月 1 日）

527.《全国人民代表大会常务委员会关于惩治虚开、伪造和非法出售增值税专用发票犯罪的决定》（中华人民共和国主席令第 57 号，1995 年 10 月 30 日）

528.《财政部 国家税务总局关于把增值税大检查纳入 1995 年全国税收财务大检查统一进行的通知》（财检字〔1995〕46 号，1995 年 10 月 25 日）

529.《财政部 国家税务总局关于党校所办企业执行校办企业税收政策的补充通知》（财税字〔1995〕93 号，1995 年 9 月 15 日）

530.《国家税务总局关于〈农业产品征税范围注释〉执行日期的通知》（国税明电〔1995〕44 号，1995 年 9 月 14 日）

531.《财政部 国家税务总局关于罚没物品征免增值税问题的通知》（财税字

〔1995〕69 号，1995 年 9 月 4 日）

532.《财政部 国家税务总局关于印发〈农业产品征税范围注释〉的通知》（财税字〔1995〕52 号，1995 年 6 月 15 日）

533.《国家税务总局关于固定业户临时外出经营有关增值税专用发票管理问题的通知》（国税发〔1995〕87 号，1995 年 5 月 16 日）

534.《国家税务总局关于外商投资企业发包经营、出租经营有关税收处理问题的通知》（国税发〔1995〕45 号，1995 年 3 月 7 日）

535.《财政部关于减免和返还流转税的会计处理规定的通知》（财会字〔1995〕6 号，1995 年 1 月 24 日）

536.《国家税务总局关于统一编印 1995 年增值税专用发票代码的通知》（国税函发〔1995〕18 号，1995 年 1 月 14 日）

1994 年文件

537.《国家税务总局关于下达 1994 年新增侦察保卫器材免税名单的通知》（国税函发〔1994〕690 号，1994 年 12 月 31 日）

538.《国家税务总局关于上报 1994 年期初存货已征税款有关数据的通知》（国税明电〔1994〕118 号，1994 年 12 月 28 日）

539.《国家税务总局关于明确流转税、资源税法规中"主管税务机关、征收机关"名称问题的通知》（国税发〔1994〕232 号，1994 年 12 月 24 日）

540.《国家税务总局关于下发〈货物期货征收增值税具体办法〉的通知》（国税发〔1994〕244 号，1994 年 11 月 9 日）

541.《国家税务总局关于退还外商投资企业改征增值税、消费税后多缴纳税款审批权限问题的通知》（国税发〔1994〕181 号，1994 年 8 月 9 日）

542.《国家税务总局关于进一步做好增值税一般纳税人 1994 年期初存货已征税款计算和处理工作的通知》（国税明电〔1994〕86 号，1994 年 7 月 30 日）

543.《国家税务总局关于对小化肥免征增值税后税款退还问题的通知》（国税明电〔1994〕76 号，1994 年 6 月 23 日）

544.《国内贸易部 纺织总会 国家税务总局 国家计委关于明确棉花供应价格和缴纳增值税有关问题的通知》（内贸农字〔1994〕第 166 号，1994 年 6 月 22 日）

545.《财政部关于退还外商投资企业改征增值税、消费税后多缴税款有关会计处理规定的通知》（财会字〔1994〕第 23 号，1994 年 6 月 7 日）

546.《国家税务总局关于军队物资供应机构征收增值税有关问题的补充通知》（国税发〔1994〕129 号，1994 年 5 月 25 日）

547.《财政部关于商品流通企业在税制改革和外汇管理体制改革后有关财务处理问题的通知 财商字〔1994〕第 221 号，1994 年 5 月 12 日）

548.《国家税务总局关于军队物资供应机构征收增值税有关问题的通知》（国税发〔1994〕121 号，1994 年 5 月 7 日）

549.《国家税务总局关于中外合作开采石油资源缴纳增值税有关问题的通知》（国

税发〔1994〕114 号，1994 年 4 月 28 日）

550.《财政 国家税务局关于军队 军工系统所属单位征收流转税、资源税问题的通知》（财税字〔1994〕第 11 号，1994 年 4 月 22 日）

551.《国家税务总局关于退还外商投资企业改征增值税、消费税后多缴税款若干具体问题的通知》（国税发〔1994〕115 号，1994 年 4 月 21 日）

552.《国家税务总局关于中外合资企业北京××有限公司不享受"内资"福利企业税收优惠政策问题的批复》（国税函发〔1994〕121 号，1994 年 4 月 21 日）

553.《国家税务总局关于国家物资储备局系统销售储备物资统一缴纳增值税问题的通知》（国税发〔1994〕90 号，1994 年 4 月 13 日）

554.《国家税务总局关于流转税新老税制衔接的几个问题的通知》（国税发〔1994〕61 号，1994 年 3 月 15 日）

555.《财政部关于税制改革、外汇管理体制改革后有关企业财务问题处理的通知》（财工字〔1994〕第 42 号，1994 年 3 月 2 日）

556.《国务院关于外商投资企业和外国企业适用增值税、消费税、营业税等税收暂行条例有关问题的通知》（国发〔1994〕10 号，1994 年 2 月 22 日）

557.《国家税务总局涉外税务管理司关于贯彻国税发〔1993〕152 号文件有关问题的通知》（国税外函〔1994〕9 号，1994 年 2 月 15 日）

558.《财政部关于企业处理期初库存纳税问题有关会计核算的通知》（财会字〔1994〕第 4 号，1994 年 2 月 14 日）

559.《国家税务总局关于进口免税品销售业务征收增值税问题的通知》（国税明电〔1994〕6 号，1994 年 1 月 6 日）

1993 年文件

560.《国家税务总局关于做好对外商投资企业和外国企业、征收增值税、消费税、营业税各项准备工作的紧急通知》（国税明电〔1993〕68 号，1993 年 12 月 25 日）

561.《国家税务总局关于印发〈增值税部分货物征税范围注释〉的通知》（国税发〔1993〕151 号，1993 年 12 月 25 日）

562.《国家税务总局关于涉外税收实施增值税有关征管问题的通知》（国税发〔1993〕138 号，1993 年 11 月 6 日）

563.《全国人民代表大会常务委员会关于外商投资企业和外国企业适用增值税、消费税、营业税等税收暂行条例的决定》（中华人民共和国主席令第 18 号，1993 年 12 月 29 日）